公安院校创新应用型
精品规划系列教材

治安学概论

Overview Of Public Security Policing Science

主　编　惠生武
撰稿人　（以撰写章节先后为序）
惠生武　耿　巍　陈　佳　樊　瑛　邵等弟
杨　叶　王亚龙

WUHAN UNIVERSITY PRESS
武汉大学出版社

图书在版编目(CIP)数据

治安学概论/惠生武主编 .—武汉:武汉大学出版社,2017.1(2020.1 重印)
公安院校创新应用型精品规划系列教材
ISBN 978-7-307-18915-7

Ⅰ.治… Ⅱ.惠… Ⅲ. 治安管理—高等学校—教材 Ⅳ.D035.34

中国版本图书馆 CIP 数据核字(2016)第 301968 号

责任编辑:胡 荣 田红恩 责任校对:汪欣怡 版式设计:马 佳

出版发行:**武汉大学出版社** (430072 武昌 珞珈山)
(电子邮箱:cbs22@ whu.edu.cn 网址:www.wdp.com.cn)
印刷:武汉图物印刷有限公司
开本:787×1092 1/16 印张:14.5 字数:371 千字 插页:2
版次:2017 年 1 月第 1 版 2020 年 1 月第 2 次印刷
ISBN 978-7-307-18915-7 定价:56.00 元

惠生武 1957年生，男，陕西延安人，西北政法大学教授，司法鉴定高级工程师；昆仑学者，青海民族大学特聘教授。兼任中国警察法学研究会常务理事，陕西省法学会常务理事，陕西省警察法学研究会会长。长期从事行政法学、警察法学、治安学的教学与研究，出版专著、教材20余部，发表专业论文60多篇，在警察法学、公共安全研究领域有一定的造诣。主张警察法的独立部门法地位，认为警务关系理论、警察权理论是警察法学的基本理论和研究主线；主张公共安全、社会秩序是治安学的理论基础以及治安观构建的基础。

公安院校创新应用型精品规划系列教材编委会名单

公安院校创新应用型精品规划系列教材编委会名单

前　言

我国的治安学是独具中国特色的、土生土长的一门公安类学科。它不同于相邻的其他传统学科，没有国际的可比性，完全是新兴的、独具一格的、原创性的应用型学科。在国家学科目录中，治安学归属于公安学，既是公安学中的二级学科，也是其中的一个专业。治安学之所以能够存在，从其形成与发展的历史来看，原因主要有：一是我国的治安管理实践。治安学源于公安机关治安部门的设置和治安管理应用实践，起初的目的在于说明和指导实践；治安学以治安管理为研究对象，针对治安管理的实际问题，积累和丰富理论；依托治安部门，以治安管理为内容，逐步形成和发展起来的。长期以来治安观念、意识的形成，治安管理的理论、方法的产生，都是治安管理实践经验的总结，可谓治安管理实践造就了治安学科。二是公安学科的确立。20 世纪 80 年代初期，一些公安院校开设治安管理和治安学的专业，开启了治安学学科建设和理论研究的艰难历程，其中几经波折，且囿于体制所限，难于拓展深入；直至 2011 年国家正式确立公安学一级学科地位，将其列入公安学科目录的首位专业，从此治安学得以重生，并带动相关专业建设和研究生层次的教育上台阶，极大地促进了治安学科的全面、蓬勃发展。三是治安学科队伍和治安学人的不懈努力。治安学科及专业从产生至今已有三十多年，在公安大学治安学团队的带动引领下，几代治安学人坚持奋斗，刻苦钻研，不懈努力，经过长期的积累和沉淀，成绩斐然，编著了大批治安学的著述、教材，理论研讨不断深入，治安学科体系、基本范畴、基础理论、学科内容基本成熟定型，使其成为公安学科中最重要的学科和专业之一。

治安作为一种社会现象，人们并不陌生，社会治安怎样，与每个人密切相关；治安作为一种社会行为，也是人们常见的社会管理活动，体现着管理者的意志，最终形成人们希望的社会秩序。治安本质上反映的是维护安全和秩序的国家职能，历来都是统治阶级用以维护政治统治，保障社会安定的一种国家活动。从这个意义上看，治安是专门行为，也是国家管理；治安是特定状态，也是社会秩序。治安学是治安管理实践的理论总结和科学反映，它以治安管理为研究对象，是研究社会治安实践和治安管理规律的学科。本书是根据近年来我国治安管理实践的新情况、新特点，为适应治安学专业教学和公安应用型专门人才培养的需要而编写的，作者力求从新的视角探讨治安学的理论问题和专业应用问题。一是理论上有所突破。着力探讨了长期以来概念模糊的一些基本理论问题，诸如治安与治安管理、治安学与治安管理学的关系，警察权与治安管理权、治安管理权与治安管理措施的关系等；提出安全、秩序是治安管理以及治安学的理论基础，全面阐述了治安管理权的基本理论等。二是学科体系有所创新。按照治安观念的理论思维和治安实践运作过程的逻辑演绎顺序，构建一个结构合理、内容全面、特色鲜明的治安学体系，既有基本观念、发展历史、组织理论、权力理论等治安学理论的系统阐述，又有治安措施、人口管理、特行管理、网络安全管理以及治安事件、案件等治安管理实践的具体应用。三是内容新颖、重点突出。本着理论与实践相结合的原则，在编写内容上体现新颖和适用，反映最新的治安学理论研究成果和制度创新的治安管理实际，诸如治安管理的新措施，特定人口的矫治，新型特种行业管理，网络安全管理等内容；提出了对有关治安的概念，治安学的研究对象，治安管理基础理论的内涵等理论问题的重新思考。

治安学是一门发展中的新兴学科，治安学理论和治安管理实践及其规律，仍处在初步的挖掘开垦和探究提升过程中，大量的治安学理论和实践问题需要不断深入探索和概括总结。本书的出版，是想为治安学科的建设和发展做点贡献，我们深知，要使得治安学强大起来，高高地矗立在诸学科之林中，能与相关成熟的传统学科并驾齐驱，还需要热衷于治安学建设和发展的每个治安学人继续努力，积极进取，不断开拓创新，只有每一条细流的汇集，才可形成治安学强大的洪流之势。

本书由西北政法大学公安学院治安学教研室、青海民族大学法学院治安学教研室共同编写，通力合作完成的；参加编撰的人员有：西北政法大学惠生武教授，樊瑛副教授，耿巍、杨叶；青海民族大学治安学教研室邵等弟、王亚龙、陈佳。本书由惠生武教授主编，负责结构内容的设计、拟定编写大纲，对全书进行统稿、修改定稿。各章内容撰写分工如下：

第一章：惠生武

第二章：惠生武

第三章：耿巍　惠生武

第四章：耿巍

第五章：惠生武

第六章：惠生武

第七章：陈佳　惠生武

第八章：樊瑛

第九章：邵等弟

第十章：邵等弟

第十一章：杨叶

第十二章：杨叶

第十三章：王亚龙

第十四章：王亚龙

本书在编写过程中，参考了治安学有关教材、著作和资料，在此，向相关作者表示诚挚的敬意和感谢！本书的编写和出版得到了西北政法大学、青海民族大学、武汉大学出版社的领导及有关部门的重视、关怀和大力支持，在此向他们表示衷心的感谢！在本书编写中，尽管我们付出了很大的努力，但研究能力和认识水平有限，书中的不足、疏漏和错误之处在所难免，敬请读者批评指正，以便再版时修正。

惠生武

2016 年 8 月

目　录

第一章　治安学概述

第一节　治安的概念

一、古代治安的含义

在我国的历史文献中，“治安”是一个古老常用的名词。早期的治安是将“治”与“安”分别使用的，分别表达不同的字义，据古籍文献《周易·系辞下》记载，“黄帝尧舜垂衣裳而治天下”；“君子安而不忘危，存而不忘亡，治而不忘乱，是以身安而国家可保业”。这里所指的“治”，是相对于“乱”而言，其意为“治则不乱”，泛指治理、整治、管理；其中 指的“安”，则与“危”相对应，有“安则不危”之说，泛指安稳、太平，其意为安定、安宁、安全有序。

我国古籍文献中把“治安”作为一词来使用，最早见于战国时期韩非的《韩非子·显学篇》，其中写道：“今上急耕田垦草以厚民产也，而以上为酷；修刑重罚以为禁邪也，而以上为严；征赋钱粟以实仓库，且以救饥馑、备军旅也，而以上为贪；境内必知介而无所懈，并力疾斗所以禽虏也，而以上为暴。此四者所以治安也，而民不知悦也。”① 这段话的基本意思是，治安是治国之道，是国家实现长治久安的举措。

我国古代对于“治安”一词加以系统阐述的，则见于汉文帝时期贾谊的治安策，在《汉书·贾谊传》的《治安策》中写道：“夫以天子之位，乘今之时，因天之助，尚惮以危为安，以乱为治。”“此时而欲为治安，虽尧舜不治。”② 贾谊并且提出“欲天下之治安，莫若众建诸侯而少其力”的策略，用以削弱诸侯的实力，强化汉朝中央集权统治。

可见，中国古代“治安”一词的本意是“治则不乱，安则不危”，泛指政治清明，国家与社会的安定。一方面是指政治统治稳定，国家政权稳固；另一方面是指社会秩序安定，百姓安居乐业。所以说，古代对于治安的意义理解，既包括政治统治秩序的稳固与阶级矛盾的缓和，又包括社会公共秩序的安定与民众生活的安全。

二、现代治安的含义

现代社会，特别是警察制度形成以来，非常重视对于“治安”一词的认识和解读，从理论到实践，学术界和实务部门从不同的角度对“治安”含义的讨论从未停止过，提出了各种各样的观点和说法，对于“治安”内涵的认识，由表及里逐步深化。通常主张治安有广义和狭义之分，动态与静态之别。广义的治安是指一般意义上所说的社会治安，泛指阶级

---

① 韩非子《显学篇》。

② 汉书·贾谊传《治安策》。

社会中符合统治阶级意志和利益，并由法律所规范的社会秩序。狭义的治安指的是社会治安管理，就是国家机关为维护社会治安秩序所进行的各种治安管理活动。① 也有根据治安管理的业务内容所涉及的范围，划分广义的治安与狭义的治安。目前，国内学界对于治安的解释侧重于动态的治安与静态的治安，强调从理论与实践的结合上，理解治安的内涵，把握治安现象的内在规律，从静态与动态两个层面来认识治安社会现象。

从静态意义上讲，现代意义的治安是指通过一定社会主体的治理、管理等活动，在整体上实现符合统治阶级意志和利益的，并由社会规范加以调整的安全、有序、稳定的社会状态。静态治安说，是从相对固化和静止的治安目标状态来认识治安社会现象的，认为治安是为了体现特定目的和利益，按照一定规范所形成的，表现为稳定有序的、相对固定静止的社会状态。所谓动态治安，是从治安活动的过程来看，认为治安就是一种体现国家意志的社会治理过程，旨在实现统治阶级意志的安全、有序、稳定的社会管理活动，是国家专门机关依法进行的国家活动。动态的治安，主张从发展变化的社会活动意义上认识治安，将治安看做一种动态的、连续不断的社会活动过程，并且是由特定的社会主体实施的，有目的并遵循社会规范的社会安全管理活动。与动态治安和静态治安比较接近的观点认为，现代意义的治安，一方面是指治安秩序，即由一定规则所调整的、具有公共安全内容的社会客观状况；另一方面治安是维护社会秩序的社会活动。②

根据马克思主义有关阶级、国家产生和形成的基本理论，治安作为阶级社会中现象，与阶级、国家密切相关，是在阶级社会中产生的，伴随着国家出现的。可以说，治安是阶级社会的一种特有的社会现象，它反映了统治阶级的政治主张和根本利益，是社会矛盾和阶级冲突的必然反映。治安活动反映了统治阶级意志，表现为一定社会制度下的安全治理活动及其运行过程。

三、治安的特点

治安也就是社会治安，既是一种动态的社会活动，又是一种静态的社会状态，治安的基本特点可以概括为以下三个方面：

（一）阶级性

治安是阶级社会中产生的社会现象，是阶级矛盾和阶级冲突的必然反映。在阶级社会的历史发展阶段，治安是维系阶级统治和政治秩序的基础，是国家用以维护和巩固其政治统治最基本的条件。从古至今，任何一个国家都十分重视社会治安问题，因为没有稳定的社会秩序，统治阶级就难以维护和巩固其政治统治，国家就会动荡不安，甚至崩溃。因此，统治阶级都把社会治安作为国家的重要政治问题，置于国家政治生活中十分重要的地位。只有符合统治阶级意志的、稳定的社会治安秩序，才能维系国家的政治统治，任何政治活动、社会活动和经济发展，只能存在于安定有序的社会治安环境中。

（二）社会性

治安是社会活动，也是社会状态。治安反映了统治阶级意志和利益，是有目的、有实际意义的社会活动。产生于社会实践的治安活动，存在于社会生活之中，同时又干预其他社会活动，是其他社会活动的条件和保障。由于治安是有目的的社会活动，对于实现有序、稳定

---

① 熊一新、李健和：《治安管理学概论》，中国人民公安大学出版社 2007 年版，第 2~3 页。

② 李健和：《治安学原理》，中国人民公安大学出版社 2013 年版，第 4 页。

的社会状态具有实际意义，是维系一定社会条件下的统治关系和统治秩序，维护社会公共安全，促进社会发展的重要保障。治安活动有着极为广泛的内容，涉及社会生活许多方面，与国家安全、社会公共利益、人民群众的人身及财产权益关系密切。因此，治安活动的价值取向和所追求的价值目标，就是有利于政治统治和社会发展，为了实现安全有序的社会状态。从社会发展史看出，不同历史时期、不同社会制度的国家，虽然对社会治安的内容要求有所不同，但追求、建立和维护符合统治阶级利益所需要的治安秩序的目的是相同的。

（三）规范性

治安作为社会活动，有着明确的目标，就是为了达到有利于政治统治的社会状态。治安是在符合统治阶级的意志和利益，按照一定的行为规范进行的社会活动。一个理想的社会治安秩序，必须在政治意志的支配下，符合一定的社会规范，包括法律、道德、习惯等社会规范。阶级社会中，治安活动必须遵循社会规范，以国家法律规范为基本规范，其他社会规范作为补充。只有遵循社会规范，才能使治安活动有规则、有依据，才能形成理想的社会秩序。社会规范设定并维护着社会治安活动的实施和最终状态，治安活动就是运用社会规范的过程，是对妨碍治安活动、破坏治安秩序的行为进行干预、排除和惩治的过程，也是达到或实现社会规范所设定的目标，以及维系社会规范所保障的社会秩序的过程。社会治安的规范性，是通过社会规范设定和调整社会生活中的各种治安关系，国家制定的法律规范，包括刑事、行政、民事等法律规范，从不同方面规定着社会治安的内容，调整着各种社会治安关系，保障国家政治安全、公共安全和社会安定。

第二节　治安管理的概念

一、治安管理的特征

治安既是一种社会活动，又是一种有目的的社会状态。社会治安现象产生于阶级社会，是国家管理社会的活动，也是国家行为，体现了国家意志。从国家管理的意义上看，治安就是国家实施的管理活动，称之为治安管理。现代意义的治安管理，是指由国家专门机关，为了维护国家安全和社会治安秩序，维护社会公共利益和公民合法权益，保障社会生活正常进行，依法实施的国家管理活动。治安管理有以下特征：

（一）专门性

治安管理是专门机关的管理活动，管理的内容富有专门性。治安管理的主体是国家的专门机关；国家为了巩固统治秩序，维护符合统治阶级利益的社会治安秩序，设置了专门机关负责社会治安的管理，同时赋予其治安管理的职责和权限，实施治安管理行为，成为治安管理的主体。在我国，公安机关是实施治安管理的专门机关，作为治安管理的主体；公安机关依法享有治安管理权，履行公共安全管理的职能，开展专门性的、富有公共安全内容的治安管理业务，其他机关、组织、个人则不具有治安管理职能。

（二）公共性

治安管理是国家管理的组成部分，从管理的性质来看，属于国家公共管理。由于治安管理是国家专门机关行使治安管理权，对国家和社会公共事务进行的管理，所涉及的国家和社会事务的性质，归属于行政管理事务，权力性质具有公共性。而且，从治安管理主体的组织属性来看，我国公安机关行使治安管理职权，公安机关是国家行政体系中的组成部分，依法履行着对社会治安秩序管理的公共管理职能。

（三）目的性

任何国家行为都具有目的性，治安管理的目的就是为了维护社会公共秩序，保障公共安全。任何国家的社会秩序，都是维系统治阶级政治统治所必须的基本条件；社会安全秩序按照一定社会规范所确立，是为了保障统治阶级的利益和意志的实现。治安管理的目的，在于建立和维护统治阶级意志和利益所需要的社会秩序，是为巩固国家的政治统治，实现一个利于社会发展的安全、稳定、有序的社会状态。

（四）法定性

治安管理是依法实施的国家管理，也是治安管理主体的执法活动。为了维护社会公共安全秩序，国家制定了有关治安管理的法律规范，形成了治安管理的法律体系，成为治安管理主体实施治安管理、开展治安执法活动的依据。治安管理必须有法可依，将治安管理活动纳入法治轨道；而且做到有法必依，治安管理主体要按照法律法规进行管理。另外，依法公开实施治安管理，是法治国家治安管理的基本要求，治安管理活动应当依法、公正、有效地进行，应当接受社会的监督；人民群众参与治安管理，监督治安执法活动，也是治安管理法治化的具体体现。

（五）强制性

为了实现治安管理的目的，完成治安管理的任务，履行专门机关的安全管理职能，国家通过立法形式，赋予治安管理主体相应的治安管理职权。治安管理职权从性质和权力归属来看，它是公权力，属于警察权的组成部分。治安管理权的表现形式包括治安管理的措施、方法、手段，都是警察权的具体实现方式，各种治安管理的手段、措施、方法具有强制性，依靠强制力保证权力内容的实现，保障治安管理任务的完成，反映了警察权的基本特性。从治安管理的强制措施、处罚、处置、教育疏导等表现形式来看，有强制性措施与非强制性措施，有刚性手段与柔性手段，有惩戒性的方法与说服教育的方法等；但是，治安管理的强制性，是其一项显著的特征，也是其他行政管理所不具有的，是治安管理主体独有的权力特征。

二、治安管理的基本属性

治安管理的属性，是指治安管理区别于其他社会管理活动的基本特性，以及治安管理作为国家职能之一的内在属性，也是治安管理活动所具有的特质。可以从以下三个方面认识治安管理的基本属性：

（一）政治属性

关于政治，在不同时代、不同阶级的思想家对其有着不同的说法。我国古代政治思想家认为，“政”为国家事务，“治”为社会管理，“政治”就是统治阶级管理国家和社会事务的“治国之道”①。马克思主义对于政治作了精辟而深刻的论述：指出“政治是经济的集中表现”②，“政治就是各阶级之间的斗争”③。政治性亦称阶级性，表明治安管理的阶级本质与政治取向。应当指出，社会治安首先是一个政治概念，是统治阶级维护其政治统治的基本

① 王楷模：《现代政治概论》，陕西人民教育出版社 1998 年版，第 1 页。
② 《列宁全集》第 32 卷，人民出版社 1974 年版，第 71 页。
③ 《列宁选集》第 4 卷，人民出版社 1974 年版，第 370 页。

条件。如何实施治安管理，完全是由各阶级的社会经济地位和物质生活条件决定的。治安管理明确反映一定阶级的特殊利益，体现了统治阶级的意志。治安管理的政治属性，就是治安管理代表着哪个阶级的利益，体现着哪个阶级的意志，维护着有利于哪个阶级的社会治安秩序。治安管理作为国家和阶级社会的产物，反映着国家的政治管理职能，即专政职能；治安管理从其产生以来，一直为统治阶级利益服务，用以维护和巩固有利于统治阶级的政治秩序和社会安全秩序。

我国是工人阶级领导的，以工农联盟为基础的人民民主专政的社会主义国家。人民民主专政是我国的国体，反映着国家的阶级性质，表明人民群众是国家的主人，以及人民群众在国家政治生活中的地位。我国治安管理的根本目的，在于维护有利于巩固人民民主专政和符合人民群众意愿的社会安定局面和社会治安秩序，为人民群众安居乐业、社会发展创造良好的社会治安环境。可见，充分体现广大人民群众的根本利益和愿望，这是我国治安管理阶段性的根本所在。

（二）社会属性

治安管理是为了创建有利于社会发展与安全的秩序，与一定社会发展阶段的经济基础相适应，是与具体社会发展条件密切联系的。治安管理的目的，就是为了维护公共安全和维护社会秩序。治安管理主体所实施的管理活动，就是与各种社会力量共同进行的社会实践活动。因此，治安管理有其社会性的特点，一方面，治安管理的社会性表现在参与主体的广泛和多样性；各种社会主体参与社会治安管理，体现了权利、责任和义务的一致性；我国治安管理强调依靠人民群众，坚持专业机关与群众相结合的原则，动员社会力量参与治安管理，群众参与既是维护社会治安秩序的需要，也是人民群众的自觉要求；实行专门机关工作与群众路线相结合，既是社会主义民主政治的体现，也是动员群众参与治安管理，调动人民群众管理社会的一种优势和优良传统。

另一方面，治安管理的内容有着广泛的社会性，涉及社会生活的许多领域。治安管理内容多、范围广、情况复杂，关系到国家安全、公共安全和维护社会公共利益，也关系着社会组织和群众的切身利益；为了履行国家职能，保障社会安全、有序的发展，必须加强对于影响社会治安秩序的危险物品的管理，加大对于公共场所治安秩序的管理，做好预防治安灾害事故，查处治安违法行为。无论何种社会制度，对于社会安全和公共事务的管理，不仅维护着统治阶级的根本利益，也保障着全体社会成员的共同利益。

（三）执行属性

从管理的基本属性来看，治安管理是国家行政管理的组成部分，既是国家专门机关的管理活动，也是一种执法活动。治安管理是专门机关运用警察权将国家法律、法规付诸实施的过程，是执行国家意志的行政执法活动。法律设定和规范了治安管理的措施、方法、手段、范围和活动过程，治安管理主体必须依法实施治安管理，执行治安管理法律规范。

治安管理权与国家立法权、司法权的性质、作用、实施主体等不同，治安管理权属于国家警察权的范畴，其性质是执行权，作用在于执行国家意志，执行法律。立法权是法律制定权，是统治阶级意志的表达，作用在于创制法律，制定行为规范，是执行的依据。司法权的性质是国家裁判权，功能和作用在于裁决纠纷、惩治违法。在国家管理中，专门机关的治安管理，还能够保障其他国家管理得以顺利进行，辅助其他管理活动，能够配合其他国家机关管理目标的实现，诸如经济、教育、科技、文化、卫生等行政管理活动，需要治安管理创造条件，辅助和保障实施，如果缺少维护社会治安秩序的治安管理，这些管理活动就难以推行，因此，治安管理在国家管理活动中，有着不可或缺的地位，发挥着至关重要的保障作用。

三、治安管理的职能

所谓治安管理的职能，是指治安管理主体根据法定职责，实施治安管理活动对国家和社会所发挥的功能和作用。治安管理具有的职能，由治安管理的性质决定的，职能也是治安管理性质的外在表现。我国是人民民主专政的社会主义国家，对人民实行民主，对敌人实行专政，是社会主义国家管理的基本职能；由于各国家机关在各自不同的职责范围内，履行着民主与专政的国家职能，在贯彻实施这两大国家职能的同时，又履行着各自部门的具体职能。我国治安管理的实施主体是公安机关，依据国家所赋予的职责权限，依法履行治安管理的专门性具体职能，主要有以下内容。

（一）安全防范的职能

为了维护符合统治阶级意志的社会秩序，保持社会的安全稳定，创造一个良好的工作、生产、生活秩序。必须做好预防和制止危害公共安全，侵害公民人身、财产安全和合法权益的违法犯罪活动。因此，治安管理的职能之一就是开展安全防范，维护社会治安秩序，对涉及或影响社会治安秩序的人、物、事等进行安全管理和防范控制，预防各种刑事案件、治安案件、治安事件和治安灾害事故的发生，做到防患于未然，避免和减少人身或财产的损失和危害，为社会的生产、工作、教学、科研以及人民群众生活创造良好的治安环境。治安安全防范，除了做好一般性常态化的预防、管理、指导、宣传教育、治安巡逻等工作外，还应针对特殊情况下的非常态化安全预防，在做好人力安全防范的同时，不断提高安全技术防范的能力，利用现代科技手段和方法，增加安全防范的技术含量，运用先进的安全防范设施、器材、设备，提高和增强安全防范的可靠性。

（二）保护合法权益的职能

国家宪法、法律规定公民享有政治、经济、人身、财产等广泛的权利，保护公民的合法权益是治安管理性质所决定的，也是治安管理主体的一项重要职责。治安管理必须从人民群众的利益出发，把保护公民合法权益，贯彻落实到治安管理活动的全过程。我国治安管理与人民群众的切身利益密切相关，大量的管理内容涉及保护公民合法权益的事项，诸如对于户籍和居民身份的管理，治安确认证明活动，为公民实现合法权利提供法律保障。公安机关通过对特殊行业的管理，控制违法活动的渠道，防范违法犯罪的发生，为人民群众创造良好的社会治安秩序；加强对危险物品的生产、使用、运输、储存的管理，有效地保护公民的人身和财产安全；加强消防监督和网络安全管理，排除容易引发危及公共安全的隐患；通过对基层治保组织的指导，提高人民群众的安全意识和防范能力；加强社区警务工作，为群众提供安全服务，创造安居乐业的良好社会环境。

（三）服务社会的职能

治安管理应当围绕国家经济建设、社会发展的中心工作，为人民群众提供安全服务。我国公安机关在治安管理中，管理户籍人口，为国家提供人口信息统计资料；管理社会治安秩序，为社会提供安全生活保障和良好工作环境；采取安全技术防范措施，为群众提供安全保障服务；管理道路交通和实施消防安全监督，提供交通安全和消防安全的服务；进行治安巡逻，增加群众的安全感；参加调解民间纠纷，解决社会冲突，为群众排忧解难，化解矛盾，促进社会和谐；采取各种利民便民的措施，减轻群众负担，方便群众生活，改善警民关系等。可见，治安管理经常性的业务活动，为社会提供服务，履行了安全保障的职能。

（四）惩处治安违法的职能

治安管理不仅有服务，而且还有惩处治安违法的职能；在治安管理中，公安机关对于侵害公民合法权益、危害社会治安秩序、破坏社会稳定、威胁社会公共安全的各种犯罪活动，查证治安违法行为后，必须依法给予惩处制裁。治安管理的惩处职能，是国家赋予治安管理主体的职责，目的是为保障国家安全和维护社会秩序，保障社会稳定和有序发展。治安管理的惩处职能表现在，依法查处各种治安案件、治安事件和治安灾害事故，依法惩治各种治安违法行为。对于违反治安管理法律规范的行为，如盗窃、抢夺、卖淫、嫖娼，制造、吸食贩运毒品，制作、贩卖、传播淫秽物品，赌博、封建迷信活动等，都应受到查禁和惩处。治安管理与打击刑事犯罪的关系极为密切，违反治安管理的行为与犯罪行为，虽然在性质上和程度上有所差异，但二者在行为类型的表现形式上存在许多共同之处，具有关联性，治安违法达到一定程度，就会发生质变，递进和转化为刑事犯罪行为。因此，加强治安管理，依法惩处治安违法行为，能够有效地预防和打击刑事犯罪。

四、治安管理的范围

从治安管理的实践来看，治安管理的范围就是治安管理主体的业务工作范围，也是治安管理与其他国家行政管理的界限划分。治安管理的业务范围是由治安管理的职能和任务决定的，我国治安管理的范围非常广泛，涉及公安机关业务活动的诸多方面；并且治安管理范围的大小以及治安管理业务内容的调整变化，是随着社会和经济的发展，以及公共安全管理的现实需要，按照治安管理的客观规律，不断调整变化的。

根据不同的分类标准，可以对治安管理的范围进行不同的划分。依照警察权的具体职权划分，凡治安管理权作用的对象，均属于治安管理的范围；依照治安管理主体的组织体制划分，公安机关中除了履行刑事执法职能的机构外，负责行政执法职能的机构所承担的公共安全管理业务，均属于治安管理的范围；依照治安管理的对象划分，我国治安管理的范围主要包括：户政人口管理、公共秩序管理、特种行业管理、危险物品管理、公共安全危机管理、治安案件的查处、治安灾害事故的预防和处置、治安巡逻以及公安派出所工作、群众治安防范指导等。此外，从大治安的角度来看，消防监督管理、道路交通管理、出入境管理、网络安全管理等，也属于治安管理的范畴。目前，我国治安管理的范围主要包括以下几个方面：

（一）公共秩序管理

公共秩序管理，是指为保障社会公共活动地域的安全、有序，治安管理主体依法对公共场所及其行为、物品等进行的组织、协调、疏导、控制、处置等活动。公共秩序是社会公共活动的秩序，是社会公众生活所需要的秩序，通过社会规范加以维系，这种社会规范由国家依法规定和确认。广义的公共秩序包括生产秩序、工作秩序、生活秩序、教学科研秩序等；狭义的公共秩序是指由治安管理主体依法对特定区域、场所进行管理所维持的秩序。因此，公共秩序的管理，就是公安机关对公共场所依法进行的组织、控制、处置活动。公共秩序管理按照管理对象的不同，可以划分为下列情形：

1. 公共复杂场所的治安管理。公共复杂场所是指公共场所中人员密集、流动频繁、情况复杂，容易出现秩序混乱的场所。主要包括交通枢纽场所、商品交易场所、娱乐场所、游览场所等。

2. 重点区域的治安管理。重点区域是指一些单位、部门、地点的位置重要、复杂，工作内容关系重大的地区或单位。主要包括党政机关、涉外机构、重大基础设施、重点建设工程、供水供电供气系统、广播电台电视台、文物金融单位、边境地区等。

3. 大型活动的治安管理。大型活动是指依法举行的大型文体活动、商贸活动、展销活动、庆典活动等，由于大型活动参与人数多，人员流动量大，容易发生治安问题；另外，对集会游行示威活动的安全秩序进行管理。

（二）特种行业管理

所谓特种行业，是公安机关治安管理的专业用语，是指在工商服务性行业中，经营业务活动容易发生社会治安问题，公安机关依法实施特殊治安管理的行业。目前，纳入全国性的特种行业的种类，主要有以下行业：

1. 旅馆业。旅馆业是指经营旅客住宿业务的企业，包括宾馆、酒店、饭店、旅馆、客栈、招待所、度假村以及带有住宿的洗浴场所等。

2. 印章业。印章业是指经营刻制印鉴、公章的企业。

3. 典当业。典当业是指经营典当业务的企业；典当是将当户的财产作为抵押、质押物，交付典当行，当户取得当金，并约定期限向典当行支付当金利息、偿还当金、赎回典当物。

特种行业的治安管理内容主要包括：审批经营企业、颁发特种行业许可证、取缔非法经营活动、指导经营企业安全防范、监督检查经营企业的活动、收集报告经营企业的情况信息等。

（三）违禁物品、危险物品管理

1. 违禁物品。所谓违禁物品，是指违反国家法律规定，私自生产、制造、储存、运输、买卖、持有和使用，对公共安全具有危害性，妨害治安管理秩序，由公安机关查禁取缔或严格管制的物品。主要包括以下三类：

（1）淫秽物品。淫秽物品是指露骨宣扬色情淫秽、具体描绘渲染性行为的物品。主要包括淫秽的书刊、图片、影像制品、录音制品、通讯电子信息等。淫秽物品依法应当严格取缔，属绝对违禁品，是绝对禁止的物品。

（2）赌博用品。赌博是以营利为目的、不劳而获的违法活动，是妨害社会秩序的治安违法行为；赌博的方式多种多样，且各种赌博用品也大量存在，常见有各类赌博机等，属依法查禁的物品。

（3）毒品。毒品是指国家法律规定予以管制的能够使人上瘾成癖的麻醉药品和精神药品。主要包括鸦片、吗啡、海洛因、大麻、可卡因、冰毒以及其他类似的制成品和原材料。毒品是依法严格管制的物品，属相对违禁品。

另外，长期存在的封建迷信活动，愚昧荒诞，造谣惑众，坑蒙拐骗，扰乱社会秩序，依法应当予以取缔查禁；用来从事封建迷信活动的各类用品亦属于违禁物品，应予收缴查禁。

2. 危险物品。危险物品是指具有杀伤、爆炸、易燃、腐蚀、毒害、放射性等性质，在生产、储存、运输、使用等过程中，容易发生人身伤亡和财产损失事故，容易被违法犯罪活动利用，危害社会秩序和公共安全的物品。按照危险物品的用途和理化性能，可以分为枪支弹药、管制刀具、化学危险品；其中，化学危险品包括爆炸物品、易燃物品、剧毒物品和放射性物品等。危险物品属于相对禁止和严格管理的物品，对危险物品的治安管理内容主要有审批企业经营，颁发许可证，取缔违法经营活动，查处收缴非法危险物品，指导安全防范，监督检查经营活动，培训考核专业人员等。

（四）户籍人口管理

户籍是记载居民基本身份情况的法定证明文件。户籍人口管理包括对住户和人口的管理，亦称户政管理；是指公安机关依法收集、确认、登记和提供住户和居民的公民身份、亲属关系和法定住址等人口基本信息的管理活动。

户籍人口管理的内容主要包括：户口的登记、统计，户口档案管理，人口基本信息的管理，户籍与身份证的管理，住户人口流动管理，重点人口管理，户籍人口调查分析等。进行户籍人口管理，可以掌握人口信息，有效开展安全防范，进行重点人口控制和监管，查询管控人口流动等。

（五）道路交通管理

道路交通管理，是指公安机关为保障交通安全、畅通，依法对道路、车辆、行人和交通环境进行的指挥、疏导、调节、控制、监督，以及处理交通事故、处罚交通违法行为的活动。道路交通管理的对象是人、车、路和交通环境；交通管理的目的是维护交通秩序，保障交通安全、畅通。

道路交通管理的内容主要包括：交通宣传教育，交通指挥与控制，交通规划与交通设施管理，车辆管理与驾驶员管理，交通科技与交通信息管理，交通违法行为查处与交通事故处理等。

（六）消防监督管理

所谓消防是预防火灾和扑救火灾的简称。消防监督管理，是指公安机关依法对机关、单位、社会团体和公民个人遵守消防法律、法规和消防技术规范，落实消防安全责任情况，进行的组织、指导、检查、协调、控制以及查处消防违法等活动。

消防监督管理的内容主要包括：消防宣传教育，消防指导检查，建设工程消防审核许可，公共场所重点单位消防监督，组织灭火救灾，火灾事故调查处理，消防违法行为查处等。

（七）出入境管理

出入境管理，是指公安机关依法对我国公民和外国人出入我国边境的行为，实施的许可、检查、指导、调节、控制等活动。出入境管理是公安机关代表国家行使主权的重要活动，是国家涉外管理的重要内容之一。

出入境管理的内容主要包括：国籍管理，出入境证件与签证管理，中国公民出境入境管理，外国人入境出境管理，外国人居留旅行管理，出入境边防检查与控制，出入境违法行为处罚以及涉外案件事件的处理等。

（八）社会安全防范指导监督

社会安全防范指导监督，是指公安机关依法对单位内部治安保卫工作和群众性治安防范工作进行的教育、动员、指导、检查、督促等活动。意义在于，动员社会力量开展安全保卫，发动群众参与社会治安防范，提高全社会公共安全意识和治安防范的能力。

社会安全防范指导监督的内容主要包括：指导建立单位内部安全保卫组织和群众性治安防范组织，指导建立安全保卫治安防范制度，开展安全防范宣传教育，开展安全检查消除隐患，预防各类安全事故，指导安全技术防范工作，指导监督重点区域要害部门的安全保卫，指导监督社会安全服务组织的活动，指导基层开展帮教活动和预防违法犯罪等。

第三节　治安学的研究对象

一、治安学的学科地位

治安学是研究社会治安现象和治安活动规律及其知识体系的科学；它是将社会治安现象及其产生原因、发展规律，以及治安活动的理论与实践融为一体的综合性学科。治安学作为治安学专业的基础学科，是对于社会治安现象进行整体化研究的应用型学科。

（一）治安学是公安学科中的综合理论学科

治安学在国家学科目录分类中，归属于法学门类。在新的公安学学科体系中，治安学位于二级学科的地位；在公安学的专业划分和设置中，治安学是一个专业类别，即治安学专业。所以说，治安学应当具有独立的、专门的研究领域，有系统、完整的学科理论和知识体系，具有学科特色的研究路径和研究方法。治安学从学科的角度来看，应当作为治安专业的主干学科，对于治安学专业课程群的建立和发展，具有带动引领作用。首先，治安学研究的内容是有关治安学的基本概念、基本原理、基础理论，是对学科研究对象等理论性问题进行认知和探索；其次，研究治安学具有基础性、规律性、普遍性、综合性的问题，探索治安学的基础理论和基本方法，界定该学科与其他学科的关系；把握学科建设的基础和钥匙，为构建治安学学科体系夯实基础。

（二）治安学是治安学专业的基础学科

从我国学科目录的归类来看，治安学属于法学门类中的公安学科，是公安学中的一门分支学科。治安学从专业划分来看，属于公安学的一个专业；从课程设置来看，则是治安学专业的一门基础课程。从20世纪90年代我国部分高等院校设置本科治安学专业以来，治安学一直作为专业基础课程体系中的主干课、核心课。由于治安学研究的对象是社会治安现象及其产生、发展规律，把社会治安管理关系，以及社会治安管理权和行为措施纳入课程建设的重要内容，成为其他课程的开设的基础课程和前置课程；因此，治安学课程在专业课程体系中，是学习其他课程的前提，也是其他专业课程开设的基础课。

（三）治安学是融入警务实践的应用学科

治安学以治安活动，即治安管理实践为主要研究内容，密切联系国家公共安全管理的社会实践，贯穿和再现了警务活动和安全管理的基本职能；作为警务实践的治安管理活动，是公安机关运用治安管理权，实现符合国家意志和人民群众利益的社会治安秩序，具有很强的现实性、应用性。治安学概括总结反映我国治安管理的警务实践，实行理论与警务实践结合教学形式，深刻反映警务活动的本质与现象、主体与客体、权利与义务、观念与技术、内容与形式、制度与过程、历史与未来等教学内容，从而提高学生对治安管理规律性的认知，促进治安管理的科学化、规范化进程。

二、治安学的研究对象

特定的研究对象是一门学科区别于其他学科的主要根据，决定着该学科的性质和地位。①“科学研究的区分，就是根据科学对象所具有的特殊的矛盾性。因此，对于某一现象

---

① 熊一新、李健和：《治安管理学概论》，中国人民公安大学出版社2007年版，第11页。

领域所特有的某一种矛盾的研究，就构成某一门科学的对象。”① 治安学的研究对象，应当是治安领域中特有的社会矛盾和社会现象。总的来看治安学的研究对象主要包括：

（一）治安关系

治安关系作为一种社会关系，是由治安活动规范所确认的一类社会关系，产生于特定领域社会关系的一种社会表现形态。人们相互间的治安关系，是治安活动领域的特殊现象和特有矛盾，也是治安活动关系中的主体、客体等各要素之间的特有矛盾，以及治安管理活动的行为、方法、过程和程序等特殊现象。将治安关系这一特殊的社会关系，作为治安学的主要研究对象，是因为治安关系贯穿于整个治安活动的全部过程，能够串接治安管理的各个环节和主要内容，可以作为贯穿和构建治安学科体系的一条主线。

由于治安管理主体在履行治安职能，行使治安管理权，维护政治统治关系和社会治安秩序的过程中，必然与其他社会主体之间形成一定的社会治安关系，双方存在着职权与职责、权力与权利、权利与义务等关系内容。治安关系概括有以下特点：

1. 治安关系由治安活动规范确认。治安活动需要一定社会规范确认，社会规范包括法律、政策、道德等规范；其中，主要是由治安管理的法律规范所确认。所以，治安关系具有规范性，由一定的社会规范所确认。

2. 治安关系因履行职能而形成。治安关系是因治安管理主体履行安全管理职能、行使治安管理权而形成的；因此，治安关系与治安管理主体履行职能相联系，具有职能性的特点。

3. 治安关系的内容为权利义务。治安关系发生在治安管理主体与其他社会主体之间，对双方设定了权利义务内容，或规范双方实现权利义务的内容；因此，治安关系具有权利与义务或权力与责任的内容属性。

4. 治安关系的客体多种多样。治安关系的客体即治安行为的对象，种类多样，形式各异，包括治安管理主体的行为和其他社会主体的行为，各种治安事件、物质、地域、时间、信息等；可见，治安关系的客体具有广泛性、多样性。

（二）治安行为

治安行为即治安关系主体双方的各种行为，包括治安管理主体的行为与治安管理对象即其他社会主体的行为。治安管理主体的行为类型方式包括措施、手段、方法以及行为过程和程序等，各种各样的行为包括常态化的普遍行为，非常态化特殊的行为；其他社会主体的行为，主要是治安管理对象的行为，包括合法行为、违法行为等；主体双方的各种行为都能够作为治安学研究的对象。

治安行为是治安关系中主体双方的各种行为。治安管理主体的行为，即治安管理行为，是治安管理权的具体形式，包括组织、指挥、监督、控制、处罚、强制、裁决、调解等行为措施、手段和方法，这类行为在治安关系中起着主导作用，是治安管理活动的主要行为方式，也是形成治安关系的主要因素，这类行为的形式具有规范性、多样性。治安关系中其他社会主体的行为，即治安管理对象的行为，包括合法行为与违法行为，包括人们遵守、执行、监督、协助等行为方式，也包括各种治安违法行为表现形式；这类行为在治安关系中处于从属和被支配的地位，其行为性质和方式具有复杂性、多样性。

---

① 《毛泽东著作选读》（上册），人民出版社 1986 年版，第 148 页。

此外，在治安学研究对象中，与治安关系密切相关的治安管理主体，其组织体系，管理体制，领导关系，活动原则，以及有关组织建设和人员管理等，经常成为治安学研究的重要内容。与治安行为密切相关的治安管理权，有关治安管理权的内容与形式，治安管理权的运行方式与程序，治安管理权与警察权的关系，以及有关治安违法行为的类型、表现方式和特点等，都是治安学研究对象中不可忽视的重点问题。

三、治安学的学科特点

治安学是一门理论与实践相结合的系统科学，它以社会治安现象、治安活动规律为研究对象，具体研究治安关系、治安行为的产生、发展、演化及其规律；比较研究不同时期的治安管理的体制、结构、功能、运行机制，研究治安管理的权力、行为、方法、措施、手段及其权力关系，研究治安管理的实际效力、效果、作用和价值。所以说，治安学既有广博的理论知识，又有实际应用操作的特点；它以极为丰富的治安活动实践为基础，形成了独立的理论体系、知识结构和实务操作技能。治安学的学科特点表现在以下方面：

（一）系统性

治安学是以研究社会治安现象及其各种治安实践活动的知识体系，是一门自成科学体系的、结构完整系统的学科。治安学将社会治安管理作为研究的具体内容，深入探究治安管理的整体、有序、相互关联的活动过程，重视研究治安管理功能和治安行为的各种规范和相互联系。因此，治安学具有学科系统性、知识关联性，通过采用系统的方法研究各种治安现象及其相互关系，站在相互关联的视角，研究认识和处理解决各种复杂的社会治安问题。

（二）专业性

治安学是一门独立的、专业性的知识体系，治安学所研究的社会治安现象，关系到国家安全和社会秩序等重大社会问题。治安学研究的重要内容治安管理，是国家管理的组成部分，通过专门机关实施的国家管理活动，其内容和形式具有特殊性、专业性。与此相适应，治安学必须研究社会治安活动的专业性问题，对各类专门性的治安现象、治安关系、治安组织、治安行为、治安效果等加以探讨，不断完善和发展治安学的专业理论和专业知识。

（三）实践性

治安活动是专门机关的具体社会实践活动，是警务实践的运用过程。治安活动既是国家机关的管理实践，又是警务组织的治安执法实践。治安学就是研究社会治安管理的实际应用，并且将这种社会实践、警务实践的过程，从理论上概括总结，探究治安管理合法、合理、有效的理论、规范和依据，并且从实践中发现各种治安问题，经过分析和论证，提出有助于解决治安实际问题的对策，不断充实丰富治安学的内容。

（四）技术性

现代科学技术日新月异，越来越多的科学技术方法和手段广泛运用于国家治安管理；目前，大量的新技术如计算机技术、信息网络技术、电子技术、生物技术、安全防范技术等，在治安实践活动中得到普遍应用，治安管理已离不开现代科学技术方法、技术手段的支撑。所以说，治安学要深入研究和有效解决社会治安活动中的问题，必须利用可靠的科学方法和技术手段，形成治安学科自身特有的治安技术方法和技术理论。

第四节　治安学的学科体系与研究方法

一、治安学的学科体系

治安学是以社会治安现象和治安活动规律为研究对象，治安学的学科体系是治安学研究对象的内在相互联系及其特殊表现形式所构成的一个整体，也就是治安学研究的基本内容和理论框架。一般认为，治安学的学科体系可以由理论学科与应用学科两大部分构成，由不同类别的科目和相关的课程组成的学科群，治安学的科目主要包括：治安学基础理论、治安史学、比较治安学、治安组织理论、治安行为理论、治安管理制度与规范、治安管理基本业务、治安管理技术技能等类别。治安学的学科体系主要由以下几个方面构成：

（一）治安学基础理论

治安学基础理论即治安学基本原理，是有关政治学说、国家学说、管理学说在治安活动、治安管理中的运用，是有关建立和完善治安学科以及治安管理制度的思想、理念、理论和方法。治安学的基础理论，是关于治安学基础性、支撑性的概念，各种治安现象及其产生的原因、发展规律；具体包括有关治安关系理论，治安关系主体的权利与义务、相互作用，治安关系客体诸要素及其相互关系运行规律；有关治安管理的性质、职能、任务、作用、原则，治安事件、治安事故等治安问题的规律及其特点。

（二）治安史学与比较治安学

治安及治安管理有其发生、发展、演化的历史过程，治安史学是对现代治安管理的历史背景、借鉴和发展规律的认知；历史是过去的现实，是今天研究一切社会现象产生、发展过程及其规律的背景。通过研究治安及其治安管理的思想、制度的起源、发展及沿革，对治安及治安管理历史经验和教训的科学分析总结，认识和把握不同历史时期治安管理的内容、特点及规律，从而指导现实治安管理实践。

比较治安学是对中外治安及其治安管理的思想理念、组织体制、制度规范、权力措施、方法手段等的现状及其规律的比较分析，研究不同国度、不同社会制度条件下的社会治安现象存在的差异和特点，总结分析相互之间的异同、变化规律及其形成的原因，从而起到借鉴优势、取长补短的作用。

（三）治安组织理论

研究有关及治安及治安管理的主体资格、组织体系、领导体制、机构设置、人员的管理、队伍建设等，国家治安组织、治安社会组织的基本形式、运行及活动方式，国家治安管理组织的相互关系及其与社会治安组织的关系等。

（四）治安制度、规范以及治安管理关系理论

研究治安制度建设、治安管理规范的产生与形成、内容与形式、作用于价值、效力与后果等，治安防范的法律规范、政策规范和其他社会规范；研究治安管理的法律规范的制定，有关治安管理的法律、法规、规章的体系；有关治安管理关系的构成，以及治安管理关系的基本理论。

（五）治安管理权理论

研究有关治安行为、治安管理以及治安管理权理论，治安行为与治安管理权的类型、内容、运行方式，以及治安管理主体的行为方式、方法和行为效力；研究治安管理对象的各种行为类型和特点，以及违反治安管理行为的表现形式、后果与责任等。

（六）治安业务活动

研究治安业务以及治安管理各项业务活动，业务类型、基本内容、运行过程及其特点规律；研究各种治安管理业务的应用措施、方法手段、问题对策，研究治安管理业务的应用技术和实践技能，有关治安管理业务的规律经验和操作规范。

二、治安学的研究方法

治安学的研究方法，对于全面系统深入地认识治安学科的知识至关重要。科学的研究方法应当贯穿于治安学认识的全部过程。治安学的研究方法可以归纳为以下几个方面：

（一）调查研究法

调查研究是进行社会科学研究的一种常用的方法。调查研究就是从实践中了解、探寻、认识社会现象、客观事实、科学规律，对收集的信息材料、具体问题，深入、系统地开展分析研判，坚持实事求是，坚持理论联系实际，密切结合警务实践，从理论上解决现实存在的各种治安问题。

（二）比较分析法

比较分析是对不同时间、不同空间、不同历史阶段、不同地域条件的社会治安现象、治安问题进行比较，从中发现各自的特点、规律及其相互关系；通过对纵向的历史发展和横向社会制度的比较，对各种文献资料的比较分析，全面认识、深入理解社会治安现象产生、发展、变化的全部过程，以及形成的原因、规律和特点，从而丰富、完善治安学理论，为治安管理实践提供借鉴。

（三）系统研究法

系统研究就是运用系统科学理论，对社会治安现象和治安问题进行研究。系统论是社会科学研究的重要方法论，也是治安学研究的重要方法；将治安学及其及其研究对象，纳入系统科学的范畴，把社会治安现象作为整个社会现象不可分割的部分，并研究其内在的联系；应用系统方法研究治安问题，从整体的联系中，认识和把握社会治安的规律、特点，多角度、全方位揭示各种社会治安现象的内在关系及其运行发展规律。

（四）实证研究法

实证研究或称实例研究、案例研究，是运用现实存在的治安事件、治安案件、客观事实材料、具体科学数据等事实和证明材料，遵循一定原则、程序、方法，采用科学技术手段进行分析、验证，从而得出具有普遍性结论的研究方法。通过对大量治安实例的分析、验证，从中获得带有规律性的结论，从而丰富完善治安学的知识结构和理论体系。

三、治安学与相关学科的关系

研究和学习治安学，需要认知和了解治安学与邻近学科的关系。因为，治安学的理论内涵及知识体系，是建立在与其他学科相互联系、相互比较、彼此相交关系的基础上，与相关学科密不可分。

（一）治安学与政治学的关系

政治学主要研究国家的基本理论和制度，研究国家起源、构成要素、体制、国家的政治原则、政治权力、政治制度，以及其他政治原理、原则和实践的学科。治安学研究体现了国家公共安全管理职能，研究治安管理活动的制度和运行过程，反映着属于国家行为范畴的治安行为，从国家职能意义上讲，治安学是建立在政治学研究的基础上，应用和吸纳政治原理、原则和国家政治行为。因此，政治学理论对于研究和认知治安学以及治安管理的政治属性，把握公共安全管理、治安管理的本质、职能和作用具有指导意义。

（二）治安学与行政管理学的关系

行政管理学是以公共行政制度及其运行机制等公共行政现象为主要研究对象，反映国家行政机关管理国家事务、社会事务和自身事务活动的一门综合性和动态性的理论与应用型的学科。治安学主要研究国家行政组织体系中的公共安全机构，为实现治安管理目标，在维护国家安全和社会治安秩序的过程中，行使治安管理权，履行治安管理职能，是一门综合性、实践性的理论和应用学科。治安学作为新兴学科，与行政管理学虽然分属两个不同的学科门类，但都适用于公共管理领域，管理的主体有一定的重合性，管理方式方法存在某些共同性；行政管理学成熟的理论、逻辑和方法，值得治安学借鉴和应用，有些理论可以为治安学学科建设提供思想理论基础，对于治安学的学科建设有一定的引领和指导作用。当然，治安学的研究和发展也对充实行政管理学的内涵有着积极的作用。

（三）治安学与行政法学的关系

行政法学是以行政关系为研究对象，是有关行政权力的设定、行使以及对其进行监督为内容的一门法学学科。治安关系就其社会关系的类型来看，属于特定领域的社会关系，行政关系对其有一定的影响和借鉴作用。由于治安管理是依法实施的管理，具有法律性质，虽然治安管理的法律规范自成体系，但从一定意义上看，可以纳入广义的行政法律体系。行政法学从整体上研究的行政机关和行政权问题，治安学则是具体研究治安管理主体和治安管理权；由于治安管理主体从组织体系上，属于行政体制，而且治安管理职权具有行政性的特点，所以，行政法学对于治安学的研究有着指导意义和比较借鉴的作用。另外，行政法所确定的原则、方法、手段，可以作为治安执法和治安管理效能实现的条件。当然，治安学科理论和实践的不断丰富完善，对于充实行政法学的内容具有积极影响和作用。

（四）治安学与侦查学的关系

刑事侦查学是研究犯罪规律和特点，以侦查制度、侦查理论和侦查实践为研究对象的学科。侦查学与治安学同属公安学科，都是政治性、实践性很强的公安类专业的主干学科，并且构成公安学科的两大基础专业。治安学与侦查学的关系极为密切，它们研究的组织体制、实施主体具有共同性，警察组织既是治安管理的主体，也是刑事侦查的机关；从治安管理与刑事侦查活动的目的和任务来看，具有同一性，都是以维护国家安全和社会社会治安秩序为目的，二者相辅相成共同实施打击犯罪，防范危害社会的各种危险，实行打击犯罪与预防违法相结合。治安管理权与刑事侦查权同属警察权的基本类型，二者的一些手段、方法、措施有着共同性，治安案件、刑事案件查处所采用的技术手段和对策方略，以及现场勘查的方法、措施是相同的。但是，治安管理与刑事侦查所涉及和调整的社会关系性质有差异，实施的阶段有所区别：治安管理属于行政执法活动，工作重点在于预防；而刑事侦查则是刑事执法行为，是刑事诉讼活动的重要阶段，为刑事司法的前置准备过程；二者所采用的措施、手段的强制性程度有所不同，刑事侦查的措施、手段的程度更为严厉；治安管理处罚是一种结果，而刑事强制措施不具有终结性，是为刑事司法裁判作准备。

第二章　我国治安的发展历史

第一节　奴隶社会的治安

一、治安是社会历史现象

治安作为一种社会现象，反映的本质是维护安全、秩序的国家职能。治安是一种社会状态，也是国家行为，历来都是统治阶级用以维护政治统治，保障社会安定的重要活动方式。我国治安的历史悠久，内容极其丰富，历代统治者都不断地强化社会治安，重视对社会安全的管理。随着社会政治、经济的发展，治安及安全管理的内容也在不断得到充实和丰富，在不同的历史时期，形成了具有不同特色的治安及安全管理的现象、内容、形式和制度。研究和学习治安的历史沿革，认知不同历史时期、不同社会制度下治安及安全管理的性质、职能和特点，有助于人们总结治安的发展规律，借鉴和汲取治安及安全管理的经验，探索和完善新时期我国治安及安全管理的运行机制和发展模式。

从人类社会的历史发展阶段来看，原始社会生产力极其低下，人们是以血缘关系建立起来的氏族社会，社会生产资料共同占有，人们共同劳动，没有剩余产品和私有财产。原始社会没有阶级，没有国家，也没有军队、警察和法庭。由于当时的社会生活极为简单，因而没有治安及安全管理的需要，也就没有专门从事治安管理的组织和人员。

到了原始社会后期，随着生产力的发展，出现了私有制，社会逐渐分裂为对立的阶级，当阶级矛盾发展到不可调和的时候，这时就产生了国家。随着国家的出现，统治阶级为了保护其阶级利益和统治秩序，就需要设置维护统治秩序的国家机器，需要进行安全管理，就有了治安活动。但是，古代治安即安全管理的职能，是在军事、司法、监察等国家职能中体现的；奴隶社会没有设置专门的治安管理机构，也没有专职的治安警察，更不存在独立、完整的治安及安全管理制度。

二、夏、商时期的治安

夏朝是中国历史上第一个奴隶制国家，在夏朝的国家机构中，设置有后稷、司徒、秩宗、司马、士、共工等六卿，其中司徒的职责是负责处理民事纷争，维护社会秩序，类似于治安管理和安全防范的职能。司马和士分别执掌军事和司法，同时负责部分治安及安全管理职能。可见，当时治安及安全管理的内容有着综合性的特点，是寓于民事、军事和司法中的综合职能。夏禹时代，奚仲造车，出任车正，负责车辆管理，这表明夏朝已有了交通管理职能的萌芽。据《左传·襄公四年》记载，夏时“有民千三百五十万三千九百十人”，表明夏朝已经有了对户口的登记和统计。夏朝还制定有禹刑，对于危及奴隶社会统治秩序的行为予以镇压和打击。

商朝的官职制度基本沿袭了夏朝，其治安及安全管理的职能、形式基本上与夏朝相似。为了维护奴隶主阶级的统治和社会秩序，商朝进一步强化国家机器，并假借天意，实行神权统治。此外，商朝建有专供传递公文的信使，有为来往官员居住兴办的旅馆，即驿站，表明商朝已有了对旅馆业的管理。

三、西周、春秋时期的治安

西周是中国奴隶制社会的鼎盛时期，为适应社会生产力的发展和阶级统治的需要，国家的职能有了进一步的发展和强化。作为履行国家职能的职官制度分工更加专门化，门类更加清晰，分别设置各种官吏，其中就有职掌社会治安及安全管理部分职能的官职。据《周礼》记载，西周设置司民，掌登万民之数，负责人口登记；设司武虎，掌宪市之政令，禁其斗嚣者、与其武虎乱者、出入相陵犯者，负责禁止斗殴滋事；设禁暴氏，掌禁庶民之乱暴力正者、矫诬犯禁者、作言语而不信者，负责禁止滋事、暴乱；设司稽，掌管巡市，查获犯禁、缉捕盗贼；设野庐氏，负责管理道路交通。西周奴隶主阶级承袭了夏商奴隶主阶级的统治，在此基础上，统治方略上提出了“以德配天”、“明德慎罚”和“礼治”的思想，这也是西周实施治安及安全管理的思想基础。这一统治思想，对于西周的治安及安全管理职能的发展与强化，起到了重要的作用，并且对当时治安及安全管理的内容、形式、范围趋于专门化、制度化，产生了很大的影响。

春秋时期是我国奴隶制社会走向瓦解的社会大变革时期。随着社会经济基础的变更，新兴的封建势力的逐步增长，使得当时社会的上层建筑发生变革，在政治制度方面推行改革，当时社会的治安职能也随之进行变革，安全管理有了进一步的发展。春秋时期的治安管理职能的分工，在西周的基础上，得到进一步的细化，设置了一些官吏分别执掌相应的治安及安全管理事务，如负责街市巡逻、逮捕罪犯、打击不法行为的司稽；负责守望禁夜的司寤氏等。

奴隶社会是国家治安职能的萌芽时期，到了奴隶社会的晚期，治安职能有了一定的发展，出现了初步的职能分工。但是，这个时期国家的治安及安全管理的职能，是与司法诉讼、刑事、军事等其他职能交织在一起，或寓于其中的；治安管理的内容也是分散在其他国家职能之中，并未设置专门的治安管理机构。因此，这一时期的治安及安全管理仅仅是初步的，没有成为专门化的国家职能，这个时期简单凌乱的安全管理职能，是与其他国家职能合为一体的。

第二节　封建社会的治安

中国封建社会经历了两千多年的历史，这个时期，国家机构的设置逐步得以完善，各种国家职能不断详细化、具体化、制度化；治安及安全管理的国家职能，也随之有了一定程度的发展，得以形成并趋于制度化。

一、秦、汉时期的治安

秦统一中国后，国家机器得到进一步的加强和完善，治安及安全管理职能和机构有了较大的发展。秦汉时期，虽然治安与军事、司法等职能基本上混合在一起，但从中央到地方在官职的设置上，已经有了初步的分工，各自掌管的职能也有了一定程度的独立。秦朝在中央设有三公九卿，其中御史大夫、廷尉等负责主管司法和治安；在地方，虽然各级行政长官仍对所辖区域的治安负责，但基层设置的尉及都亭、亭等官职和机构，具体负责维护秩序、调解纠纷、盘查行人和查禁盗贼等治安及安全管理事务。

秦汉时期，统治阶级特别重视对户口的管理。秦朝建立了户籍制度，对所有人口造册登记，实行出生登记、死亡注销的管理等。为了使户籍管理更加严密，秦施行了“什伍连坐”制度，将居民按户编为“什”“伍”，以相检查；什伍之中一家违法犯罪，邻里负有连带责任。这实际上就是此后整个封建社会和国民党统治时期所实行的保甲制度的雏形。汉朝较秦朝的户籍管理更为严格，户口登记更为详细，出现了户等制的萌芽，户口迁移也已制度化；为了完善户口管理，汉朝还建立起一套户口调查办法，称为案比。案比之后造册，造册之后上计，上计之后要引导流民重新占籍。

秦汉时期，在治安及安全管理职能上的一个独创性的机构称为亭。亭，原是战国时期在边境设置的监视敌情的军事性机构，秦汉时期，在驿道、关隘、渡口、街道、集市等都设有亭，已经发展为负责治安、盘查行人、调解纠纷、查禁盗贼、传递公文、管理集市等综合性安全管理功能的机构，但其以管理治安、预防犯罪为首要职责。秦汉时期，统治者还重视对道路交通和旅馆业的管理，建立有消防管理制度和印章管理制度。诸如，秦修建了七条驰道以及秦直道，相当于现在的高速公路，规定行路规则，建立凭证通行的制度；汉朝的官印中，开始有了章和印的区别；为防止火灾，加强对用火的管理，制定有防火规章制度，如立秋以后禁山放火烧荒，并建有防火报警的望楼；汉朝在道路管理中，规定了右行制的城门通行规则；汉朝在治安及安全管理机构的设置上，将中尉改称为执金吾，“吾者，御也，掌执金萃，以御非常”，意为执掌武器，应付紧急非常事件。

总之，秦汉时期是中国封建社会的初创时期，这时的治安及安全管理机构及其职能，较以前有了很大发展，并对以后产生了一定影响，是我国古代治安及安全管理体制的成型时期。

二、唐、宋时期的治安

唐朝是我国封建社会的鼎盛时期，这时的治安及安全管理与其他国家职能一样，不仅沿袭了以前历代封建制国家统治的基本做法，而且在此基础上有了进一步的发展和完善。从机构设置来看，唐朝在中央设有吏、户、礼、兵、刑、工六部，其中户部掌管户籍、赋税、财政等事务；在地方相应设有司户、司兵、司法，分别掌管户口、治安和捕盗，负责治安及安全管理职能；在基层，实行四家为邻、百户为里、五里为乡的治安制度，里设里正，负责查验户口、检查违法、催督赋役等；城市设坊正，农村设村正，以督察奸非。唐代全国设有许多供人安歇住宿的驿站，出现了经营典当业；由于火药技术被应用于军事，对城市建设中的防火得以重视，建立有消防管理制度和防火安全措施，消防灭火的专用器具也有相应发展；在人口管理上，实行严格的划分户口类别和评等定户的制度，制定有严格禁止人口隐漏的各种管理规范。

宋朝的治安及安全管理在唐朝的基础上有所发展，在中央，除六部中的户部、刑部的职能与治安有关外，还扩大了金吾卫的职能。在京师城内，设有坊的建制，城外设有八厢，掌管民事斗讼。在地方，设有监视地方的巡检司，负责维护城市、驿道、河道、边境地区的治安，“巡逻州邑，捕捉盗贼”，并负责消防安全管理；地方还设有县尉司，负责维护县城、集市的社会治安。宋朝在基层治安管理中，普遍实行保甲制度，规定十家为一保，五十家为一大保，选有保正、保丁职位，负责保内的巡逻，追捕盗贼，搜捕送官；规定若保内有犯罪案件知而不告者，邻里连坐治罪。在消防安全管理方面，宋朝加强了对火灾的管理和控制，规定夜间不得用明火，对火灾肇事者严加处理；并改善建筑防火的设施条件，建立专门救火的组织等。在交通管理方面，宋朝实行道路交通回避制度，即贱避贵、轻避重，少避长，来避去。在治安秩序管理方面，加强了对旅馆、典当铺、制造火药火器作坊等的重视和管理。

三、元、明、清时期的治安

元朝在中央除了户部、刑部职掌与治安及安全管理有关的事务外，还沿袭了辽金制，专设了警巡院和京城兵马指挥司，负责京师治安。在地方，分别设置录事司、判官和县尉，负责维护地方的治安秩序；还设有巡检司，巡查地方治安，揖捕盗贼。元朝的治安职能较以前有所发展，元朝规定，没有官府发给的通行凭证，旅店不得留宿；为了防止逃犯住宿，旅店要对住宿人的情况逐一登记；并且对于当铺业、官办妓院、罂粟的使用等，也有了一定的限制和管理。元朝根据职业把居民分为若干种户，诸如军户、站户、医户、匠户、盐户、儒户、僧户等，每种户对国家承担特定的义务，如军户出军、站户当差、僧道念经，他们的赋役负担各不相同；民户一经按业定籍，则世代相沿，不得擅改。

明朝治安及安全管理的职能和机构，仍沿袭由六部中的户、兵、刑部分别掌管，在京师设五城兵马司，维护京师的治安秩序，负责夜间巡查、查稽户口、巡捕盗贼、疏理河道、防火灭火等；并协助刑部、都察院勘验押解犯人等。在地方，行政长官之下，府设有捕盗通判，州有捕盗同知，县有判官、巡捕主簿；县以下的基层，城内置坊，乡村恢复里甲制，负责民政、教化和社会秩序。明朝已出现当铺、典当等概念，典当活动比较活跃。明朝的官办妓院称乐坊。明朝开始了鸦片的制作，鸦片在社会上有较广泛的供应，从宫廷到民间，形成了一个吃用鸦片的阶层；虽然明后期禁令吸食鸦片，但无济于事。由于当时火药起火爆炸的事故相当严重，明朝还重视加强火政和防火的宣传。

在清朝的国家机构设置中，除了中央仍设六部外，在京师设置步军统领衙门，统率八旗步军营和绿营马步军巡捕五营，负责维护治安秩序。八旗军负责守卫内城，担负夜间巡逻，把守城门，捕盗、防火等；绿营兵负责外城的捕盗和近郊的治安秩序。此外，五城御史、五城兵马司，分别负责“缉捕盗贼，审理人命，盘狱幽人以及禁约赌博、稽察奸宄”等安全管理事务，执行禁邪教、禁抢夺妇女及拐骗幼子、禁诈骗等禁令。地方在行政长官之下，设道员、巡检，负责当地的缉捕盗贼、盘诘奸宄。为了维护地方治安秩序，强化统治关系，清朝沿袭了保甲制度，并加以发展和完善，规定保正、甲长、牌头负责稽查户口，巡逻瞭望，缉捕盗匪以及查店等安全管理事务。保甲制度与连坐制度相联结，保甲组织与团练相结合，成为清朝统治阶级用来强化治安控制和镇压人民的重要工具。随着外国势力的侵入，清后期已沦为半封建半殖民地社会，外国租界的出现，外国商人在中国开办工厂、商店、旅馆，外国公司向中国倾销鸦片，并由此产生的吸毒等一系列社会现象，成为当时治安及安全管理面临的难以解决的新问题。

综上，中国封建社会的治安及安全管理具有以下特点：

1. 从组织机构来看，封建社会的治安机构尚未形成独立的专门体系。虽然历代封建统治阶级注重国家机构的设置，从中央到地方均设有负责治安及安全管理的机构和官职人员，并形成了一定的体系和规模。但是，这些国家机构并非专门负责治安的机构，没有形成独立的治安及安全管理体系。

2. 从治安职能来看，封建社会的治安职能基本上没有从国家的军事、刑事、司法等职能中独立出来，负责治安及安全管理的机构和人员，具有军事性质、刑事司法性质的机构和人员，治安职能是与军事职能、刑事职能混合在一起的。

3. 从治安管理内容来看，中国封建社会的治安管理十分重视户籍管理和基层治安防范，历代封建统治者都将户籍管理置于重要地位，从机构的设置到基层保甲制度的建立，逐步得到完善和发展。无论历代封建统治机构如何变化，但其户口管理的部门和职能始终没有削弱，而且不断得到强化。

第三节　半殖民地半封建社会的治安

从1840年鸦片战争，到1949年中华人民共和国成立；这一百多年，中国沦为半殖民地半封建社会，经历了清朝后期帝国主义列强的侵入、殖民占领，辛亥革命推翻封建帝制、建立民国，军阀割据混战，以及第一次国内革命战争、抗日战争和解放战争。这个时期引入了西方近代警察制度，产生了中国独立的治安管理机构，治安从属于警察职能，重视治安法律的制定和治安管理制度的构建。这个时期的治安主要包括以下几个阶段。

一、清朝末期的治安

鸦片战争后，在清朝末年戊戌变法和推行“新政”之后，清王朝为了维护其封建统治，开始效仿国外建立警察制度，成立专门的警察机构。从此，近现代意义上的警察制度和治安管理制度逐步建立起来。

1898年，经清政府批准，在湖南长沙设立了保卫局，其职责为缉捕盗贼、清查户口、维护治安，是专门履行警察职能的安全机构，被认为是中国近代专职警察制度的开端。1901年，清政府下令创办巡警，设立了善后协巡营，后改称工巡总局，是具有警察性质的机构，下设巡警队，负责执行京城警察事务，兼管一般市政和司法职能。1902年，袁世凯在天津试办巡警局，之后各地仿照设立巡警局。1905年，清政府为了统一全国警政，在中央设立了巡警部，这是我国最早的中央警察机关；巡警部下设警政、警法、警保、警学、警务五司，负责全国的警察事务。第二年在官制改革中，将巡警部改为民政部，其下设的警政司负责治安管理，民治司负责户籍管理。民政部还设有消防公所，成立有专业消防队，负责消防管理事务。这时京师的工巡总局改称巡警总厅，设总务、行政、司法、卫生四处，下设若干分厅和分区，专门负责京师警政。其中行政处负责治安管理业务，掌管整饬风俗、维护治安、编查户口、稽核道路、工程等事项；司法处负责处理违警案件等。1907年，清政府把各地方省巡警总局改为巡警道，作为各省警政主管机关，州县的巡警局政为巡警署，负责当地的治安及安全管理。

在建立近代警察机构的同时，清政府已在各地开办了警务学堂或巡警训练所，培养、训练警察官吏。并且，还颁行了一系列警察法规，涉及警察机构和组织编制，警察官吏的任用、奖惩、考核，以及有关户籍、交通、正俗、结社集会、营业、印刷、危险物品管理等多方面的治安事务。

二、北洋军阀时期的治安

1911年的辛亥革命，标志着中国两千多年封建社会制度的结束。但是，资产阶级革命的成果，很快被以代表封建买办反动势力的北洋军阀政府所篡夺。北洋政府为巩固其反动统治，在清末警察制度的基础上，大力强化警察机构及其职能，治安职能也随之得到进一步发展。北洋政府负责治安的机构是内务部下设的警政司，主管全国的警察事务。原京师巡警总厅改为京师警察厅，直属内务部，负责管理京城的警察事务；其下设行政、司法、消防、勤务督察等处，下辖区警察署、警察分驻所、派出所等基层机构。执行治安职能的主要是行政、消防和勤务督察机构，它们分别负责保安、正俗、交通、户籍、警卫、营业、建筑以及防火、治安巡逻等警察事务。此外，下辖的警察机构还设有保安、消防、交通、侦巡等专业警察队。基本形成了一个完整的、多层次的治安及安全管理体系。

北洋政府时期，地方省的巡警道改为警察局，设有行政、司法、消防、勤务督察等部门，并建立各专业警察队；地方市、州、县的巡警署改为警察厅、警察事务所，分别管理所辖地区的治安事务，其内部和下属机构的设置，与京师警察厅的情况基本相同。为加强警察教育，北洋政府还集中设置警察学校，培养、训练警察人员。这一时期，北洋政府非常重视治安警察法规的制定，颁行了大量有关治安管理方面的法规，其中颁行的《违警罚法》，被认为是我国第一部治安管理处罚法规。此外，北洋政府时期还制定有《治安警察条例》、《户口调查规则》、《管理枪支规则》、《管理印刷营业规则》、《管理汽车规则》、《管理花炮规则》等许多专业治安管理法规，这在我国治安史上具有一定影响。这一时期，地方的保卫团、保甲等作为警察的辅助组织，在维护地方治安秩序方面也负有职责并发挥一定的作用，有些地方出现了“警甲并立”、“警甲合一”的情形。

三、国民党统治时期的治安

在国民党统治时期，反动政权为了镇压人民革命，维护其反动统治秩序，更加重视警察的作用，其警察机构及其职能已扩展到空前的程度，治安职能也得到进一步强化。南京国民党政府成立后，1928 年中央警察机关由内务部改为内政部，下设警政司，直接管理全国的警察事务。警政司下属机构分别负责消防、户口调查、违警处罚、危险物品取缔等事项。直至 1942 年，除设警政司外，另设有户政司，主要负责户口登记、统计、管理等。1946 年，警政司改为警察总署，下属机构由科改为处，分别负责各类治安及安全管理事务。此时的交通管理，由隶属于交通部的交通警察总局负责。

国民党统治时期的地方各省设有警务处，负责地方的治安及安全管理；地方县、市设公安局，分别负责所辖地区的治安及安全管理，1937 年后，地方的公安局改为警察局；地方县以下设警察所、警察分驻所及派出所，是基层治安机构。此外，在各级警察组织中，还建立有各种专门的警察队伍，设有消防、交通、保安、水上警察队和巡逻队。国民党政府重视保甲制度，保甲组织严密，保甲协助警察“清查户口，稽相奸宄，搜捕罪犯，维护秩序”，是辅助警察镇压人民革命，维持反动统治的重要力量。这个时期，还非常重视立法，先后公布施行的有关治安管理的法规达 100 多项，把治安活动用法律形式加以规范，提供实施警察治安的依据。

第四节　新中国的治安及安全管理

一、新中国成立前人民民主政权的治安

新中国的治安及安全管理，是在继承了新中国成立前人民民主政权的治安管理的基础

上，建立和发展起来的。早在新民主主义革命时期，1931年11月在江西革命根据地成立了中华苏维埃共和国，从此开始创建人民警察组织，设定警察安全管理的职能；苏维埃临时中央政府内务部下设民警局，负责根据地的治安及安全管理。抗日战争时期，边区抗日民主政权普遍建立，各边区人民政府下设民政、保安等机构，履行警察职能，负责治安事务。民政机构主要负责户口调查统计、禁烟禁毒、维持治安秩序；保安部门负责侦查、锄奸工作等。这一时期，边区人民政府制定了一系列治安及安全管理的法律法规，如《陕甘宁边区违警处罚暂行条例》、《晋冀鲁豫边区违警处罚暂行办法》，规定有关禁烟禁毒、查处鸦片毒品、自卫武器登记管理等条例和实施办法等。解放战争时期，随着解放区的不断扩大，各解放区的人民警察组织逐步建立，各省、市、县相继产生了人民公安机关。有关治安及安全管理方面的工作包括：户口、消防、交通管理，以及处理治安违警事件等。新解放的城市中，在军管会所属的公安机关领导下，逐步建立起新的户口管理、交通管理、市容管理等制度；开展对公共娱乐场所的管理，实施禁烟禁毒、枪支管理等工作，并配合军管会肃清残余敌对分子，维护社会秩序，为巩固新生革命政权发挥了重要作用。这一时期，各地政府、军管会在治安及安全管理方面，还制定了大量涉及户口、交通、公共场所、特种营业、枪支等管理规则和办法，对于维护解放区和新政权的社会秩序发挥了重要作用，并为新中国成立以后制定有关治安及安全管理的法律、法规奠定了基础。

二、新中国成立初期的治安

新中国成立后，我国人民公安和治安工作进入了新的时期。1949年10月中央人民政府公安部成立，公安部下设治安局，地方各大区、省、市、县设公安厅、局，各级公安机关内设置治安部门，分别负责所辖地区的治安及安全管理。在城市街道、农村乡镇，设公安派出所和公安特派员，负责基层治安工作；全国自上而下建立起各级治安机构，形成了完整的治安管理体系。新中国成立初期，公安机关的主要任务是打碎旧政权的警察专政机器，建立人民公安机关，发动群众肃清反动势力，建立新秩序，巩固人民民主政权。在城市，开展搜捕敌特分子，镇压反革命的破坏活动；在农村和新解放区，主要是清匪反霸，取缔各种反动封建的邦会道门。围绕公安机关的任务，各级治安部门一方面对于过去被列入特种营业的公共娱乐场所、饭店、旧货、典当、印铸刻字等行业进行管理，另一方面根据当时稳定社会秩序、打击敌特破坏、消除旧社会遗毒的需要，把其他公共场所、危险物品以及火药、硫磺制造业等列入治安管理的范围，开展治安及公共安全管理。新中国成立初期，针对当时敌特分子破坏经济建设，进行暗杀，窃取情报机密，组织地下武装暴动，以及流氓、恶霸欺压群众，从事抢劫、偷窃等犯罪活动，严重危害人民政权和损害人民群众利益，危害人民群众生命财产安全的实际情况，各级治安部门配合整个公安工作，打击反革命破坏活动，打击盗匪和流氓集团，建立城市治安管理体系，开展调查户口、安全防范、管理消防交通等工作，加强基层治安组织建设，初步建立了正常的社会秩序。

1950年7月至8月，第一次全国治安工作会议，总结了解放以来的治安工作的成绩，确定了治安管理工作的任务，运用人民警察的行政力量，依据党的政策和政府法令，依靠人民群众，主要采取公开的工作方式，取缔各种反革命破坏活动，同盗窃、流氓等各种破坏分子作斗争，同危害人民生命财产安全的火灾、爆炸、车祸等作斗争，管制一般反动分子。会议强调，加强以户口管理为中心的派出所工作，制定了《户籍工作条例》，统一了全国户籍工作，同时开展防特、防盗、防火等工作。拟定了对特种行业管理、枪支管理、交通管理和违警处罚的办法、条例。初步建立并开展了治安管理的各项业务，全国大部分县市建立了户口管理制度，能够掌握社会动态，在限制敌对分子的破坏活动，配合隐蔽斗争方面发挥了重要作用；通过整顿和改造旧的交通、消防组织，改进了交通管理，建立了车辆管理制度，加强了对爆炸、易燃物品的管理；许多地方建立起群众性义务消防队伍，增强了对公共复杂场所的控制能力，为以后的治安工作奠定了良好的基础。

1953 年 9 月，召开了第二次全国治安工作会议，总结了以往的治安管理工作经验，对已经建立起的户口、交通、消防和城市治安秩序管理工作，对开展的治安管理各项业务给予了肯定，提出了今后治安管理工作的要求，继续提高户口、交通、消防等各项业务建设和组织建设，打击反革命和刑事犯罪的破坏活动，减少治安灾害事故，进一步加强社会治安管理，保卫国家的经济建设，保卫人民的利益。会议明确了基层公安派出所的基本任务，强调要巩固和加强群众性治安保卫组织的建设。根据会议的要求，治安部门一方面，针对公开的反革命已大大减少、隐蔽战线敌情严重的实际情况，密切掌握敌情，利用公开的手段配合隐蔽斗争；另一方面，针对在社会主义改造时期，社会矛盾和不安定因素增多的实际情况，广泛了解社会动态，开展调查研究，加强各方面的管理，消除和减少各种治安问题。此后，进一步加强治安管理各项业务建设，相继建立和完善了户口、交通、消防、公共治安秩序、特种行业、危险物品等管理制度，开展经常性的管理活动；建立了以户口管理为中心，以派出所工作为基础，包括治安、刑侦、户籍、交通、消防等多部门共同构成的治安管理工作体系，使治安工作走上了正轨，治安管理在围绕以保卫国家经济建设的工作中得到稳步发展。

三、社会主义建设时期的治安

1956 年，党的八大提出了全面建设社会主义的总方针，根据八大会议的精神，1957 年召开了全国公安会议，提出了公安工作的重点从主要是对敌斗争，开始转变为在加强对敌斗争的同时，加强治安工作。明确提出加强治安管理，巩固城乡社会秩序的措施，包括健全户口管理制度，整顿和加强消防管理，减少治安灾害事故等。20 世纪 60 年代初，由于指导思想的偏差，经济上盲目冒进，加上自然灾害的影响，国民经济出现了严重的困难，曾一度出现了城乡治安秩序不好的局面，刑事案件一度上升，各种治安问题突出，治安事故、事件增多。针对这种情况，公安部于 1963 年 9 月召开了城市治安管理工作会议，提出了以城市为重点，进一步加强和提高城乡治安管理工作的要求。明确指出，在配合打击刑事犯罪的同时，治安管理部门要严格区分两类不同性质的矛盾，对群众性的治安事件和一般违法行为加强教育，做耐心细致的思想转化工作，尽量化解矛盾。并且对管理教育违法犯罪青少年、户口管理、特种行业管理、公共秩序管理、交通管理、治安保卫组织建设等方面，都提出了有针对性的措施。经过广大治安民警和人民群众的努力工作，使当时复杂的治安问题得到迅速稳妥的解决，社会治安局面得以改善。

这个时期，为了适应形势的需要，公安机关把治安体系中的交通、消防等部门的管理内容进一步加强，突出专业特点，使之逐渐形成为独立的管理体系，从而治安管理的分工更加明确，职能作用更加强化。在总结治安管理实践经验的基础上，国家重视治安立法工作，制定了《人民警察条例》、《治安管理处罚条例》、《户口登记条例》、《消防监督条例》、《爆炸物品管理规则》等一批法律、法规，从而促进了治安管理的法制化、规范化。这一时期经过治安部门和广大治安民警的不懈努力，各项治安管理工作有力地配合了党和国家的中心工作，保卫和促进了社会主义建设事业的发展，维护了广大人民群众的利益，社会秩序良好，人民安居乐业，各种治安灾害事故和损失明显减少，出现了新中国成立以来最好的社会治安形势。

十年动乱期间，治安工作遭到严重破坏，公安机关及其治安管理机构被砸烂，治安管理业务和专门工作被取消，治安管理的各种法规、制度遭到践踏，各种行之有效的治安管理方法、手段被废弃。在此期间，社会治安秩序出现混乱，刑事犯罪活动猖獗，治安事件和治安灾害事故大量增加，致使国家和人民群众的利益受到极大损害。尽管如此，广大治安民警仍坚持原则，坚持真理，通过各种方式和途径，抵制错误路线，并在治安工作实际行动中，积极维护社会治安秩序，尽量减少了刑事犯罪和治安灾害事故造成的危害，保障了人民群众的生命财产安全，艰难履行着治安管理的职责。“文革”后期，特别是 1973 年召开的第 16 次全国公安会议之后，人们对极左思潮在公安战线的负面影响和造成的危害有了明确的认识，提出了全面恢复和加强消防、交通、户口、特种行业和公共场所等业务的管理，整顿加强基层治保会；在组织上，撤销了“文革”以来对公安机关的军事管制，统一全国公安机关的体制，公安机关内部的各业务机构得以恢复和设置，治安工作开始得到复苏。

1976 年 10 月结束了“十年动乱”，各条战线拨乱反正，全国政治经济形势迅速好转。1977 年召开了第 17 次全国公安会议，消除错误路线对公安工作的破坏和影响，提出全面恢复和健全治安管理的各项制度和组织机构，加强各项业务工作的基层基础工作，恢复和发扬公安机关的优良传统和作风。1978 年 8 月召开了第三次全国治安工作会议，总结了新中国成立以来治安管理工作正反两方面的经验教训，提出了在新的历史时期全面加强治安管理，明确了治安管理工作要实行“党委领导，依靠群众，预防为主，管理从严，及时打击，保障安全”的方针，并制定了城市治安管理工作细则，提出了整顿和加强治安管理工作的具体措施和方法。

四、改革开放以来的治安及安全管理

1978 年党的十一届三中全会以来，我国进入社会主义现代化建设的新时期，治安工作也呈现出新的历史转折，各级治安管理机构得以全面恢复和加强，治安管理体制逐步健全和理顺，各项治安管理业务得到开展，社会治安秩序明显好转。1979 年 4 月，中央提出以城市为重点，整顿社会治安，并对社会治安实行综合治理，组织和依靠社会各方面的力量，采取多种手段，解决社会治安问题，实现从根本上预防和打击违法犯罪，维护治安秩序，保障社会稳定。1983 年 8 月，中央作出关于严厉打击刑事犯罪活动的决定，在全国范围内开展了持续三年的“严打”斗争，基本上改变了社会治安因十年动乱而形成的不正常状况，实现了社会治安的持续稳定，巩固了安定团结的政治局面，保障了改革开放的顺利进行。

1984 年以后，治安管理工作进行了一系列改革，在户籍管理方面，从服务于经济建设的中心出发，放宽了中小城市迁移落户条件，放宽限制；改革旅馆业等特种行业的管理，做到既有利于维护治安，又方便群众。1985 年颁布了《居民身份证条例》，全国范围实行居民身份证制度。1986 年 10 月，国务院作出了改革道路交通管理体制的决定，全国城乡道路交通管理统一由公安机关负责。1986 年 7 月，公安部在总结一些城市开展治安巡逻经验的基础上，下发了《关于组建城市治安巡逻网的意见》；此后，又提出了“以动态管理为主”的治安管理指导思想。在消防管理方面，建立了各种形式的消防安全承包责任制，引进了目标管理和全面质量管理的方法。在治安秩序管理方面，建立以 110 报警为代表的动态治安管理机制，有效地处置突发性治安事件，提高了公安机关的快速反应和整体作战能力。在治安基层基础工作方面，改革派出所工作，推行各种形式的治安保卫责任制，发动群众进行治安联防，有力地维护了社会治安秩序。

1992 年 10 月，党的十四大提出了建立社会主义市场经济体制的目标，我国社会主义建设事业进入了一个新的历史阶段。在社会主义市场经济条件下，随着经济、政治和社会各项事业的快速发展，对治安管理提出了新的要求。随着各项改革的不断深化，各种新的社会矛盾和社会热点问题也在不断增多，社会治安形势呈现出新的特点。为此，治安管理部门积极探索新的管理方法和措施，建立打、防、控、管一体化的管理机制。1993 年 6 月召开了全国城市人民警察巡逻工作会议，确定建立城市民警巡逻体制；之后，公安部制定了《城市人民警察巡逻暂行规定》，规范了巡逻勤务方式。1996 年 8 月，在漳州召开全国城市 110 报警服务台建设工作现场会，以建立 110 报警系统为契机，推动治安快速反应机制的建设。1997 年 4 月，召开了全国公安派出所工作会议，提出把公安派出所工作置于公安工作的战略位置，调整其工作重点，落实防范和管理责任制，加强社区安全建设，切实提高预防犯罪的能力，建立责任区民警责任制，努力实现“发案少、秩序好、群众满意”的目标。针对近年来各种群体性治安事件不断发生的情况，2000 年 4 月公安部作出了《关于公安机关处置群体性治安事件规定》，从而为妥善处置群体性治安事件提供了依据。

改革开放以来，国家十分重视治安管理的立法，全国人大、国务院、公安部等有权机关制定的有关治安管理的法律、法规、部门规章的数量达百余件，内容涉及治安秩序管理、特种行业管理、公共安全管理、消防监督管理、道路交通管理、计算机安全监督管理等，这些法律、法规、规章的实施，对于维护社会秩序和公共安全，保护公民合法权益，预防和减少违法犯罪，保障治安管理部门依法履行治安管理职能，发挥了重要作用。

第三章　治安管理的理论基础

第一节　治安管理的理论基础概述

一、治安管理理论基础的涵义

治安学的研究对象是国家治安管理活动及其运行规律。因此，治安学作为一门学科的提出，首先建立于经过长期的治安活动以及治安管理实践，以及积累起来的丰富的治安管理制度和经验。任何一门学科的建立和专业化过程，离不开理论基础的奠定，理论基础是指导人们社会实践活动的基本理念、思想。治安管理的理论基础就是治安学科的研究其对象、研究范畴的基本立论依据、缘由和根基。它对于构建治安学科的理论与方法，起着重要的基础性支撑和指导作用。

社会科学研究及其社会活动的理论基础，首先是马克思主义辩证唯物主义和历史唯物主义理论。以治安管理作为研究对象的治安学，它与社会治安活动以及治安管理实践的关系，就是认识与实践的关系；治安管理作为上层建筑领域的社会活动，不能背离我国的国家性质和基本国情，人民民主专政的社会主义性质，是根本的政治基础；我国的治安管理活动是由社会主义公有制为主体、多种经济成分共同发展的经济基础决定的，并且对经济基础具有反作用。

关于治安管理的理论基础与治安管理基础理论是两个既有关联又不完全相同的概念；治安管理的基础理论是指由基本概念、基本范畴与范畴体系组成的学科逻辑体系，也包罗学科各部分的基础理论问题，治安学科是基础理论存在的前提，依托治安学科而存在。治安管理的理论基础则是专门性的、根本性的问题，是治安管理的出发点和源泉，也是治安管理的落脚点和目的所在，它应该先于治安学科就已存在，是治安学科构建的起源和理论基石。

二、研究治安管理理论基础的意义

治安学是一门社会科学，是研究社会治安秩序规律形成的科学，对于治安管理理论基础的研究，就是为了追根溯源，探究治安管理的根本目的、起源和出发点。从而巩固理论基础，厘清研究思路，明确目标方向，做好治安管理的各项工作。治安学与政治学、社会学、公共管理学有着天然的联系，主要体现为治安学在研究过程中，需要大量借鉴上述各学科的理论，这些学科的理论对于充实、完善治安学理论至关重要。

有关治安管理理论基础的研究，属于治安学的基础问题研究，不以专门问题应用为目的；通过对治安管理的性质、任务、职能，对治安学的逻辑体系、学科结构的脉络发展，与其他相关学科的关系进行分析，加深对治安学科根本问题的认识，从而揭示治安现象、治安管理活动的本质，提出和验证各种思路、设想、理论或者定律。抽象地说，研究治安管理理论基础的目的，就是为了在最广泛的意义上对治安现象、治安活动规律进行更加充分、深刻的认识。

三、安全、秩序是治安管理的理论根基

（一）安全是治安管理的出发点和理论基石

治安是一种有目的的社会活动，社会治安现象产生于阶级社会，作为国家管理社会的一种活动、一种国家行为，体现着国家意志。任何国家行为都是有目的性的，统治阶级政治统治最重要的目的就是维护国家安全，保障政权巩固，保障公共安全，这是维系统治阶级的政治统治所必须的。

治安管理的阶级本质与政治属性来源于国家意志的政治性、阶级性，社会治安首要目的是政治统治安全，即国家安全，政权巩固，因此，安全是任何一个统治阶级维护其政治统治的基本条件。如何实施治安管理，实现政治安全和社会安全，是由各阶级的社会经济地位和物质生活条件决定的；治安管理则反映了一定阶级的特殊利益和要求，集中体现了国家统治阶级的意志。因为治安管理活动体现着统治阶级的利益和意志，实践着有利于阶级统治的社会安全目的。治安管理作为国家和阶级社会的产物，履行着国家的政治管理职能，即专政职能；治安管理从其产生以来，一直为统治阶级利益服务，维护和巩固有利于统治阶级的政治统治所需要的社会治安秩序。

保障安全是按照一定社会规范所确立的，安全是一种社会状态，反映了统治阶级的利益和意志。治安管理追求的安全，表现为建立和维护统治阶级意志和利益所形成的社会秩序和社会状态，以巩固政治统治安全，实现社会稳定、有序。

我国是工人阶级领导的，以工农联盟为基础的人民民主专政的社会主义国家。人民民主专政反映着国家的阶级性质，表明人民群众是国家的主人，以及工人阶级和广大人民群众在国家政治生活中当家做主的政治地位。因此，我国治安管理的根本目的，就是维护有利于巩固人民民主专政和符合人民群众意愿的国家安全和社会稳定，为人民群众安居乐业和全面发展以及经济建设创造良好的社会安全保障的条件，应当充分体现广大人民群众的根本利益和愿望。

（二）秩序是治安管理的落脚点和根本目的

秩序包括国家政治统治秩序、社会公共活动秩序；秩序是政治统治、国家管理和社会公众生活所必须的。秩序首先是一种社会状态，这种社会状态需要通过社会规范加以维系，而社会规范则应由国家制定的法律予以规定和确认。人们通常所说的秩序，可分为广义秩序和狭义的秩序，广义的秩序包括政治统治秩序和社会公共活动秩序，政治统治秩序包括国家立法、司法、行政、军事、警察、外交、监督等活动秩序；社会公共活动秩序包括社会生产秩序、工作秩序、生活秩序、教学科研秩序等；狭义的秩序主要是指社会公共安全秩序，即由治安管理主体依法对治安管理相对人、物品、场所、特定区域进行管理所维持的秩序。

公共秩序管理是为保障社会公共活动地域的安全、有序，治安管理主体依法对公共场所及其行为、物品等进行的组织、协调、疏导、控制、处置等活动。因此，公共秩序的管理，就是公安机关对公共场所依法进行的组织、控制、处置活动。公共秩序管理按照管理对象的不同进行管理，目的是为了实现社会稳定需要营造良好的社会安全秩序，可见，秩序是社会稳定的基础，也是社会进步与发展的前提。维护社会稳定，保持符合统治阶级意志的良好的社会治安秩序，是治安管理的一项基本任务。

治安管理是为了创建一种有利于国家政治统治、社会发展与安全的秩序，它与一定社会发展阶段的经济基础相适应，与国家的具体社会发展条件相关联。由于治安管理有着明确的目的，由专门机关为了维护公共安全和社会秩序，所实施的社会管理活动，也是各种社会主体共同参与的社会活动。因此，治安管理有其社会公共参与的特点，一方面，治安管理的社会性表现在参与主体的广泛性、多样性；各种社会主体参与社会治安管理，既是他们的权利，又是他们的责任和义务；我国治安管理强调依靠人民群众，坚持专业机关与群众相结合的原则，动员社会力量参与治安管理活动，群众参与既是维护社会治安秩序的需要，也是人民群众的自觉要求；实行专门机关工作与群众路线相结合，既是社会主义民主政治的具体体现，也是动员组织群众参与治安管理，发挥人民群众管理社会的优势和调动其积极性的一种优良传统。另一方面，治安管理的内容有着广泛的社会公共性，涉及社会生活的许多领域，治安管理的内容多、范围广、情况复杂，关系到国家安全、公共安全和社会公共利益，也关系到社会组织和群众的切身利益；为了履行国家职能和保障社会安全、有序发展的需要，加强危险物品的管理，加强公共场所治安秩序的管理，预防治安灾害事故，查处治安违法行为，进行社会公共安全和公共事务的管理，不仅维护着统治阶级的根本利益，也满足和保障了全体社会成员的共同利益。

第二节　治安管理的指导思想

一、治安管理的指导思想的意义

治安管理的指导思想是贯穿整个治安管理的总纲，引领着治安管理的方向。治安管理主体在进行治安管理活动中，必须有明确的指导思想，必须有引领治安管理方向的总纲，治安管理活动应当围绕着这个总纲。在不同的历史时期，国家的大政方针和工作重点有所调整，因此治安管理的指导思想应当与之相适应，紧紧围绕国家大政方针，密切配合国家的中心任务和工作重点。当前，我国处于社会主义初级阶段和改革发展的历史时期，在社会主义市场经济的建立和发展过程中，在体制创新、制度创新的社会变革进程中，社会治安面临着各种新的复杂问题，治安管理也经历着新的实践考验。在新形势下，治安管理必须明确自己的工作方向，确立治安管理总的指导思想。要把服从党的路线、方针、政策，服务于社会主义市场经济建设，作为当前我国治安管理的指导思想。

二、服从党的路线、方针、政策

坚持正确的政治方向，坚持中国共产党的领导，是我国国家管理和开展各项工作的基本政治原则。治安管理是国家管理的主要组成部分，应当牢固树立服从党的路线、方针、政策的指导思想，在各项治安管理业务以及治安管理活动中，必须围绕和服从党的大政方针，在具体的治安管理实践中，采取的各种具体方法、措施、手段，必须服从党的路线、方针、政策，配合党的工作重点开展。在当前，治安管理应当服从于党和国家以经济建设为中心的重点开展活动，坚持四项基本原则，坚持党的政治领导，坚持正确的政治方向，从而适应社会各项事业的发展和社会主义市场经济建设的需要，适应新形势下治安管理面临的新情况、新问题。之所以要把服从党的路线、方针、政策作为治安管理的指导思想，原因在于：

第一，党的路线、方针、政策是搞好治安管理工作的根本保证。坚持和服从党对治安管理工作的绝对领导，是我国公安机关治安管理工作长期实践经验的总结，历史经验表明，只有贯彻服从党的领导，治安管理工作才能有明确方向，才能取得成效。党的领导是通过党的路线、方针、政策来实现的，服从党的领导，就必须服从党的路线、方针、政策。

第二，党的路线、方针、政策体现了我国不同历史时期的总任务、总目标，贯穿着党的工作中心和工作重点，治安管理作为国家管理的组成部分，应当围绕和服从国家总任务、总目标，因此服从党的路线、方针、政策，是局部服从全面的需要。

第三，党的路线、方针、政策集中体现了广大人民群众的根本利益，充分反映了人民群众意愿，治安管理的性质和根本目的就在于实现广大人民群众的意志和根本利益，因此，服从党的路线、方针、政策是治安管理工作性质的要求，也是实现其服务宗旨的需要。

三、促进社会发展、服务于国家经济建设

管理就是服务，治安管理的目的就是为了促进社会各项事业的发展，服务于国家经济建设，提供人民物质、文化生活水平，建设繁荣昌盛的国家。因此，治安管理主体应当努力执行国家的法律、法规、政策，积极主动地发挥管理、服务、保障、监督的职能作用，牢固树立管理就是服务的意识，实施治安管理活动就是为了促进社会发展，促进社会主义经济的建设，施行的管理措施，采取的管理方法，都应当围绕这个目的进行；根据社会发展和经济建设的需要，治安管理的手段、方法具有多样性，既有说服教育、治安指导、处理治安灾害事故等预防性的柔性手段；又有取缔、制裁、惩治治安违法行为的刚性手段，从而为社会发展、经济建设和社会进步创造良好的外部环境。

治安管理作为上层建筑的组成部分，对于促进社会发展，服务于社会发展和国家经济建设是不可或缺的安全保障。根据马克思主义的上层建筑与经济基础关系的原理，治安管理服务于国家经济建设，就是服从党的路线、方针、政策的延续。我国治安管理要从促进社会发展、服务于社会主义市场经济建设的需要出发，制定各项治安管理的政策、规范、制度，不断探索和采取符合新时期治安管理需要的措施、方法，把治安管理纳入科学化、规范化的轨道，使其在社会发展和经济建设中发挥积极作用。

第三节　治安管理的任务

一、治安管理任务概述

治安管理的任务是依照有关法律、法规的规定，由治安管理机关及其工作人员为实现治安管理目标担任的工作或责任的概括和总和，由治安管理的职能决定，是治安管理职能的外化和具体体现。治安管理是公安工作的重要内容，治安管理的任务是公安工作的宗旨，公安工作应把治安管理放在首要地位。治安管理的任务体现着公安机关维护社会安定，服务人民的要求，一切公安工作都要以治安管理为中心。因此我国治安管理的任务，集中规定在《中华人民共和国人民警察法》（以下简称《人民警察法》）中，这就是："维护国家安全，维护社会治安秩序，保护公民的人身安全、人身自由和合法财产，保护公共财产，预防、制止和惩治违法犯罪活动。"此外，在其他相关法律和法规如《中华人民共和国治安管理处罚

法》中也包含相关规定。

二、治安管理任务的内容

（一）维护社会的治安秩序

维护社会治安秩序，为社会主义现代化建设和人民群众安居乐业创造一个良好的社会治安环境，是治安管理的一项基础性和根本性任务，它体现了治安管理的性质和职能的本质要求。

维护社会治安秩序这一基本任务，主要是通过日常治安管理工作来实现和完成的。由于治安管理内容多，范围广，几乎涉及社会生活的各个方面，因此，对社会治安必须实行综合治理。在党委、政府的领导下，各行各业各司其职，齐抓共管。公安机关治安管理部门在维护社会治安秩序中要发挥职能、主干作用，动员组织和依靠广大干部、群众参与维护社会治安秩序，建立各种群众治安组织，贯彻落实治安责任制，使维护社会治安秩序具有组织保证和制度保证。在此基础上，要建立治安信息网络，及时收集发生在群众周围的各种社会治安信息，掌握社会治安动态，使治安管理耳聪目明。要建立巡警、保安、群众相结合的点、线、面的巡逻、守望防范控制机制，完善110接处警体制，及时发现和处理发生在社会面上的各种社会治安问题，协助有关部门解决和化解可能会引起社会治安问题的矛盾、纠纷。要建立法制化，经常化的治安管理，检查监督机制，在依法做好治安审批、确认、认可的同时，应把工作重点放在日常的安全检查、督促整改上。要注意发现违法行为或利用合法形式进行不法活动，予以及时制止和查处；要注意发现治安隐患和不安全因素、苗头，及时督促整改，落到实处。可见，要维护社会治安秩序，必须经过大量艰苦细致、脚踏实地的管理、才能有效地实现。

（二）保护公民的合法权益

保护公民的合法权益是人民警察的一项重要任务，也是治安管理机构的一项重要任务。

我国宪法保障公民的基本权利，包括：公民参与政治方面的权利，公民的人身自由和宗教信仰自由，公民的经济、教育和文化方面的权利，等等。公民的上述自由和权利的实现，需要具体的法律制度和执法予以保障。其中，公安机关依法保护公民的合法权益，惩治违法侵害公民合法权益的行为是实现公民权利的重要保障，要完成这一重要任务，治安民警要做到：（1）在日常管理工作中，认真履行职责，为公民行使合法权益提供保障；（2）通过严格执法，保护合法，打击非法；（3）在调查和抓获违法犯罪嫌疑人时，尊重和保护他们的合法权益。

（三）预防、发现和控制违法犯罪

违法犯罪活动严重破坏社会秩序，是引起社会不安定的因素之一。近年来随着社会经济的发展，也出现违法犯罪增多的趋势，出现了流氓恶势力抬头，甚至带有黑社会性质的违法犯罪活动，“黄、赌、毒”等问题日益严重，暴力犯罪日益突出。因此，治安管理部门必须加大治安管理力度，积极做好预防、发现和控制违法犯罪的工作，这是治安管理部门的一项长期的任务。

1. 通过现住地人口管理，预防、发现和控制违法犯罪人员。长期以来，治安管理主要是通过常住户口的管理来预防、发现和控制人口中的违法犯罪的，但改革开放后，全国出现了数千万人口离开常住户口所在地外出经商务工；同时，也由于城市建设，旧城改造，出现了许多人户分离现象，使大量流动暂住人口、人户分离人口处于失控状态，出现了外来人口中的违法犯罪日益增多的问题。对此，1997 年 4 月，公安部在“苏州会议”上，明确指出，由户口管理转为人口管理，对辖区现住人口，包括常住人口、暂住人口、人户分离人口等全部纳入现住地公安派出所治安管理。对现住地人口加强调查了解，从中发现重点人口，加以管理及控制。对租住出租房的外来人口要实行治安许可证制度，采取旅馆式或公寓式管理，对迹象可疑的外来人口要与常住户口所在地公安机关取得联系，查明情况，从而预防，发现和控制违法犯罪人员。

2. 通过加强对场所、行业、物品的治安管理，预防、发现和控制违法犯罪活动。随着经济发展和人民生活水平的提高，公共场所和特种行业不断增加，但由于公共场所和特种行业的特定环境和条件，较易被利用进行违法犯罪活动。如歌舞厅、美容美发厅、餐饮业、旅馆业等是“黄赌毒”的多发地；作为特种行业的旧货业在迅速发展的同时，出现了失控状态，有的成为销赃走私的温床；利用危险物品实施暴力犯罪呈增多趋势；淫秽物品和毒品屡禁不止等。这些都对严密治安管理提出了更高的要求。对公共场所、特种行业和危险物品要做好依法审批，严格许可证制度。贯彻谁主管谁负责的原则，加强对从业人员的培训，采取持证上岗。严密治安管理制度，加强检查监督，一旦发现问题要及时处置。对淫秽物品和毒品等违禁物品一旦发现，要追根溯源、堵源截流，坚决依法查禁。为了有效地对公共场所、特种行业和危险物品、违禁品实施管理和控制，必要时可以布建隐蔽力量，以获取深层次的治安信息，取得工作的主动权。

3. 开展对违法青少年的帮教工作，做好青少年犯罪预防。当前，青少年违法犯罪问题，已经成为危害社会治安的严重社会问题。青少年由于其身心的发展还不完全成熟，可塑性比较大，容易受社会上的不良影响而走上违法犯罪的道路。做好青少年的犯罪预防工作，需要家庭、学校和社会的共同努力，但是，治安管理部门和治安民警负有特别重要的责任。开展对违法青少年的帮教工作，是治安管理的重要任务之一。在治安管理中，治安民警应协助家庭、学校、街道和社会各个方面，对青少年进行理想、道德、文化、法制和纪律教育，运用教育的、经济的、行政的、法律的手段，预防和制止青少年犯罪，做好对他们的教育、感化和挽救工作，努力化消极因素为积极因素。

4. 加强对社会服刑人员的监督改造工作。被依法判处管制、缓刑、假释、剥夺政治权利、监外执行等留在社会上监督改造的犯罪分子，对社会可能会有一定的危害性，有的还有可能继续犯罪。因此，公安机关必须依法对这些尚未改造好的犯罪分子进行监督、考查和改造工作。这项工作主要由社区矫正机构负责实施。治安管理部门主要是依据法律的有关规定，依靠基层治保组织和群众，组织监改小组对他们进行公开监督、教育和改造，要做到对他们的情况和活动掌握得了、控制得住，以防止其危害社会和逃避改造，使他们成为对社会有用的新人。此外，对于监视居住、取保候审的人要密切掌握其动态，控制其活动，以防止他们继续危害社会。

5. 加强对群众性治安组织的指导，开展群众性的治安防范工作。治安保卫委员会和治安联防队都是群众性的治安组织，他们在协助公安机关宣传、发动和组织群众，预防和减少违法犯罪活动，维护社会治安方面发挥了重大作用。加强对群众性治安组织的领导和业务指导，是治安管理部门和治安民警的重要任务之一。治安管理部门应密切配合有关部门，建立健全治保会组织，并经常对治保人员进行思想政治教育和业务培训，建立健全治保会制度，对治保会工作进行业务指导，充分发挥其在协助公安机关进行治安防范、调解民间纠纷、帮助失足青少年、监督改造留在社会上的监督改造对象等方面的重要作用。治安管理部门和治安民警应根据工作需要，积极组建社会治安防范队伍，开展以巡逻为主要方式的防范活动。此外，治安管理部门还应加强对保安服务公司的领导，保安服务公司是适应新形式下社会安全防范工作需要而出现的企业性质的治安保卫组织，它不仅可以对社会提供安全服务，而且在维护社会秩序，预防和打击违法犯罪活动方面有着积极的作用。保安服务公司的主管部门是公安机关，其具体业务的指导、监督由治安管理部门负责。因此，治安管理部门和治安民警应抓好保安服务公司的思想建设和业务建设，充分发挥它在维护社会治安方面的积极作用。

三、预防、查处治安案件、治安事故

（一）预防、查处违反治安管理行为

违反治安管理行为是指扰乱社会秩序，妨害公共安全，侵犯公民人身权利，侵犯公私财物，情节轻微尚不够刑事处分，根据《治安管理处罚法》等法律、法规的规定应予以治安管理处罚的行为。

违反治安管理行为与犯罪行为既有区别又有密切联系，前者属行政违法行为，与后者的法律后果不同。但两者没有不可逾越的鸿沟，两者有相当一部分的名称是一致的，许多犯罪行为就是从违反治安管理行为变质转化而来的。同样，违反治安管理行为与违反道德行为也是既有区别又有密切联系，违反治安管理行为都是违反道德的行为。违反道德的行为虽然不受治安行政法律、法规规范、约束，但情节、性质严重了，触犯了治安管理法律、法规即构成违反治安管理行为。因此，违反治安管理的行为都是从较严重地违反道德规范转化而来的，如果严重到触犯刑律，即构成犯罪行为。针对违反治安管理行为这一特点，应做好以下工作：第一，广泛的进行社会公德教育，进行治安行政法规教育，以增强广大公民的社会公德意识、法律知识，自觉遵守各项治安管理法规、制度，预防违反治安管理行为的发生。第二，认真依法查处违反治安管理行为，贯彻教育与处罚相结合的原则，既起到惩戒作用，又防止其向犯罪行为发展。

（二）预防处置群体性治安事件

群体性治安事件是指聚众共同实施违反国家法律、法规、规章，扰乱社会秩序，危害公共安全，侵犯公民人身安全和公私财产的行为。根据 2000 年 4 月 5 日公安部颁布的《关于公安机关处置群体性治安事件规定》，群体性治安事件主要包括：人数较多的非法集会、游行、示威；集会、游行、示威和集体上访活动中出现的严重扰乱社会秩序或者危害公共安全的行为；严重影响社会稳定的罢工、罢课、罢市；非法组织和邪教组织的较大规模的聚集活动；聚众围堵、冲击党政机关、司法机关、军事机关、重要警卫目标、广播电台、电视台、通信枢纽、外国驻华使馆、领馆以及其他要害部位及单位；聚众堵截公共交通枢纽、交通干线、破坏公共交通秩序或非法占据公共场所；在大型体育比赛、文娱、商贸、庆典等活动中出现聚众滋事或骚乱；聚众哄抢国家仓库、重点工程物资以及其他公司财产；较大规模的聚众械斗；严重危害公共安全、社会秩序的其他群体性行为。

我国改革开放和社会主义市场经济体制建立的过程中，由于利益的调整和社会保障机制的不健全等原因，在社会各个领域出现了新的社会矛盾。当社会矛盾没有得到及时解决或解决不利时，容易引发群体性治安事件。这些群体性治安事件不但对社会稳定构成了极大的威胁，而且也严重影响了党和政府的形象。积极预防、妥善处置由人民内部矛盾引发的群体性事件，巩固和发展安定团结的政治局面，是新世纪新阶段公安机关维

护国家安全和社会稳定的“四项基本任务”之一。预防和处置群体性治安事件也是治安管理部门的重要任务。

预防、处置群体性治安事件。一要从思想上重视，认识其对社会治安秩序造成的危害和处置工作的重要意义。当前，由于人民内部矛盾引发的群体性治安事件已成为严重影响社会稳定的突出问题，特别是群体性事件参与人数多、社会影响大，对社会稳定的冲击也大，如果处置不当，个别问题、局部问题可能转化为全局性问题，非对抗性问题可能转化成对抗性问题，甚至引发局部地区的社会动荡。二是要搞好群体性治安事件的预防工作。公安机关应建立多层次、多渠道、全方位、全时空的信息情报网络，发现和掌握带有苗头性、倾向性的问题。及时、准确掌握社会动态，尽可能把人民内部矛盾解决在萌芽状态。同时，要认真制定较为常见的群体性治安事件的预案并加强演练。三是及时处置群体性治安事件。群体性治安事件由于参与人数多，涉及面广，影响面大，因而处置难度大，政策性强。治安部门在处置群体性治安事件时要坚持缓解矛盾、内紧外松、依法处置的方针，及时处理、制止事态的扩大。处置治安事件时要搞好与侦查、警卫、保险、劳动安全、防灾减灾、工会、民族、宗教等部门的协调和配合，主动争取支持。

（三）预防、查处治安灾害事故

治安灾害事故是指违反治安管理法规或违反安全操作规程，造成人身伤亡或物质财富损失的灾祸。包括火灾、车祸、爆炸、中毒、人员挤压踩踏、房屋倒塌、翻沉船等。

治安灾害事故是危害社会主义现代化建设和人民生命财产安全的主要祸害之一。其后果，有时比其他违法犯罪所造成的危害更加严重。随着我国社会主义现代化建设事业的迅速发展，特别是乡镇企业的迅速发展，个体作坊和个体车船运输专业户日益增多，车辆数量剧增，家用电器日益普及，易燃易爆物品在工农业生产中的运用日益广泛等，导致治安灾害事故发生的不安全因素越来越多。因此，必须切实做好治安灾害事故的预防和查处工作，控制和减少治安灾害事故的发生。

治安管理部门同治安灾害事故作斗争的具体任务是：第一，广泛开展安全生产、生活的宣传，使广大群众自觉遵守各项治安管理法规，懂得安全知识。第二，贯彻谁主管谁负责的方针，建立健全各项安全生产操作规程。第三，坚持日常的安全监督检查和指导，及时清除不安全因素，防患于未然。第四，对已发生的重大治安灾害事故，要认真查明原因，追究事故当事人和单位有关负责人的责任，并依法处理。第五，对蓄意制造事故构成犯罪的，应依法追究刑事责任。

四、协助国家其他管理

由于治安管理中的武装强制力的国家行政性所决定，治安管理具有其他行政管理不具有的权威性和普遍约束力，因此，它对其他行政管理的顺利有效开展起到后援支持作用。如根据《治安管理处罚法》第 19 条的规定，拒绝、阻碍国家工作人员依法执行职务，未使用暴力、威胁方法的，即构成违反治安管理的行为，由治安管理部门给予治安管理处罚，以确保其他行政管理工作人员依法履行职务，协助其他行政管理的顺利有效实施。

但必须指出，是协助而不是包办替代，治安管理部门不能代替其他行政管理部门的职能和职务，如计划生育、房屋拆迁、市场经营管理，等等。只有在其他行政管理受到拒绝、阻碍时，治安管理部门才能依法予以协助。此外，治安管理部门还应根据自己的职责和工作范围尽可能的协助其他行政管理的开展。如协助选举机关做好选民资格审查；协助兵役机关和其他部门、单位做好征兵政审和其他政审取证工作；协助有关机关和单位做好对辖区人口的调查取证工作等等。

五、救助危难，为民排忧解难

为民服务，帮助群众排忧解难，这是由公安机关、人民警察的性质、宗旨决定的。治安管理部门与人民群众的联系最多，接触最密切，要经常地了解群众的困难和疾苦。在人民群众人身、财产安全受到侵犯或者出现其他危难情形时，应当立即救助；对人民群众提出解决纠纷的要求，应当给予帮助；护送迷路儿童、老人；协助港澳台同胞、海外华侨、华人寻找亲友；与有关部门联系反映辖区群众的实际困难，等等。

第四节　治安管理的原则

一、治安管理原则概述

原则是主体所在社会在生存过程中依据的准则和标准。管理的基本原则是一种抽象的形态，是一种观念上的形态。但这种原则可以指导人们在社会活动中以一定的原则行为从事各种活动，使社会以一定的有序方式进行运转。我国治安管理的基本原则是由我国社会主义初级阶段的经济基础所决定的，直接反映并服务于经济基础。同时，我国治安管理的基本原则产生于我国治安管理的实践，是我国治安管理的客观反映，并对治安管理工作有指导性作用。

原则属于观念形态，是社会意识的组成部分，由一定的社会存在决定。原则是人们在长期的社会实践中总结概括出来，因此反映了一定领域事物的规律性，对人们的活动具有指导作用。它大体规范了人们观察、对待问题的立场、界线和方向。

基于社会存在对其的决定性，治安管理原则随着社会生活的发展其内容和形式会发展和变化，但一定时空范围，尤其是相对于规则，原则又具有稳定性，它在一个较长的时期内对人们的活动起指引、规范和评价的作用。

从 20 世纪 80 年代起，我国学界对治安管理的基本原则有了系统的研究，其观点主要有：其一，治安管理的基本原则是指治安管理的立法机关和公安机关治安全部活动所依据的和遵循的根本法则；其二，治安管理的基本原则是适应治安管理的工作需要而确定的，是治安管理具体实践的基础，是公安民警分析问题、处理问题的准绳；其三，治安管理的基本原则是治安管理主体在治安管理实践中的基本行为规范，它贯穿于治安管理的各个环节；其四，治安管理原则是治安管理部门及其人民警察在治安管理工作中观察和处理问题的行动准则，是在治安管理过程中必须遵守的准则。

以上对治安管理的基本原则或多或少的有一定的缺陷，但在一定程度上也各有所长。例如，实践和运用治安管理基本原则的主体限定为治安管理部门和治安民警，这种表述是不全面的。根据上述对治安管理基本原则概念的界定，可以得出治安管理的基本原则，是指体现治安管理的性质和任务，在社会管理中贯穿于治安管理实践始终指导治安立法和治安执法活动的基本准绳。

第一，治安管理原则是一种“基础性规范”。不同于适用于调整社会关系确定、具体的规则，原则对社会关系的调整弹性较大，使用较宽泛的事物。治安管理原则，属于规范治安管理规则的、间接规范治安管理关系的基础性规范。

第二，治安管理原则体现了治安管理的理念和价值取向。作为指导治安管理活动的原则，其体现了作为社会控制者的统治阶级的意志。治安管理中的各项活动，都打上了立法者、执政者、决策者的主观印记。

二、治安管理原则的内容

（一）预防为主、保障安全原则

预防为主，是指在同违反犯罪行为和治安事故作斗争以及应对治安事件时，在处理预防和打击两方面的工作关系时，应把预防放在主要的地位，治安管理的基本措施、方法应具有前瞻性，围绕防范违法犯罪、治安事故和治安事件展开，这是治安管理工作区别于刑事侦查工作的基本特征。保障安全，是指治安管理各项业务工作都要从保障人员安全、财产安全和公共安全出发，这是治安管理工作的目的和归宿。

贯彻预防为主，保障安全的原则，首先需牢固确立以预防为主导的观念，把预防为主落实到各项工作中。充分认识到预防为主的必要性和可能性。其次时刻掌握社会治安动态，通过各种途径广泛收集、分析治安信息，实现治安领域情报主导警务，并因地制宜，主动出击，把握治安管理的主动权，要见微知著，随时堵塞防范工作的漏洞，消除治安漏洞。最后，防止片面的“重打轻防”，预防和打击作为治安管理的两项基本手段，二者相辅相成、互相促进。预防是主要的、打击是辅助的，日常大量的、经常性的、主要的工作是防范性的工作，在实际工作中，要正确处理预防和打击的关系，使二者有机地结合起来。

（二）依法管理的原则

治安管理属于国家行政管理，因此也要遵守依法行政的原则。对治安管理强调法治原则首先是因为治安管理业务范围广，涉及领域多，社会影响面大并且与人民群众的日常生活联系密切，如管理过程出现违法行为对组织和公民的利益侵害较大，对政府执政的公信力和合法性损害较大。其次，治安管理民警以管人者自居而忽视服务者身份的现象还比较普遍，对“严格”、“依法”的认识停留在限制、取缔和处罚上，少有对自身行为尤其是程序合法性的自省，甚至有时借口管理需要，采取粗暴的与法治原则相冲突的行为措施，这与建设法治国家、政治文明的追求相违背。依法管理具体包括以下内容：

一是合法管理。治安管理部门实施治安行政管理，应当依照法律、法规、规章的规定进行，没有法律、法规、规章的规定，治安管理部门不得作出影响公民、法人和其他组织合法权益或者增加公民、法人和其他组织义务的决定。

二是合理管理。治安管理部门实施治安行政管理，应当遵循公平、公正的原则，要平等对待行政管理相对人，不偏不私、不歧视；行使自由裁量权应当符合法律目的，排除不合法、不合理因素的干扰；所采取的手段应当必要、适当；实施行政管理可以采用多种方式实现行政目的，应当避免采用损害当事人权益的方式。

三是程序正当。治安管理部门实施治安行政管理，除涉及国家秘密和依法受到保护的商业秘密、个人隐私以外，应当公开，注意听取公民、法人和其他组织的意见；要严格遵循法定程序，依法保障行政相对管理人、利害关系相对人的知情权、参与权和救济权；治安管理部门工作人员履行职责，与行政管理相对人存在利害关系时，应当回避。

四是恪守权限。面对地方党、政领导擅自指挥民警从事非警务活动，应当坚持不越权、依法行政，不滥用治安管理的权力和手段，做到严格、公正、文明执法。

（三）专群结合原则

专群结合原则是专门机关管理和依靠人民群众相结合的原则的简称。专门机关管理是指公安机关治安管理部门依法履行治安管理职责所从事的行政执法等专业性管理工作。依靠群众是指通过组织、指导群众积极参与维护社会治安的工作，落实社会治安综合管理方针，依靠人民群众的力量，更有效地预防违法犯罪。治安管理实行专门机关管理是由它的性质决定的，治安管理之所以要依靠群众，是因为我国是人民民主专政的社会主义国家，在我国，人民群众是国家的主人，可以依照法律规定参与管理国家各项事务，包括维护社会治安的活动。治安管理既要依靠群众又要教育群众，必须做到从群众中来，到群众中去，把治安管理与广大人民的利益结合起来充分发挥治安管理的智能作用，调动广大人民群众的积极性和创造性，齐心协力维护社会治安的稳定。

贯彻专群结合的原则要求：治安管理机关和治安民警首先要明确职责，认真做好职责范围内的专业工作。不能放弃职责，更不能将法律赋予其的权力擅自转让给其他组织和个人。其次，要牢固树立群众观念，努力做好群众工作。治安民警要相信群众，深入细致地做好宣传、发动、组织群众的工作。同时，大胆探索新时期依靠人民群众维护治安的新方法、新模式。再次，要正确把握专门机关管理和依靠人民群中的关系，避免偏废，二者不是截然分开而是相互促进的。离开了专门机关的管理和指导，人民群众的力量难以集中，而专门机关如果脱离了人民群众，其工作效果就会大打折扣。因此，在工作实践中，要把二者结合起来，既要防止脱离群众的关门主义，又要防止削弱专门工作的错误倾向。

（四）公开管理与秘密工作相结合原则

公开管理，是指治安管理的法律法规、基本措施、方法以及管理程序和结果应当向社会公开，从而得到社会和公民的理解、配合和支持，使治安管理得以顺利进行。秘密工作，是指由于违法犯罪活动大多秘密进行，在仅凭公开管理难以奏效的情况下，采取秘密力量的布建和使用，以及必要的秘密调查、监控等工作手段和措施。

治安管理作为国家行政管理的一部分，依法公开管理是其主要特征，但出于工作性质的特殊性，有时公开管理难以奏效，秘密手段不可或缺。公开管理与秘密工作相结合，即主要进行依法公开管理，同时重视秘密力量的建设和运用，二者必须紧密结合。

（五）适度控制原则

治安管理追求的社会稳定不是绝对静止的，而是保证社会发展前提下的动态的稳定，控制不是越严越好，而是有一个适度的范围。控制太松即达不到治安管理的目的，使社会秩序陷于混乱，公民的安全得不到保障。控制太严则不利于保障社会生活的活力，使人们产生“被剥夺感”，严重者可能激起人们的反抗。适度控制的原则要求，制定治安管理法律、法规时，要有利于生产经营、方便群众生活，治安管理部门在依法的前提下，在保障社会生活活力与和谐的情况下适度地进行社会控制。治安管理部门应当不断适应社会治安形势的发展，通过制订合理的治安计划和措施，灵活使用各种管理手段，达到一种宽严适度的管理状态。

（六）教育与处罚相结合的原则

教育与处罚相结合，就是在处理违反治安管理的行为时，要注意教育为主，处罚为辅，同时运用教育与处罚两种手段。处罚并不是最终目的，是为了通过处罚使相对人认识错误，从而达到教育其改正的目的。

教育与处罚是两个不同的手段过程。教育过程是通过向违法行为人讲明法律、讲明事实和道理，使违法行为人对自己的行为有一个明确和正确的认识，对处罚能有一个正确的认识，让其心服口服地接受处罚，从根本上去改变内心的错误认识。处罚就是依法向违法行为人作出处罚的决定，并依法予以执行，同时要使违法行为人停止违法行为，并采取措施使其违法行为无法实施。

三、治安管理原则的运用

（一）各项治安管理原则是一个有机联系的整体

治安管理的各项原则，从目的上具有一致性，从内容上具有衔接和内在联系，运用上相互补充，因此共同构成一个不可分割的整体。

首先，原则内容上的系统性和衔接性。治安管理的各项原则虽然各自有不同的含义和要求，但它们在内容上相互联系，相互补充。“预防为主、保障安全”原则反映了治安管理的目的，其他五项则是为了保障治安管理目标的实现，带有策略性和工作方法性的原则。

其次，原则运用的相关性。就整个治安管理工作来说，治安管理原则运用往往是共同发挥作用。某一原则的运用，都依赖于其他原则的配合，缺少其他原则的配合，某一原则就难以独立发挥其作用。治安管理各项原则在整个治安管理过程中，发挥着“合力”的指导作用。在工作实践中，不能孤立地对待某一项原则，而应当从它们的相互联系中把握其精神实质，发挥其综合指导作用。

（二）正确认识治安管理原则与治安管理法律规范的关系

治安管理原则和治安管理法律规范在本质、目的、任务上是一致的，在内容和作用上相互衔接、相互补充。二者同属于治安管理规范，本质上都是依赖并反映社会治安现象与管理活动发展的上层建筑，体现国家与人民的意志和利益，它们的目的和任务也就是治安管理的目标和任务。治安管理原则适用范围较宽泛，不具有直接针对性，对治安管理有指导性作用；治安管理法律规范则是用于具体事项，是治安管理的直接依据。治安管理原则的实现，寓于治安管理法律规范的具体适用，治安管理法律规范的正确适用，需要对治安管理原则的宏观把握。在处理具体事项时，应当直接适用的是治安管理法律规范而不是治安管理原则。只有在治安管理法律规范与社会现实严重脱节情况下或特殊个案中，使用该法律规范会造成危害社会，损害相对人合法权益或者个案的严重不公平时，才可以直接适用治安管理原则。

第四章　治安管理组织

第一节　治安管理组织概述

一、治安管理组织的概念

（一）治安管理组织的含义

组织或称社会组织，是以人为基本构成要素的社会性实体，它具有以下要素：第一，组织属于社会实体，作为人类社会的基本构成单元，在社会中生存、演化、互动；第二，构成社会组织的基本要素是人；第三，组织的存在有一定的目标；第四，组织是一种动态、开放的系统，即其内部有一定结构、规则和边界，同时其行为是整体行为，并与环境存在交流；第五，组织的目标或行为，通过其内部的活动达成。

综上，可以给组织下一个定义，是由相互依存和相互作用的多个个体，为完成单个个体无法独立实现的任务而组成的，具有共同的目标、特定结构、协调机制和整体功能的群体。

治安管理组织，是以维护社会治安为目标的，由社会成员个体和群体依照和法规则组成的，取得行政认可或者得到公众承认的，可以依法调控自身和其他社会群体行为的，从而能以自己的名义进行治安管理活动的社会群体的总称。

（二）治安管理组织的特征

1. 合法存在的正式组织。所有组织，依据其性质可分为正式组织和非正式组织：前者是指有意构建的，有严密结构、确定目标、稳定功能并经过社会管理当局正式确认而得到社会普遍认可的组织，例如公安派出所和治安保卫委员会；而非正式组织，是指自然形成的、结构相对松散的、目标较宽泛的组织，例如自发开展“邻里守望”的相邻住户。

2. 以维护社会治安为基本目标。社会组织所追求的不同目标是它们之间的本质区别：作为社会中活动的组织，都有一定的治安效应，或是促进治安或是破坏治安，任何合法活动的组织实际上都等于促进了社会治安，然而，只有以维护社会治安作为最基本、最主要目标的组织，才属于社会治安组织。

3. 依法组建和行动。治安管理组织存在和活动于社会公共安全这一特定领域，它不仅广泛关涉人们的各种行为，还密切影响人身自由等公众高度关切的权益，因而除作为一般意义上的正式组织外，还必须受法律法规的全面规范，他们只能依法组建、合法存在，它们自身行为必须首先全面、切实合法，才能维护法治进而维护安全。

4. 具有依法调控其他群体和个人行为的一定权力。治安管理组织不仅通过约束和保护自身来实现公共安全，要实现其维护社会治安之目的，就需要合法地采用相应方式对其他群体和个人进行一定程度的行为调控。治安管理组织中，既有直接通过法定权力强制调控他人行为的强制型组织，也有用功利性奖励实施调控的功利型组织和运用自身业务专长影响、调控他人行为的规范型组织。

二、治安管理组织的分类

治安管理组织依据自身性质的不同，可以分为治安管理警察组织和治安管理社会组织。

（一）治安管理警察组织

治安管理警察组织，或称治安管理机构，也就是国家机关中的治安管理组织，是指国家依法设立以维护治安秩序、履行行政管理职能的专门组织，即各级各类公安机关中直接从事治安行政管理与安全防范业务的部分。这类机构按所属的公安机关的性质包括两大类：一是设立在县级以上各级人民政府内的公安机关中的治安管理部门，二是设立在特定系统和领域内的专门公安机关中的治安管理部门。

各级人民政府内的公安机关中的治安管理部门按工作种类可以划分为以下五种：（1）作为公安机关基层综合执法单位的公安派出所；（2）专职从事治安巡逻、治安检查和查处治安案件、事件、事故的公安业务单位，如治安巡逻队、治安检查站、治安防暴队；（3）专职从事治安拘留强制措施的治安拘留所、收容教育所、强制戒毒所、安康医院等；（4）专职从事户籍、交通、消防、出入境、边境管理等治安行政管理的公安业务单位；（5）专职管理特定场所、行业、物品领域的治安秩序的公安业务单位。

专门公安机关治安管理机构，指设在专门系统、部门或者特定区域的公安机关管理所辖范围、区域内治安业务的机构，包括铁路治安管理机构、交通治安管理机构、民航治安管理机构、森林治安管理机构以及中华人民共和国海警局等。

（二）治安管理社会组织

治安管理社会组织，是指相对于国家设立的履行政府职能的治安管理机构而言的治安管理社会组织，它在公安机关指导下协助维护社会治安，行使职能的法定强制性弱于治安管理警察组织。目前，治安管理社会组织主要包括：企事业单位内部保卫组织、群众自治性治安保卫组织、社会有偿保安服务组织以及其他群众自发形成的治安防范组织。

三、治安管理组织体制

（一）治安管理组织领导体制

我国的治安管理组织领导体制，大体可作如下概括：作为执政党的中国共产党，通过各级党委的政法委员会，从目标、任务、方针、原则上全面领导和宏观指导治安管理工作；各级人民代表大会作为立法和监督机关，通过常设机构中的法律委员会、内务司法委员会等部门，以立法和执法监督等方式，建立和完善社会治安管理的法治环境；中央和地方各级人民政府，通过自身的社会治安综合治理机构，系统规划、具体协调社会治安管理，通过自身的公安机关，专职主管、直接从事社会治安管理工作。

（二）治安管理组织的职责权限

规范各类治安管理组织的行为的法律、法规出台时，以及各级政府在批准公安机关设置治安管理机构时，一般都明文规范了该组织、机构的业务范围和职责权限，各级各类治安管理组织都必须全面把握、严格遵守，不得缺失和违反。

各类治安管理机构的组织结构、职责权限划分由于工作所属领域、所在部门的不同等应该有所不同。各级公安机关的治安管理机构，尽管都全面负责所辖区域的治安管理工作，也应当在职责权限上各有侧重：公安部治安局和各省、自治区的治安管理部门，应重点负责治安管理的法治环境、组织保障、调查研究教育科研等方面的宏观管理与理论指导；地市、县市两级公安机关的治安管理部门，重点负责辖区治安管理的规划计划、协调保障、监控检测、测评奖惩等方面的组织领导与业务指导；公安派出所和县市以下公安机关的其他治安管理单位，则直接地调查研究、组织实施、部署布置各项具体治安管理工作。

第二节 治安管理警察组织

一、治安管理警察组织

治安管理警察组织，是指国家依法设立维护治安秩序、履行行政管理职能的专门组织，是公安机关的主要业务部门，在我国，分为设立在县级以上各级人民政府内的公安机关中的治安管理组织和设立在特定系统、领域内的专门公安机关中的治安管理部门两大类。

（一）各级政府的治安管理部门

1. 中央治安管理部门。中华人民共和国中央人民政府即国务院内设公安部，主管全国的公安工作，领导全国的治安管理工作。在公安部内，治安管理局、道路交通管理局、消防局、边防局等分工管理不同治安管理业务，是中央治安管理机构。

2. 省级治安管理部门。我国在省、自治区和直辖市人民政府内设立公安厅（局），主管相应地区的公安工作，领导该地区的治安管理工作。各省、自治区和直辖市的治安管理机构不尽相同，一般包括：治安管理处（局、治安总队），户政处，经济文化保卫处，技术防范工作办公室，巡警总队（处），交通警察总队（交警管理局），消防监督处，消防总队，出入境管理处等。有的地方设有水上警察总队（处）、旅游保卫处、外来人口管理处等。各处和总队按照业务内容设置若干可（支队）和直接查办违反犯罪案件的行动队。

3. 市、县治安管理部门。市、县治安管理机构，是指市、县人民政府公安局内设置的履行治安行政管理职能的有关机构。包括：治安管理处（科、大队），户政处（科），经济文化保卫处（科），技术防范工作办公室，巡警支队（大队），交通管理处（交通警察支队、大队），消防监督处（科），消防支队（大队、中队），出入境管理处（科），外来人口管理办公室，水上警察队等。各处（科）和支队（大队）按照业务内容设置若干科（股），市、县公安机关设置治安拘留所、收容教育所（一般设在市）、强制戒毒所、精神病管制院（部分市）等。

4. 治安管理基层组织。治安管理基层组织，是指由县（市）级公安机关设置或派出的，具体实施基层社区内或者职权范围内的各项治安管理工作的治安管理组织。治安管理基层组织的范围主要包括以下三类组织：

公安派出所。公安派出所是县、市公安机关直接领导、管理并派驻本辖区内基层社区，承担治安管理、安全防范、打击犯罪，为民服务等多种职能，在公共安全系统中具有广泛基础性作用的基层警务实体。公安派出所的设置遵循“工作需要、方便群众、有利工作、布局合理”的原则。派出所设所长、副所长、指导员（教导员、政委）、内勤民警、户籍（社区）民警、治安民警等岗位，实行所长负责制。

专业民警队。主要包括：治安民警队（治安行动队）、交通警察队、巡警队等。这些专业民警队都是由县级以上公安机关专门设置，在相关业务部门的直接领导下具体实施某些专项治安管理工作的治安管理基层组织。

专项业务机构。专项业务机构主要包括：治安拘留所、收容教育所、强制隔离戒毒所、精神病管制院（安康医院）等。治安拘留所是县级以上公安机关设置的依法执行治安拘留的行政执法场所。收容教育所是由省级公安机关决定并报同级人民政府批准设立的，依法对卖淫、嫖娼人员集中进行教育矫治的场所。强制隔离戒毒所是公安机关依法通过行政强制措施为戒毒人员提供科学规范的戒毒治疗、心理治疗、身体康复训练和卫生、道德、法制教育，开展职业技能培训的场所。精神病管制院又称安康医院，是公安机关对严重危害社会治安或者病情严重、家庭又无力看管的精神病人进行强制管束、治疗的社会福利场所。

（二）专门公安机关的治安管理部门

专门公安机关的治安管理部门，是指设在专门系统、部门或者特定区域的公安机关管理所辖范围、区域内治安业务的机构，包括铁路治安管理机构、交通治安管理机构、民航治安管理机构、森林治安管理机构和中华人民共和国海警局等。

1. 铁路治安管理部门。铁路治安管理部门是设置在铁路运输系统内，维护铁路运输治安秩序的各级铁路公安治安管理部门。铁路公安机关接受公安部的统一领导，与地方各级公安机关不具有行政隶属关系，是一个相对独立的公安机关，专门负责铁路运输系统的安全和秩序。铁路公安机关内设不同业务机构。其职责包括：维护铁路站场、列车、沿线区段的治安秩序，查处治安案件和治安事故，保障运输和乘客人身、财产安全；保卫铁路重要部门、要害部位，加强安全防范工作；负责党和国家保密物资运输的特运警卫工作；负责铁路单位内部和列车的消防监督管理；负责管理铁路单位内部的户口和重点人口等。

2. 交通治安管理部门。交通治安管理部门是设置在港口、港区、船舶运输行政管理系统的各级公安机关内的治安管理机构，在行政上接受交通部的领导，在治安管理业务上接受公安机关的指导。其职责包括：维护港口、港区、船舶运输业的治安秩序，查处治安案件和事故，保障运输和旅客人身、财产的安全；负责港口重要设备、要害部位和进港轮船的安全；加强对交通部门单位内部的安全防范和港区外来人口管理；负责港区内的道路交通管理；负责港口、船舶的消防监督管理等。

3. 民航治安管理部门。民航治安管理部门是设置在民航行政管理系统的各级公安机关内的治安管理机构，在行政上接受民航行政管理机关的领导，在治安管理业务上接受公安机关的指导。其职责包括：维护机场、飞行运输的治安秩序，查处治安案件和事故，保障运输安全和旅客人身、财产的安全；负责机场要害部位的安全保卫；管理机场区域的道路交通管理；负责民航系统的消防监督管理；负责旅客、货物、邮件的安全检查。

4. 森林治安管理部门。森林治安管理部门是设置在国家森林行政管理系统的各级公安机关内的治安管理机构，在行政上接受国家森林行政主管机关的领导，在治安管理业务上接受公安机关的指导。其职责包括：保护森林资源安全；维护林区治安秩序，查处治安案件和事故，处置山林权属纠纷；保障林业生产安全；负责林区消防监督管理。

5. 国家海警治安管理部门。国家海警治安管理部门是设置在国家海洋管理系统的治安管理机构，由国家海洋局的中国海监总队、农业部各个海域的渔政局、公安部的边防海警、海关总署的海上缉私力量等进行整合，行政体制上接受国土资源部领导，治安管理业务上接受公安部指导，其职责包括：组织拟订海洋维权执法的制度和措施，制定执法规范和流程；在我国管辖海域实施维权执法活动；管护海上边界，防范打击海上走私，偷渡，贩毒等违法犯罪活动，维护国家海上安全和治安秩序，负责海上重要目标的安全警卫，处置海上突发事件；指导协调地方海上执法工作；参与海上应急救援，依法组织或参与调查处理海上渔业生产安全处理，按规定权限调查处理海洋环境污染事故等。

二、治安管理警察组织的权限

（一）治安管理处置权

治安管理处置权，是指公安机关在公共场所管理、道路交通管理、消防管理、危险物品管理、特种行业管理和出入境管理等治安行政管理活动中，为维护社会秩序和公共安全，依法对特定的人、物、事、场所采取的命令、禁止与取缔、许可等权力运行行为。

命令，是指公安机关为了维护社会治安秩序和公共安全，依法向负有特定义务的人发出的作为、不作为和约束的指令。这种命令又称“警察命令”。

禁止与取缔，是指公安机关依法对于某些违反治安管理、扰乱社会秩序、妨害公共安全的行为宣布禁止，予以取缔，并对违禁者予以法律制裁。

许可，是指公安机关在行政管理中，对公民、法人或者其他组织的请示依法允许或者否定的一种权力。这种权力通常是通过审核批准、决定、登记、颁发证照、指挥等形式表现出来。

（二）治安管理处罚权

治安管理处罚（又称治安处罚），是公安机关对于不履行治安法规所确定的义务或者危及社会治安秩序，情节轻微，尚不够刑事处罚的行为，依照治安管理法规的规定实施的行政处罚。治安行政处罚是我国行政处罚的一种。根据《中华人们共和国治安行政处罚法》的规定，治安行政处罚的种类有警告、罚款、行政拘留、吊销公安机关发放的许可证。对违反治安管理的外国人，可以附加适用限期出境或者驱逐出境。治安行政处罚不同于刑事处罚，它是以公安行政强制力实施的行政处罚。

（三）治安监督检查权

治安监督检查，是公安机关依法对应负治安责任的社会团体、组织及个人履行治安责任、预防治安问题的发生所进行的监督检查。通过治安监督检查，发现违章违法行为，依法予以处置或制裁；发现治安隐患，要求监督对象限期整顿改正，预防治安问题的发生，增强其自治、自防、自卫的能力，创造安全的生产和工作环境。

（四）治安管理强制权

治安管理强制，是指公安机关在依法进行治安行政管理和实施治安行政处罚时，为达到使行为人履行法定义务或接受处罚的目的，对不履行法定义务或不服从治安行政处罚的人所采取的人身和物品的强制手段。治安行政强制权主要有以下几种：强制传唤、强行带离现场和强制拘留、强制隔离、约束特定的人、盘问检查等。

三、治安管理警察组织的领导体制

治安管理警察组织的领导管理体制可分为两层含义：一是从党和政府与治安机构的组织关系层面来说，我国公安机关实行的是“统一领导、分级管理、条块结合、以块为主”的领导体制；二是从公安机关内部上下级之间领导关系的构造来说，我国公安机关内部实行的是党委领导下的首长分工负责制。

公安领导体制是公安治安管理体制的重要组成部分，它是公安治安管理内部行政权力的外在形式和具体化，主要表现为公安治安管理独立单位的领导权属和其内部最高层次的领导集体采取什么形式进行领导的制度。根据我国有关法律规定的原则，现行的公安领导体制是

“统一领导、分级管理、条块结合、以块为主”。

第一，统一领导，分级管理。首先，全国公安机关都必须接受党和政府的统一领导。同时，地方公安机关必须接受公安部的统一领导。“分级管理”是指中央公安机关和地方公安机关分别接受党中央、国务院和各级地方党委、人民政府的管理，同时县以上地方公安机关对所辖公安机关实行领导和管理。统一领导和分级管理是辩证统一的。分级管理是为了确保统一领导，而要统一领导又必须分级管理，是集权和分权的统一，能调动中央和地方的两个积极性。

其次，条块结合、以块为主。公安机关在实际工作中接受自上而下的公安机关的“条”的领导管理与接受各级地方横向同级党委、政府的“块”的领导管理并行，实行双重领导组织制度。“条”是从上到下的公安职能部门业务管理体系。“块”是指地方各级公安机关的分层，隶属同级地方党委领导，保一方平安。“条”与“块”结合必须是“条条领导”与“块块领导”相互配套、互为前提的有机组合。以“块”为主是“快快领导”为主解决具有地方特点的具体地区性问题。条块结合和以块为主也是辩证统一的，既强调公安机关内部集中统一领导指挥与地方党委领导公安机关的结合，又强调各地公安机关从实际出发更有针对性、更有效地搞好公安工作。

最后，对于公安机关内部上下级之间领导关系的构造，我国各级警察机关的领导体制，长期以来实行的是党组领导下的集体分工负责制，即实行“党组集体领导和首长负责相结合的制度”，它的基本特点是：公安机关的党组具有决策、指挥权；公安机关首长（部长、厅局长、处长、科长）分工执行党组的决策；按集体决定执行所犯的错误由集体承担责任。

第三节　治安管理社会组织

一、治安管理社会组织的类型

治安管理社会组织，是指相对于国家设立的履行政府职能的治安管理机构而言，在公安机关指导下协助维护社会治安的社会性组织。目前，治安管理社会组织主要包括：企事业单位内部保卫组织、群众自治性治安保卫组织、社会有偿保安服务组织以及其他群众自发形成的治安防范组织。

（一）企事业单位内部保卫组织

企事业单位内部保卫组织，是在所属企事业单位党政或法定代表人领导下，接受公安机关的指导和监督，负责所在单位内部治安保卫的组织。单位内部保卫组织为所属机关、企业（国有、集体、个人等）、事业单位、团体的内部机构，与其他机构不同的是，其不从事所属单位的某项业务。我国内保组织的建立始于1950年政务院发布《关于在国家财政经济部门中建立保卫工作的决定》，及之后召开的一系列关于经济、文化保卫工作的会议，1994年国务院转批公安部《关于企业、事业单位公安机构体制改革的意见》，对已设立的企事业公安机构予以撤销或调整理顺关系。2004年实行的《企事业单位内部治安保卫条例》（下称《内保条例》）是目前企事业单位内保工作的主要法律依据（《内保条例》规定高等学校治安保卫工作具体规定由国务院另行规定，当前高校保卫机构的主要参照性文件仍为1997年国家教委、公安部联合下发的《高等学校内部保卫工作规定（试行）》）。

根据《内保条例》的规定，单位应当根据内部治安保卫工作的需要设置治安保卫机构或者配备专职、兼职治安保卫人员。治安保卫重点单位应当设置与治安保卫任务相适应的治安保卫机构，配备专职治安报为人员，并将治安保卫机构的设置和人员的配备情况报主管公安机关备案。所谓治安保卫重点单位，是指关系全国或者所在地区国计民生、国家安全和公共安全的单位。治安保卫重点单位由县级以上地方各级人民政府公安机关依法确定。《内保条例》所规定的内部保卫工作制度包括：门卫、值班、巡查制度；工作、生产、经营、教学、科研场所的安全管理制度；现金、票据、印鉴、有价证券等重要物品使用、保管、储存、运输的安全管理制度；单位内部的消防、交通安全管理制度；治安防范教育培训制度；单位内部发生治安案件、涉嫌刑事犯罪案件的报告制度；治安保卫工作检查、考核及奖惩制度；存放有爆炸性、易燃性、放射性、毒害性、传染性、腐蚀性等危险物品和传染性菌种、毒种以及武器弹药的单位，还应当有相应的安全管理制度；其他有关的治安保卫制度。

（二）治安保卫委员会

治安保卫委员会，是根据我国《宪法》和《治安保卫委员会暂行组织条例》的规定，在机关、企业、事业单位及城市居民委员会、农村村民委员会内建立的群众自治性治安防范组织，在基层人民政府和公安机关领导下进行工作。治安保卫委员会的建立，城市一般以机关、工厂、企业、学校、街道为单位，农村以行政村为单位，其委员名额，应视各单位人数多寡、情况繁简，由3~11人组成之，设主任一人并设副主任一人至二人。各地于治安保卫委员会建立后，视情况需要，经市、县公安局批准，得建立治安保卫小组，由群众推选积极分子3~5人组成之；内设组长一人，在治安保卫委员会领导下进行工作。

早于1952年，由当时的政务院批准，公安部颁布了《治安保卫委员会暂行组织条例》（1980年确认继续有效），规定建立治安保卫委员会，并将其定性为群众性治安保卫组织。之后1982年《宪法》第111条载明“城市和农村按居民居住地区设立的居民委员会或者村民委员会是基层群众性自治组织……居民委员会、村民委员会同基层政权的相互关系由法律规定。居民委员会、村民委员会设人民调解、治安保卫、公共卫生等委员会，办理本居住地区的公共事务和公益事业，调解民间纠纷，协助维护社会治安……”，分别于1998年和1989年通过的《村委会组织法》、《居委会组织法》也作出了类似规定。

治安保卫委员会的任务主要有下列五项：向群众进行保障公民合法权益，遵守社会主义法制和提高警惕性的教育；宣传和组织群众做好以防抢、防盗、防火、防治安灾害事故为中心的安全防范工作，参与社会治安综合治理；检举揭发反革命分子和其他刑事犯罪分子的破坏活动；协助政府监督被依法管制的犯罪分子，教育、挽救、改造轻微违法犯罪人员；发动群众制定、遵守治安公约和安全制度.

（三）保安服务公司

保安服务公司是为社会提供专业化、有偿安全防范服务的特殊企业，是协助公安机关维护社会治安，预防和减少违法犯罪的重要力量。1984年12月，深圳市蛇口区公安机关组建了我国第一家保安服务公司，标志着我国保安服务业的诞生。1988年，国务院批准的《公安部关于组建保安服务公司的报告》中提到“建立这样一个在公安部门直接领导下的服务公司”，即保安公司由公安机关设立，该报告同时划定了保安公司的业务范围：守护，门卫，内部巡逻，押运，保护人身及财产，护卫展览、文娱等活动，经营安全设备器材，提供安全技术防范设备相关服务等。1998年应中央《关于军队武警部队政法机关不再从事经商活动的决定》的要求，公安机关确定保安公司为独立法人，与其在经济上彻底脱钩。2000年公安部《关于保安服务公司规范管理的若干规定》规定：“保安服务公司只能由公安机关组建，其他任何单位、部门、个人不得组建。”重申保安公司的独立法人地位和其与公安机关经济脱钩，但规定公安机关有对保安公司法定代表人的审核权，且可选派民警到保安服务公司工作，禁止保安公司提供个人人身保安服务。2010年施行的《保安服务管理条例》（下称《保安条例》）重新允许保安公司提供随身护卫，规定“国家机关及其工作人员不得设立保安服务公司，不得参与或者变相参与保安服务公司的经营活动”。并规定了保安公司的成立条件、保安员从业条件和职权、公安机关的监督管理等。成立保安服务公司应当具备下列条件：有不低于人民币100万元的注册资本；拟任的保安服务公司法定代表人和主要管理人员应当具备任职所需的专业知识和有关业务工作经验，无被刑事处罚、劳动教养、收容教育、强制隔离戒毒或者被开除公职、开除军籍等不良记录；有与所提供的保安服务相适应的专业技术人员，其中法律、行政法规有资格要求的专业技术人员，应当取得相应的资格；有住所和提供保安服务所需的设施、装备；有健全的组织机构和保安服务管理制度、岗位责任制度、保安员管理制度。

二、治安管理社会组织的性质

（一）政治性质

从其理想的发展目标来说，治安管理社会组织属于治安领域的一种社会自治，是公民社会的表现形式。从公民社会脱胎于政治国家的角度，其又属于准行政主体，因其提供的公共产品——安全的天然属性，在社会发展、公民素质还没有达到较高水平前，必然在一定程度上依附于国家政权，表现为其地位需国家法律加以确认，其发展需要国家权力的引导扶持，在较长的一段时间内作为国家警察机关的从属力量，即“社会治安力量是在公安机关的指导下开展业务，作为公安机关治安保障的重要补充形式存在”。

（二）法律性质

依据不同具体类型的治安管理社会组织，其法律地位也各有不同。

1. 根据《企事业单位内部治安保卫条例》第6条：“单位应当根据内部治安保卫工作需要，设置治安保卫机构或者配备专职、兼职治安保卫人员。治安保卫重点单位应当设置与治安保卫任务相适应的治安保卫机构……”和第20条中“单位治安保卫人员在履行职责时侵害他人合法权益的，应当赔礼道歉，给他人造成损害的，单位应当承担赔偿责任”的规定，可以看出企事业单位内部治安保卫组织属于企事业单位（包括机关、团体，见《内保条例》第22条）的职能部门，内部机构，不具有独立的法律主体资格。

2. 根据《保安服务管理条例》第1款第1项：“（一）保安服务公司根据保安服务合同，派出保安员为客户单位提供的门卫、巡逻、守护、押运、随身护卫、安全检查以及安全技术防范、安全风险评估等服务”以及第40条：“国家机关及其工作人员不得设立保安服务公司，不得参与或者变相参与保安服务公司的经营活动。”保安服务公司是以营利为目的为他人提供安全服务的公司法人，具有独立的法人资格。

3. 根据《宪法》第111条第2款：“居民委员会、村民委员会设人民调解、治安保卫、公共卫生等委员会，办理本居住地区的公共事务和公益事业，调解民间纠纷，协助维护社会治安，并且向人民政府反映群众的意见、要求和提出建议。”《治安保卫委员会暂行组织条例》第2条：“治安保卫委员会是群众性的治安保卫组织，在基层政府和公安保卫机关领导下负责进行工作。”全国人民代表大会常务委员会《关于加强社会治安综合治理的决定》第5条中“建立群众性自防自治的治安保卫组织”等法律文件中描述，治安保卫委员会是一种群众自治组织，性质上属于社会团体，具有独立的法律主体资格。

（三）经济性质

内部保卫组织不具有独立的法律地位，因而不具有独立的经济性质，其所从属主体的经济性质可能是以营利为目的的各种所有制形式的企业，以公益为目的非营利的机关、事业单位和非营利的社会团体。保安服务公司是以盈利为目的的公司法人，其所有制形式可以是国有、集体、私营和外资等，但从事武装守护押运服务的保安服务公司必须是国有独资或者国有资本占注册资本总额的51%以上。基层治安自治组织是公益性的非盈利的社会团体。

三、发展治安社会组织的意义

社会组织参与到社会治安管理工作中，是政府职能转变的必然结果．政府职能随着社会经济的发展在不断变化，政府行政体制的持续改革创新提出新型政府管理模式，更加侧重从宏观层面对社会治安进行严格管理，相对一些微观的细化的服务正逐渐向社会中转移。

以公安为主体条件全面加强国家公安力量和社会治安力量的建设，克服“一手硬、一手软”的现象。治安社会组织是公安机关指导下的有组织治安力量，是公安机关强有力的助手。古今中外，社会治安组织都是不可或缺的治安力量。大力加强治安社会组织建设，提高对其战略意义的认识，加强社会治安组织的法制建设，加大投入，做到社会治安组织建设系统工程化。另外，国家公安力量与社会治安力量的原则界限亦不能混淆。

第五章　治安管理权

第一节　治安管理权概述

一、治安管理权的概念

（一）治安管理权的含义

一般认为，权力是一种资格或支配能力。权力在社会关系中，就是一方支配和控制对方，并让其服从的力量；是指一定的社会主体对他人产生预期效果的能力。① 权力存在于主体与客体相互关系之中，表现为命令服从关系，或意志服从关系。可见，权力是实现主体意志和利益要求的工具，是一种控制能力。在治安管理关系中，一切治安管理活动，无论是决策，还是执行，都是治安管理主体与治安管理对象的相互关系，体现为治安管理主体的支配和控制能力，也是治安管理主体实现国家意志，履行治安管理职能所具有的实际管理能力和资格。因此，治安管理权，就是治安管理主体为维护国家安全、社会秩序，履行治安管理职能，依法具有的实施社会治安管理的资格和权能。

治安管理权的形成既不能脱离国家意志、国家职能、国家权力分工的政治因素，也不能脱离国家法律基础；既是政治上的权力，又是法律上的权力。治安管理权是治安管理的基础，也是治安管理手段与形式的集中体现。作为一种权力现象，治安管理权与国家权力、警察权有着密切的联系。根据国家职能的需要，国家权力需要分工和分设，从而实现国家政治职能和社会管理职能；因为国家权力是一个集合概念，是多种国家权力的总和。其中立法权、司法权、行政权是国家权力的主要分工和分设形式，还有国家的监督权、军事权、警察权等国家权力，仍然是国家权力的设置形态，是抽象的国家权力的具体配置和国家权力的转化形态。治安管理权作为国家警察权的一种表现形态，体现了警察权的基本特征，反映了警察权的基本性质和内容，是警察权的一种基本类型。因为治安管理权的实施主体、运行目的和手段方法等，均体现着警察权的实质和具体形式，警察权由治安管理权与刑事执行权共同构成，是国家专门设置的警察组织享有的权力。

（二）治安管理权的构成要素

任何权力都存在于主体与客体的相互联系之中，表现为主客体之间的相互关系，诸如“命令服从关系”，“意志服从”关系等。② 治安管理权作为一种不同于其他国家权力的权力形态，具有自己的特殊性，有其独特的权力结构和特殊功能。任何权力的宏观结构都是由权力主体、权力客体和权力实施的手段三个要素构成的，治安管理权的结构也是由治安管理权

---

① ［美］丹尼斯·朗：《权力论》，中国社会科学出版社 2001 年版，第 3 页。

② 王楷模：《现代政治概论》，陕西人民教育出版社 1998 年版，第 140 页。

的主体、治安管理权的客体以及治安管理权的实现手段三个基本要素构成。

1. 治安管理权的主体。治安管理权的主体是权力的承担者、享有者，能以自己的名义执行法律、命令，实施治安管理活动，并承担相应法律责任的组织。治安管理权的主体有广义与狭义两种理解，二者的区别在于对治安管理权的主体范围大小的认识不同。狭义治安管理权主体认为，治安管理的主体是指专司治安管理职能的警察组织，在我国就是公安机关及其治安管理部门。警察组织是国家机关的重要组成部分，依法行使国家警察权，承担治安管理职能，具有警察权的资格和行为能力，当然享有治安管理权。其他机关、组织，以及群众性的社会安全机构，因不具备国家治安职能和公共安全管理的主体资格和能力，故不能作为治安管理权的直接享有者。主张严格意义上的治安管理权，只能由警察组织享有，治安管理权的主体，只能是公安机关及其治安管理部门。广义的治安管理权的主体认为，治安管理职能不仅是警察组织治安管理部门的职能，还应当普遍存在于其他社会公共组织当中；治安管理权虽然是警察组织的一类职权，但它在一定条件下也可以授权或委托由其他公共组织行使。这样，除了警察机关中治安管理部门以外，其他的安全管理机构、社会安全组织以及群众性的治安保卫组织，负有一定程度的治安管理的职能，都应成为社会治安管理的参与者，可以作为治安管理的特殊主体。当然，其他社会组织治安管理权的范围、具体内容并非完全等同于警察组织，而且它们各自的安全管理职责也有所差异。从这个意义上讲，治安管理权的主体范围相对比较宽泛，大大超出了狭义治安管理的主体范围。

虽然治安管理权的主体范围主要是根据警察组织，但并非仅限于警察组织；同时，也不能扩大治安管理权的主体范围，把它完全等同于享有国家权力的其他机关。应以有关组织是否负有治安管理的职能，是否具备安全管理的职责和安全管理的能力，这是界定治安管理主体的主要标准。所以，治安管理权的主体，主要是国家警察组织，但在一定条件下，应当包括其他安全管理机构和组织。

2. 治安管理权的客体。客体是权力作用的对象，是权力的承受者、服从者。有主体必然要有客体，权力主体和权力客体是权力存在的前提和条件。治安管理权的客体具有广泛性，凡是治安管理权作用的对象都是权力客体，既包括各种治安管理活动的事项，又包括与警察组织实施权力过程中发生的治安关系中的公民、法人和组织。治安管理权的客体就是权力作用的对象，涉及治安管理主体所管辖的所有领域，以及治安管理过程中的各种行为、物质和精神财富。治安管理权作为警察权的重要组成部分，体现了权力客体的广泛性和普遍性。治安管理权与其他社会组织的权力不同，社会组织权力通常限于一定的范围，主要作用于该组织或团体内部及其成员。而警察权中的治安管理权，则普遍作用于整个社会公共安全领域，对于各种社会主体、各类社会组织及其成员，只要涉及公共安全事务或治安秩序的，都能够成为治安管理权作用的对象。但是，治安管理权在普遍作用于整个社会安全领域的同时，必须根据公共安全事务的性质，来确定治安管理权的强度和范围。也就是说，只有治安管理领域内的事项，才能成为治安管理权的客体。

3. 治安管理权的实现手段。这是治安管理权主体与客体的相互联系、相互作用的联结要素。权力如果缺少实现手段这个要素，权力主体与客体之间就无法联结起来，就不能相互作用。因此，治安管理权的实现手段，对于全面认识治安管理权的内容，完整地理解权力各要素之间的关系非常重要。治安管理权的实现手段从主要类型来看，包括政治手段、法律手段、经济手段等；治安管理权从实施方式来看，包括刚性行为、柔性行为、一般行为、特殊行为等。

二、治安管理权的性质

（一）国家权力性质

从治安管理权的形成和发展的过程来看，由于国家权力是因国家职能而产生的，并根据国家职能的需要进行划分的。作为国家权力之一的治安管理权，属于警察权的组成部分，它的形成也是因国家警察职能的需要而产生的。我们知道，警察权产生的基础是国家权力，即公权力，警察权的主体地位的确立、客体条件的形成以及权力实现的手段，都依赖于国家权力的保障。治安管理权作为警察权的一部分，是警察权的一种类型和分工形态，它与警察权存在着内在的、本质的联系，反映了警察权的实质内容和表现方式。警察权的国家权力性质，就是治安管理权的基本性质。因此，治安管理权源于国家权力，是公权力的一种具体形态；治安管理权的内在本质就是国家权力，这就是它的基本性质。

国家权力的基本特征是公权力，国家权力作为一种最高权力，必然是一元性的。但并不等于国家权力没有结构和分工，公权力也并非没有结构。国家权力的运行结构，除了有纵向关系的中央与地方的权力分工外，还根据职能划分为立法权、司法权、行政权、军事权、监督权、警察权等权力形态；按照权力结构、具体职能、作用对象、调整社会关系领域的不同，警察权又可以划分为两种权力类型，即治安管理权和刑事执法权。

（二）社会公共性质

治安管理权作为一种公共权力，从其设定和实施的目的来看，在于维护国家安全和社会治安秩序，为了保护公民、法人或其他组织的合法权益；体现了为社会公共利益和社会公众服务的性质。无论从治安管理权的设定，还是治安管理权的运行实施，都是为了维护国家利益和社会公共秩序，国家与社会公共利益是维系社会稳定和谐，保障社会进步发展的基础和条件；在我国，国家和社会公共利益就是广大人民群众利益制度化的表现。作为公权力的治安管理权，是为了适应公权力的需要应运而生的，是实现公共利益的一种重要手段。

治安管理权这一重要的社会现象，从产生以来，人们就从不同的角度、以不同的思想认识予以说明和解释，从而形成了不同的权力理论。治安管理权作为人类社会发展在某一阶段上的共同现象，不论其阶级性、特殊性如何，总有其共同性和普遍性本质。治安管理权的共同理论基础即“公共权力论”，具备了解释治安管理权的共同性和普遍性的主要条件：一是公共权力论能够解释治安管理权的功能和价值；目的在于实现国家职能、警察的政治职能和社会管理职能，为了维护国家安全和社会公共秩序。二是公共权力论是治安管理权赖以建立的理论基础；公共权力体系分层次、有着逻辑关系的和谐统一的系统，治安管理权作为公共权力之一，有其形成的社会基础和条件。三是公共权力论能够揭示治安管理权产生发展的客观规律，说明其发展的理论基础，以及发展程度和权力性质的界定标准。

（三）执行性质

治安管理执行权，是指治安管理主体为实施法律、法规或上级机关的决定、命令，依法对治安管理关系的对象采取的具体执行措施的权力。例如，对拒不交纳罚款的扣押财物折抵，对拒绝交纳罚款的执行交纳，执行扣押、查封，查验许可证、居住证，审核验收化学危险物品场所，查验居民身份证等。治安管理执行权直接体现为治安管理主体与相对人之间的命令与服从关系，是基于法律、法规的规定，由治安管理主体及其人员直接实施的。治安管理执行权根据强制程度的不同，可以分为一般执行和强制执行。一般执行是指不附加特殊强制手段的执行，如执行检查、审核、检验等；强制执行是指带有强制手段的执行，如对醉酒者的约束，对财物的强制扣押查封，对违法建筑的强行拆除，收容教育违法人员等，强制执行往往是以当事人不履行法定义务为前提条件。

治安管理权的形成是为了实现国家意志和履行国家职能，国家的政治功能概括为两种，即国家意志的表达和国家意志的执行，国家意志必须通过行动才能实现。治安管理权作为执行权，其主要功能就是执行国家意志。治安管理权的实施主体警察组织是国家专门设置的执行机关，它在国家机器中的作用就是为了实现国家意志、意愿，履行维护国家安全、政治统治以及社会安全管理的职能，警察组织执行治安管理法律，采取安全防范措施，制裁治安违法行为，实施社会治安管理活动等，就是实现国家意志的执行活动。

三、治安管理权的特点

（一）目的性

设定和实施治安管理权的目的在于，维护国家安全和社会秩序，执行国家制定治安管理法律规范，维护和实现有利于安全稳定和社会发展的治安管理秩序。我国是人民民主专政的社会主义国家，国家制定的治安管理法律规范体现了人民的意志和利益，维系着广大人民所需要的社会治安状态，这是治安管理权体现国家性、公共性、合法性的基础。治安管理主体为了执行国家意志，维护社会公共利益，实现人民群众所期望的良好的社会治安状态，以法享有国家赋予的治安管理权。治安管理权作为一种执行权，为了执行国家意志、执行法律，权力内容的设定，完全是出于实现维护国家政治秩序和社会安全秩序的目的。

（二）主动性

治安管理权的主动性，是指权力的行使是积极主动的，而不是消极被动的。因为，治安管理权是与国家法律所确定的治安管理主体的任务相联系，这种权力并非孤立存在，它意味着承担相应的职责，而职责不能消极被动地履行，必须积极主动地按照法定的目的、内容、方式来实现；治安管理主体既不能消极行使职权，更不能随意转让或放弃职权。在治安管理关系中，拥有和行使权力的主体是治安管理主体，在运用和实施权力的过程中，体现了明确的目的性和国家意志性，必须主动依法履行职能、行使治安管理权，无须征得权力作用对象的同意，治安管理关系中，权力作用的对象应当服从和遵守。这反映了治安管理关系并非是对等的权力关系，这是治安管理法律规范预先确定的治安管理权的运行状态。

（三）强制性

从治安管理主体行使权力的方式可以看出，治安管理权往往表现出强制性的特点。治安管理权不仅需要具备合法性的基础，同时也离不开必要的强制手段。具有强制力的行为方式，作为治安管理权的基本表现方式，体现着国家权威和警察权的强制效力，往往是以国家强制力的威慑作用为后盾，这也是实现效力的保障。治安管理权相对于其他国家权力来说，是以强制性手段来实现其权力内容的，具有明显地强制性的特征。治安管理权的这种强制性表现形式，由法律设定，并由国家赋予治安管理主体实现权力内容的手段方式，以法律强制力支持和保障。治安管理权在行使过程中，采用了诸如治安管理处罚、治安强制措施、治安紧急处置等大量的强制性手段，彰显了治安管理权的强制力。

（四）多样性

治安管理权的实现手段具有多样性，因为治安管理的内容极其丰富，管理事项呈现多样化，涉及社会许多方面，单一的职权手段无法适从。从治安管理权功能来看，既有制定规范、决策、指挥、命令，又有执行、裁决、处罚、强制、处置等多种方法、手段、措施；从治安管理的内容来看，既有涉及公共秩序、危险物品、特种行业、户政等管理事项，又有道路交通、消防监督、边防外事、网络安全监督、治安保卫指导等专门业务。由此可见，治安管理权必须针对不同的管理事项，不同的权力作用对象，相应地采取不同的手段、方法、措施。既有刚性的强制手段，又有柔性的非强制手段；既有处罚、强制措施，又有指导、调解、说服教育；既有抽象的制定规范、作出决定、发布命令等，又有具体的执行、处置、检查、监督等，可见，治安管理权的实现手段呈现多样性的特点。

（五）独立性

治安管理权是一种相对独立的权力，一方面，相对于社会组织或个体权力来说，治安管理权是国家权力、公共权力，由国家专门设置的独立自主的权力，与其他权力有着明确的界限，依法独立行使，不受其他权力的干扰。因为，作为一种公共权力所代表和体现的公共利益，是独立于各种社会组织或个体的特殊利益之外；这种公共权力所体现的国家利益和社会公共利益，必须高于个体或团体利益，治安管理权应当免受个别势力的干预。另一方面，相对于其他国家行政权力来说，治安管理权具有独立自主性。因为，各种国家行政职权执行管理国家行政事务和社会公共事务的功能不同，治安管理权有着自己相对独立的作用领域和作用对象。治安管理权作为一种执行权，是由治安管理法律规范确定的，与其他国家行政职权存在着不同的分工，实施的具体目标有差异，各自的权力内容、职权形式有所区别。此外，治安管理权本身所具有的操作性、技术性和事务性，表明它是一种相对独立的权力。

第二节　治安管理权的类型

根据治安管理权作用对象是普遍的、不特定的对象，还是具体的、特定的对象，将治安管理权划分为具有普遍约束力的治安管理权与作用具体对象的治安管理权。简称为普遍的治安管理权与具体的治安管理权。

一、普遍的治安管理权

普遍的治安管理权，是指治安管理权作用的对象是普遍的、不特定的组织、个人或事件，是针对不特定的对象实施的权能。这种类型的治安管理权特征在于，权力针对不特定的人或事，对于权力客体具有普遍的约束力。主要形式有：

（一）制规权

治安制规权，是指制定治安管理的规章和规范性文件的权力能力和资格。它是治安管理组织，依法定权限和程序，制定治安管理规章和规范性文件的权力。根据我国宪法和法律的规定，我国中央公安机关及其所属的治安管理机构，以及地方县以上公安机关及其所属的治安管理机构具有制规权。其中，中央公安机关机关依法有权制定治安管理的部门规章，其他公安机关和治安管理机构依法制定治安管理的规范性文件。

（二）命令权

治安命令权，是指治安管理组织根据法律规范，对权力客体即治安关系中的相对一方当事人，作出命令或发布指令的职权。治安命令权是依据规范针对普遍对象所发出的指令，要求权力客体必须作出某种行为或不得作出某种行为，以及允许或者禁止权力客体履行或者变更某种权利义务关系。如治安管理组织命令任何企业或个人，不得生产、销售、使用管制刀具，禁止制造、贩卖、运输、吸食毒品，禁止无证驾驶机动车辆，禁止非法出入境等，这些均属于限制性、禁止性的命令。在一些特殊行业的管理中，治安管理权的主体要求权力客体应当登记、申报、申领有关经营许可证、安全证、准运证、居住证等，这些属于要求权力客体积极作为的命令。治安命令权通常针对普遍的权力客体实施，即针对不特定的对象，但在有些情况下，治安命令权也不排除针对特定的对象实施。

（三）指挥权

治安指挥权，是指治安管理组织在治安活动中，为了协调某些治安关系或某些治安管理事项，依法行使的组织、协调、疏导、要求、责令等行为的职权。治安指挥权具有法定性要求，是依法进行管理活动，权力主体与权力客体之间存在着法定的公共安全管理关系，权力客体必须遵守和服从权力主体的指挥，不得拒绝或拖延，否则要承担相应的法律责任。治安指挥权经常表现为说服、劝阻、要求、责令、通知、告示等形式，虽然是劝导和说服，但仍以强制力作保障。治安指挥权在一般情况下，针对不特定的普遍对象实施，如在道路交通管理中的协调、疏导，在突发紧急事件中所实施的调动人力、物力，在交通管理中采取的交通管制、禁止通行、紧急援救等措施。但在特定情况下，治安指挥权也可以针对具体的组织、个人或事件实施。

（四）检查权

治安检查权，是指治安管理组织在治安活动中，对于治安关系的当事人执行治安管理法律规范和有关管理制度的情况，进行的查验、督促、指导、审核，提出整改要求，消除治安隐患的职权。如检查基层组织的治安防范工作，督促防火规范的落实情况，检查、指导网络信息系统安全保护工作等。治安检查权既可以针对治安管理的普遍对象实施，也可针对具体特定的治安管理对象实施。

（五）监督权

治安监督权，是指治安管理组织依法对治安管理相对人遵守治安管理法律规范，履行治安管理义务情况进行监督的权能。这种监督是治安管理组织针对普遍的治安管理对象，行使治安管理权的一种活动，目的在于督促治安管理相对人贯彻执行治安管理法律规范、执行治安决定和命令、服从治安管理指挥和指导，以及遵守治安管理义务、履行治安管理责任等，以保证治安管理目标的实现。

二、具体的治安管理权

具体的治安管理权，是指治安管理权的主体在治安活动中，是针对特定的人或事实施的，直接影响权力客体具体权利义务内容的权能。这种类型的治安管理权的特征在于，权力客体是特定的对象，对于特定的人或事具有拘束力。主要形式有：

（一）许可权

治安许可权，是指治安管理主体根据治安关系中对方当事人的申请，通过颁发许可证、执照等形式，依法赋予其从事某种活动的资格或实施某种行为的能力的职权。这种职权的实施，必须以对方提出申请为前提，治安管理组织不能主动予以许可。常见的许可有集会、游行、示威许可，占道许可，经营特种行业许可，驾驶许可等。此外，治安管理许可必须有特定的形式要件，这种形式要件主要是许可证、执照。这种许可便于治安管理组织对获得许可的治安管理对象与未获得许可的其他社会主体加以区别，也便于对它们进行监督检查。

（二）确认权

治安确认权，是指治安管理主体依法对治安管理关系中相对人的法律地位、法律关系和相关事实进行甄别，给予确定、认可、证明的职权。治安确认权是针对治安管理法律规范所规定的、需要确认的事项，并根据法定条件和程序实施的。治安管理主体通过确定某种特定的事实或法律关系是否存在，从而达到确定或否定当事人法律地位或权利义务的目的。如户籍管理中对家庭成员关系的确认，对当事人姓名、年龄等的证明，对身份、出生死亡的证明，以及对交通事故等级、责任的认定等。

（三）调解权

治安调解权，是指治安管理主体为了解决和处理发生在治安管理过程中特定的民事纠纷，依法采取说服、教育的方法，使纠纷双方当事人在自愿的基础上达成调解协议，实现和解的职权。治安调解是在治安管理组织的主持下进行的，目的在于解决发生在治安管理过程中特定的民事纠纷，如对交通事故损害赔偿的调解，对违反治安管理需要赔偿和负担医疗费用的调解等。治安调解所要解决的民事纠纷，通常与当事人的治安违法行为相联系，治安管理组织在依法制裁和处理违法行为的前提下进行调解。治安调解权的实施，必须依照法定的调解范围、内容和程序进行，必须以双方当事人自愿为前提，采取说服教育的方法进行。

（四）裁决权

治安裁决权，是指治安管理主体依法对治安管理中所发生的部分民事争议进行处理，并作出公断决定的权能。裁决就是第三者作出的公断，治安裁决就是由治安管理组织针对发生在治安管理过程中的特定民事争议进行处理。治安管理组织在管理过程中，依法对管理相对人之间发生的部分民事争议进行裁决的裁决，实践中有一定的数量，如治安管理中对于因违反治安管理造成对方人身伤害或财产损失，赔偿医疗费或财产损失费用产生争议的裁决，道路交通管理中对于因交通事故造成的损失，产生赔偿纠纷的裁决等。

（五）调查权

治安调查权，是指治安管理主体为了掌握社会治安情况、获取专门信息，或者根据情报线索，对专门治安问题采取探访、询问、考察、取证，了解情况、分析查证、确认事实等措施的权能。治安调查是客观了解和科学分析特定领域治安现象和问题，为治安管理制定规范、作出决策，以及采取治安对策措施，明确认识、指引方向。治安调查结果可为作出治安强制措施或决定治安处罚，提供依据和准备；并且治安调查是进一步开展专案侦查的基础和前期准备。

（六）处置权

治安处置权，是指治安管理主体为了维护国家安全和社会秩序，依法对特定的治安管理对象或针对突发公共安全事件，采取刚性或柔性等多种具体行为的权能。治安处置权是治安管理主体在治安管理过程中，依法针对特定的权力客体或突发公共安全事件实施的，以维护国家安全、社会秩序为目的，以警察权及其治安管理权为基础，运用各种强制性或非强制措施、手段、方法实现权力内容。

（七）强制权

治安强制权，是指治安管理主体依法针对不履行治安管理义务的当事人，以及针对特定的违法行为人、特定的财产或事件，采取强制方法、手段，迫使其履行义务或实现法定强制目的的权能。治安强制权体现了以强制性手段、方法，实现法定义务或状态的目的。行使治安强制权的主要情形，一是针对权力客体不履行法定义务，如经合法传唤，治安管理相对人拒不履行传唤义务的，可强制传唤；违反集会、示威的人员，经命令解散无效时，依法强行驱散；违法使用枪支、管制刀具的，强行收缴；对某些传染疾病患者，不服从隔离治疗和检查的，可强制隔离、强制检查治疗等。二是针对某些违法行为，依法采取强制手段、方法，以实现某些特定的治安管理目的，如对违法行为人采取收容教育，强制戒毒的措施，强行铲除非法种植物等。三是针对治安管理中的某些财产、物品采取的强制方法，目的在于排除妨碍、保全证据；如对于有碍灭火救灾的建筑物强行拆除，对于治安案件中有关违法物品或财产予以扣押、查封、收缴等。治安强制权体现了法律的拘束力和强制性，应当严格依照法定强制权限和程序实施。

（八）处罚权

治安处罚权，是指治安管理主体依法对违反治安管理法律规范的行为人，追究其治安违法责任，予以惩戒制裁的权能。治安处罚权由治安管理主体行使，处罚的对象是治安管理中的违法行为人，针对其违法行为追究责任作出处罚。治安处罚既是治安管理主体的法定职权和行为方式，也是治安违法行为人承担的法律责任和后果。治安处罚在治安管理中适用得比较广泛，涉及治安管理的各个领域，除了对于违反社会治安秩序和公共安全行为的予以处罚外，还有对违反边防管理行为人的处罚，对违反消防管理行为人的处罚，对违反道路交通管理行为人的处罚等。

第三节　治安管理权与其他权力的关系

一、治安管理权与警察权的关系

所谓警察权，是指警察组织为执行国家意志而拥有的权力，是国家赋予警察机关履行国家警察职能，实施警务活动的权力。[①] 警察由国家设定，是国家机器的组成部分，目的在于实现国家的政治和社会管理职能。而国家职能的实现则是通过国家权力的运用来完成的，是指由国家设定的，并以法律的形式赋予警察组织在警务活动中所具有的资格和能力。警察权作为国家权力的组成部分，随着国家的产生以及国家权力的产生而产生，是在国家权力运行和结构分工过程中形成的。警察权源于国家职能的需要而设定，是国家赋予警察组织履行警察职能，实施警务活动的权力。为了实现国家职能，抽象的、集合的国家权力必然需要进行具体的分工与分设。警察权作为一种国家权力，是抽象的国家权力的组成部分和分设形态，在国家权力的行使结构中，警察权有着其他权力不可替代的地位和作用。从国家与法产生以来，各种形态的国家权力都应通过法律形式予以设置和确认，这是警察权存在和行使的法律基础。

警察权是个集合概念，从国家警察的职能来看，主要有两个方面，一是政治职能，即专政职能，维护政治统治和国家安全，镇压敌对势力和政治上的反对派，抵御外来颠覆和侵略，这是最主要的职能；二是社会管理职能，维护有利于政治统治的社会秩序，服务于政治统治，促进经济和社会发展，这是从属职能。警察权是为了履行国家职能而设置的权力，因此警察权分为两种类型的权力，一类是履行专政职能的警察刑事执行权，另一类是履行社会安全管理职能的治安管理职权。二者都是警察权的具体配置和转化形式，属于警察权的两大部分。虽然警察权涉及的权力范围广，权力内容多，调整的社会关系领域相对庞杂，被认为是警察职权的集合体。但是，根据警察权的职能运行和结构分类来看，警察权主要包括治安

① 惠生武：《警察法论纲》，中国政法大学出版社 2000 年版，第 127 页。

管理权和警察刑事执行权。

治安管理权从属于警察权，是治安管理组织、治安管理机构和专业治安保卫组织等依法享有的职权，成为各类治安管理主体实施治安管理活动所具有的资格和权能。治安管理权在治安管理过程中，根据权力主体的地位、权力客体的不同和治安管理的实际需要，表现为各种具体的权力形式，形成各种具体的治安管理职权。因此，治安管理职权是与主体的法律地位、组织性质、职责范围以及管理任务相适应，不同的治安管理主体所拥有的职权内容和权限范围有所不同。

二、治安管理权与警察刑事执行权的关系

所谓警察刑事执行权，是指警察组织在刑事诉讼过程中，依法为履行刑事调查、刑事侦查、执行刑罚等刑事职能，所具有的资格和权能。警察是国家专政机器的重要组成部分，作为国家的重要执法力量，按照警察职能和目的要求，执行国家意志，履行国家的政治统治与社会管理职责。首先，警察组织必须由国家依法设定；其次，警察的刑事执行职能是国家专政职能、政治职能的具体化；再次，警察刑事执行权是警察权的分类和分设形态，也就是国家权力的分工和分设形式。

为了实现警察刑事职能，保证刑事诉讼活动的开展，国家警察组织、检察机关、审判机关以及监狱，分别承担着不同阶段的刑事诉讼职能，在刑事诉讼的调查、侦查、起诉、审判和刑罚执行的过程中，各部门分别履行着具体刑事执法职能，共同完成刑事诉讼任务，从而确保刑事诉讼活动的连续性、完整性。警察刑事执行权是国家设定并赋予警察组织具有的开展刑事诉讼活动的资格和能力。警察组织依法行使警察刑事执行权，作用的权力对象是刑事犯罪嫌疑人或刑事罪犯，这种警务关系反映为国家与刑事犯罪之间的刑事关系，形成于刑事诉讼过程。警察刑事执行权的设定，体现了维护国家安全与秩序，维护社会公共利益，保障公民合法权益，以及预防惩治违法犯罪的警察职能。

治安管理权与警察刑事执法权均属警察权的组成部分，都是国家权力的具体配置和转化形式。二者权力主体都是警察组织，权力性质、职能和主要任务基本相同。但是，治安管理权与警察刑事执行权分别作用于治安管理和刑事诉讼过程，二者的权力客体即权力作用对象的违法性质程度不同，治安管理权是针对治安管理中的治安行政违法行为，警察刑事执法权则针对刑事关系中的犯罪嫌疑人或判处刑罚的罪犯；二者分别适用治安管理法律规范和刑事法律规范；二者的权力手段和措施不同，治安管理权主要应用行政手段，采用治安管理方法、措施；警察刑事执行权则是刑罚制裁手段，采用刑事强制措施、方法。

三、治安管理权与行政权的关系

一般认为，行政权是由法律赋予行政机关执行法律规范，实施行政管理活动的权力，是国家政权的组成部分。虽然法律是由国家制定和认可的，但不能简单地认为法律是由国家权力产生；法律是国家意志，体现的是统治阶级的意志。因为，国家权力源于国家职能，并以国家职能进行划分的。所以，行政权并非由法律规定或由法律规定而划分的，更不是行政法规范的结果，而是由国家职能决定的。行政权是国家权力的组成部分，是指国家行政机关执行国家意志，管理社会公共事务的权力。行政就是执行或实施国家公共事务的活动，就是执行国家意志。美国政治学家古德诺说，国家一方面是意志和意志的表达，另一方面是意志的

执行。“就政治行为来说，不仅要求统治者的意志能在被执行前就表述或表达出来，还要求把这种意志的执行在很大程度上委托给一个不同于国家意志表达机关的机关。”① 从行政权的历史发展形态来看，“三权分立” 制度下的行政权所指的行政，与以前的国家行政不完全相同。作为实现国家职能的行政，自国家产生以来就有的，而作为行政法意义上的行政以及行政权，则是近代出现了法治与民主之后产生的。

治安管理权与行政权都是来源于法律的确认或规定，均属于国家管理和服务社会的公共权力，都具有法定性、公共性、强制性、普遍性等特征。但是，行政权内容多而复杂，是各类国家行政机关管理国家事务的权力，是各种行政职权的集合体。而治安管理权则是治安管理组织所拥有的，与治安管理的目标、职责相适应的权能。治安管理权作为警察权的一部分，由国家职能产生，并根据国家公共安全管理职能而划分的。治安管理权与行政权的主要区别在于：一是权力主体不完全相同。行政权的主体是行政机关，治安管理权的主体是警察组织；由于各国警察组织的属性不完全相同，有的独立设置，有的分别隶属于行政体系或司法体系。二是权力客体或权力对象不同。行政权作用于行政关系、行政事务以及行政相对人，治安管理权的客体是治安管理对象，权力作用于治安关系中的人、物、事。三是权力实现的方法手段程度不同。行政权的实现主要行政行为的方法措施，治安管理权的实现不仅有警察行政行为，与行政权的方法相比较，方式、手段特殊，程度也更为严厉。

四、治安管理权与司法权的关系

司法权通常是指与国家立法权、行政权相对应的国家权力，即由司法机关享有和行使的国家审判权、裁决权。司法权的基本性质是公断、裁判；其基本功能就是裁判争议、裁决纠纷。司法权的主体是国家司法机关，我国司法机关包括审判机关、检察机关；因此，我国的司法权也是广义的司法权，除了审判权之外，还包括检察权。司法权具有独立性、公正性、被动性、程序性、强制性、终局性等特点。治安管理权属于警察权的组成部分，其性质和功能为执行权，是国家赋予警察组织为执行法律、保障安全、维护秩序而具有的权能。

司法权与治安管理权是两种性质不同的国家权力，虽然它们有联系，大目标是一致的，共同目的是为了实现法治，维护国家安全和构建良好社会秩序，主要区别在于：一是权力性质不同，二者分别属于裁判权与执行权，司法权审判刑事犯罪、确定刑罚，裁判民事商事纠纷；治安管理权执行治安管理法律，维护公共安全和社会秩序。二是权力主体不同，司法权主体是国家审判机关、检察机关，治安管理权主体是国家警察组织。三是权力效力不同，司法权具有终局性，司法裁判具有最终的法律效力；治安管理权属于执行权，不具有最终效力，相对人有异议可以依法要求司法救济。虽然治安管理权中也有对治安活动中的特定民事纠纷的裁决；但并非司法裁决。四是权力运行程序方式不同，司法权依照司法程序实施，包括刑事诉讼程序、民事诉讼程序和行政诉讼程序，运用司法判决、裁定等方式实现权力内容；治安管理权按照行政管理程序实施，通过教育、指导、检查、监督、强制措施、治安处罚等方式实现。

治安管理权是法定的权力，要求由治安管理主体依照法定程序，在法定权限范围内行

① ［美］古德诺：《政治与行政》，华夏出版社 1987 年版，第 11 页。

使，裁决法律规定的特定的民事纠纷，只能由特定的治安管理主体进行；裁决行政纠纷，必须是因治安管理而引起的特定的纠纷；不同性质的纠纷所作的治安裁决引起的法律效果不同。治安管理中，对于治安关系的当事人采取的督促、检查、整改、防范等措施，依法实施柔性或刚性的治安强制措施，依法作出警告、罚款、拘留、没收、吊销执照、停业整顿、限期出境、驱逐出境等治安处罚。

第六章　治安管理措施

第一节　治安管理措施概述

一、治安管理措施的概念

（一）治安管理措施的含义

治安管理措施亦称治安管理手段、方法，是指治安管理主体为实现治安管理目的，依法对治安管理客体采取的各种行为、手段、方式、方法的总和。治安管理措施就是在治安管理中实施的，治安管理主体对治安管理客体采取的各种组织、协调、指挥、监督、确认、调处、处置、强制、处罚等活动的总和，是治安管理合作行为、方法、手段等外在表现形式的总称。当然，治安管理措施也是治安管理职权的直接表现和具体形式。

（二）治安管理措施的意义

1. 治安管理措施是治安管理权的具体形式。权力必须通过一定的行为方式表达，抽象的治安管理权就是通过具体的治安管理措施加以实现的；各种治安管理的方式、方法、手段、措施都是治安管理权的具体反映和表现，治安管理措施的实施过程，就是治安管理权的实现过程。

2. 治安管理措施是由治安管理主体实施。治安管理措施作为法定的职权表现形式，即法定的行为方式，只能由法定的权力主体实施；因此治安管理措施的实施主体只能是治安管理主体，其他组织、个人不具有治安管理职权，不具备实施治安管理措施的行为能力。

3. 治安管理措施体现着治安管理的职能。治安管理措施的应用，目的就是为了履行治安管理的职能，为了实现治安管理的目标和任务；治安管理主体承担着治安管理的职能，履行维护安全、秩序的基本职能，以及实现预防、制止、控制、惩治治安违法基本任务的主要方式，就是针对治安管理客体采取治安管理措施。

二、治安管理措施的特点

（一）法定性

治安管理措施不是任意设置的，而是依法设定的，各种治安管理的方式、方法、手段、措施必须有法律规定，有着明确的法律根据，体现着国家法律的权威和效力。同时，治安管理措施的实施主体是法定的权力主体，治安管理主体是警察组织，是国家警察权的实施主体，依法享有治安管理权，依法具有实施治安管理措施的资格和行为能力，具有权威性。需要指出的是，治安管理主体采取治安管理措施，依法接受监督，各种治安管理措施和行为，应当受到有效的监督控制。

（二）专业性

治安管理措施是属于专门性的管理手段，依法由治安管理主体独立自主实施；一方面适用范围的专门性，治安管理措施只能用于公共安全管理领域，在治安管理的专门业务中适用，不适用于刑事诉讼或其他行政管理领域；另一方面管理措施的专业性，治安管理措施无论从具体形式，到实际内容，都反映了独有的、专业性的方法、手段和措施，特别是应急的、强制的、处罚的手段、方式，只能应用于治安管理的实践。

（三）强制性

治安管理措施是治安管理权的具体形式，也是警察权的直接反映和实际表现；治安管理措施必然以国家警察权为依托，体现警察权的强制性，强制性是治安管理措施的内在要求。无论是刚性的治安管理措施，还是柔性的治安管理措施，都是以国家强制力为后盾，因为强制性是维护国家安全、社会秩序所必需的，由国家警察的职能和任务所决定的。

（四）多样性

治安管理措施作为实施治安管理的行为方式，必须适应社会治安管理多样化的实际需要；由于社会治安管理内容非常广泛，治安管理对象和管理业务复杂多样，各级治安管理主体的职责权限、管理范围存在差异；因此，治安管理措施的具体表现形式不可能是单一的，而是呈现多样化，需要有多种多样的治安管理方式、方法和手段。只有这样，治安管理措施才能适应多变的社会治安管理的实践，才能有效应对各种不同的治安管理对象和多样化业务的需要。

三、治安管理措施的分类

（一）根据治安管理措施的实施效果划分

1. 一般性治安管理措施。在治安管理中，治安管理主体经常性的行为方式，普遍适用于治安管理业务的各种措施。表现为常态化的治安检查、治安指导、治安监督、治安教育等治安管理措施。

2. 专门性治安处理措施。在特定情况下，治安管理主体适用治安专业事项的治安管理处理措施。诸如为确认某项法律关系或法律事实，采取的治安确认；为解决特定治安纠纷而作出的治安调解或治安裁决；应符合法定条件的当事人请求，作出的治安许可等。

3. 治安应急处置措施。在遇到突发公共安全事件和重大治安灾害事故的情况下，为维护国家安全和社会秩序，保护公民合法权益，治安管理主体依法采取的非常措施和特殊方法。

4. 治安强制措施。治安管理主体为了预防、控制或制止违法行为的发生和危害社会状态以及为了查明案件或事实情况，依法采取的暂时性限制人身权或财产权的特殊强制手段和方法。

5. 治安管理处罚。治安管理主体依法定权限和程序，对违反治安管理的行为人给予的惩戒和制裁。

6. 治安防范技术措施。治安管理主体将现代科学技术方法运用于治安防范过程中，达到维护社会秩序，提高安全防范能力，有效遏制违法犯罪活动的专门安防技术方法措施。

（二）根据治安管理措施的强制性程度划分

1. 柔性治安管理措施。这类措施是指治安管理主体通过说服、教育、引导等非强制性方法，处置治安违法行为或处理解决治安问题，达到治安管理效果的措施。包括治安教育，治安指导，治安调解，治安监督，治安检查，治安确认，治安许可等一般性治安管理措施以及大部分专业性治安处理措施。

2. 刚性治安管理措施。这是指治安管理主体采取强制性方法、手段，实现治安管理目标效果的治安管理措施。包括治安裁决、治安调查等一部分专业性治安处理措施，现场管制、封闭、戒严等治安应急措施，强制传唤、强行带离现场、强制戒毒、查封、扣押等治安强制措施以及治安管理处罚等。

（三）根据治安管理措施的作用客体划分

1. 对人身采取的治安措施。包括惩戒治安违法行为人，强制相对人履行治安管理义务，预防性约束自由，限制违法行为人的人身自由等。

2. 对物品采取的治安措施。包括查封扣押财产，冻结资金账户，收缴违禁物品，追缴违法所得或涉案财物等。

3. 对场所采取的治安措施。包括责令离开一定区域，责令不得进入特定场所，责令停业整顿等。

4. 特殊情形下采取的治安措施。包括现场管制、交通管制，紧急征用、调用，紧急排险，强行带离现场，即时拘留，使用武器警械等。

第二节　一般性治安管理措施

一、治安教育

（一）治安教育的含义

治安教育是治安管理主体在治安管理中，依照治安管理法律规范，对治安管理相对人采用说服、劝解、引导、批评、责令等方法进行的教育，旨在促使相对人提高守法意识，纠正违法行为，履行治安管理义务。

在治安管理中，治安教育措施普遍适用于各类治安管理业务，形式方法多种多样，应用的范围广；从行为方式和强制性程度来看，治安教育主要采用说服、劝导、批评等方式，以引导和促使相对人接受并自动履行义务为目的，属于柔性的治安管理措施。

（二）治安教育措施的形式

1. 劝阻、制止。劝阻、制止是治安管理主体在治安管理中，对正在实施的违反治安管理的行为，或者预备从事违反治安管理的人员，依法进行的劝告、阻止，批评教育责令其停止实施违法行为的治安管理措施。劝阻、制止的对象是正在实施或预备实施违法行为的相对人，促使其停止违法行为，及时改邪归正，避免或消除危害；对于不听劝阻、制止的违法行为人，依法采取其他治安强制手段或给予治安管理处罚。

2. 训诫、批评。训诫、批评是治安管理主体在治安管理中，对违反治安管理行为情节轻微、尚不够治安处罚，或者依法免予处罚的违法行为人，给予口头批评教育，作出谴责，指出其违法性，并责令其改正的治安管理措施。训诫、批评是以口头方式采取的一种治安教育方法，一般由治安民警当场实施。

3. 责令具结悔过。责令具结悔过是治安管理主体依法对治安违法行为人，责令其以书面形式承认错误，保证悔改和不再重犯的治安强制性教育措施。责令具结悔过的目的在于教育违法行为人不再违法，要求其以书面悔过书的形式表示悔改和作出保证。

4. 责令管教。责令管教是治安管理主体对不满14周岁的治安违法行为人的家长或监护人，进行批评教育，责令其履行监护管教义务，严格履行教育管理责任而采取的治安教育措施。责令管教是以口头方式作出的，是对治安违法行为人的家长或监护人进行批评教育，并同时要求其作出管教承诺，严格履行管教义务。

5. 责令停止。责令停止是治安管理主体依法谴责并要求治安违法行为人立即停止正在进行的违法行为所采取的措施。责令停止包括责令停止使用某种权益、责令停止举办某种活动、责令停止实施某种行为等。

6. 责令改正。责令改正是治安管理主体对正在实施的、存在安全隐患的治安违法行为，通过口头或书面的形式提出批评谴责，并要求相对人改正的治安管理措施。责令改正包括责令当场改正和责令限期改正；责令当场改正是要求治安违法行为人立即停止违法、消除危害、恢复合法状态而采取的措施；责令限期改正是要求治安违法行为人在规定的期限内，停止违法、消除危害、恢复合法状态所采取的措施。如对于违反消防管理规定，损坏消防设施、占用消防通道等治安违法行为，公安机关责令其改正。

二、治安指导

（一）治安指导的概念

治安指导是治安管理主体为维护公共安全和社会秩序，依法对治安管理相对人采取的引导、指挥、示范等治安防范性管理措施。治安指导措施不具有强制性，通常是以引导、示范、说明、指挥、疏导等方法传达给相对人，从而得到相对人的理解、配合、协助，共同实现治安管理的目标。虽然治安指导的方式不具有强制性，但相对人违反治安指导的内容，妨碍治安指导措施的实施，危害公共安全和社会秩序，构成治安违法，则应承担法律责任。

（二）治安指导的特点

1. 治安指导内容的广泛性。治安指导适用于治安管理的各项业务和广泛领域，是一种普遍适用、常态化的治安管理方法。

2. 治安指导的非强制性。治安指导属于非强制的柔性管理行为，在治安管理主体的指示、引导下，取得相对人的认同和配合，不具有法律强制效力，不得强迫相对人服从。

3. 治安指导的协作性。治安指导的内容一般是在治安管理主体的引导、示范、教育和指挥下，在治安管理主体与相对人双方共同协作、配合下实现的，体现了治安管理依靠群众、群众参与的精神。

（三）治安指导的主要内容

1. 指导其他社会主体的治安保卫、治安防范。根据《人民警察法》第6条规定，公安机关指导和监督国家机关、社会团体、企业事业组织和重点建设工程的治安保卫工作，指导治安保卫委员会等群众性组织的治安防范工作。

2. 指导旅馆业安全防范。根据《旅馆业治安管理办法》第14条规定，公安机关指导监督旅馆业建立各项安全管理制度和落实安全防范措施。

3. 指导保安业活动。根据《保安服务管理条例》第36条规定，公安机关指导保安从业单位建立健全保安服务管理制度、岗位责任制度、保安员管理制度和紧急情况应急预案，督促保安从业单位落实相关制度等。

4. 指导社会安全教育培训。根据《大型群众性活动安全管理条例》等法规规定，治安管理主体应当指导对社会安全工作人员的教育培训等工作。

三、治安检查

（一）治安检查的概念

治安检查是指治安管理主体在治安各类过程中，为了了解社会治安情况，及时发现、预防、消除社会安全隐患，对于治安关系相对人执行治安管理法律规范和有关安全管理制度的情况，进行查验、指导、审核、统计，发现问题缺陷，提出整改要求，消除治安隐患的治安管理措施。诸如检查基层单位的治安防范工作，督促防火规范的落实，审核建筑防火设计，查验居民身份证，指导网络信息系统安全保护等。治安检查既可以针对治安管理的普遍对象实施，也可针对重点单位、特定对象采取。

根据《治安管理处罚法》第 87 条规定："公安机关对与违反治安管理行为有关的场所、物品、人身可以进行检查。检查时，人民警察不得少于两人，并应当出示工作证件和县级以上人民政府公安机关开具的检查证明文件。对确有必要立即进行检查的，人民警察经出示工作证件，可以当场检查，但检查公民住所应当出示县级以上人民政府公安机关开具的检查证明文件。"

（二）治安检查的特点

1. 常态化的治安管理措施。治安检查是治安管理主体贯彻执行法律法规和安全管理制度的主要手段，属于治安管理常态化的工作方式；通过日常性的治安检查，可以发现安全问题，提出整改意见，堵塞漏洞，消除隐患。

2. 普遍性的治安管理措施。治安检查的对象、内容非常广泛，对所有的治安管理业务普遍适用，包括对人身的检查，对物品的检查，对场所的检查等；治安检查涉及出入境的检查，防火安全检查，居民身份证检查，机动车安全检查等治安管理的各个领域。

3. 多样化的治安管理措施。由于治安检查的内容广泛，包括对普遍社会主体的治安检查，对特定区域单位的治安检查，对某些安全防范设施的治安检查，对某类人员的治安检查等；根据各种具体业务的不同要求，分别确定各项治安检查的具体目的和方式。因此治安检查的方式、方法、手段呈多样化，诸如审查、登记、统计、检验、检测等。

（三）治安检查的形式

1. 登记。这是治安管理主体为了确保安全和维护秩序，要求治安管理相对人就有关事项进行申报、说明，并予以记录、存档备查的治安管理措施。登记是为了了解相对人的有关情况，掌握相关安全信息，存入档案备查；相对人应当如实登记相关情况，履行安全义务，诸如户口登记、身份登记、安全设施登记等。

2. 统计。这是治安管理主体通过了解采集治安管理相对人的有关情况，形成数据资料，加以整理分析的方法。统计的目的是为了治安管理任务的实现，从统计中可以掌握情况，发现问题，便于采取有效的应对措施。治安管理统计一般定期进行，负有统计义务的相对人，应当按期如实报告相关数据资料，不得弄虚作假。类型包括道路交通统计、户口统计、出入境统计、治安案件统计、火灾事故统计等。

3. 调阅审查。这是治安管理主体为了查明事实、核实问题、证实有关情况，对治安管理相对人的有关材料进行书面审阅、检查的方法。调阅审查是治安管理主体一种常用的检查方法，要求相对人提供相关材料，进行审阅；也可以封存相关材料进行审查。

4. 查验。这是治安管理主体在治安管理中，依法对相对人的某些物品、证件、设施、材料等实物进行检查、核对的方法。目的在于确定相关物品、证件的真实性；通过查验既可证实相关情况，也可发现有关问题，以便进一步采取措施。

查验是治安管理主体依法采取的经常性的治安管理措施，诸如查验居民身份证，检验机动车驾驶证，审核建筑防火设计，检查文物展出场所，对于油料燃料站、库的审核验收等。查验是治安管理权的表现形式，并对当事人具有法律拘束力；要求治安管理主体按照法定的内容和形式进行查验，特别是涉及对人身检查，直接关系人身权利，必须严格依法实施。

5. 检验。这是治安管理主体依法独立采取或者委托其他专门机构对治安管理相对人及其物品进行检测、鉴别、化验等技术方法，从而确定被检验对象的相关指标、性能、成分、含量等。

四、治安监督

（一）治安监督的概念

治安监督是指治安管理主体依法对治安管理相对人遵守治安管理法律规范，履行治安管理义务情况进行的了解、核查、督促等治安管理措施。治安监督是治安管理主体在治安管理的过程中，针对治安管理相对人或特定的管理客体，实施的常态化、专业化治安管理措施；也是治安管理主体行使治安管理权的活动。目的在于督促治安管理相对人贯彻执行治安管理法律规范、执行治安决定和命令、服从治安管理指挥和指导，以及遵守治安管理义务、履行治安管理责任等，从而保证治安管理目标的实现。

（二）治安监督的特点

1. 治安监督是在治安管理过程中进行的。一般来看，治安监督发生在治安管理的进行过程中，是在治安管理相对人遵守执行治安管理法律法规的过程，以及遵守执行治安决定、命令等相关治安管理义务的过程中。

2. 治安监督的对象是治安管理相对人。治安监督是治安管理主体对于治安管理相对人的监督，是一种单向的监督；它是治安管理主体行使治安管理权的活动。

3. 治安监督的内容是相对人执行法律法规和履行治安管理义务的情况。治安监督是对治安管理相对人遵守法律、履行义务情况的监督，对其是否遵守执行法律法规，是否履行相关法定义务的情况，进行了解、核查、督促。

（三）治安监督的形式

1. 备案。这是治安管理主体依法要求治安管理相对人就某些特定事项，进行申报，作出说明，提供文件资料备查，治安管理主体记录在册存档，以便对其遵守执行情况进行检查、督促的治安管理方法。

2. 核查。这是治安管理主体依法对监督对象的场所、人员、设施、物品进行核实、查看的治安监管措施。核查是对已经申报备案纳入治安监管的人员、物品、场所采取的治安管理措施，核查的对象包括人、物和场所；核查的类型包括综合核查、专项核查、临时核查、定期核查等；核查的目的在于发现问题，消除隐患，确保治安管理相对人依法履行义务。

3. 鉴定。这是治安管理主体依法对治安管理相对人的物品、证件、材料，采用科学技术方法进行检测、鉴别、评定，以确定真伪、性能、成分、含量的治安管理措施。

4. 监控。这是治安管理主体依法为了预防违法或防范治安事故，在特定的场所区域设置专门仪器设备或安排专业人员，对治安活动范围特定客体进行技术监控或人员监控。

5. 查禁。这是治安管理主体依法对治安管理相对人的违法行为或特定物品，采取的禁止、限制和取缔的治安管理措施。查禁包括对特定违法行为和对违禁物品。查禁的内容一般由法律、法规定明确规定。诸如禁止从事封建迷信活动，禁止生产、制作和使用违禁物品等。查禁是治安管理主体依职权采取的一种主动监督管理措施，目的在于维护社会秩序和公共安全，预防、制止和消除可能危及社会秩序公共安全的违法行为。

五、治安调查

（一）治安调查的概念

治安调查是治安管理主体及为了解和掌握社会治安情况，根据治安情报线索，通过多种形式手段，对于立案前后的治安案件、治安灾害事故或其他治安事件，采取的专门查询、勘验、甄别、收集、分析、验证各种证据材料的专门性措施。根据治安调查的形式，可以分为综合调查、专题调查、个案调查以及公开调查、秘密调查等；根据治安调查的阶段，可以分为立案前的治安调查与立案后的治安调查。治安调查就是公安机关治安管理部门发现与治安案件、事件有关的各种证据材料的过程和专门性活动，治安调查就是围绕着查明证据进行的。

（二）治安调查的原则

1. 合法性原则。治安调查的目的在于发现、收集、分析、验证与治安案件、治安事件有关的证据材料，治安证据必须具备三个基本的特性，即合法性、客观性和关联性。客观性是证据的本质特征属性，证据是客观存在的事实，即证据以及证据种类都是客观存在的。关联性是只有与案件有关联性的客观事实才能用来作为证据。证据关联性一是证据事实必须与案件事实有客观联系，二是证据事实必须能够据以证明案件待证事实情况。合法性要求收集的证据符合法律规定，包括符合法律规定的收集主体、法定收集程序，只有形成完整证据链的证据才具有合法性。

2. 客观性原则。治安调查必须遵循客观性原则。在调查治安案件、治安事件的过程中，证据收集难度较大，现实中存在大量伪造、编造证据的现象；这种情况严重违背了治安案件、事件证据收集的客观性原则，因此要求证据的收集必须实事求是，不得弄虚作假，无论在证据的收集过程，还是对证据的分析验证，都必须坚持真实、客观性原则。

3. 全面性原则。在证据收集的过程中，既要收集物证、书证，还要收集言词证据；既要收集对当事人不利的证据，也要收集对当事人有利的证据；既要运用传统手段收集证据，又要运用现代科技手段收集证据。在证据的调查收集过程中，严格秉持全面性原则。

4. 及时性原则。及时性原则是由证据本身特点决定的，有些证据容易灭失，应当尽快采取相应的手段加以收集保护；有些证据随着时间的推移被逐渐削弱，也需要及时收集；有些证据自身的时效性强，需要尽早收集。及时性原则要求调查人员要有紧迫感，对证据的收集要争取时间，树立证据保全意识。

5. 群众性原则。治安调查坚持群众路线，发动群众获得有关线索，从群众中获取相关证据；除了收集与固定案件有关的言词证据、相关物证以外，其他旁证材料在案件证明过程中具有不可或缺的作用。大量旁证材料，来源于群众的提供。

（三）治安调查的措施与方法

1. 询问。询问是治安管理主体要求有关案件或事件的当事人、证人或者鉴定人陈述自己了解的案情。询问是任何案件中都经常使用的证据收集措施和方法，询问是治安案件中最常使用的收集证据的手段之一。

2. 讯问。治安调查中的讯问是治安管理主体或其他执法机关，要求治安违法行为人、犯罪嫌疑人或者刑事被告人如实交代有关案情的方法。治安调查中的讯问的对象，一般是治安管理处罚案件中的违法行为人或刑事案件中的犯罪嫌疑人或被告人。讯问的主体为治安管理主体或其他执法机关。实践中讯问多在刑事案件中使用，属于刑事案件不可缺少甚至是最重要的获取证据的手段之一。在治安案件中，对治安违法行为人的讯问运用的较少，只有在重大违法行为或法律法规规定的特定情形中使用。

3. 辨认。辨认是治安案件或刑事案件的办案机关，要求被害人或者证人在若干类似的物品、场所或者人员中，挑选出自己曾经所见所闻的那种物品、人员或有关情形。辨认的主体主要是案件中的被害人或证人，辨认的对象是案件中的违法行为人或者与案件有某种关联的人，也可以是与案件有关的物品或场所。实践中，辨认也是治安案件中运用的一种手段，是获取证据有效而快捷的方法。

4. 现场勘验。现场勘验是办案机关的专门人员亲临案件现场，发现和提取证据的专门活动。现场勘验主体为治安管理主体或刑事执法机关。从收集证据的角度来看，勘验一方面是发现和提取各种物证的重要途径，另一方面勘验笔录本身也是证据的种类之一。现场勘验在实践中主要用于刑事案件，但不限于刑事案件，一些重要的治安案件中需要进行现场勘验。但对于一般治安案件，因为治安案件现场较为简单，同时运用其他的手段就能查明案情的，现场勘验并非必须常用。但是，在涉毒、涉黄、涉赌等案件中，对于相关物证的认定与提取通常采用现场勘验。

5. 人身检查。人身检查是治安管理主体依法对与案件有关的人员身体进行查看检验的专门活动。人身检查的对象是活人的身体，涉及基本的人身权利，因此人身检查的主体是法定的警察组织或司法机关，其他组织和个人不得对他人实施人身检查。人身检查严格按照法定程序进行，包括检查的场所，检查人员的数量，对未成年人检查或对女性检查的要求等，必须严格依法进行。人身检查的过程要求全程记录，包括录像和笔录，这些都是案件重要的证据形式之一。人身检查是治安案件中常用的收集证据手段之一，必要时提取、采集嫌疑人员的人体生物识别信息和生物样本，在采集生物样本时，应当留存有关嫌疑人员的签名，以增加采集生物样本过程的法律效力，并且留存签名可提供相关调查工作比对之用。检查手段的运用必须严格遵守法律规定，注意在提取、采集过程中，若操作不当会侵犯公民的合法权益，执法人员应遵守操作规范，严格提取、采集的程序和方式，避免不当操作。

6. 技术鉴定。技术鉴定是治安管理主体的专门技术机构或者专业技术人员，应用专业技术知识和科学技术设备鉴定，对治安案件中的有关专门问题进行比对、识别、检测、化验、确定，并作出鉴定结论的活动。治安案件中的鉴定包括人身生物识别、DNA 检测，材料理化检测，文书鉴定等，是较为常用的收集证据的方式和手段。

7. 监控。为了预防、掌握治安违法行为人或犯罪嫌疑人的行踪情况，在一定范围内控制其活动，以减少或消除其实施违法行为的外部条件，警察组织依法针对特定的违法嫌疑人所采取特殊的管控措施。根据法律规定，公安机关可以采用电子监控、不定期检查等方式，对于特定人员遵守法律、履行受监督约束措施义务的情况进行监控。

8. 盘查。治安盘查是治安管理主体及其人民警察在治安巡查过程中，根据群众提供的线索或自行发现的可疑情况，对有关嫌疑人员采取的当场盘问、检查措施。民警在盘查过程中，应当保证高度警惕人员优势，注意查询被盘查人的身份、体貌、衣着、行为以及携带物品等可疑之处，随时做好应对突发情况的准备。盘查中如发现毒害性、爆炸性等危险物质时，应当立即组织疏散人员，设置隔离带，封锁现场，及时报告上级，由专业人员进行处置。

9. 治安传唤。《治安管理处罚法》第 82 条规定："需要传唤违反治安管理行为人接受调查的，经公安机关办案部门负责人批准，使用传唤证传唤。对现场发现的违反治安管理行为人，人民警察经出示工作证件，可以口头传唤，但应当在询问笔录中注明。"治安传唤指治安案件的办案机关和办案人员，对违反治安管理的行为人或者嫌疑人，限令其在指定的时间到指定的地点接受询问的一项法律措施。① 治安传唤，根据其适用的不同情形可以分为口头与书面两种形式。当对违法嫌疑人使用口头与书面传唤无效时可转为强制传唤。对当场发现的违法嫌疑人可以口头传唤，口头传唤指利用语言方式进行的传唤。书面传唤指采用书面传唤证对违法嫌疑人进行依法传唤。传唤证由治安案件办案单位负责人批准，一次传唤有效。对违反治安管理的违法嫌疑人，无正当理由不接受传唤或者逃避传唤的，可以强制传唤。强制传唤时，可以使用手铐、警绳等约束性警械。对此《治安管理处罚法》和《公安机关办理行政案件程序规定》都有规定。《治安管理处罚法》第 82 条第 1 款规定，对无正当理由不接受传唤或者逃避传唤的人，可以强制传唤。《公安机关办理行政案件程序规定》第 44 条规定：强制传唤时，可以依法使用手铐、警绳等约束性警械。

10. 继续盘问。继续盘问是治安管理主体在查处治安案件过程中采取的治安管理措施。为了维护社会治安秩序，对有违法犯罪嫌疑的人员 当场盘问、检查后，发现有法定情形而将其带至公安机关继续进行盘问的强制性措施。

根据相关的法律法规规定，继续盘问的对象包括：①被害人、证人控告或者指认其有犯罪行为的；②有正在实施违反治安管理或者犯罪行为嫌疑的；③有违反治安管理或者犯罪嫌疑且身份不明的；④携带的物品可能是违反治安管理或者犯罪的赃物的。

不能适用继续盘问的例外情形有：①涉嫌违反治安管理行为的法定最高处罚为警告、罚款或者其他非限制人身自由的行政处罚的；②从其住处、工作地点抓获以及其他应当依法直接适用传唤或者拘传的；③已经到公安机关投案自首的；④明知其所涉案件已经作为治安案件受理或者已经立为刑事案件的；⑤不属于公安机关管辖的案件或者事件当事人的；⑥患有精神病、急性传染病或者其他严重疾病的；⑦其他不符合继续盘问规定的情形。

具有下列情形之一的人员，可以适用继续盘问，但必须在带至公安机关之时起的 4 小时以内盘问完毕：①怀孕或者正在哺乳自己不满 1 周岁婴儿的妇女；②不满 16 周岁的未成年人；③已满 70 周岁的老年人。

继续盘问的时限一般为 12 小时；对在 12 小时以内确实难以证实或者排除其违法犯罪嫌疑的，可以延长至 24 小时；对不讲真实姓名、住址、身份，且在 24 小时以内仍不能证实或者排除其违法犯罪嫌疑的，可以延长至 48 小时。

《公安机关办理行政案件程序规定》第 35 条规定："公安机关在调查取证时，人民警察不得少于两人，并应当向被调查取证人员表明执法身份。"对于证据的收集，必须严格遵循这些法律规定。

11. 查封财产。查封财产是治安管理主体对与违法行为有关的财产依法予以查扣封存的管控措施。查封的财产包括土地、房屋等不动产，以及涉案的车辆、船舶、航空器和机器、设备等动产。

12. 扣押物品。扣押物品是治安管理主体依法对与违法行为以及治安案件相关的财物、

① 金诚等主编：《治安案件查处》，群众出版社 2012 年版。

文件予以扣押的管控措施。扣押物品经审查后，发现与违法行为或治安案件无关的，应当解除扣押，退还所有人。

13. 冻结资金。为查明有关违法活动情况，防止涉案财产、资金被转移、销毁，或者再次用于实施违法犯罪活动，有必要法律授权公安机关治安管理部门在刑事立案前，为调查重大违法犯罪活动嫌疑或恐怖活动嫌疑，可以采取查封、扣押、冻结等财产性措施。冻结资金的内容包括存款、汇款、证券交易结算资金、期货保证金等资金，以及股权、保单权益和其他投资权益等。

第三节 专门性治安处理措施

一、治安确认

（一）治安确认的概念

1. 治安确认的含义。治安确认是公安机关治安管理部门为了证明、确定治安管理相对人的有关法律地位、法律事实或法律关系是否存在，采取的确定、认可、证明或否定的专门性治安处理措施。治安确认在治安管理中应用得比较广泛，对于保障治安管理相对人的合法权益，维护稳定相关的法律关系，减少矛盾纠纷，促进社会和谐，维护社会秩序，发挥着重要的作用。

2. 不予确认的事项。凡是公民凭法定身份证件能够证明的事项，治安管理部门不再出具证明，根据公安部发布的《关于改进和规范公安派出所出具证明工作的意见》，治安管理部门对以下事项不再出具证明，包括公民姓名、公民曾用名、公民性别、公民身份证号码、公民民族成分、公民出生日期、公民出生地、公民籍贯、公民户籍所在地住址 9 类。

凡是居民户口簿能够证明的事项，关于单位及其工作人员应予认可，治安管理部门不再出具证明：包括户口迁移情况；住址变道情况；户口登记项目内容变和更正情况；注销户口情况；同户人员与户主间的亲属关系。有关公民年龄、民族、籍贯、户籍所在地的证明，对车辆所有关系的确认等均属此列。

（二）治安确认的特点

1. 治安确认的主体是治安管理主体。治安确认必须由治安管理主体实施，这是治安管理权的具体表现，也是治安管理主体的法定职责。

2. 治安确认的内容是法定的。治安确认是对法律规定的有关法律地位、法律关系和法律事实进行的甄别，是由治安管理主体针对特定的事项，依法定权限实施的。

3. 治安确认是羁束的措施。要求治安管理主体实施治安确认时，必须尊重客观事实，严格依照法定范围、条件、程序、内容、形式进行，不得主观臆想自由裁量。治安确认必须以书面形式，按照法定技术规范的要求作出。

（三）治安确认的内容

治安确认的内容主要适用于公民在办理相关社会事务时，无法用法定身份证件证明以下事项，治安管理部门根据情况予以核实并出具证明：

1. 户口登记项目内容变更更正证明。公民更正或变更姓名、性别、民族成分、出生日期、公民身份证号码等户口登记项目内容，或者因户口迁移，凭居民户口簿无法证明的事项，需要开具证明的，治安管理部门应当查阅户籍档案并出具。

2. 注销户口证明。公民因死亡、服现役、加入外国国籍、出国（境）定居、被判处刑罚注销户口、或者因重复（虚假）户口被注销，需要开具注销户口证明的。

3. 亲属关系证明。曾经同户人员间的亲属关系，历史户籍档案能够反映，需要开具证明的。

4. 被拐儿童身份证明。经公安机关调查核实儿童为拐卖受害人，办理户口登记，需要开具证明的。

5. 捡拾弃婴（儿童）报案证明。公安机关在依法履行职责过程中，受理的捡拾弃婴（儿童）情况，需要开具证明的。

6. 非正常死亡证明。公安机关依法处置的非正常案件，需要开具证明的。

7. 临时身份证明。对急需乘车船、飞机、住宿、参加法定国家考试，因丢失、被盗或者忘记携带等原因，无法出具法定身份证件的，治安管理部门在核实相关信息后办理并注明用途和有效期限。

8. 无犯罪记录注明。犯罪记录是国家专门机关对犯罪人情况的客观记载。根据相关规定，国家建立并逐步完善犯罪记录制度；治安管理部门在向社会提供犯罪信息查询服务时，应当严格依法就升学、服役、就业等资格条件办理。

9. 法律法规规定的由治安管理部门出具证明的其他情况。

（四）治安确认的形式

1. 确定。对相对人法律地位、法律关系的确定。

2. 认定。对有关法律事实的认定，如事故责任的认定。

3. 证明。对特殊对象身份的证明，如对被拐儿童身份的证明。

4. 鉴证。对相对人有关法律事实的核查确认，如对于出入境证件、身份的鉴证。

5. 鉴定。对相对人有关法律事实或状态、性质、质量等的客观评价，如机动车性能状态，相对人精神生理状态的鉴定。

6. 登记。根据相对人申请，记载有关状况或事实，如出生、死亡登记。

7. 批准。根据相对人申请的事项，经审查核实并同意，使其获得某种权利、资格。如批准相对人出入境等。

二、治安许可

（一）治安许可的概念

治安许可是治安管理主体根据当事人的申请，在符合法定条件时，解除对于一般人禁止的治安管理措施。治安许可是规定对一般人禁止，而对特定人依法定条件解除禁止，给予其许可的一种治安管理行为。如对于生产、销售、使用枪支、管制刀具、危险物品，以及经营旅馆、旧货、印刻字行业等，经当事人申请，治安管理部门经过审查，认为符合经营条件，给予其从事该行业的许可。

（二）治安许可的特点

1. 治安许可的前提是对一般禁止。对于一般禁止就是限定未经过特别批准、许可或者资格、资质的认定，不允许从事该项行为和活动。如对于民用易燃易爆等危险物品的生产、运输、储存、销售等活动，法律规定对于一般人禁止，只有符合特定条件的相对人，经过许可解除一般禁止。

2. 治安许可的目的为保障公共安全。有关一般禁止的事项，大多与公共安全和社会公共利益密切相关，必须严加管理控制，一旦失控则会对公共安全构成威胁或造成危害。

3. 治安许可属于义务许可。治安许可是在相对人提出申请的前提下，治安管理主体作出的治安管理行为。在治安许可的同时，规定了相对人应承担的与其权利内容相应的义务，如接受监督、检查，在许可范围内活动等义务；可见治安许可是负有义务的许可。

（三）治安许可的分类

1. 附条件的许可和附期限的许可。附条件的许可，是指申请者获得许可，实施某种行为或经营某种行业时，须具备法定条件。如经营某种行业，必须具备设备、技术和管理条件、生产危险品必须具备环境条件等。附期限的许可，是指规定许可行为的有效期限。如出入境许可的期限，驾驶执照的期限等。当事人取得许可后，必须遵守许可的范围和法定的许可条件以及许可期限，不得超越许可范围、违反许可条件和超过许可期限。否则，治安管理部门可以撤销许可。

2. 根据治安许可管理部门的不同，可分为危险物品管理许可，道路交通管理许可，消防管理许可，出入境管理许可，集会游行、示威管理许可等。

危险物品管理许可包括枪支购买、携带、使用许可，设置射击场所许可，生产、储存、运输、销售爆炸物品、剧毒物品、放射性物品许可，特种刀具生产、销售、使用许可，开办特种行业许可等；道路交通管理许可包括占道许可，批准发放机动车辆牌号、驾驶证、行驶证等；消防管理许可包括消防器材生产许可，批准审核防火安全建筑设计，批准许可使用液化石油气站、库，批准发放油库、燃料库防火安全合格证等；出入境管理许可包括批准发放边境通行证，批准颁发护照，批准入境、过境、居留、旅行等；集会、游行、示威许可包括批准集会、游行、示威，发给许可决定书等。

三、治安调解

（一）治安调解的概念

治安调解是治安管理主体在治安管理过程中，依法对特定的民事纠纷，采取说服教育的方法，使纠纷当事人在自愿的基础上达成调解协议的专门型治安处理措施。《治安管理处罚法》第 9 条规定，对于因民间纠纷引起的打架斗殴或者损毁他人财物等违反治安管理行为，情节较轻的，公安机关可以调解处理。因此在治安管理中，一些轻微违反治安管理的行为造成他人财物损失的，起因是民间纠纷，形式表现为打架斗殴以及一些损毁他人财物的违法行为，依法可以采用治安调解处理。可见，治安调解是在治安管理主体的主持下，明确违法性质和情节，由双方当事人互相协商的一种较为妥善解决纠纷，化解矛盾，促使双方达到谅解，增强当事人团结，有利社会稳定的治安管理措施。

（二）治安调解的适用条件

治安调解主要适用于因民间纠纷引起的打架斗殴或者损毁他人财物等情节轻微的违反治安管理的行为，治安管理主体依法通过说服教育的调解方法予以解决。因此，治安调解的适用条件是：

1. 情节轻微的治安违法行为。一方或双方的治安违法行为情节轻微，既不构成犯罪，也未达到严重治安违法，违法行为没有造成严重后果。

2. 治安违法是由民间纠纷引起的。治安违法是引起纠纷的前提，而纠纷属于民间纠纷性质，即是在经常共同生活、工作、交往的人们之间因琐事发生的纠纷。

3. 治安违法的形式主要是殴打他人、损害财物。违法行为的主要表现是用肢体或语言伤害、侮辱、诽谤殴打诋毁他人，故意损毁他人的财物，干扰他人的正常生活，侵犯他人的隐私等行为。

4. 当事人双方愿意调解。治安调解必须建立在双方自愿的基础上，是当事人共同的意思表示，不得强制调解。

5. 治安管理主体认为适宜调解处理。是否适用治安调解，不是由违法行为人选择，治安管理主体具有决定权；因此，选择适用治安调解，还是进行治安处罚，应当从管理目的和实际出发，能够达到教育当事人，不再继续违法，消除矛盾对立，保护受害人合法权益，促进社会稳定和谐。

（三）治安调解的程序

治安调解是治安管理主体履行职责、行使治安管理权的活动，是处理治安违法行为的一项附带的活动。从调解的过程来看，治安调解与处罚治安违法行为人同时进行，治安调解是以解决当事人的民事纠纷为目的，治安处罚的目的是惩治治安违法行为。治安调解的程序大致经过以下几个阶段：

1. 受理纠纷。治安管理中当事人之间的民事纠纷，一般与一方的治安违法行为有关，违法行为导致对方合法权益受到侵害。治安管理部门在处理治安违法行为时，应当主动受理损害赔偿纠纷。

2. 调查取证。治安管理部门应当及时调查了解有关情况，查明事实，分析原因，认定责任；确定财产损失情况和人员伤害程度，了解赔偿项目的标准和费用的使用支付情况。

3. 提出调解意见进行调解。治安管理主体在明确事实，认定责任，确定纠纷性质，了解当事人纠纷焦点的基础上，提出调解方案和解决的意见，依法和有关标准，对当事人进行教育、说服和劝导；调解中要坚持原则，主持公道，引导双方互谅互让，争取达到共识。

4. 达成调解协议。经过协商，取得共识，达成协议；制作调解书，当事人、调解人签字，加盖治安管理部门印章，调解协议即行生效。

四、治安裁决

（一）治安裁决的概念

治安裁决是治安管理主体为解决平等主体之间在治安管理中发生的民事纠纷，依法对双方当事人的纠纷进行审查并作出裁判的治安管理措施。治安裁决虽然是治安管理主体居中对相对人之间的纠纷所作的裁定，其实质属于治安管理主体依法定职权对特定纠纷的裁定，是其履行治安管理职能，行使治安管理权的活动。治安裁决是在治安管理过程中，治安管理主体针对治安管理相对人之间发生的某些民事纠纷，与治安管理事务密切相关，既不同于法院解决纠纷的司法裁判，也不同于民间仲裁。

治安管理主体在管理过程中，依法对管理相对人之间发生的部分民事争议进行裁决的裁决，实践中有一定的数量，如治安管理中对于因违反治安管理造成对方人身伤害或财产损失，赔偿医疗费或财产损失费用产生争议的裁决，道路交通管理中对于因交通事故造成的损失，产生赔偿纠纷的裁决等。

（二）治安裁决的特点

1. 治安裁决的主体是由法定裁决权的治安管理主体。裁决就是一种公断，是第三人居中解决纠纷的活动；治安裁决是治安管理主体居于第三方解决纠纷的活动，解决的是发生在治安管理过程中平等相对人之间的纠纷。

2. 治安裁决的纠纷是特定的民事纠纷。并非发生在治安管理中所有的民事纠纷都可裁决，治安裁决的纠纷一是属于民事性质，即与财产损失、人身损害赔偿以及经济补偿等有关的纠纷；二是只有法律明确规定的那些民事纠纷，范围是特定的，并非所有纠纷。

3. 治安裁决的性质是警察裁决。治安裁决与司法裁判不同，它是警察权的具体形式，具有拘束力和强制性，体现着运用治安管理权处理平等主体之间模式纠纷的功能。

（三）治安裁决的类型

1. 裁决权属纠纷。治安管理过程中的权属纠纷主要指相对人因财产所有权、使用权的归属产生的争议。

2. 裁决损害赔偿纠纷。治安管理过程中发生的相对人之间因人身伤害、财产损害损失引起的赔偿争议，实践中有一定的数量，如治安管理中对于因违反治安管理造成对方人身伤害或财产损失，赔偿医疗费或财产损失费用产生争议，道路交通管理中因交通事故造成的损失、伤害，而产生赔偿补偿纠纷，引起的治安裁决。

3. 裁决其他侵权纠纷。治安管理过程中因相对人认为其合法权益受到侵害而产生的纠纷，要求停止侵权损害，赔偿补偿损失等，这类纠纷依法由治安管理主体居中裁决处理。

第四节　治安防范技术措施

一、治安防范技术措施的概念

（一）治安防范技术措施的含义

治安防范技术措施是指在治安管理中用于安全防范的各种科学技术方法。治安防范技术措施为了维护社会治安秩序，提高安全防范能力，有效遏制违法犯罪活动的各种技术手段。由于治安管理范围广、内容复杂，涉及许多自然现象和科学技术问题，需要相应的科学技术手段加以解决。随着经济社会的发展，治安管理只有利用科学技术手段，才能实现有效管理。目前信息通信技术、电子监控技术、报警光电技术、安全检测技术、计算机网络技术等现代科学技术，在治安管理和安全防范中得到广泛应用，极大地提高了治安管理的综合效益，符合现代治安管理实践的需要。

（二）治安防范技术的作用

在社会治安管理中，应用技术进行安全防范，是对防范目标实施有效管理控制的重要手段。目前治安管理应用各种各样的技术警戒设施，如防盗报警器、防火报警器、视频监控系统、电子监听系统、门禁技术系统等设备，代替了安保人员的站岗、巡逻和警戒。技术防范措施已经成为治安管理和安全防范工作的一种基本模式，目的就是为了提高防范能力，减少隐患，增强治安管理部门处置各种治安案件和突发公共安全事件的能力，以及提高社会安全防范的自卫能力。

1. 扩大防范时空范围，减轻人力工作强度。技术防范是在传统人力防范的基础上产生和发展起来的，采用各种技术防范设施是综合人力与技术而形成的新型的安全防范模式。技术防范可以延长人力防范的时间，扩大人力防范的空间，实现全方位、多部位、连续性的警戒状态，从而健全人力巡逻、守护、警卫的工作强度。

2. 提高防范工作效率，及时发现迅速破案。技术防范措施的应用，可以及时发现警卫目标以及警戒现场的情况，掌握现场情况，提前采取措施；能够及时发现有关破案线索，迅速赶到现场，有效控制违法状态，抓获违法行为人，提高安全防范工作效率。

3. 提供线索证据，震慑违法行为。一些技术防范措施和安全防范设施的运用，可以直接记录现场情况，提供违法行为人的体貌特征，引领破案方向；一些技术手段的应用，发现证据来源和科学测试证明，为查处案件提供证据。应用技术防范措施的场所，能够起到震慑违法犯罪的作用，使其不敢轻易作案，一定程度减少发案率。

二、治安防范技术措施的种类

（一）报警技术

报警技术是利用报警装置防止入侵者和危险情况发生的安全防范技术方法。主要应用在首脑机关、科研单位、机密材料存放地点、银行金库、弹药仓库、重要文物存放地点、易燃易爆剧毒等危险品存放地，以及商业网点、财贸、工商等财物集中、容易发生盗窃案件的部位。

报警装置根据探测器可探测的物理量的不同，可分为磁控、声控、震动、激波、红外线、微光、超声波、视频运动、感烟、感温等类型的报警器；根据探测工作方式不同，可分为主动式和被动式报警器；根据探测信号传输方式不同，可分为有线和无线报警器；根据警戒范围的不同，可分为点控、线控、空间控制等类型报警器；根据用途的不同，可分为防盗、防火、防爆炸、防毒害气体、防破坏等报警器。

（二）视频监控技术

视频监控技术主要是利用电视监控手段，对防范对象实施监视、传递和记录的技术手段。视频监控手段主要由闭络电视监控系统，开路电视监控系统，以及辅助设施构成。视频监控在治安管理中广泛应用于公共复杂场所、道路交通控制点以及治安案件、治安事故易发地点。

视频监控技术是利用电子学的原理采集、传输和显示特定对象图像信息的专门技术，经常与报警技术、出入口控制技术等其他安防技术联动使用，组成综合监控系统。随着多媒体技术和计算机图像处理技术的发展，视频监控系统在治安管理的实现视频报警、自动跟踪、实时处理等方面得到广泛应用；在安全防范体系中发挥着重要的作用。视频监控系统分为前端设备、传输设备和终端设备三部分，前端设备是安装与监控现场的各种设备，用于采集被监控区域的各种信息传输设备是将前端采集的图像视频信号、音频信号和各种报警信号，传送至控制中心的显示记录设备，并将控制指令输送到前端采集设备；终端设备是监控中心设备和装置，主要功能是将传送来的各种图像、声音、报警等信息进行处理，并还原记录。

（三）出入口控制技术

出入口控制技术是由电子、机械、光学、计算机、通讯、生物等诸多技术综合组成和应用的联动系统，以实现对出入人员的自动控制管理的技术手段。出入口控制系统主要由输入装置、控制器、门控装置三部分组成，输入装置是将进出人员的身份信息读入到控制器中，通过电子卡片、键盘密码和人体生物特征三种方式输入；控制器对输入装置发送来的信息进行比较、判断后发出处理信息；门控装置由控制器控制，根据处理器处理的信息来决定开启与关闭，从而实现是否允许特定人员的出入。

出入口控制系统的基本功能一是对出入口权限的管理，包括出入口的方式和时段；二是实现出入口的实时监控，记录出入口的进出情况；三是对出入口记录按照不同条件进行查询；四是异常情况的报警，在异常情况下实现计算机报警或报警器报警。

（四）安全检测技术

安全检测技术是公安机关治安管理部门用于检查、测试各种爆炸物、金属、武器、可疑信件，以及检测道路交通管理中各种参量的仪器、仪表等技术方法、手段。安全检测技术主要用于机场、车站、码头以及大型活动、集会等公共场所，实施安全检查和防止枪击、排除爆炸等，从而提高现场的安全性，有效维护社会公共安全，防止爆炸、枪击、行凶、绑架、劫持等事件的发生。

为了维护公共安全和社会秩序，预防爆炸、枪击等严重危害人民生命财产的暴力恐怖事件的发生，在一些重要目标场所、交通工具和场站、大型体育比赛文娱活动场所，利用各种安全检测仪器设备，及时查获遏制不同类型的武器弹药、管制刀具、爆炸物品等，以确保重要目标和人员的安全，确保公共场所和人民群众的安全。常用的检测设备主要有 X 射线探测仪、金属武器探测器、爆炸物探测器、交通流量检测仪和车辆测速仪等。

第五节 治安应急处置措施

一、治安应急处置措施的概念

（一）治安应急处置措施的含义

治安应急处置措施，亦称治安紧急状态处置，是指治安管理主体在遇到突发公共安全事件和重大治安灾害事故的情况下，为维护国家安全和社会秩序，保护公民合法权益，排除妨碍危险，依法采取的非常措施和特殊方法。

突发公共安全事件从其发生、发展和演变的整个过程来看，事件是突然发生的，不能预料或难以预料的，无论是有组织和预谋的或无预谋自发的，还是自然力引起的，相对于治安管理部门和社会公众来说，都具有事件发生的突然性和爆发性特点。治安突发事件或灾害事故，会造成对社会秩序、生命财产、公共安全等社会关系侵害，具有严重的社会危害性。一是突发公共安全事件的发生会造成秩序混乱，社会生活不能正常进行，导致扰乱、破坏公共秩序的严重后果。二是事件形成后极易引起群众围观、参与，引发更大规模的群体行为，往往诱发新的违反治安管理行为或犯罪行为，导致事态扩大、冲突加剧。三是这类事件一般规模较大，涉及面较广，容易产生重大的社会不良影响，对社会稳定构成极大的威胁。

（二）治安应急处置措施的特点

治安应急处置措施是治安管理主体为维护社会秩序、公共安全和国家利益，在紧急情况下，依法对特定对象或突发公共安全事件实施特殊行为的活动。具有以下特点：

1. 法定性。治安应急处置措施由治安管理主体依法实施。虽然实施的条件是紧急状态，但治安管理主体仍以国家赋予的治安管理权为基础，运用具体的应急处置措施，严格依法行使，不允许滥用治安应急处置权。

2. 紧迫性。紧急情况是实施治安应急处置措施的前提条件。突发公共安全事件具有时间的紧迫性，事件的突发性和发展的不确定性决定了作出应对决策者的反应必须迅速和准确。应急处置措施迅速、合理，就能避免或减少损失损害程度。

3. 有效性。无论何种治安突发事件或灾害事故，都会造成对社会秩序、生命财产、公共安全等社会关系侵害，具有严重的社会危害性。采取治安应急处置措施能够及时有效的平息事态，化解危机。

二、治安应急处置措施的分类

（一）根据应急情形的不同进行划分

1. 治安突发事件。治安突发事件是指群体或个人为了满足某种需要，在特定的时空环境下，用扩大事态、加剧冲突、滥施暴力等手段，危害社会秩序和公共安全，造成严重后果和影响的事件。

2. 治安灾害事故。治安灾害事故是因自然现象导致的自然灾害、事故灾难、公共卫生事件等不属于治安突发事件的情形。虽然非人为的自然灾害、事故灾难、公共卫生事件，如若处置不当，可能会成为引发治安突发事件的诱因。

（二）根据突发事件性质的不同进行划分

1. 政治性治安突发事件；
2. 经济性治安突发事件；
3. 激情性治安突发事件；
4. 涉外性治安突发事件。

（三）根据突发事件表现形式的不同进行划分

1. 人数较多的非法集会、游行、示威；
2. 聚众哄抢国家仓库、重点工程物资以及其他公私财产；
3. 大型体育比赛、文娱、商贸等活动聚众滋事、制造混乱或者破坏公共设施；
4. 较大规模的聚众械斗；
5. 邪教闹事；
6. 恐怖暴力事件；
7. . 严重危害公共安全、社会秩序的其他治安突发事件等。

三、治安应急处置的形式

（一）紧急排险

当遇到重大灾害事故和突发事件时，为了防止灾害事故的蔓延和发展，治安管理主体依法采取消除灾害和减少损失的非常措施和特殊方法。如为扑救重大火灾事故，拆除现场毗连的建筑物，封堵道路或其他设施等。

紧急排险是为了使国家利益、公共安全和人民生命财产免受正在发生的危险，在不得已的情况下所采取的减轻损害的行为措施，以小的代价避免遭受大的损失。治安管理主体应依法采取紧急排险措施，采取紧急排险中受到损失的相对人，应当服从配合，不得拒绝。

（二）交通管制

交通管制是公安机关交通管理部门为了迅速控制突发事态的发展，维护社会治安秩序，对需要实行管制的道路采取的、在一定时间禁止或限制通行的应急处置措施。根据《人民警察法》第 15 条规定，公安机关为预防和制止严重危害社会治安秩序的行为，可以在一定区域和时间，限制人员、车辆的通行或者停留，必要时可以实行交通管制。根据《消防法》的规定，公安机关为灭火救灾，必要时可使用一般不准通行的道路、空地和水域。

交通管制是治安管理主体根据法律规定或法律授权采取的应急处置行为。实行管制的地区，除有关人员和车辆准许进入外，其他人员、车辆禁止进入，如果违反交通管制，治安管理主体有权依法处理。实施交通管制应公开发布或内部下达实施管制的通告、通知，明确交通管制的具体内容，在紧急情况下，也可以直接采取交通管制措施。

（三）现场管制

根据《人民警察法》第17条规定，治安管理主体经批准，对严重危害社会治安秩序的突发事件，可以根据情况实行现场管制。我国《集会游行示威法》规定，公安机关为维护社会秩序，可以设置临时警戒线，未经许可，不得逾越；游行在进行中遇有不可预料的情况，不能按照许可的路线行进时，人民警察现场负责人有权改变游行队伍的行进路线，实行现场管制。

（四）封闭

封闭是公安机关在发生特大灾害事故、恶性传染病区或其他重大事件的现场，依法采取的禁止任何行人、车辆进出的控制措施，将该地区与外界隔离开来，除了特别许可的人员以外，不准其他人员进入封闭地区。

（五）戒严

戒严是公安机关根据国家有权机关发布的严令或依据有权机关授权作出的戒严决定，在有关地区采取戒严措施，限制和控制该地区人员、车辆的正常活动，并依法指挥该地区人们活动的一种紧急处置行为。戒严通常在出现战争、叛乱或其他重大政治事件的情况下，为了国家安全和重大利益的需要，采取的紧急状态处置措施。

戒严是警察组织依法对特定地区采取的紧急治安处置措施，体现治安管理权的实际效力，依照法定权限采取。实施戒严时，应公布其原因、适用范围、生效时间以及公民的义务等；在特别紧急的情况下，也可不作公布直接实施。在戒严的控制地区，出入人员、车辆必须持有公安机关签发的证件，按指定时间、路线出入，不得自由行动；必要时，公安机关还可决定实行宵禁。戒严措施具有法律效力，在控制区内的任何人都必须履行戒严的有关义务，如果违反或拒绝服从，警察组织有权依法采取强制措施或作出处罚。

（六）紧急征用

紧急征用是警察组织在特殊情况下，依法征集、调用其他社会主体的非警用物资、装备、车辆以及劳务的治安应急处置措施。在治安管理实践中，有些突发情况难以预料，警察组织在履行职责中，自身的装备条件难免存在无法满足警务活动实际需要的情形。因此，赋予警察组织在紧急情况下使用其他社会主体的交通工具、通信工具、建筑物等的紧急处置措施，有利于保障治安管理活动开展和警察组织履行职责。

（七）设障堵卡

治安管理主体为了加强治安管理，维护治安秩序，在交通要道和区域交界处设置障碍和关卡，用以检查过往车辆、行人、堵截违法行为人和负案逃犯，以及查验截获违禁物品、赃物的治安应急处置措施。设障堵卡分为固定设卡和临时设卡两种情形，固定卡主要设置在城市周围的交通要道和区域交界处；临时卡设在治安情况复杂和违法犯行为人经常活动出没的地点。有时为了案件的需要，用以堵截逃犯以及追查重要赃物，可以随机临时设置。

第六节 治安强制措施

一、治安强制措施的概念

（一）治安强制措施的含义

治安强制措施是指治安管理主体在治安管理中，为了预防、控制或制止违法行为的发生和危害社会状态的扩展，以及为及时查明案件或事实情况，依法对治安违法行为人采取的暂时性限制其人身或财产权的特殊强制手段和方法。

（二）治安强制措施的特点

1. 治安强制措施是由治安管理主体实施的。依法具有治安强制权的治安管理主体，其职权源于警察法的规定，不同职级、不同部门的治安管理主体，依法具有强制措施的权限有所差异，职权范围和内容有所区别。其他机关、组织和个人不具有治安强制权。

2. 治安强制措施的目的在于预防、控制或制止违法行为和危害社会状态的发生或扩大，或者为了查明治安案件或事实情况。如治安管理主体采取的强制戒毒措施，采取强行驱散、强行带离现场，对醉酒的人采取强行约束等治安强制措施，目的在于制止或预防违法行为或危害社会状态的发生、扩展；治安管理主体依法采取查封、扣押、冻结违法行为人的财物、资金等治安强制措施，目的是为了保全证据，确保案件顺利查处。

3. 治安强制措施具有应急性、暂时性。这种行为必须在法定的特殊情形下实施，一旦法定事由消除，强制措施则应解除。如对于财物的查封、扣押，在查明事实情况后，应当解除查封、扣押，发还当事人或者作出收缴的决定；在特定情形下对人身的应急性强制措施，当法定事由消除后，即应解除强制措施，如对醉酒的人采取强行约束，至其酒醒为止。

（三）治安强制措施与刑事强制措施的关系

治安强制措施与刑事强制措施都具有强制性、暂时性等特点，但二者在实施的主体、行为性质、适用的对象、法律依据和适用程序，以及适用的种类和法律后果等方面，存在着明显的区别。

1. 实施主体不同。治安强制措施的实施主体是警察组织，具体是由公安机关在治安管理过程中实施的；刑事强制措施的实施主体除了警察组织之外，还包括司法机关，主要是由公安机关、检察机关在刑事诉讼过程中实施的。

2. 行为性质不同。治安强制措施是一种行政强制措施，属于行政行为范畴；刑事强制措施是一种刑事执行措施，属于刑事诉讼行为范畴。

3. 适用对象不同。治安强制措施针对治安违法行为人，目的在于制止违法、防范违法行为继续发展以及保全证据，同时具有一定的惩戒效用；刑事强制措施针对犯罪嫌疑人，目的在于防范嫌疑人逃避追诉，保障刑事诉讼活动的顺利进行。

4. 方法种类不同。虽然二者都涉及人身和财产的强制种类，但具体的强制形式方法不同，刑事强制措施包括逮捕、刑事拘留、监视居住、取保候审以及搜查、扣押财物等强制措施，严厉程度和具体方法与治安强制措施明显不同。

5. 适用程序不同。治安强制措施适用治安管理的行政强制程序，刑事强制措施适用刑事诉讼程序中有关刑事强制的程序。

二、治安强制措施的种类

（一）针对人身采取的强制措施

1. 强制戒毒。根据全国人大常委会通过的，2008 年 6 月 1 日施行的《戒毒法》规定，强制戒毒是对吸食、注射毒品成瘾人员，在一定期限内通过采取强制隔离，进行药物治疗、心理治疗和法制教育，使其戒除毒瘾的治安强制措施。公安机关作出强制戒毒决定，交由强制戒毒所执行，强制戒毒的期限一般为两年。

2. 强制收容教育。根据全国人大常委会通过的《关于严禁卖淫嫖娼的决定》和国务院制定的《卖淫嫖娼人员收容教育办法》的规定，公安机关对卖淫嫖娼违法行为人采取强制收容，集中进行教育的治安强制措施；强制收容教育由县级公安机关决定，强制收容教育的对象是卖淫、嫖娼人员，内容是集中进行法律教育和道德教育，组织参加生产劳动以及进行性病检查治疗。收容教育的期限为 6 个月至两年。

3. 强制隔离。根据《传染病防治法》的规定，对患有某些传染病者应予隔离治疗，如果拒绝隔离治疗或隔离期未满擅自脱离治疗的，公安机关依法配合协助医疗部门采取强制隔离。

4. 强制治疗。根据《卖淫嫖娼人员收容教育办法》的规定，对某些传染病患者、性病患者以及卖淫嫖娼违法行为人，公安机关与其他卫生部门依法采取强制检查、强制治疗措施。

5. 强行驱散、强行带离现场。根据《集会游行示威法》的规定，对违反集会游行示威规定，不服从解散命令的行为人，公安机关现场负责人有权决定采取强行驱散、强行带离现场等强制措施。根据《人民警察法》第 8 条规定，对严重危害社会治安秩序或威胁公共安全的人员，公安机关可以强行带离现场。

6. 强制传唤。根据《治安管理处罚法》第 82 条第 2 款的规定，在治安管理中，对无正当理由不接受传唤到或逃避的人，公安机关可以强制传唤。

7. 强制约束。根据《治安管理处罚法》第 15 条规定，醉酒的人在醉酒状态中，对本人有危险或者对他人的人身、财产或公共安全有威胁的，公安机关应当对其采取保护性措施约束至酒醒。

（二）针对财产采取的强制措施

1. 查封。查封是公安机关对违法行为人的财产或与案件有关的财物，采取就地封存的强制措施。财产包括动产、不动产，通常就地查封，财产不发生异地转移。如查封容留卖淫旅店，查封非法生产设备，查封非法出版物等。

2. 冻结。冻结是公安机关为了防止违法行为人转移资金，依法将其在金融机构的款项账户予以冻结，不允许动用的强制措施。

3. 扣押。扣押是公安机关为了防止案件当事人处分、转移财产，对涉案财产采取扣押并置于自己有效控制的强制措施。被扣押的财产一般是动产，即可移动的物品。根据《治安管理处罚法》第 89 条的规定，公安机关办理治安案件，对与案件有关的需要作为证据的物品，可以扣押。

4. 强行收缴。根据《枪支管理法》及有关刀具、爆炸物品管理的规定，公安机关对于私自保存、藏匿枪支弹药、爆炸物品、管制刀具等不依法上缴的，可采取强行收缴的措施。

5. 强行拆除。根据《消防法》规定，对于妨碍灭火救灾的建筑物，对毗连火场的建筑物，公安机关可采取强行拆除措施。

6. 强行清障。根据《消防法》、《道路交通安全法》等有关法律、法规的规定，公安机关为维护治安管理秩序，对妨碍正常管理秩序的障碍物依法采取强行清除措施；对于阻碍防火通道的障碍物，对于违章占道停放的机动车辆等，可采取强行清除或拖移。

7. 强制检查。强制检查是在特定情形下，公安机关为了维护社会治安，依法对一定范围内的场地、设施、人员、物品、车辆进行的检查，如根据《戒严法》、《道路交通安全法》的规定，对戒严交通管制区域的人员、车辆、物品进行的检查。

第七节　治安管理处罚

一、治安管理处罚的概念

（一）治安管理处罚的含义

治安管理处罚即治安处罚，是指治安管理主体依法定权限和程序，对违反治安管理法律规范的相对人给予的制裁。治安处罚既是治安管理主体对治安违法行为人的惩戒制裁行为，也是治安违法行为人应当承担的法律后果和责任。治安管理处罚是一种刚性的、常用的治安管理手段，针对治安管理中的违法行为采取，属于强制性、惩罚性的治安管理措施。

（二）治安管理处罚的特点

1. 治安处罚的主体是国家治安管理主体，即治安管理组织。治安处罚由依法享有治安处罚权的治安管理组织实施，并依照法定权限和程序实施；其他机关、组织和个人不享有治安处罚权。在特定情况下，经法律、法规授权或治安管理组织的委托，其他机关或组织可以作为治安处罚的实施主体。

2. 治安处罚的对象是治安违法行为人，即在治安管理中因违反治安管理法律规范的公民、法人或其他组织。治安处罚首先基于治安管理主体与相对人之间存在的治安管理关系，是在治安管理过程中实施的处罚。

3. 治安处罚的前提是治安管理相对人违反了治安管理法律规范，构成了治安违法行为，应当为治安违法行为的后果承担责任。对于当事人来说，是其承担治安违法行为的一种责任形式。

4. 治安处罚是具有制裁性质的具体警察行为。治安处罚属于一类治安管理措施，具有法律的强制性、制裁性和惩戒效力；对于治安管理主体来说，是一种惩戒治安违法的警察行为。

（三）治安管理处罚与治安强制措施的关系

治安强制措施与治安管理处罚都是治安管理中普遍采用的管理措施，二者实施的主体都是治安管理主体，职权主体相同；二者都属于治安管理权的表现形式，行为性质相同；二者实施总的目标相同，都是为了维护秩序，保障安全。但是，它们是治安管理措施中的两种不同的手段，主要区别在于：

1. 实施的具体目的不同。采取治安强制措施的目的是为了预防或制止违法行为的发生和继续，治安管理处罚的目的是为了惩戒治安违法行为。

2. 实施的情形阶段不同。治安强制措施通常是在紧急情况下采取的应急方法，治安管理处罚则是在认定违法行为以后实施的。

3. 表现形式种类不同。治安强制措施的表现形式包括强制约束、强制带离、强制戒毒等对人身采取的措施方法，以及查封、扣押、收缴等对财产采取的措施方法；治安管理处罚的种类包括警告、罚款、拘留、吊销许可证等。

4. 法律责任后果不同。治安强制措施本身要求相对人履行原有的义务，并非增加新的义务；治安管理处罚是为违法行为人科以新的义务。

二、治安管理处罚的原则

治安管理主体在实施治安处罚行为的过程中，应当遵循以下原则：

（一）处罚法定原则

治安管理处罚的基本要求是处罚必须有法定依据，实施处罚的主体和处罚职权是法定的，并且必须依照法定程序实施。也就是说，对于治安管理相对人的处罚，必须有法定依据，法无明文规定不得处罚；治安管理主体的处罚权要有法律规定，并且只能在法定职权范围内实施；处罚必须遵守法定程序，违反程序的处罚无效。

（二）公正、公开原则

治安处罚不仅要求形式合法，而且要求内容合法，应当符合法律的精神和行政目的。公开、公正原则是指一切有关治安处罚都应公开进行，做到客观、公正、合理，处罚的轻重程度与当事人违法行为的事实、性质、情节及危害程度相适应，实施处罚必须建立在正当考虑的基础上，出于正当的动机，只涉及相关的因素，要合乎法律的宗旨和立法旨意，符合治安管理的目的。

（三）处罚与教育相结合的原则

治安管理主体在实施处罚的同时，要加强对被处罚者的法制教育，使其认识自己行为的违法性和应受惩罚性，提高法律意识，做到自觉守法，这样才能达到处罚的真正目的。治安处罚绝不是单纯为了惩罚违法行为人，而是通过处罚纠正违法行为，使其认识违法，改正错误。因此，治安管理主体不能为了处罚而处罚，一罚了之；必须坚持处罚与教育相结合，在处罚中辅以教育，二者不可偏废。

三、治安管理处罚的种类

1. 警告。警告是治安管理主体对违反治安管理法律规范的行为人，给予的一种谴责和警诫，具有惩戒性质，使被警告的违法行为人认识其行为的社会危害性，从而约束自己的行为，履行法定的义务。治安处罚中的警告，从程度上看，是治安处罚中最轻的一种，适用于违法行为情节较轻微的行为人。警告不同于一般的批评教育，它是一种强制性的谴责，以此告诫、责令行为人改正违法行为并不再重犯。警告采取书面的形式，向本人宣布和送达，不是简单的口头批评。

2. 罚款。罚款是治安管理主体依法对违法行为人科处金钱给付义务，并令其限期交纳一定数额金钱的处罚形式。罚款具有经济内容，涉及治安违法行为人的经济利益，是一种含有金钱惩罚内容的处罚，程度上重于警告。实施罚款时，必须按照法定的内容、数额、幅度，并按法定的形式进行；罚款应采用书面的形式，要求被处罚人按规定的期限交纳罚款。

治安管理处罚中的罚款与刑罚中的罚金不同，虽然二者都具有经济惩罚性，但二者所依据的法律、适用的对象、作出处罚的机关以及处罚数额和处罚程序等，有着明显的区别。另外，治安管理处罚中的罚款与经济赔偿不同，罚款是对治安违法行为的制裁，具有惩戒性；而经济赔偿则是对被害人经济损失的赔偿，对因违法行为造成损害所承担的民事赔偿责任，具有民事赔偿性质。

3. 治安拘留。治安拘留即行政拘留，是治安管理主体依法对治安违法行为人实施的在短期内限制人身自由的处罚。治安拘留是治安处罚中程度较为严厉的一种处罚形式，它涉及限制违法行为人的人身自由权。治安拘留只能由治安管理主体即警察组织实施，只能对自然人适用，其他机关、组织和个人不得实施治安拘留。治安管理主体在决定治安拘留处罚时，应制作拘留裁决书，被处罚人在限定的时间到指定拘留所接受处罚。治安拘留的期限为1日以上、15日以下；有两种以上治安违法行为，都被处以治安拘留的，根据《治安管理处罚法》第16条规定，分别处罚，合并执行，治安拘留合并执行的期限最长不超过20日。

治安拘留不同于刑事拘留和司法拘留，三者在实施的主体、法律依据、适用的对象及执行方法等方面有着明显区别。

4. 吊销公安机关发放的许可证。这类许可证是指由公安机关颁发的准许当事人从事某种特许权利或资格的凭证，包括许可证、执照、通行证等；吊销许可证意味着撤销法律上的承认，使当事人丧失从事某项活动或进行某种行为的权利或能力。依法吊销许可证的范围，涉及治安、交通、消防、出入境等业务管理部门，主要有暂扣或吊销生产、经营、使用化学危险物品、民用爆炸物品许可证，暂扣或吊销建筑许可证、娱乐场所安全许可证、烟花爆竹生产、销售许可证，暂扣或吊销驾驶执照、营业执照、护照和出入境证件等。这是一种程度较为严厉的处罚，目的在于取消治安违法行为人原享有的某种资格，限制或剥夺其原获得的某种特许权利。

5. 限期出境、驱逐出境。这两种治安管理处罚是治安管理主体对违反出入境管理的治安违法行为人，依法强令其在一定的期限内离开或者强制其离开我国国境的处罚。这类处罚的对象是外国人，目的是为限制或取消违法行为人在我国境内居留活动的权利；根据出入境管理法的规定，对非法入境、出境的，在中国境内非法居留和停留的，未持有效旅行证件前往不对外国人开放的地区旅行的，伪造、涂改、冒用、转让入境、出境证件的外籍人，治安管理组织可以处以限期出境或驱逐出境的处罚。被处罚人接到限期出境的决定后，应在限期内自动离境，如果拒绝出境，由所在地公安机关强制其出境；被处罚人在接到驱逐出境的决定后，由所在地公安机关派员执行驱逐出境。

治安管理处罚中的驱逐出境，与刑罚附加刑规定的驱逐出境，虽然二者名称相同，但违法行为的性质、适用的法律、实施的主体、裁决权的性质等方面有着根本区别。

根据《治安管理处罚法》第11条的规定，治安管理主体办理治安案件所查获的毒品、淫秽物品等违禁品，赌具、赌资，吸食、注射毒品的用具以及直接用于实施违反治安管理行为的本人所有的工具，如武器弹药、管制刀具、非法出版物等，应当收缴，按照规定处理。违反治安管理所得的财物，依法追缴退还被侵害人；违法所得包括行为人违法取得的金钱、财产及其他物质利益等；没有被侵害人的，登记造册，公开拍卖或者按照有关规定处理，如销毁回收再生等；所得款项上缴国库。

第七章　治安勤务

第一节　治安巡逻

一、治安巡逻的概念

（一）治安巡逻的含义

治安巡逻是指公安机关及其人民警察为了维护社会治安，依法组织实施的一种巡查警戒活动，以保护广大人民群众的合法权益，防范、查处、打击各种违法犯罪活动。治安巡逻较之作为一个警种的“巡警巡逻”的含义要广泛，治安巡逻既包括巡警巡逻，又包括治安管理部门组织的在公共场所、重点地区、大型群体活动场所以及居民区的治安巡逻活动。治安巡逻是警察为掌握辖区治安情况而使用的经常性、必要的工作方法，是一项经常性的勤务。

（二）治安巡逻的特点

1. 治安巡逻主体的多元性。在我国进行治安巡逻工作的既有专门巡警队伍，又有由防暴民警、治安民警、交通民警、武警和派出所抽调的警力等组成相对固定的警察队伍，此外，治安巡逻还包括由民警组织、指挥，带领群众性治安联防组织开展的警民联合巡逻活动。

2. 治安巡逻的灵活性。治安巡逻在巡逻方式上有步巡、车巡、舟巡和空巡等多种方式；在巡逻方法上有定线巡逻、乱线巡逻、白天巡逻、夜间巡逻、公开巡逻、秘密巡逻等；方便公安机关结合实际情况灵活选用。

3. 治安巡逻的包容性。一方面，民警在治安巡逻时，具有相应的职责和权限，进行治安巡逻时，民警可以依法采取必要的治安管理措施，特定条件下，治安巡逻成为民警采取其他治安管理措施的前提。另一方面，在巡逻、临检、守望、执勤、备勤等警察勤务方式中，巡逻勤务一定程度上可包容其他勤务，而其他勤务则不能包括巡逻勤务。

4. 治安巡逻功能的有效性。治安巡逻是动态管理、攻势防御，巡逻工作处于流动状态，能够主动发现问题，广泛地接触民众，收集资料、信息，适应社会发展对治安管理的要求。治安巡逻可以有效地防范、打击各种违法犯罪活动，建立良好的社会治安秩序。另外，作为专事治安巡逻任务的巡警队伍，可以充分发挥其跨部门、跨警种的作用，综合执法，协助、配合相关部门做好工作，实现社会治安综合治理。

（三）治安巡逻的作用

1. 治安巡逻是预防违法犯罪活动的有效措施。一方面治安巡逻作为控制时空的一种重要措施，通过“全天候全方位”的巡逻活动，压缩违法犯罪分子活动的时间和空间，有效预防违法犯罪活动；另一方面，通过强化治安巡逻，加强巡逻密度，客观上造成了警察无所不在的印象，给违法犯罪分子一种“法网恢恢，疏而不漏”的感觉，对其产生威慑作用，从而减少违法犯罪活动的发生。

2. 治安巡逻是及时打击现行违法犯罪活动的重要措施。治安巡逻通过对社会面的有效控制，可以及时发现、控制、打击各种违法犯罪活动，查获违法犯罪分子，减小其危害后果。同时，还能在无形中增强公众的安全感，使公民生活安宁、心理健康，有助于社会稳定和发展。

3. 治安巡逻是收集、传递和掌握治安信息的渠道。巡逻人员工作在社会基层，深入于民众之中，其“触角长”、“信息灵”，能及时收集、掌握各种治安信息、资料，发现安全防范中的各种漏洞和问题，为有关部门制定切实可行的安全防范措施提供第一手资料。

4. 治安巡逻能够促进警民关系。治安巡逻是密切警民关系的桥梁和纽带。由于巡逻警察的“办公室”处于街面上，容易深入到群众的生活中，与群众进行广泛的接触和联系，了解群众的疾苦、困难，及时为群众排忧解难，提供各种服务，办好事，办实事，有助于搞好警民关系。

二、新中国巡逻制度的产生与发展

我国人民警察巡逻制度，最早起源于中国共产党领导下的陕甘宁边区。1938 年，经中央决定，成立陕甘宁边区人民警察（简称边警），这支队伍身着专门服装，执行巡逻任务，以维护边区政府延安的社会治安。新中国成立后，治安巡逻作为公安工作的一部分，虽然发挥了一定作用，但由于我国实行高度计划经济体制，人们多固守本土，以家庭、单位为依托，活动范围小，人、财、物流动少，犯罪分子也多为本地作案。所以，我国公安机关形成了以户口管理为主的静态管理模式，民警依靠对户口的管理，从而控制本地区的治安。此时的治安巡逻只表现为在重大节假日和重要活动期间，由公安派出所组织民警，带领群众联防力量，对繁华街道、重点部位进行分散、低密度、零星的、临时性的巡逻。这与当时相对封闭的静态的治安管理任务是相适应的。因此，从新中国成立到改革开放前这一时期，我国没有严格意义的人民警察巡逻制度。

党的十一届三中全会后，我国实行改革开放的政策，工作重点转变为以经济建设为中心，从而打破了过去单一的计划经济模式，初步建立了社会主义市场经济体制，大力发展社会主义市场经济。随着社会进步和经济发展，我国出现了前所未有的人、财、物大流动，社会治安也随之呈动态变化，出现了许多新情况，以前那种静态环境下的治安管理模式已经很难适应形势的变化。为了适应动态环境下社会治安管理的需要，公安机关的运作机制迫切需要改革。1984 年，公安部召开了全国公安基层工作会议，会议针对改革开放后城市治安出现的新情况、新问题，首次提出了“管理治安主要靠社会面的控制，派出所、分局、公安局要加强治安巡逻，使城市和乡镇经常处于有人管理治安的状态”。“为了严密控制社会治安局面，我国公安机关应把基层的大部分警力摆到街面上。”此后，一些大中城市公安机关开始成立治安大队，既从事巡逻，又充当机动力量。1986 年 7 月，公安部在总结一些城市开展治安巡逻经验的基础上，下发了《关于组建城市治安巡逻网的意见》；随后，又提出“以动态管理为主的治安管理指导思想”。在实践中，公安机关也认识到巡逻是动态管理的有效勤务方式，而非可有可无的补充勤务，并开始朝着专业巡逻方向探索。1988 年，辽宁抚顺、江苏南京两市先后组建了专司巡逻的“巡逻队”。1989 年，根据中央决定，全国城市公安机关普遍组建了防暴队。至此，我国人民警察巡逻体制初步建立。

1991 年 11 月，公安部召开了第十八次全国公安工作会议，会议明确指出：“要争取在一两年内，首先在直辖市、省和自治区政府所在地、计划单列市建立人民警察巡逻体制。”并将此举视为整个公安体制和工作方式改革的突破口。会后，一些大中城市公安机关在公安部的组织领导下，在地方政府的支持下，开始积极筹建人民警察巡逻体制，北京、天津、南京、广州、大连、南昌等大中城市，结合本地情况，率先开展了此项工作。为了推动这一工作，1993 年 6 月，公安部在天津召开了全国城市人民警察巡逻工作会议，这是我国关于巡逻工作的首次专业会议，这次会议对巡逻工作作了全面部署，初步制定了一些规范性文件。1994 年 2 月 24 日公安部发布实施了《城市人民警察巡逻规定》，这是我国城市人民警察巡逻第一个法律性文件，为我国城市建立人民警察巡逻体制提供了法律依据，为人民警察巡逻体制逐步走上正规化、制度化和法律化奠定了基础，其标志着我国人民警察巡逻体制步入了规范化历程。

1996 年公安部召开了第十九次全国公安会议，会议充分肯定了人民警察巡逻体制所发挥的作用，提出了更高的要求：“加强巡逻、防暴力量建设，力争在今后五年中，在全国城市公安机关普遍建立巡逻制度，有条件的县也要逐步推广这项工作。同时，使巡逻的工作任务、勤务方式、队伍管理、后勤保障适应维护治安秩序的实践要求，并建立相应的制度。”“加快巡逻与指挥中心、‘110’报警设施、技术防范和犯罪情报信息系统的配套建设，逐步形成有效预防，及时接警、处警的城市防控体系，强化对社会安全的控制。”为了加快这一工作，同年 8 月，公安部在漳州召开了全国城市“110”报警服务台建设工作现场会。要求各地认真学习“漳州 110”的精神，建立快速反应机制，提高快速反应能力。以此为契机，各地积极建立起快速反应机制，推动我国的人民警察巡逻体制建设迈向新的高度。

三、我国城市治安巡逻的模式

治安巡逻体制是指从事巡逻勤务的警种构成、组成形式、相互间的分工协作等诸多方面的体系、制度、方法与形式。我国治安巡逻体制处在初创阶段，很多方面需要不断完善，加之我国幅员辽阔，各地经济发展、社会状况等方面差异较大，决定了巡逻体制也不尽相同。纵观近年来我国警察巡逻工作情况，当前警察巡逻体制的模式主要是综合执法型，并朝着专业化、警种化方向发展。

（一）现行巡逻体制的两种主流模式

我国大中城市都已建立了警察巡逻体制，主要有两种模式：

1. 静态散在制。以派出所为主体，将巡逻警力分散到各派出所，以派出所为单位划分警区，警员在各自的警区内轮班巡逻。这种模式是在原有公安组织机构的基础上，不改变结构，不增设警种，将新型的警察巡逻勤务方式与原有的组织机构相结合，即以派出所为主体，公安、武警协同配合的巡逻体制。通过“110”报警台，将各分局及交通、消防、武警基地台，巡逻专用车的无线车载台及巡警手持对讲机，统一编织专用通讯网络而形成整体。为便于巡逻勤务组织实施，将派出所辖区划分为易于巡逻的警区，派出所在不打破原有户口管理模式的基础上，纳入巡逻工作内容，编制勤务。对市内的主要道路则划分为巡逻段，交由武警和防暴队负责巡逻。规定巡逻指挥的工作原则为：“统一调度，属地为主，系统为辅，分层指挥。”即市局负责对全市巡逻工作的指导、检查、督促和调查研究，遇有重大情况，实施对全市各警种的统一调度和协调；分局主要负责巡逻工作的组织实施；各派出所和驻区武警中队具体负责巡警工作的管理、教育、考核及巡逻勤务的安排和检查落实。

2. 动态集中制。将巡逻警力集中于公安局与公安分局，巡逻警察以巡逻队的形式，在指挥中心的指挥下，在辖区内作机动巡逻。这种模式的建立是在不打破原有公安体制的基础上，将巡逻勤务引向警种化、专业化方向发展的一种体制。担任巡逻勤务的力量主要有新成立的巡逻警、公安防暴队、武警及辅警组织，具有极强的集中性和机动性。而各派出所的警力只作为巡逻勤务的辅助力量。其指挥执行机构是市局、分（县）局两级。为便于指挥，精确调度，这种体制是在以户口管理为中心的派出所组织模式之外建立的另一种街面治安管理体制，是一种新的动态治安管理，需增加大量的警员和装备，适合经济较为发达的城市。

（二）治安巡逻体制的总体规划

1993 年 6 月，公安部在天津市召开了全国城市人民警察巡逻工作会议，会议根据我国公安体制的实际情况，对我国城市人民警察巡逻体制作了总体规划。在当前，城市人民警察巡逻体制是指城市公安机关以民警、武警为主体，组成执行着装巡逻勤务的专门队伍或相对固定的力量，实行统一指挥和警区责任制，担负维护城市治安秩序，防止、制止违法犯罪，救助公众的任务，并使之制度化、规范化的体制。城市人民警察巡逻体制的发展方向，是经过改革和实践，最终形成一个装备精良、训练有素、专司巡逻勤务的警种，使巡逻成为城市人民警察一项最主要、最基本的工作制度和勤务方式；并设想将来的巡逻警种的组织形式以总队、支队、大队、中队的结构建立。至此，我国警察巡逻体制总体规划朝着专业化、警种化方向发展。

四、治安巡逻的任务、职责与权力

（一）治安巡逻的基本任务

1. 应急处突。做好应急处突工作，制定各种应急预案，应对各类突发事件，做到召之即来，来之能战，战之能胜，先期控制，处置得当。根据不同案情，完成不同时间区域的封控圈，真正实现“卡得住、控得牢、缉得获”的目标。

2. 接警处警。接受指挥中心派警或群众直接报警，对巡区内警情进行先期处置，警戒突发性事件和灾害事故现场，疏导群众、维护秩序、抢救人员和财物。

3. 打击现行。在巡区内开展巡逻，对可疑人员、车辆和物品依法进行盘查，打击各种现行违法犯罪活动，震慑、预防、制止、查处违法犯罪行为，巡查警区内安全防范情况，提示有关单位、居民消除隐患，组织指导群众性巡逻力量开展好巡逻工作。

4. 疏导交通。协助交通警察指挥疏导上下班人流高峰期、自然灾害期交通秩序，纠正违章，根据授权纠正查处违反道路交通管理的行为。

5. 服务群众。受理群众咨询、求助，遇到公民人身、财产安全受到侵犯或者处于其他危难情形，及时实施救助。

（二）治安巡逻的职责

根据公安部 1994 年 2 月 24 日发布施行的《城市人民警察巡逻规定》，我国人民警察在巡逻中应履行下列职责：

1. 维护警区内的治安秩序。
2. 预防和制止违反治安管理的行为。
3. 预防和制止犯罪行为。
4. 警戒突发性治安事件现场，疏导群众，维持秩序。
5. 参加处理非法集会、游行、示威活动。
6. 参加处置灾害事故、维持秩序、抢救人员和财物。

7. 维护交通秩序。

8. 制止妨碍国家工作人员依法执行职务的行为。

9. 接受公民报警。

10. 劝解、制止在公共场所发生的民间纠纷。

11. 制止精神病人、醉酒人的肇事行为。

12. 为行人指路，救助突然受伤、患病、遇险等处于无援状态的人，帮助遇到困难的残疾人、老人和儿童。

13. 受理拾遗物品，设法送还失主或送交失物招领部门。

巡查警区安全防范情况，提示沿街有关单位、居民消除隐患。

15. 纠察人民警察警容风纪。

16. 执行法律、法规规定由人民警察执行的其他任务。

（三）治安巡逻的权力

根据《城市人民警察巡逻规定》的第 5 条，人民警察在巡逻值勤中可依法行使以下权力：

1. 盘查有违法犯罪嫌疑的人员，检查涉嫌车辆、物品。

2. 查验居民身份证。

3. 对现行犯罪人员、重大犯罪嫌疑人员或者在逃案犯，可以依法先行拘留或者采取其他强制措施。

4. 纠正违反道路交通管理规定的行为。

5. 对违反治安管理规定的人，可以依法执行处罚。

6. 在追捕、救护、抢险等紧急情况下，经出示证件，可以优先使用机关、团体和企业、事业单位以及公民个人的交通工具、通讯工具，用后应及时归还，并支付适当费用，造成损坏的应当赔偿。

7. 行使法律、行政法规规定的其他职权。

五、治安巡逻的方式与方法

（一）巡逻方式

1. 步巡。即徒步巡逻。它是一种简便易行、效果较好的巡逻方式。步巡一般不受天气、地形、地物的影响，各种地方均能到达，巡行地区普遍，便于服务群众、联系群众。步巡人员的注意力集中、行动自如、观察全面，有利于迅速发现、处理各种违法犯罪行为。步巡既适于公共复杂场所、繁华闹市地段，又适于林荫树丛、偏僻地段等块状区域。但步巡占用警力较多，巡逻人员体力消耗大，容易疲劳；且调动速度慢、机动性较差。目前，我国的巡逻勤务工作主要以步巡为主。

2. 自行车巡逻。这种巡逻方式以自行车代步，警员不易疲劳，且速度较快、方便灵活，是一种既经济又适用的巡逻方式，是一种较为普遍的巡逻方式。

3. 机动车巡逻。即驾驶汽车或摩托车执行巡逻勤务。其速度快、机动性强，控制范围大，便于集结。但存在着开支较大、易脱离群众、观察不仔细等问题。一般只适用于城市交通干线、重要街道和城乡结合部等。

4. 马巡。即骑马巡逻。这种方式视野开阔，巡察范围较大，便于观察情况，且颇显威严，威慑作用大。但存在着经费开支大等问题。较适合游牧地区或边境地区。我国大连、太原等城市建有骑警队。

5. 舟巡。即驾驶舰船等水上交通工具在水域执行巡逻勤务。只适于沿海、江河、湖泊等区域，且受气候、水域情况影响较大。

6. 空巡。即驾驶空中飞行器进行巡逻勤务，空巡居高临下，视野开阔，易于发现目标进行大范围监视。空巡的经费投入大，专业技术要求高，且易受气候条件限制，主要用于重大目标保卫和森林防护等工作。

（二）巡逻方法

治安巡逻方法是实现巡逻目的，完成巡逻任务的有效手段，必须根据实际情况（如巡逻时间、地点、天气以及违法犯罪情况等）合理选用，以达到较好效果。

1. 定线巡逻与乱线巡逻相结合。定线巡逻是指巡逻人员在一定的时间内，循所规定的巡逻路线、方向巡逻。这种方法便于联络，对应该保护的处所及特定事物，能发挥保护作用；但巡逻的时间、方向、路线固定，巡逻人员所见仅限于巡逻路线所经过的地方，不能做到普遍查巡，且因有固定规律，易于被不法分子了解掌握乘虚而入。乱线巡逻指巡逻人员在一定时间、巡逻区域内，可以自由选定可能发生事件和案件的地点，没有固定路线的任意往返巡逻。这种方法巡逻范围能遍及整个辖区，时间、路线、方向均不固定，违法之徒无法掌握巡逻规律，能发生普遍警戒之效果。二者的有机结合，更能发挥巡逻的作用。

2. 一般巡逻与重点巡逻相结合。一般巡逻就是根据城市整体布局结构，划段分片、全方位地进行巡逻，不留死角。重点巡逻就是对城市重点区域、重点单位和要害部门进行重点控制和防护。二者的结合就是通过巡逻把对社会面的全面控制与重点巡查、要害保卫结合起来。

3. 白天巡逻与夜间巡逻相结合。无论白天还是黑夜，违法犯罪都可能发生，因而巡逻工作必须全时空进行，以防范打击各种违法犯罪活动。比较而言，白天巡逻震慑力较强，能及时查处取缔各类违法活动，起到预防犯罪作用，同时也可帮助群众，并调解纠纷；夜间巡逻，则便于发现和抓获现行，有利于保障社会的安全。

4. 公开巡逻与秘密巡逻相结合。公开巡逻与秘密巡逻相结合是指穿制服与着便装相结合的巡逻方法。公开巡逻能够产生警察无所不在的积极效果，威慑各种违法犯罪分子，增强公众安全感。这种方式巡逻人员在明处，易于被犯罪分子发现、掌握而逃避打击。而秘密巡逻则恰恰相反，可以攻敌不备，较好弥补前者的不足。

六、治安巡逻的运行机制

（一）建立整体构架

坚持综合谋划、分工负责、整体联动、协调配合，建立以指挥中心为中枢，巡警、特警、派出所巡逻队和社区民警为骨干，其他警种和武警为辅助，群防群治力量广泛参与，城区治安卡点为外围防线，社区巡逻与主干道巡逻相结合，实兵巡逻与视频巡逻相结合，人防技防相结合的全时空、全方位社会面巡逻防控网络。

（二）实行主体分工

1. 巡逻主体由专业力量和群众性巡逻力量两部分组成。专业力量包括巡警、特警、派出所巡逻队、社区民警、专职巡防队和武警；群众性巡逻力量包括治安联防员、社区保安、治安积极分子和志愿者、企事业内保单位专兼职保安力量等。专业巡逻力量和群众性巡逻力量之间，公安统领、分工负责、互相配合、一体运行。

2. 巡警、特警负责城市主干道和重点部位、重点复杂区域的巡逻控制，担负城内快速支援和围追堵截任务；派出所巡逻队按照“属地原则”，负责辖区内巡逻工作的组织领导和实施，指导辖区内单位开展巡逻工作；武警在重点时段负责对重点区域和路段进行武装巡逻，适时开展机动性专项打击；其他警种和部门的巡逻工作由县局“巡控办”负责统一组织。

3. 保安、治安联防员、治安积极分子等社区群众性巡逻力量，在辖区派出所的指导下，在居民小区范围内开展巡逻守望工作；企事业单位专兼职保安力量主要负责本单位内部的巡逻防范工作。

4. 加强对农村巡逻工作的组织和指导，建立义务巡逻队、治保组织或驻村队，有针对性地开展治安巡逻，运用技防措施，加强各村户间的邻里守望。

（三）分类巡逻等级

坚持“警力跟着警情走”，根据特殊时间段、敏感时期以及社会面治安形势的变化，以每月为时间节点，以巡区为单元，对侵财类警情、“两抢”警情等分别设定月常量和绿、黄、红三色警情状态标准，实行相对应的巡逻等级制度。巡逻等级分为“三级”，分别为“常规巡”、“加强巡”、“武装巡”。

（四）研判通报警情

指挥中心每周以派出所巡区为单位及时发布警情通报，情报中心每月以派出所巡区为单位，对社会面刑事、治安发破案情况及“两抢一盗”案件进行分析研判，巡控办依据指挥中心接警平台数据的发案统计，及时准确掌握治安动态，提高巡控工作的针对性和实效性。

（五）定期警务会商

建立定期和不定期会商通报制度，由“巡控办”牵头，根据社会治安实际情况，定期和不定期召开巡控有关单位负责人参加的会议，通报情况，分析治安形势，加强工作衔接，适时调整巡逻部署。

第二节 治安盘查

一、治安盘查的概念

治安盘查是指公安机关的人民警察为了维护社会治安秩序，在治安巡逻中依法对形迹可疑的人员和违法犯罪嫌疑的人员进行当场盘问、检查，以发现或确认是否有违法、犯罪行为或具有重大犯罪嫌疑的治安管理活动。

治安盘查是人民警察在治安巡逻勤务中，发现行迹可疑人员或实施违法犯罪行为的人员，对其进行盘问和检查的行为方式。治安盘查的目的是核实嫌疑人的身份，查明有关事实，收缴盘查嫌疑对象携带的违禁物品、危险物品和赃物，保护公民，维护社会公共安全。

二、治安盘查的对象

（一）治安盘查对象的确定

盘查的对象主要是有现行违法犯罪行为或有违法犯罪嫌疑的人员。根据《中华人民共和国人民警察法》第9条规定：为维护社会治安秩序，公安机关的人民警察对有违法犯罪嫌疑的人员，经出示相应证件，可以当场盘问、检查。经盘问、检查，有下列情况之一的，可以将其带到公安机关，经该公安机关批准，对其继续盘问：

1. 被指控有犯罪行为的；

2. 有现场作案嫌疑的；

3. 有作案嫌疑，身份不明的；

4. 携带的物品有可能是赃物的。

对被盘问人的留置时间自带至公安机关起，不应超过 24 小时，在特殊情况下，经县级以上的公安机关批准，可以延长至 48 小时，并应当留有盘问记录。对于批准继续盘问的，应当立即通知其家属或者其所在单位。对于不批准继续盘问的，应当立即释放被盘问人。经继续盘问，公安机关认为对被盘问人需要依法采取拘留或者其他强制措施的，应当在继续盘问的 48 小时内作出决定，经 48 小时继续盘问仍不能作出上述决定的，应当立即释放被盘问人。

（二）盘查对象的疑点与识别

1. 盘查对象的疑点。这里的疑点指巡逻过程中发现的具有违法犯罪可能性的现象在巡逻人员头脑中的反映。警察在巡逻中，发现疑点是进行盘查的前提条件，是盘查的必经阶段。没有发现可疑现象，就不可能进行盘查。实践中，疑点主要有以下几类：一是行为举止疑点；二是人身疑点；三是物品疑点；四是痕迹疑点；五是时事疑点；六是地事疑点；七是人群关系疑点。

2. 盘查对象的识别。这里的识别是指警察在巡逻过程中，运用观察能力、丰富经验和专业知识，结合违法犯罪分子活动的规律特点，以感知的外部特征为依据，对嫌疑人的行为性质或人身形象进行判别的过程。实践中应注意做好有疑点人员的识别工作，以及时发现、揭露、抓获各种违法犯罪分子。

三、治安盘查的步骤

盘查可分为四个步骤：启问、盘问、检查、处理。正式盘问前应从策略和技巧上做好三方面准备：首先，判断对象的特点，可能有什么问题。其次，从对象的特点出发，设计启问的问题，如何展开等。再次，预测对象可能的猛烈攻击，逃跑、掏凶器、毁灭物证等行为，并准备可行的防范措施和对策。

（一）启问

对没有实质性疑点者，都应有一个初步的启问过程，而不能直接进行盘问。启问的形式有两种：

1. 一般性询问，指不涉及疑点的一些问话。如从哪来、到哪去、干什么工作、家住哪里、多大年龄等，目的是判断对象是否说假话，有无更多的疑点。

2. 交谈性询问，指以关心、友好的形式进行攀谈，寻找其疑点。如谈其住址、单位有什么特点，看其是否了解。

通过启问，可以排除怀疑的就没有必要盘问，若不能解除怀疑的，通过一般性询问交谈，发现新疑点，特别是发现实质性疑点时，即可进入盘问阶段。

（二）盘问

盘问是进行初步审查的过程，盘问的方法较多，应灵活运用。

1. 提问法，即提出问题引导对方自述，尽可能使之多讲细节，以发现其破绽。

2. 揭露谎言法，谎言是违法犯罪的伪装，揭露其谎言，就可以攻破其防线。

3. 分开盘问法，凡遇二人以上的可疑者时，应分开进行盘问，以便发现其矛盾之处，扩大疑点，发现违法犯罪分子。

4. 突破法，巡逻人员对多名可疑者盘问时，应找准突破口，选择较弱者，以瓦解其犯罪团伙，取得好的效果。

（三）检查

检查包括查检证件和检查实物。查验证件主要查居民身份证、工作证、机动车驾驶证、营业证、证明等。

检查实物应区别于刑事强制手段的搜查。其主要特点是要求被检查人展示所携物品，巡逻人员可以触摸，仔细审视；同时，被检查者必须回答巡逻人员所提出的问题。一般在有重大疑点时才可使用。巡逻人员在检查中应注意以下三点：

1. 灵活运用多种方法技巧，如观察法、身体接触法等，查明疑点，以达盘查目的；

2. 采取必要措施，作好安全防范，确保自身安全；

3. 做好取证工作，力求保证证据的完整性，为依法处理作好充分准备。

（四）处理

盘查中的处理是指对被盘查对象的可疑点基本弄清后所采取的措施。依据不同的情况有以下处理方式：

1. 没有发现违法犯罪行为的，应立即放行。对他们应做必要的解释工作，以求谅解、支持工作。

2. 查明有轻微违法、违规行为的，应依据实际情况或批评教育或给予治安处罚。

3. 查明有犯罪嫌疑或有犯罪事实的，要采取强制措施，带回巡逻单位，依法处理。

4. 对有一定危险性的醉酒或精神病患者，应采取适当约束措施，送交当地派出所处理。

5. 对受害者，应及时给予帮助。

四、重点盘查的对象

在社会面治安防范巡逻中，注重从以下情况发现疑点，并进行盘查。

（一）五类嫌疑人员

1. 穿着、打扮与本人气质、季节和所处环境（场所）明显不符的；

2. 与在逃犯罪分子或者高危人群的体貌特征、年龄相仿，口音相符的；

3. 见警察后有意躲闪、神色慌张的；

4. 身负枪伤、刀伤，身上有血迹或污迹，手腕、脚腕有械具痕迹的；

5. 持有液态物质容器在疏导区内徘徊游荡的。

（二）六类嫌疑车辆

1. 未悬挂车牌、车牌倒置、模糊不清或被遮掩的；

2. 群众举报或指认的嫌疑车辆；

3. 车门锁芯被拆卸或破坏，摩托车无法正常熄火的；

4. 车牌磨损程度与车身新旧程度明显不符的；

5. 多名成年人合乘的小型机动车辆，两成年人合乘的二轮摩托车（含轻便摩托车）、助动车、电动自行车；

6. 外地牌照的二轮摩托车以及在金融网点、商场门口、24 小时便利店、加油站、路边小店铺前停车未熄火的二轮摩托车（含轻便摩托车）、助动车、电动自行车。

（三）六类嫌疑物品

1. 有男性携带的女士拎包；
2. 被遗弃在人群密集场所，重点部位等敏感区域无人认领的可疑包（袋、盒）；
3. 使用大包套装或用衣服包裹的小型包（袋）；
4. 桶装、柱状、体积较大或形状不规则的包（袋）；
5. 不明粉状、胶状、块状、膏状、液体、晶体等物质；
6. 手套、大力钳、锯条、螺丝刀、剪线钳等物品。

五、治安盘查注意的问题

（一）询问与观察

询问过程中注意“十看十对”：看证件对年龄，看面貌对年龄；看举止对职业，看言行对学历；看物品对来源，看同伴对关系；看神情对心态，看原籍对口音；看衣着对身份，看去向对方位。

（二）围观群众的心理分析

治安巡逻过程中对发现的可疑人员进行盘查是法律赋予人民警察的权利，也是特巡警工作的主要内容。在盘查过程中，常常会引起群众的围观，群众围观会造成盘查对象抗拒盘查意识的增强，使盘查工作陷入被动局面，影响盘查的效果。首先，尽量避免太多群众围观。如果盘查对象持有武器、凶器或是爆炸物，会对围观群众的人身安全造成威胁；如果盘查可疑人员的同伙混在围观群众里边，也会对警察的人身安全造成威胁。因此，盘查可疑人员时，要尽量将其就近带到僻静地点进行盘查。其次，必须了解围观群众的心理。围观群众的心理大致可分为三种：一是好奇心理。绝大多数群众在警察盘查可疑人员时围观，是因为好奇心理的驱使。二是跟风心理。在围观群众聚集很多时，又很容易形成类似于墙头草的盲目从众、跟风心理，看到别人讲什么就随声附和。警察对于这种盲目从众、跟风心理必须要学会加以利用，使绝大部分群众站在我们这边说话。三是同情心理。同情弱者的心理，认为盘查对象相对于警察来说是弱者，特别是有些可疑人员在盘查过程中不配合盘查，甚至袭击警察而被警察采取必要的控制措施或制服时，最容易引发围观群众的同情弱者心理。

（三）围观时应对措施

对于绝大多数拥有好奇心理的群众，要及时对其用礼貌、客气的语言进行劝离。诸如“我们正在执行公务，请您不要围观，谢谢您的配合。”“我们正在对可疑人员进行盘查，为了您的人身安全，请您马上离开，谢谢配合。”劝离工作要及时做，在围观群众不多时，就要进行劝离，这时劝离的效果最好。否则，当围观群众会越聚越多，劝离的效果也就会差得多，影响盘查工作的进行。

在围观群众聚集很多且形成很强的盲目从众、跟风心理时，要及时发现围观群众中正义感比较强的人，及时与其进行沟通，使其替我们说话，在群众中形成一种有利于盘查工作的良性舆论。

对于围观群众中出现的同情弱者心理，是我们在盘查工作中必须应对的一种心理。一旦应对不好，很容易遭到群众围攻。在盘查过程中，不得已对不配合盘查或者袭警的可疑人员采取必要的控制措施或制服后，如果现场有围观群众起哄的苗头，必须马上对其宣传有关法律和政策规定，通过批评、规劝、命令、调解等多种教育疏导方法，及时缓解矛盾，打消其对立情绪。如果现场的围观群众已经形成一种很强的对立情绪，为了避免事态进一步激化，可以马上把可疑人员带离现场，到单位或换个僻静地方继续盘查；也可以迅速将盘查对象与围观群众隔离开，由担任警戒任务的警察向群众进行宣传教育，形成隔离带，保证搜身的安全。一旦出现群众围攻的苗头时，应迅速报告上级，请求增援。

（四）盘查时应急措施

盘查可疑人员时，在围观群众中可能会混有可疑人员的同伙，或是一少部分曾受到过公安机关打击处理怀恨在心的人。进行盘查工作时，这部分别有用心的人唯恐天下不乱，想方设法阻挠、干扰盘查工作，并且在围观群众中煽风、造谣，使围观群众对警察产生对立情绪。对于这部分人，要与其针锋相对，从气势上压倒对方。运用法律宣传、演讲等手段，争取大多数群众，使这些煽风、造谣的人在围观群众中没有市场。如果这部分人胆敢袭击警察，要果断采取措施，使用辣椒水、警棍等警械将其制服，依照法律对其进行处罚，严厉打击袭警人员的嚣张气焰。

第三节 治安管控

一、治安管控的概念

（一）治安管控的含义

所谓治安管控，是指治安管理主体根据治安管理对象的特殊情况和实际需要，为保证治安管理的有效性，依法对治安管理客体采取的具有治安管理专业性的特殊方法和手段。治安管控就是对治安管理对象采取的有效的管理控制，利用治安管理的专门手段和特殊方法，在特点情形下采取的措施。

（二）治安管控的特点

1. 对象特定性。治安管控的对象既有特定人、物、地域，又有特定的时间和空间；诸如对重点人口采取专项治理的管控措施，对判处管制、缓刑等特定人员使用的矫治措施等；在特定时间和区域实行的戒严、封闭等。

2. 手段专业性。治安管控措施是由治安管理主体及其治安警察依法实施的，是其履行治安管理职责的专门活动，治安管控的具体方式、方法是专业的、独有的，诸如现场封闭、交通管制、治安跟踪、治安耳目的使用等。

3. 目的预防性。治安管控是针对特殊的治安管理客体实施的，其直接目的在于防范治安管理对象可能发生危害社会公共安全和破坏社会秩序的行为，由于这些治安管理对象是特殊的管理客体，包括特殊的人员，物品，特殊的时间和场所，如果管理不当或失去控制，如人员脱离监控，物品、证据灭失，就有可能产生危害后果。

4. 形式多样性。治安管控的类型多，既有对人的管控，对物品的管控，也有对场所地域的管控；治安管控的对象复杂，所以治安管控的方式、方法、手段和措施呈现多种多样，包括治安堵截、治安跟踪、治安耳目等。

（三）治安管控的意义

1. 保障社会治安持续稳定。社会治安直接影响到投资环境和发展环境，公安机关作为维护社会治安的主要职能部门，维护社会治安稳定、促进经济社会发展、保障人民群众安居乐业是公安机关责无旁贷的政治责任。建立健全打防管控一体化的社会治安防控体系，其目的是为了进一步提高公安机关对社会治安的整体控制能力，更加有效地防范和打击犯罪，创造良好的社会治安环境。

2. 应对当前严峻治安形势近几年来，对一些对人民群众生命财产安全构成严重威胁的犯罪，如杀人、强奸、绑架、爆炸等案件虽然明显减少，但刑事案件的总量却未明显下降。同时，随着各项改革的深入，由人民内部矛盾引起的各类群体性事件已成为影响社会治安稳定的突出问题。公安机关在预防、处置群体性事件的难度和压力不断增大，维护社会治安稳定的任务更加繁重。

3. 解决社会治安突出问题。虽经不断打击整治，黄赌毒等社会丑恶现象仍时有反弹，且出现违法主体多元化、活动范围扩张化、活动方式隐蔽化等特点。故意伤害、寻衅滋事等案件发案居高不下对公众的安全感也造成很大影响。因此，必须把开展社会治安防控体系建设摆到更加突出的位置，着力提高预防、控制和打击犯罪的整体水平，实现社会的长治久安。

4. 贯彻打防结合、以防为主的方针。打击与防范是相辅相成、辩证统一的，打中有防，防中有打，两者关系密不可分，“打防结合，预防为主”，是解决社会治安问题的根本出路。建立社会治安防控体系，既可以预防和控制发案，又可以及时打击现行，避免和减少损失，震慑犯罪，实现“发案少，秩序好，社会稳定，群众满意”的目标。

5. 适应公安机关治安管理工作的发展。警力不足是当前存在的普遍问题，在整个公安机关的编制、警力配置不变的情况下，开展打防管控一体化社会治安防控体系建设是综合性地弥补警力不足、整合公安机关内部资源的有效方式，能够不断提升公安机关的整体效能，保障公安机关又快又好发展。

二、人员管控

（一）人员管控的概念

人员管控是指公安机关为了预防、制止、掌握治安违法行为人、犯罪嫌疑人、特殊的治安管理对象的实际表现、行踪情况，在一定范围内控制其活动，以减少、制止或消除其实施违法行为的条件，公安机关依法针对特定的重点人口、特定人口以及治安违法行为人所采取特殊的管控措施。

（二）重点人口的管控

重点人口是指有危害国家安全或社会治安嫌疑，由公安机关重点管理的人员。实践中，列管的重点人口，必须是达到法定责任年龄、具有法律责任能力的人。重点人口具有的属性，一是有危害国家安全或社会治安嫌疑。有危害国家安全或社会治安嫌疑是重点人口的本质属性。二是由公安机关重点管理。经调查核实，有危害活动嫌疑，被公安机关列管人员才能称为重点人口；对于那些有危害活动嫌疑，甚至有违法犯罪事实而未被惩治处理前，公安机关没有列管的不能称为重点人口。

（三）特定人口的管控

所谓特定人口，是指未被纳入正常人口管理中的特殊人口。为了实现抑制违法犯罪发生、维护社会治安秩序的目的，公安机关需要配合其他机关和力量对这部分特定人口实施管理。特定人口的范围包括：被判处管制的；被宣告缓刑的；被暂予监外执行的；被裁定假释的；被剥夺政治权利，并在社会上服刑的。

（四）治安违法行为人的管控

公安机关除了对上述重点人口、特定人口实行专门监管、矫治、管控外，对于其他治安违法行为人采取的管控措施主要有：

1. 强制戒毒。根据《戒毒法》规定，强制戒毒是对吸食、注射毒品成瘾人员，在一定期限内通过采取强制隔离，进行药物治疗、心理治疗和法制教育，使其戒除毒瘾的治安强制措施。公安机关作出强制戒毒决定，交由强制戒毒所执行，强制戒毒的期限一般为两年。

2. 强制收容教育。根据全国人大常委会《关于严禁卖淫嫖娼的决定》和国务院制定的《卖淫嫖娼人员收容教育办法》的规定，公安机关对卖淫嫖娼违法行为人采取强制收容，集中进行教育的治安强制措施；强制收容教育由县级公安机关决定，对象是卖淫、嫖娼人员，内容是集中教育，组织参加生产劳动以及进行性病检查治疗；收容教育的期限为 6 个月至两年。

3. 强制隔离治疗。对患有某些传染病者应予隔离治疗，如果拒绝隔离治疗或隔离期未满擅自脱离治疗的，公安机关依法配合协助医疗部门采取强制隔离。

4. 强行驱散、强行带离现场。《集会游行示威法》规定，对违反集会游行示威规定，不服从解散命令的行为人，公安机关现场负责人有权决定采取强行驱散、强行带离现场等强制措施。《人民警察法》第 8 条规定，对严重危害社会治安秩序或威胁公共安全的人员，公安机关可以强行带离现场。

5. 强制约束。《治安管理处罚法》第 15 条规定，醉酒的人在醉酒状态中，对本人有危险或者对他人的人身、财产或公共安全有威胁的，公安机关应当对其采取保护性措施约束至酒醒。

三、区域管控

（一）区域管控的概念

区域管控是指治安管理主体根据特定区的治安状况，依法的采取的、以该区域为管控对象的具体治安管理措施。区域管控的前提是特定区域的治安状况出现了严重危害社会秩序或可能威胁公共安全的情况，需要采取治安管理措施予以制止或恢复；区域管控的目的是维护特定区域的公共安全与社会秩序，恢复特定区域社会治安的正常状态；区域管控的方法措施主要是针对特定的空间地域或场所采取的治安管理的特定手段。

（二）区域管控的主要方法

1. 现场管制。根据《人民警察法》第 17 条规定，公安机关对严重危害社会治安秩序的突发事件，根据情况实行现场管制。我国《集会游行示威法》规定，公安机关为维护社会秩序，可以设置临时警戒线，未经许可，不得逾越；游行在进行中遇有不可预料的情况，不能按照许可的路线行进时，实行现场管制。

2. 交通管制。交通管制是公安机关为了维护社会治安秩序，控制突发事态的发展，在特定道路采取的禁止或限制通行的应急处置措施。根据《人民警察法》第 15 条规定，公安机关为预防和制止严重危害社会治安秩序的行为，可以在一定区域和时间，限制人员、车辆的通行或者停留，必要时可以实行交通管制。

3. 封闭区域。公安机关对于发生的特大灾害事故、恶性传染病区域，或其他重大事件的现场，依法采取禁止行人、车辆进出的治安管理控制措施。封闭特定区域，就是将该地区与外界隔离开来，除了特别许可的人员以外，不准其他人员进入封闭地区。

4. 实行戒严。根据国家有权机关发布的严令或依据有权机关授权作出的戒严决定，公安机关在有关地区采取戒严措施，限制和控制该地区人员、车辆的正常活动，依法指挥该地区人们活动的一种警察紧急处置行为。戒严通常在出现战争、叛乱或其他重大政治事件的情况下，为了国家安全和社会公共重大利益的需要，采取的紧急状态处置措施。

四、治安堵截

（一）治安堵截的含义

治安堵截是指治安管理主体依法在交通要道、特定区域设置关卡，对过往的可疑车辆、人员进行检查，发现、截获、缉捕违法犯罪嫌疑人，以及赃物、违禁物品的警察勤务措施。治安堵截是一种固定设卡，查缉流动违法犯罪嫌疑人或违禁物品、赃物的治安管理方式。通常设置关卡的地点是交通要道、重要的地域边界，以及治安状况复杂的地点，这些地方是违法犯罪嫌疑人逃跑的路线或方向，设置固定站、卡，值守检查可疑人员、车辆和物品。治安堵截目的性非常明确，属于临时设置的勤务方式，具有针对性强、临时性的特点。

（二）治安堵截的方式

1. 设卡堵截。这是在交通要道、主要界区等位置，根据违法犯罪嫌疑人可能逃跑的方向和路线上，布置一定的警力设置检查站卡，进行封堵检查截获的治安管理措施。

2. 设伏堵截。这是在违法犯罪嫌疑人经常活动的地方，或经常发生同类案件的地点，动用有效警力，选择隐蔽位置埋伏等待，当违法犯罪嫌疑人进入设伏区域后，立即实施抓捕的措施。

3. 围捕堵截。这是在追缉堵截违法犯罪嫌疑人的过程中，发现查缉对象进入某个特定建筑物或路段时，实施包围，然后将其搜查捕获的措施。

（三）治安堵截的实施

1. 设置站卡，配置警力。在治安堵截活动中，既有经常性设置的固定治安检查站，也有为了追缉逃犯而即时设置的临时性卡点，都要科学合理的选择堵截的位置。合理配置警力，能够有效部署，实现联动开展工作。一般情况下，固定的治安检查站设在城乡边缘区的交通要道，以及行政区域的交界处，这样便于区域控制，一旦发生紧急情况，能够快速实施区域封锁。临时性的治安堵截卡点，应当根据案情需要和违法犯罪嫌疑人可能逃跑的方向、路线和区域，进行布防设置站卡；并且临时卡点的设置，要与固定站卡相互配合，与追击的警力相互协调，从而形成严密的控制网络。

2. 明确任务，坚守岗位。治安堵截必须了解堵截对象的基本情况，主要特征以及可能携带的武器、刀具和物品；了解案情，明确堵截任务的内容、作战意图、行动方案，明确主要工作方式、工作程序和相互协同配合的友邻警力关系等内容。治安堵截是以静制动的警务活动，是在设置的治安站卡实施的警务措施，以站卡为本，发挥站卡的震慑、隐蔽、伏击、通报、联动等作用，坚守岗位，细致观察，认真检查，保持高度警惕性，做好应对各种紧急情况的准备，始终处于临战状态。

3. 快速反应，灵活处置。一旦发生紧急情况，治安堵截勤务人员立即作出反应，固定站卡充分利用路障、隐蔽物等，实施对过往车辆、人员的检查。临时卡点根据具体情况，设置临时障碍；有条件的站卡可设立观察哨、堵截哨位、防逃卡位等，明确分工负责，分别承担识别、抓捕、堵截和防逃任务。实施堵截时，既要设置公开的治安检查站卡，又要布置秘密的观察、控制卡点；既要布置着装警察堵截公开的卡位，又要有伪装掩护的警察，利用不同身份，活动在秘密的堵截卡位；发现缉捕对象时，视情况环境采取相应的查缉战术，抓住战机，相机行动，捕获嫌疑人。

五、治安耳目

（一）治安耳目的概念

治安耳目是治安管理主体为了收集、了解社会治安动态以及掌握违法犯罪人员和其他可疑人员活动的情况，设置的一支隐蔽力量。由于公开收集治安情报信息的方法，在一定时间和地域不可能达到预期的效果，需要通过秘密的途径和方式，获取公开收集难以得到的情报信息；因此布建治安耳目，是治安管理主体进行治安管理必备的一种秘密手段。

（二）治安耳目的特点

1. 专门性。治安耳目是具有特殊身份，担负特殊任务，是专门为搜集治安情报信息而设置的情报人员；治安耳目由基层治安管理部门布建和使用的治安秘密力量，一般是在特定行业、场所、区域的内部人员。

2. 秘密性。治安耳目在一定区域内进行隐蔽活动，不公开身份的人员，只能与特定的治安管理部门或特定的治安警察实行单线联系，收集公开管理难于收集的情报信息，特别是隐蔽的违法犯罪情况。

3. 及时性。选择治安耳目的人员，生活工作在群众之中，有发现和了解违法犯罪活动的条件，能够及时主动反映和报告无法公开监控的情况，愿意为公安机关工作。

（三）治安耳目的物色与发展

1. 物色、发展治安耳目的原则。基层治安管理部门物色发展治安耳目的原则，一是坚持本区域物色、发展治安耳目，就地使用的原则，禁止夸区域活动；二是实际需要与可以发展相结合的原则，必须具有充分条件，的确可以成为治安耳目的，并且服从管理能够管好的人员，才可发展，做到宁缺毋滥。三是合理分布，疏密适当，便于监管的原则，治安耳目要合理分布，与公开管理构成互补，相得益彰。四是积极稳妥，慎重物色，重点培养，严密监管的原则。

2. 治安耳目的发展条件。治安耳目具备的基本条件，一是能够发现违法犯罪隐蔽活动的情况，提供公开管理无法获得的治安情报信息；二是能够主动向公安机关反映所获的情况信息，愿意为基层治安管理收集提供情报。

在物色治安耳目时，应当注意其是否具有成为治安耳目的客观条件，有无发现、收集情报信息的外部条件；在发展治安耳目时，应当注意其是否真正愿意作为公安机关的治安耳目，有无收集、提供情报信息的能力和条件，并且是否能够对其实施有效的管理和监督，不能失控。

（四）治安耳目的使用

1. 一般要求。一是根据需要合理使用，充分发挥治安耳目的特长，最大限度的利用其特殊才能，以获得最好的情报效果。二是实行单线联系，严守工作秘密，专人个别领导指挥，以防止身份暴露，紧急情况才可越级指示。三是依法严格管理，严格组织纪律，既要防止治安耳目管理松懈导致违法犯罪，又要保护治安耳目的人身财产安全，防止受到非法侵害，保障其合法权益。

2. 工作要求。负责治安耳目工作的民警必须做到：严格保密，严守纪律，不得向治安耳目本人明确身份，不履行任何手续；女性治安耳目，必须由女性民警物色和发展、使用和管控；不得向治安耳目泄露工作秘密；不得接受治安耳目的任何财物；不准使用治安耳目执行其他治安管理任务；严格监管，防止治安耳目参与违法犯罪活动；不准治安耳目之间相互横向联系。

六、治安跟踪

（一）治安跟踪的含义

治安跟踪是治安巡逻人员秘密观察、监视可疑对象的行踪，获取违法犯罪证据的一种秘密手段。治安跟踪不同于刑事侦查中的跟踪盯稍。

（二）跟踪的任务与原则

跟踪的任务就是通过监视可疑人的活动，证实其有无违法犯罪活动；发现与跟踪对象有接触的其他人员，扩大线索；控制转移销赃，防止其毁灭罪证。

治安跟踪的原则是“严密监控，细心观察，内紧外松，不露形迹”。贯彻这一原则要求巡逻人员在跟踪时要灵活机智，胆大心细，随机应变，既能有效监控跟踪对象，又不暴露自己的意图。

（三）治安跟踪的方法

1. 徒步跟踪。巡逻人员应根据跟踪对象行走速度，所处场合、地段等情况，注意力高度精中，随时调整自己的步法快慢、与跟踪对象间的距离等。以便于监控，防止丢失目标。

2. 驾车跟踪。驾车跟踪时，要保持一定距离，不能同时停车。为防止暴露，在有条件时，最好两辆以上机动车分别跟踪。行车中要记清可疑人员所乘车辆的种类、牌号，以备调查取证之用。

3. 夜间跟踪。夜间跟踪应穿软底鞋、深色服装，距离应尽量靠近，并利用地形地物隐蔽掩护，注意听取被跟踪对象与有关人员的对话。

（四）治安跟踪中应注意的事项

1. 治安巡逻人员在跟踪中要带好可以证明自己警察身份的有效证件，以免与他人发生误会。

2. 治安巡逻人员注意力要高度集中，以免跟踪对象丢失或遗漏重要情况。

3. 加强防犯意识，确保自身安全。尤其是在夜间跟踪或对不熟悉情况的地段、院落等更要提高警惕，防止跟踪对象报复、行凶。

第八章　户籍人口管理

第一节　户籍人口管理概述

一、户籍人口管理的基本概念

（一）户口

1. 户的概念。户也称住户。《说文解字》对户的解释为："门，闻也，从二户；户，护也，半门曰户。"从原意上讲，户是指对开门中的一扇，即半个门。在现代户籍管理中，户是指因婚姻、血缘、收养关系或工作、学习等关系共住一处的人组成的社会群体。

户是进行户籍管理的基本单位。户的规模可大可小，可以是一人，也可以是多人。根据《户口登记条例》的规定，户分为家庭户和集体户两类。家庭户，是指以婚姻、血缘、收养等亲缘关系为基础组建家庭而形成的户；集体户，是指以工作、学习等业缘关系为基础在机关、团体。学校、企业、事业等单位内部宿舍居住的人组成的户。

2. 口的概念。口，即人口。《说文解字》对户的解释为："口，人所以言、食也。"口表示单个的人，一口即是一人。户籍管理中的人口，是指生活在一定社会生产方式下，在一定时间、一定地域，由一定的社会关系联系起来的，有一定数量和质量的有生命的个人所组成的不断运动的社会群体。人口是一个群体概念，单个的人不构成人口。

3. 户口的概念。"户口"一词最早出现于《史记》。在《史记·萧相国世家》中记载"汉王所以具知天下厄塞，户口多少，强弱之处，民所疾苦者，以何具得秦图书也"。这里的"户口"，指的是"住户"和"人口"，即指户数和户内的人口数。在现代户籍管理实践中，仍然沿用此含义。户口即指住户和人口的总称。住户是由人组成的小型群体，是以居住地为标志的；人口是系于住户内的人。现代户籍管理认为，户口是指经国家行政依法确认并实际管辖的户数、居民及其基本的社会人口信息。

（二）户籍

《说文解字》对户籍的解释为："籍，簿书也。"簿的本意是指簿册，据此，登记户口的簿册就是户籍。《现代汉语词典》结合现代人口管理的实践，解释"户籍"为："公安部门以户为单位登记本地区内居民的册子。"现代意义的户籍，是指户口登记机关按户逐人记载居民身份、亲属关系和法定住址等人口基本信息的簿册。

户口与户籍既相互联系，又有所区别。户口是指住户和人口的总称，户籍是户口登记机关通过登记而形成的簿册；户口是户籍登记的对象和内容，户籍是户口登记内容的载体，是居民户口的法律凭证。

（三）户籍人口管理

户籍人口管理也称户口管理，户政管理，简称户政，是指公安机关中的户政管理部门依照户政管理法律规范，收集、确认和提供公民身份、亲属关系和法定住址等人口基本信息的一种国家行政管理。

二、户籍人口管理的性质、职能和任务

（一）户籍人口管理的性质

性质是事物本身所具有的与其他事物不同的根本属性。与其他国家行政管理相比较，户籍人口管理具有行政性、基础性、广泛性等特征。

1. 行政性。行政性是户籍管理的本质属性。户籍人口管理是国家行政管理，是由国家设定专门机关和人员，代表国家实施的管理活动。户籍管理是我国一项基本的行政管理，在我国行政管理体系中具有基础性的地位，是治安行政管理的一个内容组成。户籍人口管理依照相关法律法规实施，不以个人的意志为转移；同时是在国家强制力支持下的社会管理，其确认的公民身份、亲属关系、法定住址等人口基本信息具有权威性。

2. 基础性。在户籍人口管理中，户口登记是人口管理的起点和基础，是确定公民民事法律地位最基本的法律依据。户口登记及居民身份证登记事项，标志着国家法律对公民身份的认定，具有证明公民身份的法律效力，赋予公民行使权利和规定公民履行义务，是公民从事政治、经济、社会活动的前提。社会生活中，公民几乎无时无事不以户口登记事项和居民身份证为法律凭证从事各项活动。户口登记、人口统计、人口调查和人口信息管理等是国家行政管理得以顺利进行的前提。

3. 广泛性。户籍人口管理的广泛性主要体现在管理对象和管理内容上。户籍管理的对象，包括全体中华人民共和国的公民，具备广泛性的特点；户籍管理的内容涉及面极其广泛，需要对人口的出生、死亡、迁移、婚姻、职业、民族、宗教等方面给予及时登记，满足国家和社会对人口基本信息的广泛需求。

（二）户籍人口管理的职能

户籍人口管理的职能，是指户籍管理部门和人员在管理活动中所承担的职权及应发挥的作用。它是设立人口管理组织、编定人口管理机构和人员的依据，也是科学、有效实施人口管理的保障。户籍人口管理职能作为国家行政职能的重要组成部分，其作用的发挥以国家法律、法规强制力作为后盾，在国家法律、法规规定的权限范围内运行，受立法机关的监督。当前，在市场经济条件下，户籍人口管理具有行政管理和社会服务两大基本职能。

1. 行政管理职能。作为基础性治安管理工作，户籍人口管理是国家行政管理的重要组成部分，它体现统治阶级的意志，代表国家依法行使职权，对全社会具有普遍的约束力和控制力。其行政管理职能表现为，对人口信息进行登记和管理，确认公民基本权益；对各种人口实施管理，规范人口保持合法行为；对人口迁移行为进行审批，规范和调控人口布局；查验、核查居民身份证件，打击违法犯罪等。

2. 社会服务职能。户籍人口管理与社会公众接触最直接、最广泛，与各种社会组织联系最密切、最频繁。无论是人口管理目的、人口管理任务，还是人口管理对象、人口管理过程、人口管理方式，都要求户籍人口管理必须始终坚持和遵循为人民服务这一根本宗旨。其社会服务职能表现为，通过人口调查，掌握人口动态，维护良好社会秩序；通过人口统计以及人口信息管理，掌握人口全貌、研究人口发展规律和趋势，为国家制定经济社会发展规划和政策提供基础数据。管理中体现服务，服务中实施管理，管理和服务相互蕴含的辩证统一关系是当前户籍人口管理职能的显著特征。

（三）户籍人口管理的任务

户籍人口管理的任务，是指依照有关法律、法规，户籍人口管理部门和人员承担的工作和担负的责任。户籍人口管理的任务由其职能所决定，是其职能的外化和具体体现。

1. 证明公民身份。户籍人口管理对证明公民身份、确认公民权利、保障公民合法权益的内容是十分广泛的。出生登记标志着一个公民受到法律保护的开始，而且，出生登记也是在法律上被认定为血亲发生的依据；死亡登记标志着一个公民权利和义务的终止；婚姻状况登记证明公民婚姻的存续状态，以及夫妻间的权利和义务的发生或者结束；住所登记的意义在于集中各种民法关系于一处；它一般是法律文件的送达地、民事案件的管辖地、继承的开始地、合同的履行地以及涉外民事案件的适用地等；迁出迁入登记标志着公民法定住所的变更；出生日期登记是公民入学、就业、参加选举、服兵役、退休等的重要法律依据。可见，常住人口登记事项，具有证明公民身份的权威性效力，是确认公民行为能力和责任能力的法律依据。

2. 维护社会秩序。在常住人口登记的基础上，通过常住人口管理、流动人口的管理和居民身份证管理，可以规范人口行为，威慑有违法犯罪倾向人员；通过人口调查，可以掌握辖区实有人口的现实表现和辖区治安状况；通过重点人口管理，既可以教育挽救失足青少年，预防和减少犯罪，也可以及时提供侦查破案线索，打击各种违法犯罪活动；通过人口迁移管理，可以调控人口迁移行为，使人口合理合法有序流动；通过对社会服刑人员实施社区矫正，可以预防、控制违法犯罪的再次发生。一系列有效的户籍人口管理活动，有利于保障国家长治久安、社会和谐稳定、人民安居乐业。

3. 服务经济建设。要管理好国家，必须系统地、全面地掌握国情国力，人口就是国情国力最基本的要素。户籍人口管理通过为国家提供基础性且具有权威性的人口数据服务于社会主义经济建设。制定国民经济计划和社会发展规划，统筹城乡发展，制定城镇化发展规划，以及制定人口、教育、交通、就业、民族、社会保障、住房、医疗等政策，都要以人口基本数据为重要依据。我国人口资料的取得，除国家每十年开展一次人口普查，两次人口普查中间年份开展一次人口抽样调查外，主要依靠公安派出所日常进行的户口登记和经常性的人口统计。公安机关每年以人口统计报表形式为国家提供人口资料，已成为户籍人口管理为国家经济建设服务的一项基本制度。

三、户籍人口管理的手段

户籍人口管理手段，是指户籍人口管理主体为了实现人口管理的工作目标，根据有关法律、法规和政策，针对户籍人口管理客体所采取的各种方法和措施的总称。户籍人口管理手段是国家依法赋予公安机关的职责和权力的具体体现，也是公安民警实施人口管理、预防违法犯罪的重要保证。它既是由有关法律、法规规定的，也是由户籍人口管理对象的性质和人口管理活动的客观规律所决定的。各级户籍人口管理人员要履行其职责，就必须充分利用和发挥各种手段的功能和作用。在实践中，户籍人口管理常用的手段包括：行政手段、法律手段、教育手段、科技手段和经济手段。

（一）行政手段

户籍人口管理的行政手段，是指公安机关在人口管理活动中实施的行政指令、户口审批、监督检查等方法。公安机关是国家行政机关的重要组成部分，依法履行人口管理职能，在日常人口管理活动中，户籍人口管理主体经常使用行政手段，其运用范围最为广泛。户籍人口管理的行政手段主要包括，制定和发布人口管理的政策、履行户口行政审批、组织户口整顿、开展人口调查等内容。在人口管理的政策方面，主要有国家和地方的户口迁移政策、落户政策、出生申报政策、领养子女落户政策等；在户口行政审批方面，主要有户口迁移审批、户口项目变更、更正审批、办理户口证件审批等；在户口整顿方面，解决人户分离、出生不申报、死亡不注销等问题；在人口调查方面主要包括对一般人口的了解，对重点人口的管理，配合司法机关依法加强对社区矫正对象的监督考察。

（二）法律手段

户籍人口管理的法律手段，是指通过运用人口管理方面的法律、法规，规范人口管理主体、客体双方的权利和义务关系，对违反人口管理的行为实施处罚，以实现户籍人口管理目标的方法和措施。户籍人口管理必须运用法律手段，只有运用法律手段，才能保证一定的强制性和权威性，使管理者和被管理者有法可依，有章可循，减少主观随意性，实现人口管理的统一性和稳定性。户籍人口管理的法律手段主要包括，制定和发布人口管理的法律、法规，依法组织实施人口管理活动，依法保护人口管理主体合法行使职权、保护人口管理客体的合法权益，依法处理或处罚违反人口管理法律、法规的主客体。

（三）教育手段

户籍人口管理的教育手段，是指户籍人口管理部门运用宣传教育、说服规劝、启发引导、精神鼓励等形式，影响和改变人们的观念和认识，从而引导人们积极行为的一种方法。它包括对全体公民进行的普遍宣传教育和对特殊人口进行的特殊教育两个方面。对全体公民进行的宣传教育主要是宣传国家人口管理的法律、法规和政策。新的人口管理的法律、法规、政策出台时，国家通常运用报纸、电视、广播、网络等载体，通过新闻播报等形式进行宣传、发布。基层公安机关采取召开座谈会、举办主题活动日、宣传周以及微博、微信等多种形式进行宣传教育，做到家喻户晓，广而告之。对特殊人口的特殊教育主要是指两种情形：一是对 25 岁以下有轻微违法犯罪行为的青少年和刑满释放不满五年的人员，依靠社会各方面力量，建立帮教工作小组，采取多种形式进行法制教育，促使他们向好的方面转化，减少重新违法犯罪；二是对监外服刑人员，由社区民警以责任区为阵地，配合司法行政机关及人员开展社区矫正，实施监督管理和教育帮助，以达到改造的目的，使他们成为守法公民。

（四）科技手段

户籍人口管理的科技手段，是指在人口管理过程中所运用的各种科学技术的设备和方法。运用各种科学技术的设备和方法进行人口管理，是科技强警的基本内容，也是实现人口管理科学化、现代化、信息化的必然要求，可以极大地提高人口管理的质量和效率。户籍人口管理科技手段主要包括，运用计算机进行户口登记、流动人口信息采集、户口档案管理；运用计算机网络化管理系统进行人口信息收集、整理、存储、传输、检索和使用，实现全国范国内人口信息的网络化动态管理，实现人口信息资源社会共享；运用警务信息综合应用平台，实现人口各项指标数据的快速统计和分析；运用数字防伪技术进行居民身份证的制作和管理；运用网络化技术实现居民户口网上办理迁移等。

（五）经济手段

户籍人口管理的经济手段，是指户籍人口管理部门在自觉依据和运用价值规律的基础上，借助于经济杠杆的调节作用，对人口行为进行调控，以实现有序管理的目的。户籍人口管理的经济手段主要体现在对人口迁移的宏观调控上。适应市场经济深入发展的需要，我国人口迁移逐步改变了过去单一的以行政手段统一调配的模式，引入经济手段，引导人口迁移流向、调节人口迁移行为、控制人口迁移数量。在国家层面，制定城镇化发展规划和各项经济政策、计划，通过对城镇化发展布局和进程的调整来影响、调节人们的迁移行为，以实现产业、人口的合理布局，保障国民经济的持续、快速、健康发展。在地方政府层面，很多地方政府都出台了关于户口准入的政策，诸如实施购房落户、投资落户、积分落户等方式，以市场准入条件取代计划指标限制的传统做法，满足人们迁入城镇生活、工作的合理需要，促进地方经济发展。

在实践中，户籍人口管理的各种手段既可以单独使用，也往往综合、配套使用。它们是一个完整的有机体，相互联系，相互补充，共同构成了人口管理手段的统一体系。只有合理地发挥各种手段的整体功能，才能实现人口管理的科学目标。

四、户籍人口管理的要素

（一）户籍人口管理的主体

户籍人口管理主体，是指在人口管理过程中全部或部分从事管理活动的机构和人员。即在户籍人口管理过程中负责计划、组织、控制、协调和实施等工作的机构和人员。其中，户籍人口管理部门主要是指为实施有效的人口管理，公安机关内部依法设立的行政组织。户籍人口管理人员即指公安机关领导下的公安机关内部的户籍管理人员。

我国人口众多，人口流动量大，国家高度重视人口管理工作。为加强流动人口管理和服务工作，中央社会管理综合治理委员会内设专门机构，领导全国流动人口管理工作。地方政府也相应设置了流动人口（或称为外来人口）管理服务办公室等机构，指导、协同公安机关加强流动人口（外来人口）管理和服务。

1. 户籍人口管理机构。根据层级不同，户籍人口管理机构分为国家级人口管理机构、省级人口管理机构、县级人口管理机构和基层人口管理机构。根据职能的不同，户籍人口管理机构分为人口管理的决策机构、人口管理的执行机构和人口管理的辅助机构。

2. 户籍人口管理人员。户籍人口管理人员，这里是指从事户籍人口管理工作的公安民警。在我国，人口管理的大量的、基础性工作主要由公安派出所民警承担。公安派出所设户籍内勤和户籍外勤对辖区内的人口进行分工管理。户籍内勤，即公安派出所内专门负责常住人口登记、流动人口登记、人口迁移办理、人口信息管理和居民身份证管理等工作的人民警察。户籍外勤，亦称社区民警，是指公安派出所内负责责任区（社区）治安管理和常住人口管理、流动人口管理、重点人口管理和人口调查工作的人民警察。

（二）公安人口管理的客体

户籍人口管理客体，指在人口管理过程中被管理的对象。具体来说，是指人和户。

1. 人。人是人口管理的最小单位，但是，户籍人口管理不仅仅是对单个人的管理，而是对人口这个集合体的管理。人口，是指生活在一定地区、在一定时间，具有一定数量和质量的有生命的个体所组成的社会群体。在人口管理实践中，根据人口存在（停留某地）的时间长短不同，把人口分为常住人口、流动人口等类型；根据人口存在的空间位置的不同，把人口分为城镇人口、乡村人口、船舶人口、边境人口等类型，分别采取相应方式进行管理。

2. 户。户包括家庭户和集体户。家庭户，是指户内成员之间是以婚姻、血缘关系或法律认可的收养关系为标志而形成的社会生活共同体。人口统计中，家庭户是大量的、基本的单位。集体户，是指在机关、团体、学校、企业、事业等单位内部或外部集体宿舍居住的单身职工、学生以及居住在军事机关和军人宿舍的非现役军人的户口。一般以一个机关、团体、学校、企业、事业等单位的集体宿舍所在地为法定住址，设立一个集体户。同一单位分居在外部几个集体宿舍的，原则上就地立户。相对于家庭户而言，集体户的规模较大，如高等院校集体户，多达几千人、几万人，甚至更多。集体户内成员联系松散、关系复杂，甚至部分成员间互相不认识，而且户内成员流动性较大、稳定性较差。公安人口管理部门应充分认识集体户管理的复杂性和重要性，严格登记制度，做好集体户单位的户口管理工作。

五、户籍人口管理的范围

户籍人口管理的范围是由户籍人口管理的职能和任务决定的。而且，随着经济社会的发展和治安形势的变化，户籍人口管理业务范围将根据公安工作的需要而调整、变化。当前，户籍人口管理主要包括以下业务：

（一）常住人口管理

常住人口管理始于常住人口登记。根据《户口登记条例》的规定，户口登记工作由各级公安机关主管，公安派出所为户口登记机关。在实践中，户口登记分为常住人口登记和流动人口登记。常住人口登记，是指公民在经常居住的地方依法注册登记为常住人口的活动。户口登记机关依法采集、核实公民基本信息，确认公民享有的权利和应尽的义务，为公民建立常住人口登记表，签发居民户口簿。常住人口登记是户籍人口管理的基础，它既是户籍人口管理的结果，又是进行户籍人口管理的依据。常住人口登记及其管理是实施整个社会管理的基础。

（二）流动人口管理

在我国，大量人口未依法改变法定住址就到常住户口所在地以外的地方工作、生活，形成了流动人口。公安机关通过对流动人口的管理，为其办理居住证件，形成规范有序的流动人口管理制度。流动人口与市场经济运行紧密结合，充当着十分重要的社会角色，发挥着越来越大的作用。但是，这种作用具有双重性。流动人口既对社会和经济发展起到积极的促进作用，又对社会管理和社会治安造成消极影响。公安机关通过居住登记办证、租赁房屋管理、通报协查等方式方法加强流动人口管理。一方面，保障流动人口的合法权益，促进流动人口对社会经济发展发挥积极作用；另一方面，打击流动人口违法犯罪，维护社会治安秩序良好稳定。

（三）境外居留人员管理

境外居留人员管理，是指公安机关依法对境外人员进入、离开我国国境或居留在我国从事工作、学习、探亲、旅游、商务等各项活动实施管理、提供服务活动的总称。公安出入境管理部门和公安派出所负责境外居留人员管理。公安派出所应把境外居留人员纳入辖区实有人口管理范围，严格住宿登记管理，及时掌握境外人员的基本情况，及时发现问题，加强法制宣传教育消除隔阂，增进交流、增强互信，了解他们在我国的生活、工作情况，争取他们对民警执法工作的理解和支持。对境外居留人员应实施分层次管理，为现实斗争服务。

（四）重点人口管理

重点人口，是指有危害国家安全或社会治安嫌疑，由公安机关重点管理的人员。重点人口具有特殊性，应严格按照公安部有关规定，在公安机关组织领导下，坚持专门工作与群众路线相结合的方针，紧密依靠群众，严格掌握政策，深入调查研究，采取相应对策，依法实施管理。重点人口自身情况复杂、涉及范围广，加强重点人口管理，可以及时、准确地了解、掌握有危害国家安全或社会治安嫌疑的人员的基本情况和主要动态，使公安机关在防范和打击各类违法犯罪活动过程中始终处于主动地位。加强重点人口管理，也是预防和减少犯罪的一项基本措施，可以及时教育、挽救一些滑向犯罪边缘的人，可以及时化解各种矛盾、消除不安定因素。重点人口管理是维护社会和谐稳定的重要手段。

（五）人口调查

人口调查，是指为掌握辖区内的各种治安情况，社区民警深入辖区，通过走访调查，了解、熟悉住户及居民的身份、亲属关系和住址及其变化等情况的活动。人口调查是社区民警的一项经常性工作，是公安派出所的一项重要的基础工作。通过人口调查，可以及时了解群众反映的各种信息和情况，为群众排忧解难，密切警民关系，可以核实户口登记事项的真伪，严密户籍管理；可以熟悉各种人口现实表现和行业场所情况，从中发现违法犯罪苗头和倾向，及时予以防控和打击；可以熟悉辖区地理、地貌，防范各种治安灾害事故的发生。

（六）人口统计

公安人口统计是一项重要的基础性统计工作。以公安机关日常户口登记为基础，搜集、统计人口原始资料，可以为国家及地方政府制定经济社会发展规划，以及开展各项行政管理提供依据，十分必要而且重要。及时、准确掌握人口数据，正确分析人口数量、质量与经济社会发展的关系，是科学治国的根本需要。

（七）居民身份证管理

居民身份证是我国公安机关依法对居住在中华人民共和国境内的中国公民统一颁发的用来证明公民身份的法定证件。作为一项人口管理制度，它有效地适应了市场经济条件下，人口流动量大、流速加快、经济发展快速的新形势，适应了加强人口动态化管理的需要。几经改革，我国居民身份证制度日趋完善，制证工艺科技化、颁发使用普遍化、管理手段现代化，在证明公民身份，保障公民合法权益，加强人口管理和治安管理，及时发现和打击违法犯罪等方面发挥出越来越大的作用。

（八）人口信息管理

人口信息管理是指公安机关按照一定的目标和规则，依法收集、整理、存储、传输和使用人口信息的工作。人口信息是社会信息中最重要的基础信息，也是公安信息的基础。我国对人口信息的收集，主要通过户口登记、人口普查、人口抽样调查等途径获得。其中，户口登记工作是获取人口信息最直接、最主要的途径。通过全国人口信息管理系统，实现联网管理，既可以为社会提供广泛的基础性服务，也为公安机关摸排、比对嫌疑人打击违法犯罪提供了强有力的武器。

（九）户口档案管理

户口档案是公安机关在户政管理过程中形成的，反映户政管理实践活动情况，具有保存价值的文字、图表、视听等资料。户口档案是公安派出所档案的重要组成部分。派出所在户政管理中形成的常住户口档案、流动户口档案、船民档案、居民身份证档案和重点人口档案等户口档案资料可以为国家行政管理、社会管理和法律事务提供详细的、可靠的基础资料，能有效证明公民身份，保障公民行使权利和履行义务提供必要的依据；同时，也可以为查考既往情况，掌握历史资料，研究有关事务发展变化规律，起到参考借鉴作用。

（十）特殊人口管理

对特殊人口的管理主要是指两种情形：一是对 25 岁以下有轻微违法犯罪行为的青少年

和刑满释放不满五年的人员，依靠社会各方面力量，建立帮教工作小组，采取多种形式进行法制教育，促使他们向好的方面转化，减少重新违法犯罪；二是对监外服刑人员，由社区民警以责任区为阵地，配合司法行政机关及人员开展社区矫正，实施监督管理和教育帮助，以达到改造的目的，使他们成为守法公民。通过对特殊人口的管理，矫正其犯罪心理和行为恶习，从而避免他们再次走上违法犯罪的道路，净化社会环境。

第二节　常住人口管理

一、常住人口的特点

（一）常住人口的含义

常住人口，是指公民在经常居住的地方，由户口登记机关依法注册登记，取得正式户口的人口。

（二）常住人口的特点

1. 户口的法定性。公民依法登记为常住人口，即取得常住户口资格，确认了公民在常住地享有法律保护的相应权益。

2. 住所的相对固定性。公民必须有固定住所才能登记为常住人口，换言之，公民登记为常住人口即表明公民有固定住所，而且这个住所是公民经常居住的地方，甚至是久居之地。

3. 居住时间的相对稳定性。公民在某地登记为常住人口，意为在此地将长期居住，甚或久居（世居）。

二、常住人口登记

（一）常住人口登记的含义

常住人口登记，是指户口登记机关依法在《常住人口登记表》和《居民户口簿》上记载公民身份、居住地和亲属关系等基本信息，确认公民取得常住户口资格的业务活动。

（二）常住人口登记机关和范围

1. 常住人口登记机关。由各级公安机关主管，公安派出所为常住人口登记机关，具体承担管辖区内的常住人口登记工作。

2. 常住人口登记的范围。范围是居住在中华人民共和国境内的中国公民。外国驻我国的外交人员，按照国际惯例不进行登记。居留在我国的外国侨民和外籍人员，按照外侨管理的有关规定履行登记。现役军人（包括武警）的户口，由军事（武警）机关按照管理现役军人的有关规定进行登记，地方户口登记机关对他们不作登记；但是对散居的现役军人应该凭军事机关的有关证明或居民身份证，登记为暂住人口；在军事机关的非现役军人如雇佣人员、军人家属等由地方户口登记机关进行户口登记。居住在国外的中国公民，由我国驻外使领馆履行户口登记。居住在香港、澳门的中国公民，按港、澳特区的有关规定履行户口登记。

（三）立户原则

经户口登记机关依法注册登记，为公民建立常住户口，俗称立户。根据《户口登记条例》的规定，常住人口登记必须遵循户口登记的原则。即，凡是中华人民共和国公民，都应当依照规定履行户口登记。其具体原则是：

1. 按户登记原则。《户口登记条例》规定，户口登记以户为单位，户分为家庭户和集体户。通常，以亲缘关系为基础构成的户立为家庭户；以业缘关系为基础构成的户立为集体户。家庭户是户口登记的基本形式，是人口统计和人口普查的基点。

2. 一地登记原则。一个公民只能在一个地方登记为常住人口。公民若有两个以上住所的，只能在其中一处登记为常住人口。实行这一原则，有利于准确掌握人口数据，便于加强户籍人口管理。

（四）立户标准

1. 家庭户立户。家庭户，是指以婚姻关系为基础、以血缘关系为纽带而形成的社会生活共同体，通常由夫妻、父母、子女、兄弟姐妹和其他亲属组成。家庭户一般是一个家庭立为一户，以主管人为户主。单身独居的自立一户，以本人为户主。

2. 集体户立户。集体户，是指在机关、团体、学校、企业、事业等单位内部或者外部集体宿舍居住的单身职工、学生以及居住在军事机关和军人宿舍的非现役军人的户口。集体户口一般按同一单位共居一处的立为一户；分居几处的分别立户；同一单位分居在外部几个集体宿舍的，原则上就地立户；人员调动频繁的单位，可酌情集中立户；居住在单位内部带有家属的职工，以及人数较少的单位，一般按家庭户立户。

一个常住人口要么归属于家庭户进行管理，要么归属于集体户进行管理。无论家庭户还是集体户，在户口登记时都必须有固定住所。

（五）常住人口登记的意义

1. 常住人口登记标志着国家对公民身份的确认。公民依法履行常住人口登记，表明公民身份得到国家法律确认，是公民身份的法定证明，是国家承认和保护公民合法权益的标志，是确定公民民事法律地位，便于公民行使权利，履行义务，从事社会活动的法律依据。

2. 常住人口登记全面采集和保存人口基本信息，为社会提供人口资料。通过常住人口登记，全面采集和保存人口的身份情况、法定住址、亲属关系等基本信息，为国家和社会提供准确的人口数据资料，直接服务于国家的经济建设和各项社会管理工作。

3. 常住人口登记是预防和打击违法犯罪的重要途径。进行全面、严密的户口登记，是对遵纪守法公民的保护，使有违法犯罪倾向者感受到社会监督的威慑力，能够起到预防犯罪的积极作用。同时，也便于公安机关全面、准确地掌握辖区人口基本情况，密切注意治安动向，为预防和打击违法犯罪活动提供情报信息。

4. 常住人口登记是户籍人口管理的基础和依据。常住人口登记是户籍人口管理工作的基础，没有常住人口登记，人口调查、人口统计、人口迁移、居民身份证管理等人口管理工作都将无法实施，所以说，常住人口登记既是户籍人口管理的结果，又是继续进行户籍人口管理的依据。

三、常住人口变动登记

人口变动，指人口状况随着时间和所处社会经济条件的变化而不断变化的过程。在户籍人口管理实践中，常住人口变动登记包括出生登记、死亡登记、迁出登记、迁入登记和变更更正登记。

（一）出生登记

1. 出生登记的含义和作用。出生登记，是指户口登记机关根据公民申报，为新生婴儿登记户口的活动。公民的权利始于出生。出生登记的作用主要有：

（1）在法律上证明公民的出生地、民族、国籍，从而确认公民的身份。

（2）证明出生者与其父母和亲族之间的血缘关系，从而保护公民的继承权利，保护父母对子女的抚养以及子女对父母的赡养、扶助义务的实施。

（3）证明公民的法律责任年龄是否成立。

（4）证明公民的年龄，在公民的入学、就业、婚配、选举、服兵役、退休等方面，起到保障公民行使权利和履行义务的作用。

（5）提供出生登记的原始资料，为准确统计一定时期内的出生人数，以及计算、研究一系列有关人口统计指标提供依据。

2. 出生登记的法律规定。婴儿出生登记，实行随父随母自愿原则。根据《户口登记条例》的规定，新生婴儿的户口，也可以在该孩子祖父母、外祖父母户口所在地登记户口。

3. 出生登记的主要项目有姓名、出生地、出生日期、民族。

（二）死亡登记

1. 死亡登记的含义和作用。死亡登记，是指户口登记机关根据公民申报，为死者办理注销户口的活动。公民的权益终止于死亡。死亡登记的作用主要有：

（1）公证确定公民死亡，终止或者转移其部分权利。

（2）死亡人数是人口统计的重要指标，死亡人数和死亡年龄是计算人口平均寿命、预测人口发展趋势、制定人口规划不可缺少的指标，它可以为卫生部门和国家统计部门提供死亡人口的基本信息等。

（3）有了配偶的死亡登记证明，丧偶男、女可以合法再婚。

（4）对于死因不明的情况和情节可疑的死亡登记，在某种情况下，可以起到揭露、打击违法犯罪的作用。

2. 死亡登记的法律规定。

（1）公民死亡，城镇在葬前，农村在一个月内，由其亲属、抚养人、邻居或者死者所在单位向死亡公民常住户口所在地户口登记机关申报死亡登记。申报死亡登记，应当持医疗部门或者有关单位出具的死亡证明。

（2）公民在暂住地死亡的，暂住地户口登记机关应该根据死亡公民所在暂住地的有关单位和人员的申报，注销流动登记，及时通知死者常住户口登记机关。

（三）迁出登记

1. 迁出登记的含义和作用。迁出登记，是指户口登记机关根据公民申报，在其由现户口管辖区迁往另一个户口管辖区前，为其办理户口迁出手续的活动。实行常住人口迁出登记制度，是严密户口迁移管理的一个重要环节，其作用主要有：

（1）严密户口迁移管理对调控人口地区分布，协助国家其他行政工作，配合迁入地控制大、中城市人口机械增长起着重要作用。

（2）有利于户口登记机关掌握本辖区内户籍人口的迁出数量、迁出原因和迁移流向，为国家提供迁移人口的原始统计资料，服务于国家经济建设。

（3）通过迁出登记，公民可取得在另一个户口管辖区注册常住户口的户籍证明《户口迁移证》，从而有效保护公民的合法权益。

2. 迁出登记的法律规定。

(1) 公民迁移，凡是迁出本户口管辖区的，由本人或亲属向户口登记机关申报迁出登记。

(2) 公民申请迁出，户口登记机关应认真审查，如果符合迁出规定，应当办理迁出登记，注销户口。

(四) 迁入登记

1. 迁入登记的含义和作用。迁入登记，是指户口登记机关根据公民申报，凭合法有效的迁移证或其他入户证件，为其办理户口登记的活动。常住人口迁入登记制度是严密户口迁移管理的一个重要环节。通过迁入登记，户口登记机关可以掌握本辖区内因迁入而增加的户籍人口数量，掌握迁入原因和迁移流向，为国家提供迁移人口的原始统计资料，为制定或调整本辖区有关政策、规划提供依据。

2. 迁入登记的法律规定。公民迁入，应在迁移证或其他入户证件的有效期限内，由本人或户主向户口登记机关申报迁入登记。户口登记机关审核合格后给予登记户口，填写户口登记簿。

(五) 变更更正登记

变更更正登记是指户口登记机关根据公民申报，为其变更或者更正户口登记项目的活动。公民基本信息发生变化或者发现户口登记项目有差错，应及时向户口登记机关申报，办理变更或者更正手续。如果公民本人不申报，户口登记机关发现问题，也应及时调查核实，予以变更或者更正。

1. 变更登记。变更登记是指户口登记机关根据公民基本信息发生变化的实际情况，改变户口登记中某些内容的业务活动。变更登记通常由公民本人提出申请，户口登记机关审查核实，予以办理。变更登记主要涉及的主要内容有：

(1) 姓名变更；

(2) 民族变更；

(3) 性别变更；

(4) 婚姻状况变更；

(5) 职业、服务处所、文化程度变更；

(6) 分户与并户变更；

(7) 户主或与户主关系变更。

2. 更正登记。更正登记，是指户口登记机关改变原户口登记内容中因申报或填写造成与事实不符的差错的业务活动。更正登记通常由户口登记机关指出，经调查核实后予以办理。

报错或填错户口项目，有故意的，也有无意的、过失造成的。故意搞错的，往往是申报人或者填报人为了达到个人的某种不法目的，隐瞒事实真相而假报或填写。过失弄错的，则是因申报人马虎从事或填报人粗枝大叶造成的。对公民假报、错报的不论是由户口登记机关发现的，还是被人揭发的，均应该向本人说明情况，经查对核实后，给予更正。对公民私自涂改户口登记项目的，应依法给予教育和处理。由于工作人员失误造成的差错，经过核实应及时更正并主动向申报人道歉。如属工作人员有意登记错的，应该查明情况，视情节轻重予以批评教育，直至给予必要的处分或处罚。

第三节　流动人口管理

一、流动人口的概念

（一）流动人口的含义

流动人口是社会上普遍使用的概念，由于研究角度、使用领域的差异关于流动人口含义的界定并不统一。从户籍人口管理角度出发，流动人口是指未依法改变法定住址而在常住地以外的市区或乡镇滞留一日以上的人口。

（二）暂住人口的含义

在公安人口管理实践中，暂住人口是与流动人口密切相关的概念，指离开常住户口所在地，到其他的城市、乡镇暂住三日以上的人口。暂住人口属于流动人口，但流动人口不全是暂住人口。具体来说，暂住人口是流动人口中已办理了居住登记或申领了居住证的那部分人口。

二、流动人口的社会效应

流动人口的社会效应具有双重性，既有积极的正面效应，也有消极的负面效应。

（一）正面效应

1. 有利于城乡经济共同发展。流动人口的出现打破了固有的城乡“二元经济”格局的封闭和僵化。大量流动人口在城乡之间、农业与非农业之间、沿海与内地之间交流，不仅使人口的城乡比例、农业与非农业比例迅速优化，更主要的是同时带动了物资、人才、资金、技术等在城乡之间、地区之间的广泛交流助推了城乡经济共同发展。

2. 有利于城乡产业结构调整和优化。在城市，产业结构不断调整，尤其是第三产业所占比重大幅度提升、第三产业就业人员比重不断增加，都是流动人口大规模涌入带来的。在农村富余劳动力主流的一支进入城市，另一支则就地转移，从事开发新兴产业的活动，使农村产业结构发生深刻变化，实现了传统农业向现代农业、单一化农业向多元化农业的转变。

3. 有利于加快城市化发展进程。城市化的核心是推进人口的城市化，据国家发改委报告，2015 年我国城市化率达到 56. 1%。城市化是经济发展扩大内需的最大潜力。人口向城市的流动满足了城市化发展过程中所需要的劳动力资源，并直接扩大了城市需求。农村富余人口的进入促使城市不断加快住房、交通、通信、水、电、气等基础设施建设，促使医疗、卫生、文化教育等事业也得到较快发展。

（二）负面效应

1. 加重了城市社会管理负担。大量流动人口涌入城市，加重了城市基础设施，如水、电、交通等方面的压力，容易产生所谓的“城市病”，具体表现为，居住条件恶化、卫生状况差、交通堵塞、环境污染、违建和失业流浪者存在等，从而严重影响了城市各项社会管理工作的开展。

2. 冲击了农业生产工作和农村社会管理。大量青壮年男性劳动力流出农村，使劳动力结构严重失衡，导致一些地方出现了农业生产萎缩，动摇了农业基础产业地位。相当一部分农村基层干部外出务工、经商，也对农村社会组织结构和基层政权建设产生不利影响。

3. 增加了大量社会治安问题。进入城市的流动人口，许多人缺乏对城市的认同感，无法正常参与有组织的社会生活，社会责任意识相对薄弱，一旦正当权益受到侵犯，又找不到解决问题的合法途径时，就会产生“反社会”的心理，或者因为城市就业压力大，当无法就业或收入不能满足其心理预期时，流动人口常因心理失衡铤而走险，实施违法犯罪，引发社会治安问题。

三、流动人口管理制度

（一）流动人口登记、领证制度

根据国务院2016年1月起发布施行的《居住证暂行条例》，离开户口所在地、到其他城市居住了半年以上的公民，只要符合相应条件，都有权利申领《居住证》。居住证持有人在居住地享受与当地户籍人口同等的基本公共服务，这些基本公共服务第一条就是免费接受义务教育，并且没有规定限制条件。还规定了居住证持有人在居住地可以享受的便利，包括机动车登记、申领机动车驾驶证、报名参加职业资格考试等权利。

（二）租赁房屋管理制度

1. 租赁房屋，是指旅馆业以外以营利为目的，公民私有和单位所有出租用于他人居住的房屋。根据1995年3月6日公安部发布的《租赁房屋治安管理规定》，公安机关对租赁房屋实行治安管理。《租赁房屋治安管理规定》规定了房屋出租的条件，赋予了房屋出租人、房屋承租人的治安义务；以及不履行治安义务应当承担的法律责任。《租赁房屋治安管理规定》还明确了公安派出所管理出租房屋的治安职责。具体职责有：

（1）宣传和执行治安管理法律、法规指导、监督治安责任人依法履行治安责任。

（2）负责对出租房屋进行治安安全检查，与出租人签订《治安责任保证书》，指导、监督治安责任人落实安全防范措施，发现问题责令期限整改。

（3）及时做好对承租人员和留宿人员的登记及核查居民身份证。

（4）户籍民警到出租房屋执行公务时，应当出示执行公务证件，严格依法办案。

（5）及时查处发生在出租房屋的刑事、治安案件及治安灾害事故。

（三）通报协查制度

暂住人口通报协查工作，是指暂住人口的常住户口所在地与暂住地公安机关之间，双向交流暂住人口违法犯罪信息及其他有关情况的工作。

1. 通报协查的目的。通报协查的目的是加强流动人口的治安管理工作，建立健全公安机关内部协作配合机制，提高公安机关的整体工作效能，及时打击和预防违法犯罪活动。

2. 通报协查的对象。通报协查的对象包括：重点人口；查获的现行犯或者重大嫌疑人；查获的负案在逃、批捕在逃的犯罪嫌疑人；在流入地受过治安处罚或刑事处罚的人；其他需要通报协查的人。

3. 通报协查的内容。通报协查的内容包括：身份状况、前科劣迹、违法犯罪嫌疑情况、受打击处理情况、涉案在逃情况、重点人口管理情况及现实表现情况。

第四节　重点人口管理

一、重点人口的概念

（一）重点人口的含义

重点人口，是指有危害国家安全或社会治安嫌疑，由公安机关重点管理的人员。“重点人口”是公安机关内部用语，严禁对外使用。在实践中，公安机关列管的重点人口，必须是达到法定责任年龄、具有法律责任能力的人。重点人口具有以下两点属性：

1. 有危害国家安全或社会治安嫌疑。有危害国家安全或社会治安嫌疑是重点人口的本质属性。所谓有危害活动嫌疑，是指有危害活动的迹象或可能性。但是，这种活动迹象或可能性是否发展到犯罪的程度，是否构成犯罪事实，还需要经过调查了解、收集证据、审查核实，才能得出结论。经过调查核实，或者被肯定或者被否定。对于经过查证属实构成犯罪的应依法移交侦查部门立案侦查并采取相应的强制措施，同时撤销管理；对于经查不存在犯罪事实或解除嫌疑的人员，应在嫌疑解除后办理撤管手续，归档备查。

2. 由公安机关重点管理。经调查核实，有危害活动嫌疑，且已被公安机关列管人员才能称为重点人口；对于那些有危害活动嫌疑，甚至有违法犯罪事实而未被打击处理前，公安机关没有列管的不能称为重点人口。

（二）重点人口的特点

1. 隐蔽性。重点人口是生活在社区的常住人口或者流动人口，混迹于普通人中。他们对社会秩序的破坏行为往往不是直接表现出来的，而是处于一种隐蔽状态。

2. 危害性。虽然外在表现不易被人们察觉，但其思想基础已经发生了质变，在合适的时机和条件下，他们极易实施危害社会的行为，具备潜在的社会危害性。

3. 复杂性。重点人口中既有潜在的各种嫌疑人员，也有受过打击处理的刑满释放人员；既有敌对势力的渗透，也有民间矛盾纠纷激化。他们的动机、目的不尽相同，活动方式各异；他们还经常变换职业或住所，逃避监管和法律的制裁。其身份、人员构成及行为性质的复杂性和诸多不确定性都给管理增加了难度。

（三）发现重点人口的途径和方法

1. 通过人口调查；

2．通过对公共复杂场所和特种行业的治安管理；

3. 通过查处案件和集中打击、专项治理；

4. 通过清理档案材料、情况信息通报、外地来函、各类检举揭发、民警工作日志等有关材料和刑事特情、治安耳目提供的线索；

5. 通过对历次打击犯罪活动中的嫌疑对象进行排查、分析；

6. 通过群众举报。

二、重点人口管理的特点

（一）重点人口管理含义

重点人口管理是公安机关依照有关规定，对有危害国家安全或社会治安嫌疑人员，实施重点管理的一项基础性的秘密工作。

（二）重点人口管理的特点

1. 基础性。重点人口管理是公安机关发现、预防和打击犯罪，服务现实斗争的一项重要的基础工作。在全部公安工作中，加强人口管理不仅是基础，而且是根本，是重点。在户籍人口管理工作中加强重点人口管理即是重中之重。只有打牢公安工作的根基，才能掌握预防、发现和打击违法犯罪活动的主动权。

2. 规范性。重点人口管理工作是一项制度化和规范化的业务工作。对重点人口的确定和列管必须严格地依照《重点人口管理工作规定》等有关规定实施。

3. 专门性。重点人口管理是一项由公安机关负责管理的工作。重点人口管理既包括对有危害国家安全和严重刑事犯罪活动嫌疑的人进行管理，也包括对因矛盾激化，有行凶闹事报复苗头、可能铤而走险的人进行管理，还包括对因故意违法犯罪被刑满释放人员进行管理。对有些对象的管理可以通过公开的方式进行，对有些对象的管理则只能用秘密控制的方法。公开管理和秘密工作相结合是治安管理工作的一项重要原则。

三、重点人口管理的范围

（一）重点人口管理的范围

根据公安部1998年5月22日下发的《重点人口管理工作规定》和1999年8月6日下发的《关于将吸毒人员列为重点人口管理的通知》的规定，公安机关应予列管的重点人口包括五类二十种：

1. 有危害国家安全活动嫌疑的。包括以下情形：

（1）有从事颠覆国家政权、分裂国家、投敌叛变、叛逃等活动嫌疑的；

（2）有参与动乱、骚乱、暴乱或者其他破坏活动，危害国家安全和社会稳定嫌疑的；

（3）有组织、参加敌对组织嫌疑，或者有组织、参加其他危害国家安全和稳定的组织活动嫌疑，或者与这些组织有联系嫌疑的；

（4）有参加邪教、会道门活动或者利用宗教进行非法活动嫌疑的；

（5）有故意破坏民族团结，抗拒国家法律实施等宣传煽动活动嫌疑的；

（6）有从事间谍或者窃取、刺探、收买、非法提供国家秘密或者情报嫌疑的；

（7）有其他危害国家安全活动嫌疑的。

2. 有严重刑事犯罪活动嫌疑的。包括以下情形：

（1）有杀人、强奸、伤害、拐卖妇女儿童等侵犯公民人身权利嫌疑的；

（2）有抢劫、盗窃、诈骗等侵犯公私财物嫌疑；

（3）有放火、爆炸、投毒、非法制造、买卖、运输、储存或者盗窃、抢夺枪支、弹药、爆炸物品等危害公共安全活动嫌疑的；

（4）有走私、贩卖、运输、制造毒品嫌疑的；

（5）有参与境外黑社会组织的渗透活动或者参加境内黑社会性质的组织及犯罪团伙嫌疑的；

（6）有伪造、变造货币、国库券及有价证券或者出售、购买、伪造、变造的货币等破坏金融管理秩序活动嫌疑的；

（7）有使用诈骗方法非法集资、贷款或者进行金融票据、信用证、信用卡、保险诈骗等金融诈骗活动嫌疑的；

（8）有经常聚众赌博或者聚赌抽头嫌疑的；

（9）有组织、强迫、引诱、容留、介绍卖淫活动嫌疑；

（10）有其他严重刑事犯罪活动嫌疑的。

3. 因矛盾纠纷激化，有闹事行凶报复苗头、可能挺而走险的。

4. 因故意违法犯罪被刑满释放、解除劳教不满5年的。

5. 吸食毒品人员。

（二）重点人口管理的要求

重点人口管理是一项政策性、原则性非常强的公安基础工作，要求做到底数清、情况明、不漏管、不失控。

1. 底数清。公安派出所责任区民警和基层保卫组织负责重点人口管理的人员，应全面、准确地掌握管辖区或本单位符合列管人员的有关情况，包括人数、结构、分布、列管依据、列管类别等，并登记造册，建立档案，积累材料。

2. 情况明。责任区民警对重点人口的基本情况、违法犯罪可疑情况、现实表现动态情况、促使其进行违法犯罪活动的内在动因，以及可能促使其进行违法犯罪行为的外在因素等情况要深入调查，全面、准确地掌握。在辖区工作满三个月的责任区民警，对每个重点人口都要做到“七熟悉”即熟悉身份情况（别名、绰号）、体貌特征、主要问题（列管依据）、经济状况、交往人员、活动场所和现实表现。

3. 不漏管。责任区民警对符合重点人口列管的对象，都应无一遗漏地予以列入管理，每季度对所列管的重点人口至少进行一次考察，形成文字材料。

4. 不失控。有效控制重点人口，预防违法犯罪活动的发生是重点人口管理工作的核心所在。公安派出所和基层保卫组织要对重点人口的管理措施落到实，使各项预防工作措施产生实效，努力把重点人口失控率降到最低点。

（三）重点人口管理的方法

1. 调查了解。公安派出所责任区民警应当深入辖区开展调查，澄清重点人口底数，熟悉每个重点人口的身份情况、体貌特征、别名绰号、语音语调、习惯嗜好、举动表情、经济状况、交往人员、主要活动场所及主要问题等基本情况，掌握重点人口的现实表现，及时发现新的列管对象。

2. 查证核实。对有现行违法犯罪活动嫌疑和转递的各种信息材料，应当及时调查核实。对需要侦查的重要线索应当按有关规定及时通报侦查部门；对不够打击处理的应当做好材料积累工作，经查证核实嫌疑被排除的、所列人员情况发生变化或者经考察确已悔改的，应当撤管。

3. 积极疏导。对因民事纠纷矛盾激化，有行凶闹事苗头，可能铤而走险的，公安派出所应当会同基层治保、调解组织，协同其亲属共同进行耐心细致的说服教育，正确疏通、引导，及时缓解矛盾，帮助其解开思想疙瘩，消除挺而走险的念头，息事宁人。同时要及时协调各有关部门，尽量合理地调解各种利益关系，解决引发矛盾的纠纷，使问题得到彻底解决。

第五节 特定人口矫治

一、特定人口的概念和范围

（一）特定人口的概念

这里的特定人口，是指不被纳入正常人口管理中的特殊人口。为了实现抑制违法犯罪发生、维护社会治安秩序的目的，公安机关需要配合其他机关和力量对这部分特定人口实施管理。

（二）特定人口的范围

特定人口包括以下几大范围：

1. 被判处管制的；

2. 被宣告缓刑的；

3. 被暂予监外执行的，具体包括：

（1）有严重疾病需要保外就医的；

（2）怀孕或者正在哺乳自己婴儿的妇女；

（3）生活不能自理，适用暂予监外执行不致危害社会的。

4. 被裁定假释的；

5. 被剥夺政治权利，并在社会上服刑的。

在符合法定条件的情况下，对于罪行轻微、主观恶性不大的未成年犯、老病残犯，以及罪行较轻的初犯、过失犯罪等，应作为重点对象，适用上述非监禁措施，实施社区矫正。当然，以上罪犯只有在判决时被判处非监禁刑（管制、剥夺政治权利）或在行刑过程中被执行缓刑、假释或暂予监外执行的行刑制度，纳入社区矫正适用范围，才能对其实行社区矫正。

二、特定人口矫治的含义及特点

（一）特定人口矫治的含义

矫治即矫正，也称之为社区矫正或社区矫治。社区矫正，英文 Community correction。有的国家称之为“社区矫治”，它是一种不使罪犯与社会隔离并利用社区资源教育改造罪犯的方法，是所有在社区环境中管理教育罪犯方式的总称。国外较常见的包括缓刑、假释、社区服务、暂时释放、中途之家、工作释放、学习释放等。

我国的“社区矫正”，与监禁矫正相对的行刑方式，是指将符合社区矫正条件的罪犯置于社区内，由专门的国家机关（包括公安机关），在相关社会团体和民间组织以及社会志愿者的协助下，在判决、裁定或决定确定的期限内矫正其犯罪心理和行为恶习，并促进其顺利回归社会的非监禁刑罚执行活动。社区矫正是充分利用社会资源，积极运用各种方法、手段，整合政法部门、社区等各方力量，着力对社区范围内的假释、监（所）外执行、管制、剥夺政治权利、缓刑等罪犯进行针对性的教育改造的手段和方法。

社区矫正工作是推进社会管理创新的重要内容，是加强特殊人群管理的重要手段。特定人口的矫治，即指公安机关所参与的对特殊人群的社区矫治。

（二）特定人口矫治的特点

1. 特定人口矫治是一种刑罚执行活动。刑罚执行是社区矫正的本质属性。所谓刑罚执行是指刑罚执行机关根据审判机关作出的已经发生法律效力的刑事判决或者裁定，依照法律规定的程序，将确定的刑罚付诸实施的刑事司法活动。刑罚执行具有狭义和广义之分，广义的刑罚执行就是指刑罚执行机关根据人民法院作出的已经发生法律效力的刑事判决或裁定，依照法律法定的程序，将确定的各种刑罚及其相关内容付诸实施的刑事司法活动。它既包括对主刑（管制、拘役、有期徒刑、无期徒刑、死刑）的执行，又包括对附加刑（罚金、没收财产、剥夺政治权利等）的执行；既包括实刑的执行，也包括缓刑的执行，既包括本体内容的执行，也包括与刑罚有关的制度的执行，如监外执行、假释等。执行主体的特定性、执行依据的法定性和执行方式的强制性是刑罚执行活动的三个固有属性。社区矫正在以上三方面与刑罚执行活动属性的契合，决定了社区矫正作为非监禁刑罚执行活动的性质。

（1）执行主体的特定性。社区矫正的执行主体是社区矫正组织。社区矫正组织是由司法行政机关、人民法院、公安机关、监狱管理机关等部门和人员组成的特定的国家机关，履行社区矫正职能。社区矫正志愿者是社区矫正有效实施的重要力量，并在其引导和安排下参与社区矫正的积极的社会力量。

（2）执行依据的法定性。社区矫正的实施必须且只能以人民法院、公安机关、监狱管理机关作出的发生法律效力的判决、裁定和决定为依据，其具体体现为生效的法律文书。除此之处不能将其他任何个人、组织或机关的决定作为对罪犯实行社区矫正的依据。

（3）执行方式的强制性。强制，即把强迫作为影响人们行为的方法。适用社区矫正的人员，其罪犯身份并没有改变，所判处的刑罚也没有改变，虽在社区中服刑，但社区矫正组织要在相关基层组织和人民群众的协助下，对其进行管理、监督和教育，实施矫正，对于刑法、刑事诉讼法所确定的法律义务和社区矫正有关管理规定与行为守则，其必须遵守。如不予遵守，就要承担治安处罚、重新收监等消极的法律后果，并且这是以国家强制力保障实施的。

2. 社区矫正是非监禁刑罚执行活动。刑罚是由国家立法机关在刑法中确定的，由法院对犯罪人适用并通过特定的机构执行的最为严厉的强制措施。社区矫正适用于“非监禁刑罚执行”，确切地讲，是适用于“非监禁罪犯的刑罚执行”，它是与监禁罪犯的刑罚执行（监禁矫正）相对应而存在的。罪犯不再羁押在监狱、看守所等执行场所，而是在社会上服刑，其人身由在监狱等执行机关的监禁状态转变为在社会上服刑的非监禁状态。

三、特定人口矫治的意义

（一）开展特定人口矫治是司法改革的重要内容

社区矫正是对中国刑罚执行制度的探索与实践，因此，开展社区矫正试点工作，有利于巩固和发展民主团结、生动活泼、安定和谐的政治局面服务，有利于积极推进民主法制建设，有利于为社会主义政治文明服务，为全面建设小康社会服务，有利于社会治安综合防控体系的进一步充实和完善。对于推动司法改革，加强政治工作，优化首都法制环境具有重要作用。

（二）开展社区矫正是提高罪犯改造质量的需要

刑罚的最终目的就是将罪犯改造成为守法公民，实施社区矫正一方面可以减少狱内交叉感染，另外罪犯在与社会的密切交往中，不再排斥社会、仇视社会，有效地防止其重新犯罪。另一方面，也为罪犯创造了极为宽松的改造环境，解除了高墙电网的束缚，有利于提高罪犯教育改造质量，充分体现立法本意的人道主义原则。

（三）开展社区矫正有利于合理配置行刑资源，降低行刑成本

长期以来，由于受重刑思想的影响和担心社会不稳定等原因，加之相关的非监禁刑罚执行方式的配套措施不完善，在司法实践中大量使用监禁刑，而对于管制、剥夺政治权利等非监禁刑和罪犯缓刑、假刑、监外执行制度，在实际中适用量却很少。另外，监禁刑成本高已为许多发达国家所重视，随着社会经济的发展，罪犯行刑成本还有不断提高的趋势。

把罪犯放在社区进行矫正，一方面可以减少监狱人口和国家对监狱运行的投入，降低行刑成本，缓解监狱改造的压力，使监狱能够集中财力、人力、物力矫正那些恶习深且社会危害性大的罪犯，另一方面，也可以从而合理配置行刑资源，充分地利用社会力量和社会资源，提高对罪犯的教育改造质量。因此，无论从刑罚投入量，还是各种资源的科学利用，我们的行刑效率都有待于进一步提高。

（四）社区矫正目前已成为世界行刑改革发展的趋势

目前许多国家对于被判处刑罚的犯罪分子主要不是采取关押在监狱里而放在社区中对他

们进行教育改造。这种不使罪犯与社会隔离，并利用社区资源教育改造罪犯的社区矫正方法已经成为世界各国惩罚和改造罪犯的重要方式，不仅社区矫正适用的数量大并继续呈增长趋势，而且有一套完整的法律制度，多数国家设有专门的社区矫正执行机构和人员，社区矫正的种类也很多，社区矫正的成本低、效果好是深受世界各国青睐的主要原因。

四、公安派出所特定人口矫治办法

（一）建立组织，完善制度

公安派出所应建立与街道社区矫正工作小组的联系制度。确定一名民警为社区矫正工作联络员，定期向社区矫正工作小组了解矫正对象情况，协助管段民警做好有关法律文书的制作和转递工作。

（二）严格程序，加强管理

公安派出所在社区矫正工作中负责矫正对象执行开始（期满）的宣布、迁居的审核、减刑及撤销法律手续的办理等。

1. 执行开始的宣布。矫正对象放回社区后，公安派出所应于放回当日，向其宣布《监督管理通知书》，明确其在被监外执行期间必须遵守的有关规定，并告之由社区矫正工作小组负责日常监管教育。宣布时应通知社区矫正工作小组人员、矫正对象家属、居住地居委干部或居民代表到场。

2. 执行期满的宣布。矫正对象执行期满前，公安派出所应根据社区矫正工作小组提供的书面鉴定意见，报分县局审核并分别签发《解除管制证明书》、《恢复政治权利证明书》、《缓刑期满证明书》、《假释期满证明书》。被暂予监外执行对象刑期届满的，公安派出所应通知原服刑的监狱、看守所按期办理释放手续。

矫正对象执行期满之日，公安派出所应当向本人宣布，并发给《解除管制证明书》、《恢复政治权利证明书》、《缓刑期满证明书》、《假释期满证明书》。宣布时应通知社区矫正工作小组人员、矫正对象家属、居住地居委干部或居民代表到场。

3. 迁居的审核。矫正对象需要迁居的，公安派出所应了解迁居理由和迁居地址，进行审核后报分县局审批。经分县局批准后，原执行地公安派出所应及时通知社区矫正工作小组和迁入地公安派出所，转递有关法律材料复印件；对象户籍同时迁出的，有关档案材料应于1个月内转递。

迁入地公安派出所负责继续对迁居矫正对象的执行，同时应及时通知社区矫正工作小组，落实日常社区矫正工作。

4. 减刑。矫正对象（暂予监外执行对象除外）在执行期间符合减刑。

第九章　公共秩序管理

第一节　公共场所治安管理

一、公共场所治安管理的概念

（一）公共场所的概念

公共场所是指人群经常聚集、供公众使用或服务于人民大众的活动场所，是人们生活中不可缺少的组成部分，是公众从事社会生活的各种场所的总称。具体而言，公共场所是提供公众进行工作、学习、经济、文化、社交、娱乐、体育、参观、医疗、卫生、休息、旅游和满足部分生活需求所使用的一切公用建筑物、场所及其设施的总称。从社会学角度分析，公共场所有以下共同点：一是人口相对集中，相互接触频繁，流动性大；二是提供的设施、物品为公众重复使用；三是个体混杂，人员成分复杂多样；四是从业人员素质各异、参差不齐。

公共场所治安管理是指公安机关依照有关治安法规，对公共场所的治安秩序进行行政管理的活动。包括对公共复杂场所开业营运的审批、发放许可证，对主管部门落实各项治安管理制度和安全防范措施的监督检查，对各类违法犯罪的打击处理，对各类治安事件和治安灾害事故的预防和处置。

（二）公共场所范围的确定

对公共场所的范围的确定和划分，目前还没有权威的解释和规范性文件进行统一界定。根据国务院 1987 年 4 月 1 日发布的《公共场所卫生管理条例》的规定，参照有关部门依法进行卫生监督的公共场所，对于公共场所的划分和界定分为 7 类 28 种：

1. 住宿与交际场所，如宾馆、饭馆、旅馆、招待所、车马店、咖啡馆、酒吧、茶座；
2. 洗浴与美容场所，如公共浴室、理发店、美容院；
3. 文化娱乐场所，如影剧院、录像厅（室）、游艺厅（室）、舞厅、音乐厅；
4. 体育与游乐场所，如体育场（馆）、游泳场（馆）、公园；
5. 文化交流场所，如展览馆、博物馆、美术馆、图书馆；
6. 购物场所，如商场（店）、书店等；
7. 医疗与交通场所，如门诊部、候诊室、候车（机、船）室、公共交通工具（汽车、火车、飞机和轮船）。

虽然以上是根据卫生管理监督进行划分的，侧重于卫生执法监督的角度，但对于公安机关进行公共场所治安管理范围的确定和划分，有一定的借鉴和参考价值。鉴于公共场所具有易被不法分子利用进行各种违法犯罪活动，容易发生各类治安事件和治安灾害性事故的特点，公安机关必须将它作为治安管理的重点。根据有关治安管理法律、法规，目前纳入公安机关治安管理范围的公共场所主要有四大类：公共交通场所、公共娱乐场所、公共游览场所、公共商贸场所。

（三）公共场所治安管理的内容

公安机关依据相关法律法规的规定，对公共场所依法开展治安管理活动主要有：依法查处公共场所内各种违法犯罪案件、治安事件和治安灾害事故，督促指导公共复杂场所搞好治安防范，保障公共场所内国家、集体和公民的财产安全和人身安全，保障公共复杂场所良好的治安秩序。公共场所治安管理的具体内容包括：

1. 对场所开业、变更、注销进行备案登记；
2. 监督、指导场所及其负责人制定安全管理制度，落实安全保卫责任制；
3. 督促并协助场所维护运营秩序，预防影响秩序的行为和事件的发生；
4. 监督、检查危险物品的仓储、保管、使用和运输的安全，查禁场所内的违禁物品；
5. 对场所内有违法犯罪嫌疑的人依法进行审查；
6. 对场所内发生的治安事件和治安灾害事故依法进行处置；
7. 协助有关部门查缉罪犯、堵截逃犯，侦破刑事案件；
8. 查处治安案件和各种违反治安管理行为。

二、公共场所的治安管理特征

（一）数量庞大，种类繁多，分布面广

这是由公共场所本身的功能和作用所决定的。现代社会，人们为满足物质与精神层面的需求而参加的政治、经济、文化娱乐及社会服务等各类社会活动，类似的活动大多发生在公共复杂场所。随着社会的发展和人类需求的多样化，公共场所的将会向着更加丰富和多元化的角度发展，即其在种类、数量、分布等方面会有更加广阔的发展空间，以满足不同阶层人们的需要。

（二）人员构成复杂，且无特定关系

公共场所的社会性、营利性和开放性等特征，决定了它所提供的服务和开展的活动是面向全体社会公众的；因此这些场所往往汇集着社会各阶层的人员，且人们参与这些活动都具有实效性和临时性。由于公共复杂场所的人员构成极为复杂，而且彼此之间没有特定关系，一些不法人员也常常混迹其中，致使公共场所的人员类型和组织状态往往处于混乱、无序的情形，易被违法犯罪分子所利用。

（三）人、财、物聚集，具有流动性

公共场所是人、财、物高度聚集的场所，以娱乐场所和公共服务场所为典型，是人员流动的中转站和财富、物资的集散中心，特别是在我国社会主义市场经济处于高度发达和快速发展的情况下，公共场所资源和人才的重新配置，加速了人、财、物的流动频率，拓展了人、财、物的流动规模。人、财、物的大量汇集和流动对于发展生产、繁荣市场经济、传播多元文化和精神文明起着积极的作用；但是，公共场所人、财、物的频繁流动和变化的同时，也给社会治安秩序的安全稳定增加了不安定因素，易诱发大量的治安问题。人员的聚集，加大了人们相互接触、交往的频率和文化的碰撞，容易引起各种矛盾、纠纷，发生在公共场所的各类民间纠纷和由此转化的治安、刑事案件也就不断增加。财物的集散，给违法犯罪分子提供了更多的作案机会，发生在公共复杂场所的各种侵犯公私财物的违法犯罪活动也在不断增加。

（四）信息量大、传播广

现代社会，信息作为一种隐性资本存在着，在人、财、物频发流动的公共场所，信息的传播和流动已是一种常态；人们作为信息的一种载体，在公共复杂场所高度聚集、频繁交往和流动，决定了公共复杂场所的信息交流不仅量大，而且传播迅速。尤其是在现代信息科学技术日新月异，特别是电子和互联网络高度发达的时代，信息在人们社会生活中起着越来越重要的作用。对于公安机关来说，充分利用公共场所特殊的信息来源和传播流通的情况搜集治安信息，积极掌握区域社会动态，对侦查破案、预防治安事件和采取有效措施进行治安管理是非常重要的。同时信息传播的双刃剑作用，使得各种不良信息也会通过公共复杂场所向社会各界辐射，容易诱发一些新的治安问题，给社会稳定带来负面影响。因此，对公安机关公共场所治安管理而言，随时掌控社会治安信息并对治安信息进行有效搜集、分析、研判和处置，也是当下公安机关治安管理的一项重要任务。

（五）易发生各种治安问题

随着我国经济社会的高速发展，人口流动的频繁，熟人社会向陌生人社会的社会结构的转变，不同社会层级的人群，在特定的时间往往聚集在特定的地点；公共复杂场所的人员来自四面八方，人们之间不同的个性特征、文化素养、语言习惯、风俗特点，容易产生各种矛盾、冲突和纠纷，不同的个体一旦发生矛盾冲突，往往又容易引起连锁反应，诱发新的问题，而且影响面广，处理不当还会引起群众不满，诱发治安事件甚至是群体性事件。同时，公共场所的特殊环境容易隐藏、容纳违法犯罪分子，为其藏匿、隐蔽提供便利条件。一些公共场所的管理者、活动的主办者、服务的经营者违反禁令，置社会公共利益于不顾，片面追求经济效益，容易产生各种治安隐患，甚至发生治安灾害事故。

另外，由于公共场所人、财、物高度聚集，一旦受到人们主观力量所不能控制的自然灾害的侵袭，如地震、海啸、火灾、水患等，往往造成重大的人员伤亡、财产损失及后续诱发灾害和治安事件，为公安机关开展公共场所治安管理增加阻力。

（六）公共场所载体变化快，管理难度大

公共场所载体（人、财、物）动态变化更新快的特点，使公安机关对公共复杂场所的治安管理难度不断加大，主要体现在以下几个方面：

1. 由于公共场所人员的频繁流动，各类人员鱼龙混杂，违反治安管理的事件时有发生，加之公共场所交通便利，使得公安机关对发生在公共复杂场所的一些治安违法行为如扒窃、打架斗殴等，抓获作案人以及取证、勘查现场难度大；

2. 追求经济利益的最大化，因此公共场所部分经营者往往会忽视场所安全，使得治安管理部门在落实治安防范措施比较难；

3. 由于公共场所的经营活动变化频繁，开业、歇业、转业、停业等多变无常，使得治安管理部门针对场所经营者和其他从业人员开展治安管理活动时，缺乏长期指导的时间支撑，因此导致公共场所治安管理的规范化、经常化和长期性等政策难以落实；

4. 经济社会的发展带来新事物层出不穷，因而公共场所的经营项目、活动方式翻新快、变化大，一些新情况、新问题不断出现，使得治安管理部门及治安民警熟悉场所项目内容、活动方式难度增大，对活动内容、方式带来的治安问题难以进行及时、细致的调查研究、摸索规律，不易采取针对性措施等。

三、公共交通场所安全管理

（一）公共交通场所的概念及特点

公共交通场所是指公共交通工具和公共交通站（港）的总称。主要包括民航、铁路、公路、水运、索道等交通方式所延伸出来的站（场）等，如公共电汽车、出租车、地铁、火车及其站场，渡船、轮船及其港口、码头、停泊地，民用飞机及飞机场等。

公共交通场所是人们出行必备的基本条件和依托，反映着我国社会主义精神文明和物质文明建设的发展现状。近年来，随着我国经济社会的迅猛发展，交通事业也有了更大的发展空间，全国各地交通事业迅速发展，人们的交通出行状况极大改善，新建了许多铁路、公路、城市道路、城市地铁，新增了许多空中、水上航线，各种交通工具大量增加，交通运行速度显著提高；伴随着交通事业的快速发展，我国的公共交通场所建设也呈现出崭新的局面，在经济发展中发挥了重要作用。根据事物矛盾的二分性原理来看，公共交通的迅速发展一方面促进了经济社会的发展，同时快速发展的公共交通事业也带来了许多新的治安问题。目前，公共交通场所的社会治安问题主要有以下几个特点：

1. 公共交通场所成为国内外敌对势力和恐怖分子攻击破坏的重要目标。从美国“9·11”挟持民用飞机进行恐怖袭击，到俄罗斯伏尔加格勒公交车自杀式恐怖袭击，再到我国厦门快速公交车燃烧爆炸事件，公共交通场所已成为恐怖主义攻击的重要目标；由于公共交通场所是人们开展社会活动、进行社会交往的必经场所，交通场所人多复杂，密集拥挤，流动量大，一旦发生公共安全问题，社会影响大，危害严重。因此公共交通场所容易成为国内外敌对势力和恐怖分子制造暴恐事件和攻击破坏的重点目标。

2. 违法犯罪分子易于藏匿、逃逸，并进行各类违法犯罪活动。公共交通场所作为旅客游人的中转和集聚中心，违法犯罪分子容易混迹其间进行各类违法犯罪活动，利用便利交通工具逃逸，并转移、兜售赃物等。公共交通场所既成为旅客和物资的集散地，又是扒窃、偷窃、流氓滋扰、诈骗、高价倒卖车船票等各类违法犯罪经常活动的地方。由于公共交通场所还是各种交通工具停靠和必经之地，给违法犯罪分子流动、逃逸带来极大的便利，从而成为一些违法犯罪分子逃逸、转移赃物的场所，也给公安机关破案和追捕工作带来困难。

3. 容易发生各种治安灾害事故。在公共交通场所，人们常常忙于乘车搭船，为了赶时间，争速度，往往不遵守公共秩序，争先恐后，忽视安全；有些人甚至违反禁令，随身携带易燃易爆、有毒有害等危险物品乘坐公共交通工具，严重威胁社会公众的生命健康和公私财产的安全；还有些人为了自己方便，任意在车站、码头出入通道随意停车、堆放杂物、摆摊设点，堵塞交通，造成安全隐患；还有的个体客运经营者为了经济效益忽视安全，违反规定超员载客、疲劳驾驶，这些隐患极易引发各类治安灾害事故。

（二）公共交通场所管理的方法

1. 建立健全治安管理组织，理顺管理体制。公共交通场所管理涉及地方公安机关和铁路、民航、交通等部门的公安机关，因此要按照精干合理、高效统一、便于协调指挥的原则，理顺管理体制，落实好管理机构和人员，理清各个部门的职责权限，为顺利开展治安管理工作捋顺思路，防止各部门在安全防范和处理治安事件时推诿扯皮。

2. 实行安全保卫责任制。实行安全保卫责任制，严格落实安全防范措施，对重要场所、要害部位的治安秩序管理，做到定岗、定人、定责，切实加强管理。健全安全防范制度，对公共交通场所开展定期或不定期的督促检查，及时整改，杜绝隐患。加强治安巡逻和守望，加大夜间、凌晨治安防范的力量投入，减少防范时间反差；合理布建隐蔽力量，加强阵地控制和情报搜集；搞好技术防范设备、设施建设，构建严密高效的治安防控体系。

3. 依靠单位内部组织开展治安宣传教育。单位内部治安保卫是现阶段我国社会治安保卫体系的重要组成部分，因此在开展公共交通场所治安管理时，有必要依靠公共交通单位内部的治安保卫组织，开展安全防范教育，加强安全防范措施。治安宣传教育包括：宣传公共秩序和公共安全管理的有关规定，如严禁携带易燃、易爆等危险物品和其他违禁物品的规定；普及防丢、防盗、防骗的安全防范知识；向场所从业人员宣传防盗、防火、防破坏、防治安灾害事故的知识和技能，号召他们争做守法、护法、见义勇为的公民。在具体做法上，治安宣传教育可采取广播、电视、黑板报、宣传栏、标语等多种生动形象的形式；单位内部还可采取召开各种会议、开办各种讲座的形式对广大职工和其他工作人员开展安全教育。

4. 加强监督检查，及时处理各种治安问题。公共交通场所治安管理活动不仅是内部职工和场所管理人员的职责，公安机关作为主要的安全防范的国家力量，有必要随时对场所内安全制度和责任的落实进行监督检查。要督促场所内职工凭证用工制度的落实，督促场所管理人员加强对场所从业人员的管理。同时，公安机关还要加强对场所内部和周边娱乐场所、特种行业、门市摊点的经常性、定期化的检查，取缔各种违法行为。加强消防管理，防止发生火灾。加强对出租汽车和机动车修理业的治安管理，组织力量对易燃化学物品、爆炸物品、腐蚀性物品加强检查。对车匪路霸、扒窃偷盗、黄赌毒等突出的治安问题集中进行整治。

四、公共娱乐场所安全管理

（一）公共娱乐场所的概念和种类

公共文体娱乐场所是指人们为满足精神生活需求而形成的以从事文化、体育、娱乐活动为主要内容的人员密度高，秩序和安全问题相对突出的场所总称。根据公共娱乐场所管理规定（公安部39号令）的界定，公共娱乐场所是指向公众开放的下列室内场所：

1. 影剧院、录像厅、礼堂等演出、放映场所；
2. 舞厅、卡拉OK厅等歌舞娱乐场所；
3. 具有娱乐功能的夜总会、音乐茶座和餐饮场所；
4. 游艺、游乐场所；
5. 保龄球馆、旱冰场、桑拿浴室等营业性健身、休闲场所。

随着我国改革开放的推进和社会主义市场经济的进一步发展，公共文体娱乐场所无论是数量上还是活动形式上都发展迅速、式样翻新，而在公共娱乐场所发生的治安事件和治安事故也随之愈加突出，在一定程度上影响了社会治安秩序，成为部分地区社会治安治理的主抓点。严格管理控制并保持公共娱乐场所的正常治安秩序，就成为了治安管理部门的一项重要任务。

从公安机关治安管理角度而言公共娱乐场所大体有三类：

一是文化类，主要包括影剧院、文化宫（馆、站）、青少年宫、艺术馆、博物馆、音乐厅等；

二是体育类，主要包括体育场、体育馆、游泳池、健身俱乐部等；

三是娱乐类，主要包括歌舞厅、音乐茶座、酒吧、网吧、夜总会、电子游戏厅等。

（二）公共娱乐场所常见的治安问题

1. 扒窃偷盗现象突出。作为以盈利为主要目的的公共娱乐场所，对于进出人员的准入限制非常低，可以说公共娱乐场所是自由进出的场所，且人员聚集成分复杂流动快，是扒窃活动的多发场所。因此，常有不法人员混迹公共娱乐场所，在人员相对拥挤的出入口及娱乐活动中心区域，专门扒窃他人的钱财或顾客的手提包、旅行包、衣袋等。扒窃是公共文体娱乐场所的常见案件，群众的财产损失严重，对公共娱乐场所的治安秩序危害很大。

2. 寻衅滋事常发。在以往的大型体育赛事，经常会或多或少的发生球迷骚乱事件；引发的原因多样复杂，但是与竞技气氛热烈等情景刺激关系密切，常有部分观众失去理智、失去自控而狂热闹事，打砸设施，攻击裁判、球员，双方球迷互相攻击等屡见不鲜，严重时甚至酿成局部骚乱。在大型集会等其他文化类场所，经常出现少数人起哄、吹口哨、鼓倒掌、辱骂演员、歌手等现象，甚至挑逗工作人员等情形。乱窜座位，无票入场，无理取闹，打砸设施，斗殴伤人等寻衅滋事也时有发生，甚至造成严重的踩踏事件。

3. 卖淫嫖娼色情活动。娱乐类场所的无序竞争导致场所管理者、经营者或业主只重经济效益，为招揽顾客，在歌舞厅、酒吧等场所常有卖淫嫖娼等色情活动，如“三陪”，跳脱衣舞或播放黄色录像、视盘等，甚至有容留妇女卖淫，为嫖娼提供便利。

4. 赌博活动。在一些台球厅、保龄球厅、电子游戏厅、竞技馆等场所，常有将活动注入赌注，引诱、纵容赌博活动，甚至有的娱乐场所公开开设赌场，严重危害公共治安秩序，在社会上造成了极坏的影响。从赌博活动的开设场所来看，赌博已经从实体空间转到虚拟世界，网络赌博作为一种新兴的“娱乐活动”被广为推广，对于公安机关公共娱乐场所治安管理而言，赌博活动也是急需规范的行为之一。

5. 治安灾害事故。由于多方面的因素，公共文体娱乐场所常常发生各类治安灾害事故。主要表现为：安全管理措施不严密，只重经营投入，不愿投资安全防范；为求经济效益，超员售票，挤占出入通道和消防通道；场次间隔过短，影响观众疏散和入场；违章乱放杂物和其他易燃物；占用应急通道地带等。

（三）公共文体娱乐场所管理措施

1. 加强组织领导，落实岗位责任制。公共文体娱乐场所的管理者、经营者或业主，对进入场所的顾客负有确保安全的责任，必须高度重视安全工作，切实加强领导和官理。一要建立健全各项安全管理制度，并经常自查，主要制度有：入场安全管理制度、退场疏散安全管理制度、消防安全管理制度、按容量售票制度、贵重物品寄存制度、情况报告制度、员工岗位责任制度等。二要落实安全保卫责任制，主要内容有：负责安全工作的领导或主管落实，专职安全保卫人员落实，员工岗位责任落实等。

2. 控制人员容量，核定售票数额，合理安排场次。公共文体娱乐场所必须严格按场所的实际容纳人数售票，严禁超员售票，不得挤占出入通道和紧急疏散通道。露天场所未设固定座席的，事先必须认真预测可能饱和的员额，规定售票限额；必须科学、合理地安排演出、比赛，保证足够的场次间隔，以利观众有序地入场和退场。

3. 严禁携带易燃易爆、剧毒等危险物品入场，加强重点部位安全管理。公共文体娱乐场所应根据需要和可能的原则，配置X射线安全检查系统、金属探测系统、炸药探测系统、电子听诊设备、中子仪等安检设备，或使用警犬等；对入场观众、物品、场地等实施安检，严禁危险物品进入。在场所醒目处张贴悬挂注意事项或警示牌，告知观众禁带的物品。对主席台、贵宾室、电源室、水源室、舞台、锅炉房、演员休息室、运动员裁判员室等重点部位要布置专人值守，无相应证件或无关人员禁止入内。

4. 场所的建筑结构和设施要符合安全要求。公共文体娱乐场所的建筑结构，要严格按《中华人民共和国国家标准建筑设计防火规范》（GBJ16—87）规定，按容量大小设置太平门，剧院、电影院、礼堂的观众厅安全出口不应少于两个，人员密集的文体场所的入场门、太平门，不应设置门槛，太平门必须向外开启，并安装自动门闩。通道上禁放任何障碍物，门檐上方要配置应急灯和指示灯。场内有比赛或演出时，太平门不得上锁。露天放映及演出场所、场地选择必须安全，远离危险建筑和危险物品的生产场地、仓库等，周边必须设置符合规定的通道，以利观众入场和疏散。水上或近水面的活动场所，必须配设牢固的防护栏、门，以防挤落溺水事故。

5. 及时制止影响秩序的行为。对娱乐场所活动中出现的起哄、拥挤等影响场所秩序的行为，安全人员或执勤民警应及时予以制止，以防消极互动，形成闹事气候。对行为过激者，应采取妥善措施带离现场处置。一旦事态扩大，要充分利用场所广播进行宣传疏导，抑制稳定观众情绪，缓解矛盾；必要时，执勤民警应果断出击，采取强制措施控制事态。

6. 限制文体娱乐场所活动的内容。根据国务院《娱乐场所管理条例》的规定，禁止在文体娱乐场所从事有下述内容的活动：违反宪法确定的基本原则的；危害国家统一、主权或者领土完整的；危害国家安全，或者损害国家荣誉、利益的；煽动民族仇恨、民族歧视，伤害民族感情或者侵害民族风俗、习惯，破坏民族团结的；违反国家宗教政策，宣扬邪教、迷信的；宣扬淫秽、赌博、暴力以及与毒品有关的违法犯罪活动，或者教唆犯罪的；违背社会公德或者民族优秀文化传统的；侮辱、诽谤他人，侵害他人合法权益的；法律、行政法规禁止的其他内容。

五、公共游览场所安全管理

（一）公共游览场所的概念及种类

公共游览场所是指供人们参观、游玩、休息、消遣的游览区域、园林等场所。公共游览场所为人们提供了散步、消遣、游玩及开展文化活动的场地，对于改善人民生活环境，陶冶情操发挥了重要作用；同时，许多游览场所具有优美的风景、著名的文物古迹，对于开展群众性的爱国主义教育、历史唯物主义教育，丰富文化娱乐生活，发展旅游事业，促进国内外经济文化交流也都具有重要意义。公共游览场所主要有两大类：

1. 园艺类。如公园、动物园、植物园、名胜古迹等。

2. 景区类。如自然风景区、人文景观游览区、各式休闲度假区、自然保护区、海滨浴场等。

（二）公共游览场所的治安特点

1. 人员流动频繁，成分复杂。随着市场经济的发展，国内外政治、经济、文化的广泛交流和人民群众生活水平的不断提高，旅游业发展迅猛。在公共游览场所的文化、娱乐、体育等综合功能的吸引下，大量游人利用节假日、出差、外调、联系工作、洽谈商贸等时机，纷纷到游览场所观光、休闲，使得大量游人聚集，出现人流拥挤的场面。其间，在各种身份的人员中，不乏一些不法人员混杂，伺机进行各种违法犯罪活动。

2. 文化、体育、娱乐、商品交流相融。面对庞大的游客市场，游览场所的交通、旅店、餐饮、文化、游艺设施急剧增加，利用各自行业特点和优势抢占游客市场。许多科技、商贸、文化、体育、教育培训等活动不断向游览场所集中，伴随而来的各类治安问题更加突出，治安管理的内容、形式、方法也呈现出由单一化向多元化、复杂化转变的趋势。

3. 防范难度增大，管理负荷加重。由于游览场所的地域广，人员多而杂的自身特点，时常出现各类纠纷、殴斗伤人、寻衅滋事、扒窃游客财物、盗窃游览场所的财物等治安问题；由于人多拥挤、气候变化、旅游设施不安全等因素，引发挤压伤亡、火灾、爆炸、建筑物崩塌、跌落等事故，使得治安防范难度增大，警力疲于奔波，不堪重负。

（三）公共游览场所管理措施

1. 会同文物保护、园林管理和城建等部门，对场所建筑物、游艺设施等进行安全检查。凡经营公共游览场所的单位、个人，必须经主管部门审核同意，并由公安、文物保护、城建、交通、消防等部门对场所、设施分别或联合安检合格后，发给相应的许可证照方可开业运营。对重点部位如桥梁、涵洞、缆车、索道、滑道、蹦极塔台、游艺设施、坡陡弯急路段，要建立经常性检查、季节性特查、临时性突查等安检制度。

2. 配合旅游部门以各种形式向游人进行宣传教育。游览场所单位及上级主管部门必须本着“安全第一”的指导思想，抓好安全防范工作的宣传教育，提高游客的自我保护意识和基本的自救、互救、待救技能。宣传形式主要有：张贴、广播《游客须知》、《场所文明公约》、管理公告、民警提示牌等。使游客在进入场所前、游览过程中、发生事故后明确应做不应做、合法不合法、先做什么再做什么等基本要求。

3. 加强治安巡逻。游客在公共游览场所的活动本身是休闲的，容易放松警惕，因此为有效预防、发现、打击场所的常见违法犯罪，及时处置各种突发事件，必须强化治安巡逻，实现对场所的全方位动态控制。通过重点巡逻与普通巡逻、定线巡逻与分线巡逻、白天巡逻和夜间巡逻、公开巡逻和秘密巡逻、步巡与车巡、舟巡、空巡等多种巡逻方法实现对场所的实际管控，有效地保护游客的人身、财产安全和场所设施安全。

4. 根据具体情况，合理设置治安报警机构，建立健全各种安全管理制度。首先，要根据场所情况合理设置治安派出所、治安岗亭、治安办公室、警务站、执勤点等治安机构，并配置足够的治安力量；其次，要完善以场所“四防”为主要内容的各种安全防范管理制度；再次，要严格许可证制度并保证治安岗位责任制的贯彻落实。

5. 运用技术手段，增强防范能力。随着现代科学技术的高速发展，现代化的大型游艺设施和风景名胜区的架空索道、超长缆车、高速电梯等不断增多，对这些场所的安全防范工作，只靠“人防”难以确保万无一失，要加强技术设备、应急设备、检测设备和各种报警装置的应用，以防止发生事故。同时，在一些博览、展览场所，珍贵文物众多，易受侵害，其损失难以用经济尺度衡量，因此，为了防盗、防火、防破坏、防治安灾害事故，在这些场所还必须安装使用如电视监控系统，各种防火、防盗报警系统等，以确保安全。

六、公共商贸场所安全管理

（一）公共商贸场所的概念和种类

商贸活动是指设有商品营业场所、柜台，非自产的商品、直接面向最终消费者的商业零售行为，包括直接从事综合商品销售的百货商场、超级市场、零售商店等。所谓公共商贸场所，是指为公众提供日常生活、生产用品以及其他生活服务场所的总称。

在我国社会主义市场经济条件下，商贸场所作为商品流通、活跃市场、满足人们多种物质需求的公共场所，发展非常迅速，呈现出数量多、规模大、营业时间长、类型多样、覆盖面广、顾客聚集庞杂等特点。我国公共商贸场所主要分为以下三类：

1. 百货商场。主要有百货商场、副食商场、购物中心、各种综合超级市场等。

2. 展销促销会。主要有商业博览会、展示会，商品洽谈会、订货会，贸易交流会、促销会等。

3. 集贸市场。主要有农产品集贸市场、服装集贸市场、小商品集贸市场、旧货交易市场（俗称跳蚤市场）等。

（二）公共商贸场所常见的治安问题

1. 非法无证经营，安全隐患较多。随着市场经济的发展，公共商贸场所数量猛增，导致工商、税务、治安管理等跟不上客观形势的发展，出现了很多非法无证经营的情况，加上公共商贸场所人多拥挤，来往人员流动性大，活动内容繁多，情况复杂，主管部门难以全面控制管理，因而产品质量安全、食品安全等隐患较多。

2. 场所存在火险隐患。由于部分经营场所单位或业主偏重经济效益，忽视安全防火，消防设施陈旧、失效，缺乏消防训练，各种商品乱堆乱放，私拉乱接电线等，导致这些场所容易发生火灾事故。

3. 强买强卖、哄抬哄压物价，引发相应治安问题。由于市场经济的激烈竞争，使不少经营者为获取暴利而违规违章经营，扰乱市场秩序，甚至相互勾结形成场所行业恶势力，强买强卖、欺行霸市、哄抬哄压物价、强收保护费，甚至纠缠、追打顾客和其他守法经营者。

4. 打架斗殴、酗酒闹事时有发生。由于饮食等服务场所出售酒类饮品，而场所经营者、业主又注重商品出售量，不顾顾客的饮酒量，以致经常出现顾客借酒发疯、酗酒闹事、寻衅滋事、打架斗殴等情形，影响场所的正常治安秩序。

5. 扒窃问题突出。由于公共商贸场所人、财、物聚集，若管理不善，容易发生秩序混乱，一些扒窃分子趁机在这些场所扒窃顾客钱物或盗窃场所商品。

6. 买赃卖赃时有发生。一些不法经营者为获取暴利可能明知是赃物而收购，或明知是违禁品而非法买卖。另外，在旧货交易市场，违法犯罪分子往往利用买卖旧货，进行销赃。

7. 容易发生治安灾害事故。容易发生踩踏、挤压伤亡和火灾、爆炸等事故，主要原因是人多拥挤，商品乱堆乱放占用正常通道，建筑设施不安全，防火措施不落实，一些顾客违法携带易燃易爆物品等。

（三）公共商贸场所安全管理措施

1. 积极做好安全防范。公安机关应会同公共商贸场所管理部门，根据实际需要建立相应的治安保卫组织，确定专门人员负责场所的治安工作；公安机关的治安管理部门还应帮助、指导公共商贸场所建立健全安全防范制度，加强场所的安全防范工作。此外，公共商贸场所还可以根据需要和经济能力，采用现代科技手段，建设技术安全防范系统以及报警系统，完善基础防范设施。

2. 加强巡逻和安全检查。公安机关可以组织公共商贸场所的治保人员或保安人员开展巡逻，健全巡逻组织，对场所进行全方位的巡逻。公安民警也应经常到场所巡逻，并进行安全检查，检查场所的安全防范制度落实情况，场所的安全防范及报警系统是否正常运行，场所的各个部位是否存在火险隐患，及时查处场所内发生的现行扒窃、偷窃、抢夺、欺诈、销赃、收赃等违法犯罪行为。

3. 专群结合，维护商贸场所秩序。公安机关要根据场所的分布情况和营业情况，制定巡逻值勤方案，派出警力加强治安巡逻，切实把场所的重点部位和重点时间置于自己的严密控制之下。同时，还要指导和督促场所和活动的负责人组织群众性的治安执勤力量，配合巡逻执勤的民警共同维护好场所内外的秩序。必要时，还可在一些重要场所建立治安岗亭、报警点或治安办公室。

4. 严格执法，及时打击违法犯罪活动。公安机关对在公共商贸场所欺行霸市、欺压群众、扰乱秩序等市场流氓团伙和恶势力，进行扒窃、偷盗、抢夺、诈骗等侵财活动的不法分子，拒绝、阻碍国家工作人员依法执行职务等不法行为，要重点查处整治，依法予以惩治打击。

第二节 大型群众性活动治安管理

一、大型群众性活动治安管理的概念

大型群众性活动治安管理，简称大型活动治安管理。所谓大型群众性活动，是指由特定法人或其他组织发起的，面向社会公众举办的，参与人数众多的各种文娱、体育、展销、游园、晚会等活动。为了加强对大型群众性活动的安全管理，保护公民生命和财产安全，维护社会治安秩序和公共安全，国务院于2007年8月29日第190次常务会议通过了《大型群众性活动管理条例》，这是公安机关依法对大型群众性活动实施治安管理的法律依据。该条例所称大型群众性活动，是指由法人或者其他组织面向社会公众举办的，每场次预计参加人数达到1000人以上的下列各种活动：

1. 体育比赛活动；
2. 演唱会、音乐会等文艺演出活动；
3. 展览、展销等活动；
4. 游园、灯会、庙会、花会、焰火晚会等活动；
5. 人才招聘会、现场开奖的彩票销售等活动。

影剧院、音乐厅、公园、娱乐场所等在其日常业务范围内举办的活动，不适用本条例的规定。

二、大型群众性活动治安管理的特征

（一）管理对象的群众性

国务院《大型群众性活动管理条例》明确规定，大型群众性活动每场次预计参加人数达到1000人以上的活动，大型群众性活动往往由众多人员参加，并且参与人员在一定时间内高度集中，这就会引发一些安全隐患。一方面，较小的空间容纳较多的人，人与人之间安全距离缩小，容易发生各种各样的纠纷和摩擦；另一方面，参加人员抱有一定的匿名心理，一些不法分子容易借机实施违法犯罪行为；此外，不同群体成员因各种因素容易相互感染、相互影响，从而引发骚乱、拥挤踩踏等事件。因此，我国法律规定每场次预计参加人数达到1000人以上的活动必须由公安机关实施安全管理。

（二）活动场所的多样性

为了更好地达到群众性活动举行的效果，活动场所的选择往往根据活动内容来确定，既有封闭的室内场所，也有开放式的室外公共场所，还有半开放式的场所；这类活动既有专用的群众活动场所，也有临时搭建的活场所，甚至有在公共道路、公园、城市广场等地方进行。因此，公安机关对大型群众性活动的管理不能以场所分类方式进行场所的安全管理，而

只能根据活动所选择的不同场所有针对性地制定预案对其进行安全保卫。

（三）活动内容的综合性

大型群众性活动的开展目标是围绕特定时间的特定主题而进行的，但是为了达到更好的娱乐效果或使活动主题开展的更有意义，组织者举办方往往会添加一些活动主题之外的互动、娱乐项目。因此，对整个活动的进行而言，活动内容并不是单一的，而是丰富多彩、形式多样的，各类群众性活动项目呈现出综合性的特点。

（四）管理过程的动态性

大型群众性活动从活动的前期准备，到活动正式开始，直至最后活动结束，每一个环节和过程都是动态的、不断变化的，由于人数众多，随时可能出现各种各样的治安问题。因此，大型群众性活动的安保工作也就需要全程跟进，在活动进行的各个阶段和全部过程中，安保警力的部署和安保措施的实施要随着活动的进行，不断地调整跟进，根据活动中不同阶段出现的不同情况，也要呈动态化管理。

三、大型群众性活动常见的治安问题

活动由于在特定的时空范围内聚集了大量的人员，而且这些活动参加人员年龄、身份、职业、所属单位各异，在活动进行的过程中可能会出现各种各样的安全问题，甚至发生违法犯罪案件。大型群众性活动常见的治安问题，主要是指由于管理对象的群众性所引发的比较突出的安全问题，如扒窃、故意伤害等违法犯罪行为，根据违法犯罪的性质程度不同，分别按照刑事案件和治安案件的办理程序，依法予以处理。

（一）拥挤踩踏事故

大型活动有一个共同的特点就是在特定时空范围内聚集了大量的人员，如果这些人员能够有序的参加活动，则不会发生各种治安问题，但是，如果活动现场设施不到位，管理措施不严密，各种可能引发治安问题的因素没有预料到，就很有可能发生拥挤踩踏事故。拥挤踩踏多发生在活动场所的入口、售票窗口、出口以及人群比较密集的区域；活动场所的其他区域也可能会因为各种因素引发拥挤踩踏事故，但几率较小。为了避免此类事故的发生，售票窗口、出入口、停车场相互之间应该离得远一些。活动场地内的各个疏散口不应设有台阶，如果已经设为台阶的，应将其改为斜坡，一方面，能够避免在台阶上摔倒后，容易造成被众人挤伤的事故；另一方面，也为残疾人的进出提供了方便。大型群众性活动场地内，一般不应该设有铁丝网，但可以根据场所实际情况或活动内容，设置一些能有效防止拥挤踩踏事件发生的设施，如蛇形通道等。

近年来，各地大型群众性活动因各种因素而导致的踩踏事故接连不断，伤亡惨重，例如2006年1月12日中午，参加沙特麦加朝觐射石仪式的朝觐者发生大规模踩踏事故，造成数百人伤亡。2010年7月24日，在德国西部鲁尔区杜伊斯堡市，举行约140万人参加的“爱的大游行”电子音乐狂欢节时，发生踩踏事件，造成19人死亡，342人受伤。这起事故的主要原因一是场地严重超载，音乐会现场最多只能容纳80万人，却有140万人到场；二是出口狭窄，众人逃生无门，如此多的人进场，但唯一的出口是一条600米的狭长隧道。2014年12月31日晚23时35分许，我国上海外滩陈毅广场举办的灯光秀跨年迎新活动，发生拥挤踩踏事故，致使36人死亡，49人受伤，伤者多数是学生；事后上海市公布的12·31外滩拥挤踩踏事件调查报告认定，这是一起对群众性活动预防准备不足、现场管理不力、应对处置不当而引发的拥挤踩踏并造成重大伤亡和严重后果的公共安全责任事件。

（二）暴力恐怖袭击

目前，恐怖主义已成为各个国家社会安全和稳定的主要威胁之一。在国际社会，组织有较大影响力的大型活动，首先防范的就是恐怖袭击。恐怖分子出于政治目的或个人目的，要么选择具有象征性的场所进行袭击；要么选择一些知名人士进行暗杀；要么在人群密集场所制造爆炸、毒气事件，造成大规模的伤亡，以给当局施压。受国际大气候的影响，我国面临的反恐怖斗争形势日趋严重，新疆“三股势力”，“藏独”势力与国际恐怖势力相互勾连，企图策划对我国实施恐怖活动，严重威胁我国的国家安全和社会稳定。大型群众性活动往往是在特定的时间内人员高度集中，一旦发生轻微的爆炸，都可能导致大量的人员伤亡；这种情形实施暴恐袭击，最符合恐怖分子以最小的投入，制造最大轰动效应的恐怖理念。

利用大型群众性活动的时机，制造暴力恐怖事件，已成为恐怖组织和恐怖分子选择的一种情形。例如，2004 年 1 月 4 日，菲律宾帕朗镇的一个体育馆在举行篮球比赛时，遭到恐怖分子的炸弹袭击，造成 22 人死亡，70 余人受伤。同年 5 月 9 日，俄罗斯车臣共和国的群众，在一个体育场举行卫国战争庆祝活动时，车臣叛军引爆预先埋设在该体育场内的炸弹，造成车臣共和国总理卡德罗夫在内的 32 人当场被炸死。2016 年 7 月 14 日是法国的国庆日，当晚在南部城市尼斯，一辆大卡车高速撞向正在观看国庆日烟火表演的人群，至少造成 84 人死亡，百余人受伤；恐怖组织“伊斯兰国”通过媒体渠道发表声明，称对当晚发生的卡车袭击人群事件负责。这些在大型群众性活动过程中发生的恐怖袭击事件，具有很强的示范效应，容易被恐怖分子或其他不法分子所效仿。虽然目前国内尚未发生针对大型群众性活动的恐怖事件，但曾发生过恐怖分子驾驶汽车，冲撞天安门金水桥和游人的事件；种种迹象和苗头表明，存在着这类恐怖袭击的可能性，必须引起人们的高度重视。

（三）骚乱

骚乱一般是无组织的、自发的，而且事态发生的比较突然，一旦发生就会严重危害公共安全、社会秩序和人民生命财产安全，造成严重的后果，处置起来也较为被动。骚乱的发生不仅会直接影响到大型群众性活动的顺利进行，更会严重影响到公共安全和社会治安秩序，如果骚乱扩大化，则会造成区域性的社会不稳定。通常伴随着骚乱往往是打、砸、抢、烧等违法犯罪行为，直接侵害公民的人身权益和财产权益，损害国家、社会、集体的利益。从我国治安管理实践来看，在大型群众性活动中，容易出现骚乱事件的是大型体育赛事、文娱演出等，特别是多发于足球比赛、篮球比赛活动中。2012 年发生在埃及的足球骚乱中，至少 73 人在塞得港足球赛后的球迷斗殴中死亡，这是一场自 1997 年最惨烈的足球骚乱事件。2016 年欧洲杯 D 组第二轮捷克与克罗地亚的比赛中，看台出现骚动，大批焰火被投入场内，落在捷克球门一侧的草坪上，一时间场内浓烟滚滚，红色的火焰腾起，令比赛被迫中断，几名安保人员正在场边收拾焰火，突然一枚类似爆竹的爆炸物被扔进场内，在草皮上砰然炸开，比赛也因此中断长达 5 分钟。本届欧洲杯还发生了俄罗斯球迷与英格兰球迷，在赛场内外聚众群殴，大打出手的骚乱事件。

（四）其他治安问题

在大型群众性活动进行的过程中，除了前述的拥挤踩踏、恐怖袭击以及骚乱等，可能严重影响到大型活动正常进行的问题之外，还有其他一些安全问题如火灾、暴雨、设施坍塌等，都有可能使活动难以顺利地进行。例如 2010 年 6 月 27 日，球迷在观看乌拉圭队与韩国队的世界杯 1/8 决赛时，因看台突然坍塌，有 11 人不幸丧生。同年 9 月 19 日，巴西南部一座体育场发生看台坍塌事故，造成至少 110 人受伤，其中 22 人伤势严重。

四、大型群体性活动的举办与许可

（一）大型群众性活动的举办条件

大型群众性活动的安全管理应当遵循安全第一、预防为主的方针，坚持承办者负责、政府监管的原则。举办大型群众性活动应当符合下列条件：

1. 承办者是依照法定程序成立的法人或者其他组织；

2. 大型群众性活动的内容不得违反宪法、法律、法规的规定，不得违反社会公德；

3. 具有符合本条例规定的安全工作方案，安全责任明确、措施有效；

4. 活动场所、设施符合安全要求。

（二）大型群众性活动的申请与许可

1. 承办者的申请。大型群众性活动的申请人，必须是活动的承办者，按照法律规定必须是依照法定程序成立的法人或者其他组织、具备一定资格和条件的法人或其他组织，自然人不能成为大型群众性活动的承办者和申请承办者。承办者应当在活动举办日的 20 日前，提出安全许可申请，申请时，应当提交下列材料：

（1）承办者合法成立的证明以及安全责任人的身份证明；

（2）大型群众性活动方案及其说明，2 个或者 2 个以上承办者共同承办大型群众性活动的，还应当提交联合承办的协议；

（3）大型群众性活动安全工作方案；

（4）活动场所管理者同意提供活动场所的证明。依照法律、行政法规的规定，有关主管部门对大型群众性活动的承办者有资质、资格要求的，还应当提交有关资质、资格证明。

2. 公安机关受理申请。公安机关收到申请材料应当依法作出受理或者不予受理的决定，对于受理的申请，应当自受理之日起 7 日内进行审查，对活动场所进行查验；符合安全条件的，作出许可的决定；对不符合安全条件的，作出不予许可的决定，并书面说明理由。大型群众性活动根据规模大小，即参加人数的多少，由不同的公安机关进行审查批准：

（1）大型群众性活动的预计参加人数在 1000 人以上，5000 人以下的，由活动所在地县级人民政府公安机关实施安全许可。

（2）预计参加人数在 5000 人以上的，由活动所在地设区的市级人民政府公安机关或者直辖市人民政府公安机关实施安全许可。

（3）跨省、自治区、直辖市举办大型群众性活动的，由国务院公安部实施安全许可。

除此之外，还有一些活动是无须安全许可的，一是由政府主导举办的活动，如国庆期间的群众庆典游行；二是定期举办的活动，如每年的庙会、灯会等；三是单位内部举办的活动，如学校举行的运动会、文艺演出等；四是影剧院、音乐厅、公园、娱乐场所等，在其日常业务范围内举办的活动。

3. 公安机关的审查。举办大型群众性活动应当符合下列条件：承办者是依照法定程序成立的法人或者其他组织；大型活动的内容不得违反宪法、法律、法规的规定，不得违反社会公德；具有符合本条例规定的安全工作方案，安全责任明确、措施有效；活动场所、设施符合安全要求。《营业性演出管理条例》对演出活动的安全管理另有规定的，从其规定。

对经安全许可的大型群众性活动，承办者不得擅自变更活动的时间、地点、内容或者扩大大型群众性活动的举办规模。承办者变更大型群众性活动时间的，应当在原定举办活动时间之前，向作出许可决定的公安机关申请变更，经公安机关同意方可变更。承办者变更大型群众性活动地点、内容，以及扩大大型群众性活动举办规模的，应当依照条例的规定，重新申请安全许可。承办者取消举办大型群众性活动的，应当在原定举办活动时间之前，书面告知作出安全许可决定的公安机关，并交回公安机关颁发的准予举办大型群众性活动的安全许可证件。

对经安全许可的大型群众性活动，公安机关根据安全需要组织相应警力，维持活动现场周边的治安、交通秩序，预防和处置突发治安事件，查处违法犯罪活动。在大型群众性活动现场负责执行安全管理任务的公安机关工作人员，凭值勤证件进入大型群众性活动现场，依法履行安全管理职责。公安机关和其他有关主管部门及其工作人员，不得向承办者索取门票。

承办者发现进入活动场所的人员达到核准数量时，应当立即停止验票；发现持有划定区域以外的门票或者持假票的人员，应当拒绝其入场并向活动现场的公安机关工作人员报告。在大型群众性活动举办过程中，发生公共安全事故、治安案件的，安全责任人应当立即启动应急救援预案，并立即报告公安机关。

五、大型群众性活动治安管理原则

大型群众性活动安保工作应当本着“安全第一，预防为主；内紧外松，突出重点；承办者负责，政府监管”的工作原则进行。当然，活动内容不同、活动举行的背景不同，安保的工作原则也可能不同；但在活动举办过程中，安保工作要始终围绕以下几点展开：

（一）安全第一，预防为主

安全第一，是指在大型群众性活动进行期间，要把安全工作放在首位，确保活动安全是大型群众性活动承办者、场所管理者、活动参加人员的首要任务，也是公安机关等政府监管部门的首要职责。应当杜绝一切可能发生的治安隐患，各主管单位应该对场所的安全进行详细、全面检查，防止发生火灾、投毒、爆炸、暗杀等一系列违法犯罪活动，以及其他治安事件的发生。大型群众性活动的目的是满足群众精神需求，促进社会主义精神文明建设。安全是人们最基本的需求之一，如果安全不能得到保证，整个大型群众性活动就没有举办的必要；如果没有安全保障，就没有大型群众性活动的进行，也就谈不上安保。所以，从公安机关的事前审查，到活动进行过程中的安全保卫，都必须把安全放在第一位，活动所涉及的内容必须服从于安全的考虑，在保证安全的前提下，寻求活动的艺术效果。然而，要做到安全第一，预防就成为关键，防患于未然是安保工作的生命和主旨。

（二）统一指挥、协调配合

大型活动安全保卫工作涉及情报、治安、交通、消防、安检、后勤等多项业务，是一项由多警种协同作战的系统工程。根据治安管理学的原理，在安全保卫系统工程中，如果每个参战单位单打独斗，各行其是，就难以形成合力。因此，在工作中必须建立强有力的指挥系统，通盘考虑，统一指挥，以保证各部门步调一致，将彼此分散独立的力量凝聚成合力。要保证指令快速、准确地由决策层传达到基层实战单位，使各参战单位既能根据实际情况独立作战，又能相互配合，必须构建严密、统一的指挥系统。根据活动的规模和规格不同，指挥系统设置的级别有所差异，一般情况分为决策层、指挥层、实战层三个层次，分别负责对安保工作实施领导决策，负责安全保卫工作活动现场的指挥，以及负责具体落实各项安保措施付诸行动。安保工作实现统一指挥、协调有序的前提，是在情报分析和了解活动特点的基础上，制定详尽的安保工作方案，在方案中明确各警种的任务和分工，保证各项工作有序开展。

（三）突出重点、统筹全局

突出重点是将有限的警力部署在重点部位。根据矛盾论的观点，任何工作都要分清主次，抓住主要矛盾，突出重点；如果一切都想保护，那就一切也保护不好，保护不了。安保工作要尽可能做到面面俱到，但更要保证重点、突出重点，关键是全面了解威胁安全的主要因素，事先找出最可能受到威胁的地方，确定安全等级，分清哪些方面最重要、最易受到威胁，哪些地方次之。在大型群众性活动中，突出重点具体体现在，突出重点时间、重点区域和重点人员。重点时间主要是指观众入场、出场时间，活动高潮等可能出现治安问题的时间点和时间段；重点区域主要是指出入口，舞台，贵宾区，演艺人员化妆、休息区域，教练员、裁判员、运动员活动区域，主席台等；重点人员主要是指贵宾、重要领导人、知名人士、运动员、裁判员、教练员、演艺人员和其他工作人员等。对这些重点时间、重点区域和重点人员要在警力部署、安保措施方面加以强化。

第三节　集会游行示威管理

一、集会游行示威管理的概念

（一）集会游行示威的含义

根据1989年10月31日第七届全国人民代表大会常务委员会第十次会议通过的《中华人民共和国集会游行示威法》的规定，集会是指公民聚集于露天公共场所，发表意见、表达意愿的活动；游行是指公民在公共道路、露天公共场所列队行进，表达共同意愿的活动；示威是指公民在露天公共场所或者公共道路上以集会、游行、静坐等方式，表达要求、抗议或者支持、声援等共同意愿的活动。

（二）集会游行示威的类型

从实践来看，我国的集会游行示威活动主要有以下类型：

1. 国家举行的或者根据国家决定，为庆祝、纪念、声援、抗议等目的而组织公民参加的集会、游行、示威活动。

2. 国家机关、政党、社会团体、企事业单位组织的，为了表达对国内、国际某些事件的要求和意愿，依照法律规定或组织章程举行的集会、游行、示威。

3. 某些群众团体（包括外国在华人员）为了表达对国际、国内某些事件的要求和意愿，包括政治的、经济的、文化的、法律的等意愿，运用公民的权利，依法有组织地举行的集会、游行、示威。

4. 某些个人或群体为了表达对自身的利益或社会某项政策、决定的意见或不满，而要求举行的集会、游行、示威。

5. 少数敌对分子、敌对势力、非法组织或极端个人主义者以及自由化分子，别有用心地向政府或有关部门、组织施加压力，危害社会安定，破坏社会秩序，故意制造或煽动不明真相的群众举行的集会、游行、示威。

二、集会游行示威的申请与许可

举行集会、游行、示威，必须依照法律规定向主管机关提出申请并获得许可。集会、游行、示威的主管机关，是举行集会、游行、示威所在地的市、县公安机关；集会、游行、示威路线经过两个以上区县的，主管机关为所经过区县的公安机关的共同上一级公安机关。集会、游行、示威活动的申请受理、报批等工作，由公安机关的治安部门负责；属于法律的应用解释工作，由公安机关的法制部门负责；维护集会、游行、示威活动秩序等方面的工作，由市、县公安机关统一组织有关业务部门和各警种具体实施。

（一）负责人申请

举行集会、游行、示威，必须有负责人。在举行集会、游行、示威活动之前，活动的负责人必须依照法律规定向主管公安机关提出申请，负责人必须在举行日期的5日前，向主管公安机关递交书面申请，申请书中应当载明集会、游行、示威的目的、方式、标语、口号、人数、车辆数、使用音响设备的种类与数量、起止时间、地点（包括集合地和解散地）、路线和负责人的姓名、职业、住址。

（二）公安机关受理申请

公安机关在受理申请后，要认真进行审查，首先应审查申请书的格式是否正确，必须写明的内容有否遗漏，负责人的有关证件是否齐全。而后进入对申请书的实质性审查阶段，它是决定是否批准申请的关键所在。申请举行集会、游行、示威要求解决具体问题的，主管机关接到申请书后，可以通知有关机关或者单位与集会、游行、示威的负责人协商解决，并可以将申请举行的时间推迟五日。对于依法举行的集会、游行、示威，主管公安机关应当派出人民警察维持交通秩序和社会秩序，保障集会、游行、示威活动的顺利进行。

（三）公安机关作出决定

1. 许可。主管公安机关依据《集会游行示威法》的规定，对申请举行的集会游行示威活动依法进行审批，作出决定。主管公安机关接到集会、游行、示威申请书后，应当在申请举行日期的2日前，将决定书通知其负责人；不许可的，应当说明理由；逾期不通知的，视为许可。对确因突然发生的事件临时要求举行集会、游行、示威的，必须立即报告主管机关；主管机关接到报告后，应当立即审查决定许可或者不许可。

2. 变更。主管公安机关认为，如果按照集会、游行、示威申请的时间、地点、路线举行，将对交通秩序和社会秩序造成严重影响的，在决定许可时或者决定许可后，可以变更举行集会、游行、示威的时间、地点、路线，并及时通知其负责人。游行在行进中遇有不可预料的情况，不能按照许可的路线行进时，人民警察现场负责人有权改变游行队伍的行进路线。

3. 不予许可。申请举行集会、游行、示威，如有下列情形之一的，不予许可：

（1）反对宪法确定的基本原则的；

（2）危害国家统一、主权和领土完整的；

（3）煽动民族分裂的；

（4）有充分根据认定申请举行的集会、游行、示威将直接危害公共安全或者严重破坏社会秩序的。

集会、游行、示威的负责人对主管机关不予许可的决定不服的，可以自接到决定通知之日起3日内，向同级人民政府申请复议，人民政府应当自接到申请复议书之日起3日内作出决定。

三、集会游行示威治安管理措施

（一）限制活动区域和时间

集会、游行、示威在国家机关、军事机关、广播电台、电视台、外国驻华使领馆等单位所在地举行或者经过的，主管公安机关为了维护秩序，可以在附近设置临时警戒线，未经人民警察许可，不得逾越。另外，在下列场所周边距离十米至三百米内，不得举行集会、游行、示威，经国务院或者省、自治区、直辖市的人民政府批准的除外：

1. 全国人民代表大会常务委员会、国务院、中央军事委员会、最高人民法院、最高人民检察院的所在地；
2. 国宾下榻处；
3. 重要军事设施；
4. 航空港、火车站和港口。

上述所列场所的具体周边距离，由集会、游行、示威活动举行地的省、自治区、直辖市人民政府规定。同时，《集会游行示威法》对举行集会、游行、示威的时间也有具体的规定，限定于早六时至晚十时期间，但经当地人民政府决定或者批准的除外。

（二）制止违法不当行为

举行集会、游行、示威，有下列情形之一的，公安机关人民警察应当予以制止：

1. 未依照法律规定申请或者申请未获许可的；
2. 未按照主管机关许可的目的、方式、标语、口号、起止时间、地点、路线进行的；
3. 在进行中出现危害公共安全或者严重破坏社会秩序情况的。

有上述所列情形之一，并不听从人民警察制止的，公安机关现场负责人有权命令解散；拒不解散的，公安机关现场负责人有权依照国家有关规定决定采取必要手段强行驱散，并对拒不服从的人员强行带离现场或者立即予以拘留。

（三）即时拘留

在集会、游行、示威中出现了应予制止的情况，经制止仍不听从的，公安机关可以无需拘留证而当场立即予以拘留。即时拘留的主要有以下几类情形：

1. 拒不服从人民警察现场负责人依法作出的强行驱散决定的；
2. 越过公安机关设置的临时警戒线或进入特定场所周边限定范围的；
3. 非法到居住地以外的其他城市发动、组织集会、游行、示威的；
4. 非法举行的集会、游行、示威活动的负责人或直接责任人。

（四）强行带离现场

公安机关有权采用强制方法将违法犯行为人带离集会、游行、示威现场，使之与参与活动的群体隔离，在进一步调查取证后依法处理。对于情节轻微，不需进一步处理的，可教育后释放，允许其自行离去，也可以通知其所在单位或家属接走。

四、集会游行示威治安管理基本方法

（一）严格依法审批

根据《集会游行示威法》第7条规定，除国家举行或根据国家决定举行的庆祝、纪念活动，国家机关、政党、社会团体、企事业组织依照法律、组织章程举行的集会外，其他凡举行集会、游行、示威的，必须依法向公安机关提出申请并获得许可。

集会、游行、示威必须有负责人，其负责人必须在举行日期五天前向公安机关递交书面申请，申请书应载明集会、游行、示威的目的、方式、标语、口号、人数、车辆数、使用的音响设备的种类与数量、起止时间、地点（包括集合地和解散地）、路线和负责人的姓名、住址、职业等。

公安机关在受理申请后，要认真进行审查，首先应审查申请书的格式是否正确，必须写明的内容有否遗漏，负责人的有关证件是否齐全。而后进入对申请书的实质性审查阶段，它是决定是否批准申请的关键所在。主要审查以下几个方面的内容：

1. 对目的的审查。申请举行集会、游行、示威的目的是多种多样的，就其性质而言，大致可分为政治性的和经济性的，通常来看，政治性目的具有宏观性，经济性目的多具有具体性或者说是微观性。对于政治性目的的审查，应着重审查其是否符合宪法所确定的基本原则；对于经济性目的的审查，则应在了解有关情况后，对申请人的要求是否合理作出判断，如确属无理取闹的，应依法不予许可其举行集会、游行、示威。

2. 对标语、口号的审查。一是审查其是否违反宪法所确认的基本原则，是否反对其他法律、法规；二是审查其是否与所申请的集会、游行、示威的目的、宗旨相符；三是审查其是否超出了该次集会、游行、示威所要解决的问题范围；四是审查其使用的语言、文字是否妥当、规范。如果申请者提出的标语、口号中有违反宪法和法律之处，有与其所申请的集会、游行、示威的宗旨不一致之处，或超出了该次活动所要解决问题的范围，或用语不当等情形，公安机关应对其进行批评教育，并要求其修改。同时应当向申请人说明在集会、游行、示威中出现的标语、口号不得与经过批准的标语、口号有原则出入。

3. 对参加人数和车辆数的审查。参加集会、游行、示威的人数和车辆数反映该次活动的规模，而与活动的宗旨没有本质联系。参加人数和车辆数的多少对申请集会、游行、示威的地点、时间、路线是否合适有很大的影响。公安机关主要是审查参加人数和车辆数与地点、时间、路线是否适应，也包括对使用的车辆是否符合交通法规对车辆的规定，以便对交通疏导、安全保卫作出安排。

4. 对时间、地点、路线的审查。根据《集会游行示威法》第24条的规定："举行集会、游行、示威的时间限于早六时至晚十时，经当地人民政府决定或批准的除外。"如果申请举行集会、游行、示威的时间不符合上述规定，则必须作出修改。公安机关对地点、路线的审查主要依据《集会游行示威法》第23条的规定："在下列场所周边距离十米至三百米内不得举行集会、游行、示威，经国务院或者省、自治区、直辖市人民政府批准的除外：（1）全国人民代表大会常务委员会、国务院、中央军事委员会、最高人民法院、最高人民检察院的所在地；（2）国宾下榻处；（3）重要军事设施；（4）航空港、火车站和港口。前款所列场所的具体周边距离，由省、自治区、直辖市人民政府规定。"

公安机关对集会、游行、示威的时间、地点、路线的审查必须严格遵循法律规定，同时结合考虑交通秩序、社会治安状况、警力配置等因素，从而作出正确的决定。同时，公安机关认为按照申请的时间、地点、路线举行集会、游行、示威，将对交通秩序和社会秩序造成严重影响的，在决定许可时或者决定许可后，可以变更举行集会、游行、示威的时间、地点、路线，并及时通知其负责人。

5. 对音响设备的审查。公安机关对音响设备的审查主要是审查其是否符合治理城市噪音污染的法规和《治安管理处罚法》的规定。

6. 对负责人的审查。公安机关对负责人的审查：一是审查负责人是否符合法定条件，包括年龄条件（年满18周岁）和健康条件（主要是精神是否正常）。被依法剥夺政治权利者；被依法判处其他刑罚者；被依法羁押、拘留、监视居住、取保候审者不能作为负责人。二是审查证明负责人姓名、职业和住址的证件是否真实、准确和有效。三是审查以单位、团体名义组织的集会游行示威，其负责人是否持有该单位负责人同意举行集会、游行、示威的书证。

（二）维护现场秩序

对依法进行的集会、游行、示威，公安机关应切实保障其活动的顺利进行。具体方法是：

1. 对现场进行严格的安全检查；
2. 部署警力，维护秩序；
3. 酌情变通执行有关规定；
4. 按规定在特定场所及周边距离设置临时警戒线，未经公安机关许可任何人不得逾越；
5. 督促集会、游行、示威的负责人维持秩序，严防其他人员加入；
6. 及时干预和处置违法犯罪行为；
7. 注意取证和及时掌握信息。

（三）确保要害部位安全

在集会、游行、示威管理中，需要确保安全的要害单位和部位是：国家机关、军事机关，广播电台、电视台，外国驻华使领馆、国宾下榻处，重要军事设施，邮电、通讯、交通等公用设施，航空港、火车站和港口等单位所在地。为了确保上述要害单位和部位的安全，公安机关部署重点单位和要害部位保卫工作的有关事项，督促有关部门落实安全保卫措施，加强日常安全保卫工作。对可能受冲击的重点要害目标，应在事前设置临时警戒线，选派精干的公安民警和武警战士站岗，做好应急准备。对已受冲击的要害单位和部位，公安机关和武警部队要派出足够警力，确保绝对安全。

第十章　特种行业治安管理

第一节　特种行业治安管理概述

一、特种行业治安管理的概念

（一）特种行业的含义

特种行业成为一个公开使用的公安业务专用术语有其演变过程。1985 年公安部《关于改革和加强特种行业管理工作的通知》规定，“特种行业的名称只在内部使用”。因此，新中国成立后至 20 世纪 90 年代中期，特种行业一直是一个公安机关的内部专业称谓。一般的看法认为，我国公安机关多年来内部使用的特种行业的概念，与国际上惯用的概念在含义上差异较大，容易造成误解，对外不宜称特种行业；因此，公安部《关于改革和加强特种行业管理工作的通知》规定：“旅馆、刻字、收购生产性废旧金属和信托寄卖行业，今后对外按其行业属性，该称什么就称什么行业。”直至 1995 年《人民警察法》颁布实施，特种行业作为一个公安业务专用术语在法律上被明确。《人民警察法》明确规定，公安机关人民警察依法“对法律、法规规定的特种行业进行管理”。自此，特种行业不再是一个仅限于公安机关内部使用的称谓，而是成为一个可以公开使用的治安管理专用术语。

所谓特种行业，是指社会服务业中，因经营业务的内容和性质容易被违法犯罪人员利用进行违法犯罪活动，而由国家或地方性法律规定的，由公安机关采取特定治安管理措施的行业，简称特行或特业。“特”体现在两个方面：一是实行特殊管理制度。特种行业实行区别于一般行业，由国家法律、法规明确规定特殊管理制度，如特别许可制度、身份查验制度；二是采取特殊管理方法。公安机关根据国家法律、法规的规定和此类行业的特点，实施特别的管理措施，如向典当行、废旧品收购下“失单”等。

（二）特种行业治安管理的含义

特种行业治安管理，是指公安机关为了维护社会秩序，保障公共安全，依据治安管理的法律、法规，将社会服务业中某些与社会治安密切相关的行业列为特种行业，实施许可审批、监督监管等特殊的治安管理活动。据此，特种行业管理的主体是公安机关，具体是由公安机关内部的治安管理机构负责；特种行业管理的对象是法律规定的、社会工商服务业中的某些行业，这些行业与社会治安密切相关；特种行业管理的具体内容，实行特殊管理制度和特别管理方法。

二、特种行业治安管理的特征

由于特种行业经营的业务内容和特殊性质，特种行业既有工商服务行业的共同特点，又有自身形成的特点，主要表现在：

（一）经营结构复杂，服务对象多元

特种行业已由过去单一的经营形式转向多种经营形式，既有国有经营，还有集体经营、个体经营、中外合资、合作经营等多种形式。经营方式也是多样，既有联营、专营、兼营，又有常年经营和季节经营。在服务对象上往往具有不确定性，人员来往频繁，十分复杂。它既包括国内外不同国家地区的不同职业、性别、年龄，各方面、各阶层的人员，也有各种违法犯罪分子混杂其中；现金、贵重物品、危险物品和违禁品比较集中，危险因素多。

（二）易被违法犯罪分子利用进行违法犯罪活动

特种行业经营的业务容易被利用进行违法犯罪活动，这是法律禁止一般不符合治安法规的人，不得从事这些行业的实质原因。特种行业是各种违法犯罪人员经常涉足的场所，如旅馆业，由于旅客众多，出入频繁，常被违法犯罪分子作为落脚栖身和活动的场所，进行盗窃、诈骗、抢劫、赌博、卖淫、嫖娼、吸毒贩毒等各种犯罪活动；印章业所经营的业务也容易被违法犯罪分子利用进行伪造公章，从事诈骗等犯罪活动；印刷业则容易被违法犯罪分子利用，进行伪造票据、商标、证件等犯罪活动；旧货业容易被违法犯罪分子利用，作为窝赃、销赃的场所和渠道。正是由于这个实质原因，国家为了维护社会秩序、公共利益的需要，规定禁止一般人从事某些特种行业的经营，只有在治安管理上具备一定条件和资格，经公安机关审查批准，方能从事这些行业。特种行业经营的业务内容和经营方式，易被用来进行违法犯罪活动，这是公安机关对这些行业实行特殊治安管理的实质原因。

（三）行业发展迅速，治安情况复杂

近几年来，为适应社会主义市场经济的发展和广大群众多方面的社会需求，我国特种行业无论从数量还是经营范围上都有了显著的变化。一方面，法定的特种行业开业数剧增，产业规模和经营范围迅速扩大。另一方面，对公共治安秩序影响较大，明显具有特种行业性质的各种新兴行业不断涌现。如出租汽车业、机动车修理业、房屋车辆物品的租赁业等。特种行业的迅速发展，而有关特种行业的立法、管理相对滞后，因而出现了许多新的治安问题，使得特种行业的治安情况更加复杂。集中表现在：特种行业中的不安全因素及治安隐患与特种行业的快速发展同步增长；特种行业的内部治安问题与地区性的社会治安问题相互影响；特种行业原有的治安问题与新出现的治安问题叠加交织，大大增加了公安机关特种行业管理的难度。

（四）对特种行业的界定具有法定性

社会的发展和科技的进步对整个社会带来双重影响，从公安机关预防、打击犯罪角度来说，传统特种行业和新兴普通行业，都出现在产生犯罪或被犯罪行为利用的第一线，但易引发或产生犯罪的特性，并不是其成为特种行业的充分条件；关于对特种行业的界定，必须由国家法律、法规或地方性法规，作出统一明确的界定。在现实生活中，某些行业也具有易被违法犯罪分子利用的特性，但法律、法规没有把其纳入特种行业管理范围，这种行业就不是特种行业。哪些行业是特种行业，必须由国家和地方政府根据当时、当地的治安形势，通过法律、法规加以明确规定。因此，特种行业具有法定性。目前，在全国尚未出台新的管理办法之前，各地公安机关根据实际情况，认为需要列入特种行业管理的，可报经省、自治区、直辖市人民政府批准，由地方权力机关或地方人民政府，制定地方性的特种行业管理法规或地方政府规章。例如，1990 年山西省公安厅报经省人民政府批准，制定政府规章，把舞会业、影像放映业、出租汽车业等列入特种行业管理。珠海市根据全市钥匙配置业存在的治安问题，在 1996 年发布地方性法规，把钥匙配置业纳入特种行业管理，取缔无照经营、无固定经营场所的配钥匙点，并发布通告规定，必须同时具备工商部门的《营业执照》和公安机关的《特种行业许可证》的，方可对外营业。

（五）特种行业实行特殊管理

纳入公安机关治安管理的行业较多，但是特种行业实行的是特殊治安管理。其“特殊性”主要表现在：

1. 规定了特种行业许可制度。特种行业在治安管理上实行特许制度，由公安机关实行特殊管理。实行特种行业许可制度，是公安机关对特许行业实行特殊治安管理的主要标志，也是与公共娱乐场所等治安管理相区别的主要标志。

2. 实行一系列特殊的治安管理制度。例如，申请开办许可制度、登记验证制度、安全培训制度、监督检查制度、年度审核制度等。

3. 确立一整套独特的管理措施。公安机关对特种行业实行监督、检查、指导、纠正违法等管理措施。

三、特种行业治安管理的范围和任务

（一）特种行业治安管理的范围

目前，我国全国性的特种行业治安管理法律、法规尚未出台，特种行业管理的法律依据主要散见于各单行法律、行政法规、地方性法规和规章，因此，我国的特种行业管理范围呈现全国性和地区性共存的特点，这种现象与我国各地政治、经济和治安形势的具体状况密切相关。

1. 全国性的特种行业管理范围。根据国务院《关于取消第一批行政审批项目的决定》、《拍卖法》、《印铸刻字业暂行管理规则》、《旅馆业治安管理办法》，以及商务部和公安部《典当管理办法》、《公安部关于加强刻字业治安管理打击伪造印章犯罪活动的通知》等相关法律、法规、规章的规定，目前，全国性的特种行业管理范围只有旅馆业、刻制印章业和典当业三种。

2. 地方性的特种行业管理范围。近年来，一些省、自治区、直辖市颁布了有关特种行业管理的地方性法规、规章，如《黑龙江省公共场所和特种行业治安管理条例》、《上海市特种行业和公共场所治安管理条例》、《江苏省特种行业治安管理条例》、《江西省特种行业治安管理条例》等。不同地方所规定的特种行业管理范围有所不同，有的省、市将桑拿洗浴业、美容美发业、机动车维修业、度假村（寨）、风景点、小件行李寄存、客运三轮车、钥匙配置业、路边店、汽车拆解业、营业性射击场等，列为本地区的特种行业加以管理；有的将出租汽车业、舞会业、音像放映业、台球室和饮食业、电子游戏业等纳入特种行业管理范围。有关特种行业管理范围的确定，各地方标准不一，差别较大。对此，在确定管理范围时，须注意以下几点：

1. 不同性质社会下对特种行业管理范围的设定不同。

2. 不同历史时期依据不同的政治、经济状况和治安形势，特种行业管理范围的确定是不同的。

3. 对特殊行业实行特殊管理，是世界各国和地区的普遍做法。

4. 国家有权根据社会治安管理的需要，随时调整特种行业管理范围。

5. 特种行业管理范围虽然随着社会发展、治安形势的变化而变化，但在一定时期却呈相对稳定的状态。

6. 确定特种行业管理范围时，不要把一些应作为一般治安管理，而不该作为特种行业管理的行业，纳入管理范围。

（二）特种行业治安管理的任务

1. 维护特种行业正常秩序，保障特种行业合法经营。公安机关通过贯彻执行有关法律、法规和规章，建立健全各项安全保卫制度，运用法律、行政、教育等手段，对特种行业从业人员和服务对象，进行规范、引导，依法保护特种行业的合法经营和服务对象的正当活动，从而在特种行业中建立安全有序的良好秩序，这是特种行业管理的首要任务。

2. 预防特种行业的违法经营行为。对于特种行业的经营者而言，追求经济效益的最大化本无可厚非。但是，当部分经营者和从业人员为了片面追求经济效益，而置行业经营规范于不顾时，就容易发生无照经营、超范围经营、违反规章制度经营；或者疏于管理，忽视防范，敷衍、拒绝，乃至对抗公安机关的监督、检查、指导；或者借业务经营之便，为违法犯罪活动提供条件，甚至与不法分子相勾结，进行违法犯罪活动等违法经营问题。因此，对特种行业的经营活动进行全面的监督、检查，及时发现并坚决取缔各种违法经营活动，成为公安机关特种行业管理的又一重要任务。

3. 打击利用特种行业进行各类违法犯罪活动。特种行业是公安机关预防、发现和打击违法犯罪活动的重要阵地。公安机关主要依靠特种行业的经营者和从业人员，通过贯彻执行各项管理制度，严密安全防范措施，减少可资违法犯罪人员利用的条件，在日常服务和经营管理中，发现利用特种行业进行违法犯罪活动的不法分子及其他可疑人员。

4. 查处特种行业治安灾害事故，保障公共安全。特种行业领域人财物高度密集，严防治安灾害事故，确保公共安全，是公安机关特种行业管理的长期任务。由于特种行业服务对象的构成复杂，流动频繁，加之行业本身可能存在设施、设备不符合规定要求，或管理不善等问题，公安机关要指导、督促特种行业健全安全防范机制，落实安全措施，消除安全隐患，严防发生火灾、爆炸、中毒等治安灾害事故，保障经营场所的正常运营和公共安全。

四、特种行业管理制度

（一）特种行业管理的基本制度

特种行业管理过程中的基本制度，也是特种行业的共有制度，主要有七种：

1. 开业许可制度。对特种行业实行的特备许可证制度，是具有法律意义的治安管理行为。与工商许可、卫生许可、环保许可等的区别在于，申请经营特种行业，除符合一般行政许可如工商、卫生、环保等外，还必须具备治安安全管理的要求和标准。例如，经营场所和设施，必须符合国家有关安全和消防管理规定，要有相应的安全保卫人员，建立安全管理制度，业主和从业人员必须符合治安管理法律法规所设定的条件。申请经营特种行业的，须经所在地县级以上人民政府公安机关批准，领取《特种行业许可证》后，向工商行政管理部门申请登记，领取营业执照，方准开业。凡是未经公安机关批准申领特种行业许可证，或没有在公安机关办理登记备案手续，从事特种行业经营的企业和个人，都属于非法经营，要坚决查禁或取缔。

2. 备案登记制度。经营者和个体工商户，在进行特种行业经营之后，有关闭、破产、歇业、合并、迁移、改变名称、变更法定代表人等情形之一的，应当在法定时限内，向原发证公安机关申请办理注销、变更手续，或者向原备案的公安机关办理注销、变更的备案手续，并向工商行政管理部门办理注销、变更登记。此项制度在特种行业治安管理规章中都有规定，如《废旧金属收购业治安管理办法》和《典当业治安管理办法》等，对于废旧金属收购业和典当业的备案登记有详细的规定。

3. 登记验证制度。登记验证是特种行业治安管理的基本制度之一，特种行业管理中发现违法犯罪活动，识别不法分子的重要手段，对于公安机关管理而言，登记验证具有非常重要的意义。登记验证是严密特种行业管理的标志，可以使不法分子不敢轻易涉足，具有强大的威慑力，而对于守法经营者又是一种保护；通过登记验证，可以有效地加强阵地控制，预防、制止和惩治违法犯罪活动，可以帮助公安机关核查各种被通缉、通报的人员。因此，公安机关特种行业管理中明确规定，凡是特种行业都必须实行和适用登记验证制度。

4. 情况报告制度。特种行业的业主和从业人员，不仅不得危害公共安全、从事违法犯罪活动，而且必须在经营过程中始终保持警惕，关注并留意在日常工作中发现的不法分子及其违法犯罪活动，及时向公安机关报告，不得知情不报或隐瞒包庇。这是特种行业经营者在领取《特种行业许可证》取得治安特许后，必须承担的社会责任和治安义务。如果当事人不愿意承担此项责任和义务，参与或组织进行违法犯罪活动的，公安机关依法有权拒绝发给特种行业许可证，若已发放，有权扣留、吊销。因此，特种行业从业人员发现违法犯罪分子或公安机关通缉通报协查人员、违法犯罪嫌疑人员、赃物或有赃物嫌疑的物品等，应当在第一时间向公安机关报告，不得隐瞒包庇。

5. 协助检查制度。鉴于特种特殊的行业经营范围及治安效应，公安机关治安管理部门有必要经常到特种行业进行检查，特种行业工作人员和有关人员应当予以协助，不得无故拒绝。对公安机关发给的协查通报，如通缉令、失单等，要指定专人管理，积极配合协查。

6. 上岗培训制度。上岗培训是指特种行业的从业人员，在从业之前必须接受公安机关的特种行业治安业务培训，培训考核合格后方准上岗。特种行业的经营方式多样，经营内容丰富，服务对象复杂，从业人员往往会接触更多的社会阴暗面，容易受到不法分子的威逼利诱，从而利用工作便利为犯罪分子提供方便，甚至与犯罪分子相互勾结共同犯罪，如旅馆业前台人员与犯罪分子相勾结，盗刷客户信用卡。与其他行业相比，特种行业的从业人员必须有较高的政治素质和业务素质，具有较高的警惕性和治安防范意识。因此，对于特种行业的从业人员要加强管理，有针对性地进行业务培训和治安防范意识，进行识别违法犯罪基本技能的训练。

7. 年度审验制度。公安机关对特种行业不仅要进行日常临检，而且还要进行年度审验。年度审验，主要审核包括特种行业许可证及有关手续、安全设施和管理制度、从业人员素质、治保联防、治安秘密力量建设、线索提供及抓获违法犯罪人员等情况。对审验不合格的，公安机关要依法采取限期整改、停止整顿、吊销许可证等措施。

（二）特种行业管理的特有制度

不同的特种行业都有自己独特的治安管理制度，这是某一种特种行业区别于其他特行的基本标志，也是相对于其他特种行业而言的特有制度。如旅馆业独有的治安管理制度，是其一系列内部安全防范制度；主要包括：门卫制度，会客制度，验证登记制度，值班保卫制度，财务保管制度，客房安全制度，旅客遗留物品处理制度，违法犯罪协查报告制度以及旅客应遵守的其他制度。

其他特种行业，诸如公章刻制业的监制、保管、交货监督制度；印刷业的禁止印刷、承印验证制度，特殊印刷制品的管理制度；典当业的禁止承接制度；拍卖业的拍卖物申报检验制度；废旧金属收购业的专点收购制度、禁设区制度等。这些制度是某个特种行业自己独有的、带有行业特点和个性的治安管理制度。

第二节　旅馆业治安管理

一、旅馆业治安管理的概念

（一）旅馆业概念

所谓旅馆业，是指为旅客提供住宿条件以及其他生活、生产服务的行业。2000 年 3 月 7 日，公安部治安管理局在对吉林省公安厅治安部门就接待旅客住宿的洗浴单位是否作为旅馆业进行治安管理的专题请示所作的批复中指出，根据《旅馆业治安管理办法》的规定，凡经营接待旅客住宿的旅馆、饭店、宾馆、招待所、客栈、车马店、浴池等，属于旅馆业治安管理范围。据此，提供旅客住宿的，必须登记和查验客人身份证件，并建立旅客财物保管等项管理制度。目前，上海、北京、天津、江苏等地公安机关已按照法律、法规的有关规定，将接待客人的洗浴单位纳入旅馆业治安管理范围，对留宿的客人实行验证登记制度。有关城中村的一些小型旅馆，有些地方严格按照旅馆业实施管理，有些地方则按照出租房进行管理，各地方在管理上有所差异。

（二）旅馆业治安管理的概念

根据《旅馆业治安管理办法》规定，凡经营接待旅客住宿的旅馆、饭店、宾馆、招待所、客栈、车马店、浴池等，不论性质属于国有、集体，还是合伙、个体、中外合资合作经营；不论经营方式属于专营，还是兼营；也不论经营时间属于常年经营，还是季节性经营；都必须作为特种行业加以管理。

二、旅馆业治安管理的基本制度

（一）旅馆业申办的条件

任何单位或个人申办旅馆业，应向所在地的县级公安机关提出申请。旅馆业的开办由所在地的县级公安机关直接审批。当事人申请时，应向公安机关治安部门提交下列基本材料：

1. 申请单位关于经营特种行业的申请书；
2. 填写省级公安机关统一制发的《特种行业经营申请登记表》；
3. 申请单位的上级主管机关的批复；
4. 法人代表身份证复印件和从业人员登记情况；
5. 申请单位对于房屋享有所有权或者使用权的证明，房屋工程质量竣工核定书；
6. 房屋平面图（每层一页）、方位图；
7. 消防部门开具的《消防鉴定书》；
8. 申请单位开办旅馆业应建立的各项安全管理制度的书面材料；
9. 公安机关认为其他应予提交的材料。

经公安机关验收，符合条件的，由公安机关发给特种行业许可证。持特种行业许可证到工商行政管理机关申办营业执照。

（二）旅馆业的管理制度

公安机关特批经营的旅馆业，必须在经营中落实和执行以下管理制度：

1. 住宿登记制度。旅客住宿验证登记是防止不法人员混入旅馆藏身、作案，及时发现疑点，核查发现违法犯罪分子的有效措施。登记时，应当查验旅客的身份证件，按规定的项目如实登记，接待境外旅客住宿，还应当在 24 小时内向当地公安机关报送住宿登记表。旅客住宿验证登记制度的基本要求是，旅客临台当面验证、真实登记，坚持先验证后登记再安置住宿的程序。

2. 客房安全制度。客房管理是旅馆管理的重点。影响客房安全的因素主要有旅馆经营者和住宿旅客两个方面。因此，客房安全制度应包括对客房服务和旅客住宿两方面的要求以及多项具体的制度规定和管理措施。

3. 旅客财物保管制度。旅馆应当设置旅客财物保管箱、柜或者保管室、保险柜，指定专人负责保管工作。对旅客寄存的财物，要建立登记、领取和交接制度。旅馆业认真执行旅客财物保管制度，对保障旅客人身和财产安全，维护旅馆的良好秩序以及严密社会治安管理，都具有重要意义。

4. 旅客遗留物品管理制度。旅馆对旅客遗留的物品，应当妥为保管，设法归还原主或揭示招领；经招领 3 个月后无人认领的，要登记造册，送交当地公安机关，按拾遗物品处理。对违禁物品和可疑物品，应当及时报告公安机关处理。

5. 情况报告制度。特种行业的业主和从业人员，不但不得危害公共安全和从事违法犯罪活动，而且必须时刻警惕，注意在日常工作中发现不法分子及其违法犯罪活动，并及时向公安机关报告，不得知情不报或隐瞒包庇。

6. 协助检查制度。公安机关治安管理部门要经常到特种行业进行检查，特种行业工作人员和有关人员应当予以协助，不得无故拒绝。对公安机关发给的协查通报，如电传、通缉令、失单等要指定专人管理，积极配合协查。公安机关到特种行业执行公务时，应当出示证件，严格依法办事，文明礼貌待人，维护特种行业的正常经营和旅客的合法权益。

三、旅馆业从业人员的治安责任

旅馆从业人员一般包括：旅馆经营者、前厅工作人员、保卫人员、客房服务人员、财物保管人员、餐饮人员、水电气管理人员等。从事旅馆业经营业务的人员及其职工，对旅馆业的安全都负有责任，但各个职务或岗位的安全责任有所不同。因此，对旅馆的所有工作人员而言，都必须明确自己的安全职责，按照国家法律、法规和行业规章制度的要求，确保自己所在岗位的安全，保证旅馆的正常经营。

（一）旅馆经营者的安全职责

旅馆经营者的安全职责，是指旅馆经营者对消费者所负有的安全保障义务；法律上的安全保障义务，是指在某些特定的法律关系中，一方当事人对另一方当事人的人身、财产安全，负有关照和采取积极措施并加以保护的义务。旅馆经营者对于进入其服务场所的旅客的人身、财产安全，负有必要的保障义务，这种安全保障义务主要分为治安防范责任和消防安全责任。

1. 治安防范责任。治安防范责任主要有以下内容：

（1）建立健全住宿验证登记、旅客财务保管、可疑情况报告、值班巡逻、门卫守护等项规章制度；

（2）建立保卫组织或配备专职、兼职的治安保卫人员；

（3）组织开展对旅馆工作人员的治安业务以及相关法律、法规知识的培训教育；

(4) 安装安全技术防范设施，并保障其正常运转；

(5) 组织检查各项规章制度落实情况，及时整改安全隐患；

(6) 维护旅馆治安秩序，配合公安机关查处治安、刑事案件；

(7) 加强对职工的行业培训、安全防范培训和思想素质的教育。

2. 消防安全责任。消防安全责任主要有以下内容：

(1) 贯彻执行消防法规，保障旅馆消防安全设施符合规定，掌握旅馆的消防安全情况；

(2) 拟订年度消防工作计划，组织实施日常消防安全管理工作；

(3) 组织制定消防安全制度和保障消防安全的操作规程，并检查督促落实；

(4) 拟订消防安全工作的资金投入和组织保障方案；

(5) 实施防火检查，至少每周抽查一次，每月全面检查一次，并达到对所有部位检查一遍，组织火灾隐患整改工作；

(6) 组织实施对本单位消防设施、器材和消防安全标志的维护保养，确保其完好有效，确保疏散通道和安全出口畅通；

(7) 组织管理内部义务消防队；

(8) 在员工中组织开展消防知识、技能的宣传教育和培训，组织灭火和应急疏散预案的实施和演练；

(9) 按时向公安消防部门报送消防情况材料。

(二) 前厅工作人员的安全职责

接待旅客住宿时，应当仔细查验证件，坚持凭证住店；掌握一定的伪假证件识别技巧，注意发现各种伪假身份证件；准确无误地办理旅客住宿验证登记手续，妥善保管旅客住宿信息，不得随意泄露；在办理入住手续过程中，做好对旅客的安全教育工作；妥善保管并提供、制作客房钥匙门卡；注意识别可疑旅客，发现违法犯罪嫌疑人及时报告。

(三) 保卫人员的安全职责

1. 执行上级工作指令，做好旅馆内部各项安全防范工作，负责向上级报告；

2. 直接参与和带领员工做好日常的安全监控工作，发现各种警情信息和可疑情况，立即跟踪监录，并及时报告；

3. 具体负责旅馆的警卫和停车场的安全管理，保障旅馆和停车场的安全；

4. 严格执行员工出入和会客制度，制定和公布停车场安全管理规则，抓好进出车辆的管理，保证车道畅通，维护旅馆的治安秩序；

5. 帮助和指导旅馆各部门开展群防群治活动，做好安全业务记录，及时总结工作经验和教训，进行交流和沟通；

6. 协助公安机关进行安全检查和执行公务，完成其他安全管理任务。

(四) 客房服务人员的安全职责

客房服务人员掌管着每位旅客的客房房卡，负责给旅客开门、清洁服务等工作，是与旅客接触最多的工作人员；客房服务人员应掌握可疑旅客的外出情况、会客情况、休息情况等。经常查房、查铺，发现可疑情况要立即报告保卫人员或公安机关；发现有违法犯罪行为应制止或立即报告；及时消除治安隐患，如劝阻旅客不要乱搭电线、私用电炉等。积极配合公安机关执行公务。

(五) 财物保管人员的安全职责

财物保管人员专门负责旅客的贵重物品、行李和现金的保管工作。保管人员应凭住店证明，办理财物存放登记手续，填好财物寄存单；对于危险物品不得存放，严格保管措施，做到不丢、不错、不损坏，并为旅客保密。进行宣传教育，使旅客保持警惕，不要乱放钱财，遵守财务寄存制度；对旅客遗忘、遗留的物品不得私分、侵占，应及时上交，妥善处理。

（六）餐饮人员的安全职责

餐饮人员首先应注意食品卫生和检疫工作，讲究厨房餐厅和个人卫生，注意消毒，预防疫病传染；不准将霉烂变质的食品供应给旅客，防止食物中毒事故发生。注意消防安全，对炉台、煤气用具、开关、电闸等及时进行检查；上、下班前应检查燃气开关，炊事人员不得在炊具使用期间擅离；注意厨房通风，学会使用消防器材。

（七）电气管理人员的安全职责

电气管理人员应熟悉店内电器分布情况，平时多巡查，注意更换失效、损坏的电线、电器，防止发生故障和火灾、触电事故，保障正常用电安全。对于旅客乱搭电线，使用电热毯、电热杯的情况应及时制止，并加强宣传，说明其利害关系；保持配电房内清洁，不得乱堆杂物，并防止无关人员出入配电房，或拨弄电气设备。

四、旅馆业治安管理措施

（一）明确旅馆业各主体的管理职责

一是明确旅馆企业主和经营者在旅馆业管理中各自的职责权利。关系旅馆安全防范的基本建设，主要应由旅馆企业主负责；旅馆的守法经营、治安管理责任应由旅馆经营者承担，双方共同对旅馆安全负责。

二是旅馆业治安管理工作实行“条块结合、以块为主”的管理体制。公安机关治安部门是旅馆业治安管理的业务主管部门，公安派出所是旅馆业治安管理的直接主体。重新划分各层次公安机关对旅馆业管理，明确职责权限；推行各档次旅馆的管理，由所在地公安派出所负责的改革措施，实行属地管理。同时应建立上级治安部门对旅馆业管理的监督、指导、检查机制。

（二）加强对旅馆业的监督、检查和指导

这是公安机关旅馆业管理的主要方式和措施，公安机关要采取多种形式，通过多种渠道，指导旅馆业建立和完善各项治安保卫规章制度，监督旅馆业遵章守法经营，协助旅馆业治理各种治安隐患，严密治安防范，及时查处危害旅馆治安的违法犯罪活动，加大打击力度，确保旅馆安全。充分发挥旅馆业内部治安保卫部门的作用，加强对旅馆业安保人员的监督指导，使其协助公安机关做好旅馆业治安管理工作。

（三）强化对旅馆业从业人员的管理

一是应由国家工商行政管理部门对申请开设特种行业人员的资格进行适当的限制。二是公安机关要对从业人员进行定期的、经常性的安全防范培训。三是对特种行业从业人员实施奖惩机制，使从业人员日常的工作既有压力又有动力。

另外，还可以参照效仿一些国家和地区对旅馆业管理的做法，例如我国台湾地区建立特种行业从业人员的并罚制度，即如果特种行业从业人员利用职务上的便利，从事违法犯罪活动，可以对从业人员以及特种行业经营负责人实施并罚，加大管理者经营者的安全责任。

第三节　刻字印章业治安管理

一、刻字印章业的概念

刻字印章业是指使用手工、机械、电子等技术，经营刻制公章、名章、戳记等的行业。包括各种不同经济性质的刻字厂、社、店和摊点。

这里所说的印章，是指公章以及具有法律效力的法定代表人名章的总称。印章管理范围包括：国家党政机关、司法机关、民主党派、解放军、武警、工会、共青团、妇联等机关团体、企业事业单位，以及由民政部门登记的民间组织、居（村）民委员会、各议事协调机构及其非常设机构的法定名称章和冠以法定名称的财务、税务、合同、发票等业务专用章、戳记等。

二、刻字印章业基本管理制度

（一）开业审批备案制度

1. 开业条件。申请经营刻字印章业的单位或个人必须具备下列条件：有固定的经营场所；营业场地的布局和设施符合治安管理要求；符合公章行业协会规定的资质条件；有符合治安管理要求的内部管理制度；从事刻字印章的人员具有本地常住户口；有专门刻制印章的场所及设备；单位有符合条件的法定代表人和经营负责人。

2. 申请许可。申请经营刻字印章业务的单位，须先向所在地的县级公安部门提出申请，申请经营刻字印章的，还必须经所在地省、自治区、直辖市公安厅、局审查批准，经审核同意，发给《特种行业许可证》后，再到当地工商行政管理部门办理营业执照后方可开业。而未经审核批准的单位和个人一律不准从事刻字印章业务。同时，禁止在公共场所摆摊经营刻字业务，个体刻字人员必须在当地公安机关指定的地方从事其经营活动。

3. 登记备案。经营刻字印章业务的单位和个人如有歇业、转业、合并、迁移、变更名称或变更负责人的，应当向当地工商行政管理部门办理变更登记手续，并向原发《特种行业许可证》的公安机关备案。

（二）承接、验证、登记制度

1. 承接、验证。需要刻字印章的单位，须凭上一级主管部门出具的证明或工商行政管理部门核发的营业执照，到所在地的县以上公安机关办理准刻手续。需要跨省、市、县刻字印章的，须凭单位所在地县以上公安机关出具的证明，到刻制地同级公安机关办理准刻手续。公章刻制厂（店）承接公章、戳记的，必须查验委刻单位的证明和公安机关出具的《刻制印章通知单》。

2. 登记、查验。公章刻制厂（店）要专门登记，由专人负责登记承接；对委刻单位和经办人的姓名、住址、居民身份证号码，以及刻制公章的名称、数量、规格等内容逐项登记。个体刻字摊点不能承刻公章，只准承制个人名章，必须进行登记，内容包括委刻人的姓名、性别、年龄、工作单位、住址、居民身份证号码等，登记簿册应妥善保管，以备公安机关查验。

（三）监制、保管、交货制度

1. 监制、保管。承制重点单位、要害部门的公章，须在指定的保密车间或特定的工作室指定专人刻制，委托单位要派人监督。承制过程中的成品、半成品以及样品应由专人、专柜严格保管，防止被盗和丢失。试刻的样品和损坏的残品、废品不能扔掉，必须在监制人员监督下进行销毁。底板、图案、设计样品应全部归还委刻单位。不允许公章刻制厂（店）私自留样或仿制。

2. 交货。刻字印章企业办理完承接公章手续后，承接者应当发给经办人取章凭证单，注明取章日期；经办人万一丢失，须及时通知公章制作企业，以防他人冒领。委刻单位取货时要办理签字手续，取货人凭单位证明和本人身份证件，在登记簿册上签收并注明件数。承制单位在交货时应严格把关，仔细验证，在手续完备的条件下，方可交货，严防违法犯罪人员冒名顶替，领取成品。交章前，公章制作企业应对制作完毕的公章进行加封，取章人交给单位负责人或管理公章的人员开封、启印，防止不法分子中途盗用印鉴。

三、刻字印章业常见的治安问题

（一）有关的法律、法规和政策宣传教育不到位

根据《刑法》、《治安管理处罚法》的规定，私刻公章可以构成治安违法或刑事犯罪；私刻公章罪是指个人或者其他组织私自篆刻其他国家机关、企事业单位的公章进行违法犯罪活动情节严重的行为，依法追究刑事责任；该行为情节轻微，则构成治安违法，予以治安管理处罚。

公章，是国家机关、企事业单位等法定组织的权利代表和象征。为了防止不法人员私自刻制公章，并以此进行诈骗、破坏国家治安管理秩序，侵害国家机关、企业事业单位等的合法权益，国家将刻字印章业（包括刻字工厂、刻字社（店）、刻字摊等）纳入特种行业，由公安机关实行治安管理。对违反国家管理规定的刻字单位或个人，视行为的性质和情节轻重，依法予以治安管理处罚或者追究刑事责任。私刻、伪造公章的行为对社会的危害极大，但是，普通群众对该行为的社会危害性认识不够，对公章管理的法律、法规和政策知之甚少，因此，有必要通过报纸、广播、电视等宣传工具广泛、深入宣传，动员公章刻制业人员和群众积极行动起来，同伪造公章、印章违法犯罪活动作斗争。

（二）规章制度执行落实监督不够

首先，对于刻字印章业单位负责人是否重视行业安全防范工作的监督不够，对该项工作是否研究部署的督促落实不够。其次，刻字印章业特种行业治安管理的各种规章制度存在空缺，有必要进一步加强建设和完善。再次，对刻字印章业从业人员思想状况、安全意识以及防范行为的监督检查不到位，对从业人员与一些犯罪嫌疑人和犯罪活动的关联度，及其他行业经营中存在的治安隐患和漏洞监督不够。最后，对于行业各项安全防范措施是否严密、完善，责任是否已经落实，相关业务人员责任的监督检查存在缺失。

（三）刻字印章业治安信息系统建设不完善

2000 年 4 月 1 日，公安部颁布了《印章治安管理信息系统标准》（中华人民共和国公共安全行业标准 GA241—2000），并下发了《公安部关于贯彻执行（印章治安管理信息系统标准）的通知》（公通字【2000】36 号），予以推广。《印章治安管理信息系统标准》作为强制性技术规范，对印章信息编码、印章信息代码、印章图像的数据格式、数据结构及数据交换等作了明确的规定，对于实现全国印章管理信息系统之间的联网，解决信息共享问题，提高公安机关防范、发现、打击利用伪造印章违法犯罪活动的能力具有重要作用，提高了印章管理自动化程度和各个环节管理的工作效率。但从全国范围来看，印章治安管理信息系统的建设还很不完善，已刻制使用的印章和新刻制公章的编码、进网进度缓慢，印章治安管理信息系建设过程任重道远。

（四）对私刻、伪造公章犯罪活动的打击不力

伪造公章往往是伪造公文、证件以及其他文本文件，进行诈骗等活动的前期准备活动。在一段时期，一些大城市都有数个伪造公章、证件的犯罪窝点，是以提供各种伪造的公章和证件来获取犯罪收益；这些犯罪团伙往往组织严密，制作、销售、收款等环节分工明确，单线联络，末端往往是一些老弱病残、孕妇或带小孩的妇女，打击难度较大。此类犯罪团伙对社会管理造成了极大的危害，必须予以严厉打击。公安机关要根据各种信息进行跟踪监控，顺藤摸瓜，层层剥笋，直至打掉伪造公章、证件的窝点，只有这样才能有效遏制私刻、伪造公章的违法犯罪活动以及由此引发的诈骗犯罪。

四、刻字印章业治安管理措施

（一）开展宣传教育，严格执行法律、法规和政策

公安机关治安管理部门要通过报纸、广播、电视等宣传工具，广泛、深入地宣传印章管理的法律、法规和政策，宣传伪造印章犯罪活动对社会造成的危害，动员印章刻制业人员和群众积极行动起来，同伪造印章违法犯罪活动作斗争。同时，公安机关在管理过程中要严格执行相关的法律、法规和政策，使印章刻制业及其服务对象在法律的约束下，正常有序地开展印章的刻制业务活动。

（二）监督检查规章制度的执行落实

监督检查是公安机关在对公章刻制业实施管理过程中，发现治安问题、隐患和漏洞的主要手段；其目的在于及时发现问题，及时采取有效措施弥补漏洞，消除隐患和不安全因素。

（三）认真开展印章刻制业的清理整顿

各地公安机关要在调查摸底的基础上，会同工商等部门对本地区的刻字业进行定期、全面的清理整顿。

（四）完善刻字印章治安管理信息系统

2000 年 4 月 1 日，公安部颁布了《印章治安管理信息系统标准》（中华人民共和国公共安全行业标准 GA241—2000），并下发了《公安部关于贯彻执行｛印章治安管理信息系统标准｝的通知》（公通字【2000】36 号），予以推广。《印章治安管理信息系统标准》作为强制性技术规范，对印章信息编码、印章信息代码、印章图像的数据格式、数据存储及数据交换等作了明确的规定，对于实现全国印章管理信息系统之间的联网，解决信息共享问题，提高公安机关防范、发现、打击利用伪造印章进行违法犯罪活动的能力具有重要作用。

（五）严厉打击私刻、伪造印章的违法犯罪活动

公安机关要对本地区公章行业进行全面排查摸底，了解掌握刻制业基本情况。对检查中发现的违反管理规定，承制公章的违法行为，要依法予以严厉打击。对不按规定刻制公章的，要严格按照《印铸刻字业暂行管理规则》、《公安部关于加强刻字业治安管理打击伪造印章犯罪活动的通告》、《治安管理处罚法》以及各印章刻制业管理的地方性法规等相关规定进行处罚，对构成犯罪的，依法追究刑事责任，对无证经营印章刻制业务的，在没收非法所得及制章工具的同时，通报工商管理部门，予以取缔。

第四节 典当业治安管理

一、典当业的概念

根据商务部、公安部颁布的《典当管理办法》(2005年4月1日起施行）规定，所谓典当，是指当户将其动产、财产权利作为当物质押或者将其房地产作为当物抵押给典当行，交付一定比例费用，取得当金，并在约定期限内支付当金利息、偿还当金、赎回当物的行为。所谓典当行，是指依照《典当管理办法》设立的专门从事典当活动的企业法人，其组织形式与组织机构适用《公司法》的有关规定。

马克思主义认为，货币在流通领域中不断地离开出发点，又在不同所有者之间转手的运动，叫货币流通。货币流通的过程是货币不断作为流通手段和支付手段，为商品流通服务的过程。货币，一经问世就成为流通手段，即充当商品交换的媒介。随着商品经济的不断发展，货币又成为支付手段，如农民使用货币缴纳地租，债务人使用货币支付利息等。人类早期货币借贷活动的频繁，导致货币的支付手段作用日益加强，而这种加强又促进了货币流通的发达。典当行的出现，使得货币的流通在传统流通渠道中，增加了新的流通渠道，即以典当行为中心，完成货币投放和回笼。可见，典当业在商品经济发展过程中起到了相当大的作用。

典当行在本质上是具有商业性的金融组织。作为商品经济的产物，它必然要参与商品交换并为其服务，从而赚取利润，维持自身生存。典当行的商业性，一方面，表现为在产生初期，典当行主要担负着筹措资金的作用；另一方面，典当行在一定条件下，直接从事市场活动。随着商品经济的发展，典当行的财力日趋加强，特别是在其成为独立的金融机构之后，典当行便开始兼营商业或其他副业，从而于借贷生息之外，另辟一条增值其自身资本的新途径。

二、典当业常见治安问题

（一）准入制度混乱

目前，部分担保、投资、旧货经营企业和寄售行、调剂行等中介服务机构，打着典当旗号或超范围，非法经营典当业务，或以典当名义从事非法吸收存款、拆借资金、发放贷款等金融业务，严重扰乱了金融市场秩序及社会治安秩序，留下影响社会治安稳定的隐患。

（二）未办理抵押、质押登记，变相发放信用贷款

典当行与当户仅签订抵押合同或质押合同即发放当金，在经营房地产抵押典当业务或机动车质押典当业务时，未按照《典当管理办法》规定，未与当户依法到相关部门先行办理抵押登记或质押登记。存在当户因当物已在银行等其他金融机构进行了抵押、质押贷款，无法再办理登记，与典当行合谋串通不办理抵押、质押登记的现象，典当关系实质转变为发放信用贷款。

（三）对当户和当品来源核对不严

《典当管理办法》规定，办理出当与赎当，当户应出具本人有效身份证件。出当时，应当如实向典当行提供当物的来源及相关证明材料。但在实际操作中，一些典当行、寄卖行并不要求当户提供有效身份证明，也不认真审查和核对当物的来源和出处，只要有利可图，就予以典当，存在着潜在的销赃、洗钱、炒卖外汇等违法犯罪行为空间。

（四）以合法形式掩盖高利本质

部分典当行为了掩盖高额利率和综合服务费，采用串通、欺诈、隐瞒、胁迫等手段，迫使当户人书写借据。在出现纠纷时，以民间借贷的形式诉至法院，要求解决纠纷，实则是以合法形式掩盖非法高额利率。

三、典当业治安管理基本制度

（一）开业前的审批制度

设立典当行或者典当行申请设立分支机构的，应向主管部门提出申请，设区的市级商务部门是主管部门；受理申请后，应当报省级商务主管部门审核，省级商务主管部门将审核意见和申请材料报送商务部，由商务部批准并颁发《典当经营许可证》。省级商务主管部门应当在收到商务部批准文件后 5 个工作日内，将有关情况通报同级人民政府公安机关。省级公安机关应当在 5 日内，将通报情况通知设区的市级公安机关。

申请人领取《典当经营许可证》后，应当在 10 日内向所在地的县级公安机关申请典当行《特种行业许可证》，并提供下列材料：

1. 开业申请报告；
2. 《典当经营许可证》及复印件；
3. 法定代表人、个人股东和其他高级管理人员的简历，以及有效身份证件复印件；
4. 法定代表人、个人股东和其他高级管理人员的户口所在地县级公安机关出具的无故意犯罪记录证明；
5. 典当行经营场所及保管库房平面图、建筑结构图；
6. 录像设备、防护设施、保险箱（柜、库）及消防设施安装、设置位置分布图；
7. 各项治安保卫、消防安全管理制度；
8. 治安保卫组织或者治安保卫人员基本情况。

所在地县级公安机关受理后应当在 10 日内，将申请材料及初步审核结果报设区的市级公安机关审核批准，设区的市级公安机关应当在 10 日内审核批准完毕。经批准的，颁发《特种行业许可证》。设区的市级公安机关直接受理的申请，应当在 20 日内审核批准完毕，经批准的，颁发《特种行业许可证》。设区的市级公安机关应当在发证后 5 日内，将审核批准情况报省级公安机关备案；省级公安机关应当在 5 日内，将有关情况通报同级商务主管部门。申请人领取《特种行业许可证》后，应当在 10 日内到工商行政管理机关申请登记注册，领取营业执照后，方可营业。

（二）典当行安全设施和安全制度

1. 安全制度。典当行应当建立、健全以下安全制度：

（1）收当、续当、赎当查验证件（照）制度；

（2）当物查验、保管制度；

（3）通缉协查核对制度；

（4）可疑情况报告制度；

（5）配备保安人员制度。

2. 安全设施。典当行房屋建筑和经营设施应当符合国家有关安全标准和消防管理规定，具备下列安全防范设施：

（1）经营场所内设置录像设备（录像资料至少保存2个月）；

（2）营业柜台设置防护设施；

（3）设置符合安全要求的典当物品保管库房和保险箱（柜、库）；

（4）设置报警装置。门窗设置防护设施。

（三）证明验证制度

当行承接典当物品，应当查验典当单位和个人出具的有关证明。典当物品，属于个人典当的，应当出具本人的居民身份证；属于单位典当的，应当出具单位证明和经办人的居民身份证；属于委托典当的，应当出具典当委托书和被委托人、委托人的居民身份证。典当行对典当者的姓名、单位名称、住址、居民身份证号码及典当物品的名称、数量、规格、新旧程度、当据编号等逐项登记。典当行应当如实记录、统计质押当物和当户信息，并按照所在地县级以上人民政府公安机关的要求报送备查。

（四）禁止承接制度

典当行严禁承接下列物品：

1. 依法被查封、扣押或者已经被采取其他保全措施的财产；
2. 赃物和来源不明的物品；
3. 易燃、易爆、剧毒、放射性物品及其容器；
4. 管制刀具、枪支、弹药，军、警用标志，制式服装和器械；
5. 国家机关公文、印章及其管理的财物；
6. 国家机关核发的除物权证书以外的证照及有效身份证件；
7. 当户没有所有权或者未能依法取得处分权的财产；
8. 法律、法规及国家有关规定禁止流通的自然资源或者其他财物。

第五节　新型特种行业治安管理

一、开锁业

（一）开锁业的概念

开锁业，是指经营以专业人员对锁具（含汽车锁、保险柜锁、门锁以及其他闭锁在标的物上的锁）进行技术操作，解除闭锁在标的物上锁具的闭锁状态，或者对锁具进行修理的经营服务业务的行业。经营开锁业的，除应遵守特种行业的一般规定外，还应当遵守下列规定：

1. 承接开锁业务，应当确认委托人拥有闭锁物的所有权或者使用权，不能确认的应当拒绝，发现有违法犯罪嫌疑的，应当立即向公安机关报告；

2. 现场开锁时，应当如实填写《开锁服务记录单》，由委托开锁人、开锁技术人员分别签名、注明联系方式，并留存备查；

3. 对委托人的身份和财产信息应当予以保密；

4. 不得出售、出借专用开锁工具。

未经公安机关同意，任何单位和个人不得培训、传授开锁技术。

（二）开锁业作为特种行业的意义

开锁业是近年来出现的新兴行业，它的产生给广大群众提供了便利，解了燃眉之急。然而，开锁业给人们带来方便的同时，也给人们带来了担心和忧虑。目前，开锁业常见的治安问题主要有：一是开锁业管理混乱。多无照经营，且开业经营未经任何审批许可，擅自进行开锁业务；二是开锁人承接开锁业务不审查委托人的有关证件、证明。对申请开锁的封闭物的所有权或使用权不经考证，不出示身份证件，无相关的证人，只要付费即可开锁，为各种盗窃犯罪分子提供便利，甚至“开锁人员”自演“双簧”入室盗窃，一人假扮住户，一人谎称是该住户的邻居，相互证明，并且再三强调“自己有要紧的事要办”，对小区物业人员软硬兼施，取得工作人员的信任后，利用“上门开锁”服务实施公开的入室盗窃；三是以营利为目的，随意传授开锁技术。开锁业作为新兴的特种行业，我国对开锁技术和开锁工具的管理及其行业运营规范还很不完善，虽然部分城市出台了一些管理措施和行业规范，但从整体上说，尚处于管理空白状态；四是开锁业经营缺乏统一的行业规范，收费没有明确标准；五是开锁人员职业道德风范较低，且没有形成统一培训机制。部分开锁业从业人员不顾职业道德约束，故意制造开锁故障，如向当事人的门锁里塞入纸片、火柴棍、口香糖等东西，以招揽更多生意，同时，对开锁人员开锁技术的培训教育没有形成全国统一的机制。

为此，有必要将开锁业纳入特种行业管理范畴，并针对行业特点，制定有关管理规定。

（三）开锁业治安管理措施

1. 制定安全规范，完善管理制度

社会的飞速发展催生并加快着许多行业的发展。开锁业作为特殊敏感行业，因其管理规范没有相关的法律法规可以依照，因此还没有纳入公安机关明确的管辖范围，即便出现问题，公安、工商等部门也难以进行监督管理。据了解，除了开一些技术含量较高的锁需要学习技术和花费时间外，普通锁的开锁技术在 20 分钟内就能学会。开锁行业技术门槛较低，安全很难得到保障。不应单纯地由市场自发调节，政府应尽快将开锁业纳入特种行业进行规范管理。

2. 加强行业监管，严格准入门槛。政府应指定相关职能部门加强监管力度，严把准入关，进行统一登记，建立开锁人个人档案，加强培训考核，例如在培训中明确规定：在开机动车锁前需要当事人出示身份证、驾驶证和行车证；开门锁时当事人需要出示身份证、房产证、居委会证明，房子如果是租赁的，还要求当事人出示租赁合同和街道办事处或居民委员会的证明。对开锁业经营单位实行年审复查或者成立锁具锁匠行业协会加强行业自律，国外不少城市对开锁业管理很严格，对锁匠的专业技术、从业操守等执业资格及发放执业牌照、年审续牌制度等实行规范管理，并划归到锁具锁匠行业协会，如未经过行业协会的认可，一切开锁和配钥匙的行为都将被视为非法行为进行相关处理。

3. 实行核准备案与治安许可。开办开锁公司须先经公安部门核准并领取《特种行业经营许可证》。利用开锁技术实施违法犯罪活动受过刑事处罚的人员，不得从事开锁业经营活动。从事开锁服务的单位必须自觉接受公安机关的管理和监督，有固定的经营场所，法定代表人和从业人员有本人户籍所在地公安机关出具的无故意犯罪违法记录的证明，向辖区派出所、公安分局、县公安局、市公安局治安部门办理备案手续；对开锁技术人员的指纹、掌纹、足迹等信息要在公安机关备案；开锁行业经营者及其从业人员在工作中给消费者及其他人造成损失的或不按治安管理责任书造成一定后果的应当依法承担民事赔偿责任，构成犯罪的，要依法追究刑事责任。公安机关可以通过各种方式将正式的开锁公司名录及其联系方式、收费标准等予以公布，便于公众查询。

4. 确认开锁对象的权利，严格见证记录。承接开锁业务，应当确认委托人拥有闭锁物的所有权或者使用权，不能确认的应当拒绝，发现有违法犯罪嫌疑的，应当立即向公安机关报告。开锁人在为求助者开锁时，必须按照规定确认当事人身份、必须有第三方见证人在场、必须填写“开锁服务记录单”，开锁服务记录要注明开锁技术人员、当事人、见证人的基本信息和联系方式，开锁时间、详细地址以及房屋、车辆或保险柜等物品的牌号、特征等基本情况，经三方确认签字，一联交消费者，一联定期交辖区派出所，一联留存备查并保存3个月以上。

5. 实行行业保密规范。对于经营开锁业务的人员而言，不得擅自出售、出借专用开锁工具；未经公安机关同意，任何单位和个人不得培训、传授开锁技术。

二、金银首饰加工置换业

金银首饰加工置换业是近几年逐步被纳入特种行业管理的一类特殊行业。随着社会经济的发展和金融业改革的深化，现代金融机构给人们提供了多种形式和极为便捷的金融服务；与各种储蓄卡、信用卡、存折相比，随身携带大量现金的安全系数越来越低，同时大量现金保管的不便性更为明显，因此社会经济交往中的现金流越来越少，对于各类储蓄凭证等金融财产的安全管理的也越来越严格，这就使得金银首饰、手机、笔记本电脑等贵重物品成为抢劫、抢夺、盗窃等侵财类犯罪的犯罪目标。另外，随着我国社会经济发展水平的大幅提升和人们物质生活水平的不断提高，个人、家庭都会或多或少的购置各种贵重的金银首饰或奢侈品，将其作为财产保值的一种依托。但是，大部分金银首饰在出厂时都有着特定的形状和式样，甚至有些金银首饰上面还留有厂家制作时印制的编号，这使得犯罪嫌疑人在盗窃后的销赃过程中，存在很大的风险。一旦通过加工置换，将会使赃物原有的特征消除，使当事人无法辨认，从而使赃物控制和追赃活动难以开展。因此，必须将金银首饰加工置换业纳入特种行业进行严格的治安管理。

关于金银首饰加工业的治安管理制度和措施，除了实施与其他特种行业一样的开业审批、验证登记、情况报告等一般性的管理制度外，金银首饰加工、置换业还必须有本行业特殊的管理规定和要求，比如对加工置换的各种金银首饰进行拍照以固定加工之前的形状和式样；对顾客的姓名、住址、有效身份证件以及物品的名称、数量、规格、新旧程度等情况要如实登记；不得加工置换无民事行为能力人和限制民事行为能力人所持有的金银首饰等，进而便于公安机关更好的进行治安管理。

第十一章　危险物品管理

第一节　危险物品管理概述

一、危险物品的概念

（一）危险物品的含义

由于职业、行业、部门的不同，人们对于危险物品的认识也有所差异。通常情况下，人们把危险物品理解为具有特殊危险性能的一类物品的总称。这类物品既能引起生命机体的重大损害或死亡，造成物质财产的毁灭，导致人们心理恐慌，危害社会安宁，具有极大的破坏性，但同时又是人类社会生产生活所必需的物品。具体而言，治安管理中的危险物品是指具有杀伤、爆炸、燃烧、毒害或放射性等性能，在生产、储存、销售、运输、使用、销毁过程中，易造成人员伤亡、财产损失甚至危害社会公共安全而需特别防护与管制的物品。

（二）危险物品的性能

所谓"性能"即描述对象的性质和功用。对于危险物品而言，最集中、最基本的性能是其具有严重的杀伤性和巨大的破坏力。具体表现在以下几个方面：

1. 射穿性。有些危险物品如枪支弹药、管制刀具、爆炸物品以及放射性物品等，可以射入或穿透人体及其他生物体，造成组织、器官的损伤，导致伤残或死亡，因而具有极强的杀伤作用。

2. 爆炸性。一些危险物品如炸药、氧化剂等，在受到高温、撞击、摩擦或其他外部作用下，易发生剧烈的化学反应，瞬间能够产生大量的光和热，造成巨大的冲击力，最终导致爆炸的发生。

3. 易燃性。危险物品中，许多化学品的燃点很低，诸如乙醇、汽油的燃点都在28℃以下，易燃烧起火，引发火灾，进而造成生命、财产的重大损失。

4. 腐蚀性。硝酸、硫酸等危险物品具有很强的腐蚀性，对人体、动植物、纤维制品、金属等均能造成强烈的腐蚀后果，它们能够灼伤皮肤，一旦进入体内，便会迅速破坏肠胃等组织、器官，危及生命财产安全。

5. 麻醉性。危险物品中有一类属于麻醉药品，如乙醚、氯仿等具有麻痹神经的作用，可以导致中枢神经失去功能，严重的能够导致肺、心脏停止工作而死亡。

6. 毒害性。砷化物、烈性农药等危险物品，对人、动物具有强烈的毒害作用，当皮肤接触，甚至误食这些毒性物品，会使人体和动物受到损伤，引起中毒甚至死亡。

（三）危险物品的特点

1. 量小威力大，作用快。危险物品常常能以微小的体积和剂量在较短的时间内产生严重的破坏效果，这是普通物品所不能及的。如炸药能在几秒钟的时间内产生较大的冲击力；

剧毒物品可以在较短的时间内造成生命体的组织、器官严重损坏，直至死亡。

2. 易受外力影响，性能不稳定。许多危险物品如炸药、汽油、酒精、起爆药等因其本身燃点、爆炸极限等特性，加之外界气温、火电、碰撞、摩擦的影响，极易发生物理、化学反应，具有明显的不稳定性。

3. 体积小，便于携带、使用。由于许多危险品的危害性及特殊用途，因而其不具有广泛性，在社会上的总量较一般物品要少得多。加之危险物品具有强烈的特性，人们只需携带少剂量的危险品就能产生巨大的效果，方便人们的生产生活。

二、危险物品管理

（一）危险物品管理的含义

危险物品管理是指公安机关为维护社会秩序，保障公共安全，依法对危险物品实施的治安行政管理活动。

危险物品是国民经济发展所必需的物品，在工业、农业、科技、卫生、军事等领域以及人们的日常生活中发挥着重要作用。但同时由于其自身特性之所在，一旦管理不善，保管、使用不当，就会发生严重的治安灾害事故，造成人员伤亡和财产损失。因此。必须对危险物品的生产、储存、销售、运输、使用和销毁等环节实施严格的治安管理。为此，我国先后制定颁布了一系列有关危险物品安全管理的法规，如《中华人民共和国枪支管理法》、《公安部对部分刀具实行管制的暂行规定》、《中华人民共和国民用爆炸物品管理条例》、《化学危险物品安全管理条例》、《放射防护规定》等。这些法规的公布实施，有力地促进了危险物品的安全管理，是公安机关实行监督检查的法律依据。

（二）危险物品管理的范围

危险物品管理的范围，依不同时期社会治安形势和保护生产及人民生命财产安全的需要，以国家立法的形式予以确定。依法由公安机关实施管理的危险物品主要是那些危险性大，容易造成治安灾害事故，或者可能被犯罪分子利用的物品。目前，列入我国公安机关危险物品管理范围的有：一是枪支弹药；二是管制刀具；三是民用爆炸物品；四是剧毒物品；五是易燃易爆化学物品；六是放射性物品。其中枪支弹药、管制刀具、民用爆炸物品、剧毒物品和放射性物品由公安机关管理；易燃易爆化学物品，其安全管理与防火关系密切。由消防监督部门负责管理。

根据法律规定，公安机关主要负责管理地方生产、储存、运输和使用的危险物品，简称“民用危险物品”。属于武装部队使用、装备的军用危险物品，则由军队具体负责管理。

（三）危险物品管理的任务

危险物品管理的目的是保障公共安全，维护社会秩序。公安机关对危险物品的生产、储存、运输、销售、使用等环节进行严密安全管理，实施严格监督检查，一方面可以预防治安灾害事故的发生，另一方面能够严防危险物品流入社会，落入不法分子手中，从而维护社会秩序，保障人民生命财产安全，确保各项事业顺利进行。目前，公安机关对于危险物品的管理任务主要有以下几个方面：

1. 依法管理，确保危险物品从生产到使用等各环节的安全。公安机关对危险物品的管理是通过相关法律、法规、规章的规定，规范着人们的行为，维护着社会的稳定，保障着群众的生命财产安全。危险物品的生产、储存、运输、销售、使用等环节都有以强制力为保障的法律法规、规章制度和操作规程来制约，体现着社会规范、技术规范相结合的科学管理方法和技术规程，反映着危险物品从生产到使用的各个环节安全运转的规律、特点。严格依法管理危险物品，在充分发挥其特有功能的同时，可以确保安全，趋利避害，造福于人类和社会。因此，公安机关要认真贯彻执行有关危险物品管理的一系列法律规范，要通过严格的监督检查与指导，确保危险物品从生产到使用等各环节的安全。

2. 严格管理，防止危险物品丢失、被盗、被抢案件的发生。危险物品一旦非法流入社会或落入不法分子手中，由于破坏性极大，极易引发各种治安灾害事故的发生，严重危害社会的稳定与发展。因此，公安机关要督促涉及危险物品的有关单位、部门建立健全各种危险物品管理的制度，加强管理，周密部署，采取有力的防范措施；定期检查危险物品生产、经营、保管、使用的相关单位和工作人员遵守执行危险物品管理制度的情况，以便填补漏洞，防止危险物品丢失、被盗、被抢案件的发生。一旦发生上述案件，公安机关须及时会同有关单位认真查找，迅速侦办，减少社会不利因素的产生。对盗窃、抢夺、抢劫枪支弹药、管制刀具等危险物品进行犯罪活动的不法分子要依法严加处罚，对失职的危险物品管理人员要区别情况，严肃处理。

3. 积极预防和查处治安灾害事故。如今危险物品已被广泛应用到各个领域，能够触及这些危险物品的人员也与日俱增，伴随这种现象而来的，便是违反有关危险物品管理法律法规、规章制度、操作规程的现象越来越突出，随时可能发生燃烧、爆炸、中毒、射线伤害等危险。因此，为了减少上述现象的发生，我们公安机关必须注重事前预防与事后查处的治安工作。首先，我们应该依法限制和取缔那些不符合安全条件的单位，对个人或单位从事危险物品的生产、经营、使用活动进行严格的监督与检查，发现并制止违反操作规程与管理制度的行为；其次，治安机关要对从事危险物品管理工作的人员进行定期培训与考核，促使其提高自身的业务素质，增强其安全意识，确保各个环节的安全；再次，公安机关应对各种可能出现的灾害事故有所准备，事先采取必要措施，制定处置预案，尽可能减小灾害事故带来的危险性；最后，一旦发生危险物品治安灾害事故，公安机关须及时会同相关部门进行积极补救、原因查处以及责任追究，防止各类事故的再次发生。

（四）危险物品管理的原则

危险物品管理的原则是公安机关依据国家的法律规范、党的方针政策以及公安机关的工作原则，针对新时期社会主义经济建设和社会生产力发展的需要，结合危险物品管理的规律、特点所确定的管理活动准则。它是治安管理部门及其人民警察在危险物品管理工作中观察问题、处理问题的标准，是危险物品管理实践中必须遵守的行为准则。

1. 预防为主，保障安全的原则。预防为主，保障安全的原则，反映了危险物品管理的内在规律。保障安全就是维护社会秩序的稳定，保障国家、社会、公民生命财产的安全。这既是治安管理工作的根本目的，也是危险物品自身特点的要求。所以，在危险物品管理业务工作中必须从安全出发，通过各种手段达到安全的目的。我们不能把工作重心仅仅放在事后处理上，更应引起治安部门注意的是事前的预防，将祸患扼杀在摇篮里，防患于未然，否则等到事故发生再去处理，危害结果已经发生，到那时已为时晚矣。基于此，我们公安机关在危险物品管理中应把工作重心放在预防上，以预防为主。我们可以通过法律、行政、教育等手段，做好各项日常管理工作，努力消除各种不安全因素，努力做好未雨绸缪工作，只有这样才能从根源上达到保障安全的目的。

2. 依法管理原则。公安机关对危险物品的管理是一种行政活动，这种行动必须依法实施。国家立法机关和行政机关制定的有关危险物品管理的法律、法规、规章，以及相应的措施、办法等都是治安部门对危险物品进行管理的法律依据。治安部门对于从事生产、储存、运输、销售和使用危险物品的单位和个人进行安全管理、监督指导和事故查处等活动时，必须严格遵守，坚决贯彻执行。做到有法可依、有法必依、执法必严、违法必究。在实际工作中，对于从事危险物品的经营活动，凡是符合国家有关法律规定的，有利于国家经济建设和社会发展的，都应大力支持，依法予以保护，并提供方便；凡是违反国家法律规定，从事非法活动的，则应依法予以制止、取缔、惩处。

3. 严格规范管理原则。对危险物品实行严格管理是治安管理工作的要求，亦是由危险物品本身性能、特点所决定的。只有严格管理，才能消除各种隐患，保障安全。具体要求如下：执行规章制度要严。与危险物品管理有关的规章制度是危险物品从生产到使用等各环节的基本要求。任何单位和个人都必须严格遵守各项管理制度，按章办事，不得有半点马虎、迁就。对任何违章行为，都要坚决纠正，严肃查处。

建筑、设备要求要严。危险物品的生产、储存、运输等各个环节，都有可能发生危险，必须严格依照规定的各项技术要求来设计、施工。达不到要求，不具备安全生产条件的厂房、车间、仓库等不能投入危险物品的生产、运输、存储、销售等经营活动中。执行操作规程要严。危险物品的生产、运输、存储和使用，都有一套严格的技术操作规程，所有从事危险物品业务的人员都必须严格遵守操作规程，循序渐进，以保障工作安全。

安全设施要严。为严防危险物品的丢失、被盗、被抢情形的发生，对危险物品的储存场所、运输设备等都有一套较为完备的相关规定，从业人员必须严格执行，以防差错和事故。

用人制度要严。对从事危险物品工作的专业人员，政治上要严格审查，业务上要严格培训、考核，以使其掌握必需的专业知识和技术才能。只有各个方面均符合要求，方可聘用上岗。

4. 管理与服务相结合原则。对危险物品进行管理的根本宗旨是为生产服务，为人民群众的安全服务，为保障社会主义市场经济的顺利进行服务。这是由社会主义建设的目的和治安管理的任务所决定的。为此，要求公安机关和治安民警树立生产观念和群众观念，增强为生产建设、为群众生活服务的自觉性。在对危险物品实施管理的过程中，要从有利生产建设、方便群众生活出发，做好治安管理工作。积极消除妨碍生产建设、影响人民生活的各种不安全因素，认真查处破坏生产建设，干扰群众生活的违法犯罪和治安事故，以达到保卫安全生产和群众正常生活的目的。同时，还应积极采取措施，为从事危险物品相关活动的单位和个人提供看得见、摸得着、切切实实的便利条件，为生产经营服务，为人民利益服务。

5. 专门机关管理与依靠群众相结合的原则。危险物品管理是治安管理部门职权范围内的专业工作，充分发挥治安管理部门及其人民警察的职能作用，是搞好危险物品管理的决定因素。同时，危险物品管理的工作极其复杂，许多工作与从业单位及其职工关系密切，管理工作的好坏与他们直接相关。因此，公安机关在做好本职工作的前提下，一定要充分利用这部分力量，依靠群众参与管理，要把危险物品管理工作做深做细，使广大群众充分认识到危险物品管理的重大意义，并把管理目标变成其自觉行动，只有这样才能彻底管理好危险物品，维护好社会治安秩序。

（五）危险物品管理的基本方法

1. 登记注册、审批许可。登记注册、审批许可是治安管理部门管理危险物品的一项基本方法，未经公安机关注册登记、审批许可而经营危险物品的单位及个人都是非法的，应当查禁、取缔。根据现行规定，目前，公安机关在危险物品管理中承担的许可事项主要有：民用枪支制造、配售的许可；枪支配备、配置、持有、运输的许可；民用射击场设置和射击场枪、弹配置的许可；爆破器材购买、运输、使用和烟花爆竹运输的许可；剧毒化学品购买和道路运输的许可等。

2. 监督、检查。公安机关的治安部门依法对经营危险物品的单位、企业、个人进行监督指导和安全检查。对于检查中发现的各种违反安全规定的行为要及时予以纠正，对存在的安全隐患，应发送治安隐患通知书，限期整改或责令停业。对在安全检查中发现的影响社会安全的问题和处理情况，要及时通报有关单位和部门，避免治安灾害事故的发生。目前，治安管理机关在危险物品管理中的行政监督检查工作主要有：枪支制造、配售、购置、携带、使用、保管、运输、销毁等环节是否符合法律的规定；管制刀具制造、销售、携带、使用、保管是否守法的情况；爆破器材制造、销售、购买、使用的流向监控和爆破作业安全情况；烟花爆竹燃放安全和烟花爆竹厂点四邻安全距离是否符合法律规定；危险化学品道路运输安全情况；放射性工作单位有关放射源安全保卫和道路安全运输情况等①。

3. 收缴非法持有的危险物品。在危险物品生产到使用的各个环节中，因管理不到位等原因经常会发生从业人员私拿、私藏、转让危险物品以及危险物品丢失、被盗、被抢等现象，导致一些危险物品散失在社会之中，对社会公共安全构成巨大的潜在威胁。为此，公安机关要广泛深入地宣传收缴失控的危险物品的重要性、必要性，要根据辖区内的具体情况适时适地地组织人民警察集中收缴；在日常管理中，对发现非法持有或携带危险物品的线索，要采取有效措施，认真追查，及时收缴。

4. 对从业人员的审查、考核与培训。危险物品一般具有较强的破坏力与杀伤力，易对社会、人民群众造成巨大损失，由于各种危险的发生常常与危险物品的从业者关系密切，因而我国对从事危险物品工作的人员有严格的要求。除了具备必要的专业知识和熟练的操作技能，还应当政治可靠，业务过硬，责任心强，品行端正，身体健康，反应迅速等。因此，公安机关应当协助、配合有关单位认真做好危险物品从业人员的审查、考核、培训工作，严把用人关。同时，公安机关还应当定期检查、监督有关单位加强对从业人员的经常性考察和了解，对那些不符合条件或者不适合继续从事危险物品专业工作的人员，要及时进行内部调整和调离。

5. 事故查处。在危险物品的生产、储存、运输、销售、使用过程中，因疏忽大意、违反操作规程和安全管理制度酿成灾害事故的现象屡见不鲜。一旦事故发生，相关治安部门的工作人员必须立即赶赴现场，与有关部门、单位密切配合，进行现场补救，调查事故原因以及善后处置工作。事故的调查和处置应遵循“三不放过”的原则，即事故原因未查清不放过；责任人未受到教育、处罚不放过；安全措施未制定、落实不放过。对因危险物品引起的各种灾害事故，都要坚持依法追究有关人员的法律责任。

6. 安全防范教育宣传。广泛开展经常性的危险物品安全防范教育工作是治安管理部门的一项重要工作，必须常抓不懈。治安部门除了对危险物品的经营单位、企业以及从业人员经常开展安全教育外，还可以利用广播、电视、报刊、布告、短信等多种形式对全社会广大人民群众进行法制教育、危险物品常识教育等，以增强人民群众的法制观念和安全防范意识，使其自觉遵守国家相关规定，积极协助治安部门做好危险物品的管理工作。

---

① 王精忠主编：《治安管理学》，群众出版社 2007 年版，第 179 页。

第二节　枪支弹药与管制刀具管理

一、枪支弹药的管理

(一) 枪支弹药的概念、范围

根据1996年10月1日国家颁布实施的《中华人民共和国枪支管理法》(以下简称《枪支管理法》)，该法所指的枪支，指以火药或者压缩气体等为动力，利用管状器具发射金属弹丸或其他物质，足以致人伤亡或丧失知觉的各种枪械。弹药是指枪弹、炮弹、手榴弹、地雷等具有杀伤能力和其他特殊作用的爆炸物品①。

《枪支管理法》规定，除对中国人民解放军、中国人民武装警察部队和民兵装备枪支的管理，国务院、中央军事委员会另有规定的，适用相关规定外，在中华人民共和国境内的枪支，都列入公安机关管理的范围，具体包括：

1. 公务用枪，即法定可以配置枪支的单位，为执行公务而配备的各类枪支。主要包括手枪、冲锋枪、突击步枪、自动步枪、狙击步枪、防暴枪等。

2. 民用枪支，即依法可以配置枪支的单位和个人因工作、生产、竞技、生活需要而配备的各类枪支，包括射击运动枪支、麻醉注射枪、猎枪、气枪等。

3. 枪支所使用的各种弹药及其主要零部件。

4. 仿真枪。

(二) 枪支管理的主管部门

国家严格管制枪支，禁止任何单位或个人非法持有、制造、买卖、运输、出租、出借枪支；国家严厉惩处违反枪支管理的违法犯罪行为；任何单位和个人对违反枪支管理的行为均负有检举义务；国家对检举人给予保护与奖励。

根据法律规定，我国枪支管理的主管部门是公安机关。国务院公安部主管全国的枪支管理工作，县级以上地方各级人民政府公安机关主管本行政区域内的枪支管理工作。上级公安机关监督下级公安机关的枪支管理工作。

二、枪支弹药管理制度

(一) 枪支的配备与配置

1. 公务用枪的配备。“在法律规定的范围和标准内，依法履行职责时确有必要使用枪支的，可以配备公务用枪”是我国公务用枪配备的原则。根据《枪支管理法》第5条规定，下列人员在依法履行职责时确有必要使用枪支的，可以配备公务用枪：

(1) 公安机关、国家安全机关、监狱、劳动教养机关的人民警察，人民法院的司法警察，人民检察院的司法警察和负担案件侦查任务的检察人员、海关缉私人员。

(2) 国家重要的军工、金融、仓储、科研等单位的专职守护、押运人员。

2. 民用枪支的配置。根据《枪支管理法》第6条规定，下列单位和个人可以申请配置民用枪支：

(1) 射击运动单位；

① 王精忠主编：《治安管理学》，群众出版社2007年版，第181页。

（2）野生动物保护、饲养、科研单位；

（3）狩猎场；

（4）狩猎的猎民、牧区的牧民；

（5）营业性射击场。

（二）枪支的制造和民用枪支的配售

国家对枪支的制造、配售实行特别许可制度。未经许可，任何单位和个人不得制造、买卖枪支。

1. 枪支制造、配售确定化。公务用枪由国家指定的企业制造。制造民用枪支的企业，由国务院有关主管部门提出，由公安部确定，并核发民用枪支制造许可证。配售民用枪支的企业，由省级人民政府公安机关确定。

2. 枪支制造、配售限额化。国家对制造、配售民用枪支的数量严格管控，实行限额管理。制造民用枪支的年度限额，由国务院林业、体育等有关部门、省级人民政府公安机关提出，由国务院公安部确定并统一编制民用枪支序号，下达到民用枪支制造企业。配售民用枪支的年度限额，由国务院林业、体育等有关部门、省级人民政府公安机关提出，由公安部在民用枪支年度生产限额内统一分配，并下达到民用枪支配售企业。

3. 枪支制造、配售严格化。制造民用枪支的企业，必须严格按照国家规定的技术标准制造民用枪支，不得改变民用枪支的性能和结构，不得制造无号、重号、假号的民用枪支。配售民用枪支，必须核对配购证件，严格按照配购证件载明的品种、型号和数量配售；配售弹药，必须核对持枪证件。民用枪支配售企业必须按照国务院公安部的规定建立配售账册，长期保管备查。

4. 禁止制造、销售仿真枪。

（三）枪支的运输许可

枪支的运输实行许可制度。任何单位和个人未经许可，不得运输枪支弹药。需要运输枪支的，必须向公安机关如实申报运输枪支的品种、数量和运输的路线、方式，领取枪支运输许可证件。在本省、自治区、直辖市内运输的，向运往地设区的市级人民政府公安机关申请领取枪支运输许可证件；跨省、自治区、直辖市运输的，向运往地省级人民政府公安机关申请领取枪支运输许可证件。没有枪支运输许可证件的，任何单位和个人都不得运输，并应当立即报告所在地公安机关。公安机关对没有枪支运输许可证件或者没有按照枪支运输许可证件的规定运输枪支的，应当依法扣留运输的枪支，并追究相关人员的责任。

（四）枪支的使用与保管

依法配备、配置枪支的人员，应当采取有效措施，防止枪支丢失、被盗、被抢或其他事故的发生。在使用和保管枪支的过程中，应注意以下具体事项：

1. 公务用枪人员在携带和使用枪支时，必须同时携带本人的《公务用枪持枪证》和所持枪支的《公务用枪枪证》，否则视为非法持枪；未携带《持枪证》或所带证件不全的，由公安机关依法扣留枪支。《公务用枪持枪证》和《公务用枪证》每年审核一次，有效期为四年。民用枪支持《民用枪支持枪证》。

2. 公务用枪的使用，应当以“制止违法犯罪行为，尽量减少人员伤亡、财产损失”为原则①，以“有暴力犯罪行为的紧急情形，经警告无效”为前提。对于来不及警告或者警

① 熊一新、李健和主编：《治安管理学概论》，中国人民公安大学出版社 2004 年版，第 240 页。

告后可能导致更为严重后果的，可以直接使用枪支。

3. 公务用枪人员禁止携带枪支饮酒、娱乐；不准携带枪支离职离岗学习、度假、旅游、走亲访友、参观、疗养；不准携带枪支参加非警务活动。

4. 不得在禁止携带枪支的区域、场所携带枪支。已经携带的，可交由当地公安机关或指定单位代为保管，离开时取回。

5. 枪支丢失、被盗或被抢情形发生时，应立即报告公安机关。

6. 依法配备和配置枪支的人员，禁止私自出租、出借枪支，情节严重或造成严重后果的，应负刑事责任。

7. 配备公务用枪的人员因执行任务，需要使用枪支时，可借用公务用枪，但必须经枪支保管单位领导批准后，方可办理借用手续。

8. 配备、配置枪支的单位和个人不再符合持枪条件时，由所在单位收回枪支和持枪证件。

9. 配置民用枪支的单位和人员不再符合持枪条件时，必须及时将枪支连同持枪证上缴核发持枪证件的公安机关；未及时上缴的，由公安机关收缴。

此外，配备、配置枪支的单位应建立枪支、弹药的安全保管制度，落实责任制。凡配备、配置枪支的单位必须设置牢固安全、存之方便的枪支、弹药专用柜，由专人负责、严加保管，并安置防盗、报警装置，严防丢失、被盗及其他事故的发生。加强枪支的有效保管，须落实三项基本要求：集中保管，专人负责；领取登记，用毕清退；保管设施牢固可靠。配枪单位应根据这些基本要求，认真做好枪支保管工作。

（五）枪支的查验

根据《枪支管理法》的规定，国家对枪支实行查验制度。持有枪支的单位和个人，应在公安机关指定的时间、地点接受查验。对违反规定使用枪支，不符合持枪条件或者枪支应当报废的，必须收缴枪支和持枪证。拒不接受查验的，枪支和持枪证件由公安机关收缴。

公安机关查验时，主要查验两方面的内容：一方面，应对持枪单位或个人进行审查。主要审查其是否符合法律规定的条件，是否有违法使用枪支的情形，须认真核对枪支与持枪证、持枪人三者是否一致；另一方面，应对枪支的自然使用状况进行检查。主要检查枪支是否符合国家规定的技术标准，能否保证安全使用。

（六）枪支的入境与出境

国家严格管理枪支的入境和出境。任何单位和个人未经许可，不得私自携带枪支入境、出境。

外国驻华外交代表机构、领事机构的人员携带枪入境，必须事先报经中华人民共和国外交部批准；对于依法携带入境的枪支，不得携带出所在的驻华机构；携带枪支出境，应当事先经由中华人民共和国外交部办理有关手续。外国体育代表团入境参加射击竞技体育活动，或者中国体育代表团出境参加射击竞技体育活动，需要携带射击运动枪支入境、出境的，必须经国务院体育行政主管部门批准。其他人员携带枪支入境、出境，应当事先经国务院公安部门批准。

（七）枪支的报废和销毁

对于不符合国家技术标准，不能安全使用的枪支，应当报废。配备、持有枪支的单位和个人应当将报废的枪支连同持枪证件上缴核发持枪证件的公安机关；未及时上缴的，由公安机关收缴。报废的枪支应当及时销毁。

枪支的销毁，由公安机关编制《销毁枪支移交清单》，并与待销毁枪支一齐逐级上交地级、市级公安机关治安管理部门集中造册，后上交省级公安机关，由省级公安机关负责组织实施。

三、管制刀具管理

（一）管制刀具的概念、范围

管制刀具就是指易被不法分子利用而危及公共安全、公民人身财产安全的，由公安机关依法纳入行政管理范围的金属刀具物品。根据2007年1月14日《公安部关于印发〈管制刀具认定标准〉的通知》规定，凡符合下列标准之一的，可以认定为管制刀具：

（1）匕首：带有刀柄、刀格和血槽。刀尖角度小于60°的单刃、双刃或多刃尖刀。

（2）三棱刮刀：具有三个刀刃的机械加工用刀具。

（3）带有自锁装置的弹簧刀（跳刀）：刀身展开或弹出后，可被刀柄内的弹簧或卡锁固定自锁的折叠刀具。

（4）其他类似的单刃、双刃、三棱尖刀：刀尖角度小于60°，刀身长度超过150mm的各类单刃、双刃和多刃刀具。

（5）其他刀尖角度大于60°，刀身长度超过220mm的各类单刃、双刃和多刃刀具。

对于少数民族使用的藏刀、腰刀、靴刀、马刀等刀具的管制范围认定标准，由少数名族自治区（自治州、自治县）人民政府公安机关参照本标准制定。

另外，需要注意的是，未开刀刃且刀尖倒角半径R大于2. 5mm的各类武术、工艺、礼品等刀具不属于管制刀具的范畴。

（二）管制刀具管理的具体要求

2002年国务院取消了特种刀具生产许可证、匕首佩戴证、特种刀具购买证、管制器具经销等37项行政审批。但《刑法》、《治安管理处罚法》等法律、法规中有关管制刀具的制造、买卖、携带等方面均作出了明确的规定。如《治安管理处罚法》第32条规定，非法携带枪支、弹药或者弩、匕首等国家规定的管制器具，处15日以下拘留，可以并处500元以下罚款。我国法律规范对于管制刀具的管理规定依然是十分严格的，我们应严格依法加强对管制刀具的管理。

1. 管制刀具的生产管理。凡是制造管制刀具的工厂、作坊，首先必须向县、市以上主管部门申请，经主管部门审查同意，才有权生产管制刀具。生产时，必须将其制造的刀具样品及说明，包括刀具的名称、规格、型号、用途、产量，送交所在地市、县公安局备案。

2. 管制刀具的销售与购买管理。经销管制刀具的商店，必须经县级以上主管部门审查同意，方有权销售。经销商在销售管制刀具时，购买者必须符合购买主体和购买手续的规定。购销要建立详细登记制度，备公安机关检查。

少数民族使用的藏刀、腰刀、靴刀等，只准在民族自治地方销售。

3. 管制刀具的佩带。匕首的佩带，除中国人民解放军和人民武装警察作为武器、警械配备以外，专业狩猎人员和地质、勘探等野外作业必须持有的，应由县级以上主管部门出具证明，方准持有和佩戴。应注意的是，尽管法规允许人民警察装备警用匕首，但公安部政治部有明确的规定，警用匕首暂不列入警用装备系列，因此目前人民警察不得佩带使用警用匕首。

为充分考虑和尊重少数民族的风俗习惯和生产生活需要，少数民族佩戴的刀具由少数民族自治区人民政府制定具体的管理办法。

4. 管制刀具的携带。我国相关法律规范明确规定，任何公民不得携带管制范围内的刀具进入车站、码头、公园、商场、展览馆、影剧院、歌舞厅等公共场所；严禁非法携带管制刀具乘坐公共汽车、火车、轮船、飞机等公共交通工具。对于非法携带者，情节较轻的，由公安机关给予治安管理处罚，情节严重，触犯《刑法》的，依法给予刑事制裁。

5. 管制刀具的使用。中国人民解放军、人民警察、人民武装警察使用管制刀具作为武器和警械有专门的法律、法规加以规定以外，公民在以下情况可以合法使用管制刀具：

（1）依法持有匕首的专业狩猎人员和地质、勘探等野外作业人员可以在狩猎、勘探等野外作业时使用管制刀具。

（2）在少数民族自治地方，由于生活习惯的需要可以在民族自治地方使用管制刀具。

第三节　民用爆炸物品管理

一、民用爆炸物品概述

（一）民用爆炸物品的概念

根据《中华人民共和国民用爆炸物品安全管理条例》（以下简称《民用爆炸物品安全管理条例》），民用爆炸物品是指用于非军事目的，在一定外界条件下，能够发生剧烈的化学反应，发生爆炸，对周围环境能够造成破坏的物品。目前，被列入民用爆炸物品品名表的有：各类火药、炸药及其制品，以及雷管、导火索等点火、起爆装置。

需要指出的是，1984 年国务院公布实施的《民用爆炸物品安全管理条例》包括了民用爆破器材和烟花爆竹的管理。但现实中，二者在性质、危险程度、行政许可的项目、管理职责分工等方面存在很大差异，民用爆破器材属于生产资料，烟花爆竹属于生活消费品，国家对爆破器材实行严格管制，烟花爆竹则不属于管制范围，其危险性较小。经过多年的实践证明，不宜把民用爆炸物品与烟花爆竹放在一起进行管理。因此，2006 年 9 月 1 日起实施的新的《民用爆炸物品安全管理条例》适用范围不再包括烟花爆竹，即通常所说的民用爆炸物品不再包括烟花爆竹，本章将在下一节中对烟花爆竹的管理进行阐述。

（二）民用爆炸物品的分类①

根据混合分类法，可以将民用爆炸物品分为以下两大类：

1. 火炸药。主要包括：

（1）起爆药，主要用做爆炸过程的引爆剂，用来激发猛炸药进行爆轰。它是一种对外界作用十分敏感的炸药，在较小的外界作用下就能迅速发生爆炸，因此，起爆药主要用于制造各种起爆器材。目前国内外应用较广的起爆药有：雷汞、叠氮化铅、乙炔银等。

（2）猛炸药，通常需要用起爆器材起爆，猛炸药才能产生完全爆轰的效果。它威力大，稳定性强，主要作用是作为各种弹药和起爆器材的主要装药。常见的猛炸药有：梯恩梯、特屈儿、黑索金、泰安等。

（3）火药，它在没有外界助燃剂的作用下，能够进行有规律的快速燃烧，产生高温高压气体对外做抛射功。一般火药装填在枪弹、炮弹的药筒以及火箭发动机内作为发射药和推

① 熊一新、李健和主编：《治安管理学概论》，中国人民公安大学出版社 2004 年版，第 243 页。

进剂。常见的主要有：有烟火药或黑火药；无烟火药或溶塑火药，主要有硝化棉火药和硝化甘油火药。

(4) 烟火剂。它在燃烧的过程中可产生烟、光等多种特殊效应，在民用中主要用于制造信号弹和各种烟花，通常由氧化剂、有机燃料或金属燃料和粘合剂混合而成。

2. 起爆器材。主要包括：

(1) 雷管。雷管主要用来产生爆炸，以便引爆其他猛炸药。它的种类很多，不同的种类有不同的型号及装药量，常见的主要有非电雷管和电雷管两种。前者又包括火雷管和导爆管雷管两种，后者包括瞬发电雷管、延期电雷管和特种雷管等。

(2) 导火索。根据不同需要，有普通导火索、防火导火索、缓燃导火索和速燃导火索等品种。导火索的索芯装药是黑火药，并和三根撑线共同组成索芯，索芯外包缠万层线、内层纸、中层线、防潮层、纸条层、外层线等层层缠裹，起到坚固、防潮的作用。导火索的燃速在正常状态下为100~125米/秒，在20±10℃的1米深静水中浸4小时，其燃速和性能不变。

(3) 导爆索。它是一种起爆器材，外观和构造与导火索相似，但两者的性能有着本质的区别：一是导爆索的药芯是黑索金或泰安等炸药，而导火索的药芯是黑火药；二是导火索不需要用雷管就可以直接引爆。而导爆索则需要雷管才能起爆，它能传递爆轰波，所以在安全要求上比导火索严格。导爆索具有抗杂散电流的优点。而且可以直接起爆装药，因此增加了爆破作业的安全可靠性。

二、民用爆炸物品管理的方针与任务

(一) 民用爆炸物品管理的方针

“积极预防，严格管理，服务生产，保障安全”是民用爆炸物品的管理方针。积极预防是民用爆炸物品管理的指导思想；严格管理是民用爆炸物品管理的基本要求；服务生产、保障安全是民用爆炸管理的出发点和归宿。

(二) 民用爆炸物品管理的任务

依据《民用爆炸物品安全管理条例》第4条规定：国防科技工业主管部门负责民用爆炸物品生产、销售的安全监督管理；公安机关负责民用爆炸物品公共安全管理和民用爆炸物品购买、运输、爆破作业的安全监督管理，监控民用爆炸物品流向；安全生产监督、铁路、交通、民用航空主管部门依照法律法规的规定，负责做好民用爆炸物品的有关安全监督管理工作。

为了保障民用爆炸物品在生产、储存、销售、运输、使用等各个环节的安全，防止民用爆炸物品丢失、被盗、被抢和落入无关人员手中，预防各种违法犯罪活动和治安灾害事故的发生，维护社会秩序、保障公共安全，公安机关必须依法对民用爆炸物品实施治安管理。目前公安机关对民用爆炸物品管理的主要任务有：

1. 监督检查有关法规的贯彻落实，研究和分析爆炸事故，爆炸案件的特点及规律，制定相应的管理对策，并受当地政府和立法机关委托拟定地方性法规。

2. 根据《民用爆炸物品安全管理条例》，对民用爆炸物品的购买、运输、使用等环节实行许可审批管理。

3. 监督指导民用爆炸物品从业单位安全保卫。

4. 收缴失散在社会上的各种民用爆炸物品。

5. 组织销毁处置使用、运输环节废旧和处罚没收的非法民用爆炸物品。

6. 侦查非法制造、买卖、储存、运输、邮寄、使用民用爆炸物品的刑事案件，协同有关部门调查爆炸事故，追查丢失、被盗的爆炸物品。

7. 对违章、违法的单位和个人进行处罚。

三、民用爆炸物品管理制度

（一）生产管理

我国对民用爆炸物品实施严格管制，未经许可，不得从事爆炸物品生产工作。具体而言，生产火药、起爆药、猛炸药、烟火剂等火炸药的企业，必须按照隶属关系报经省、市主管部门批准后，凭批准文件向所在地县、市公安机关申请许可，经审查符合国家有关安全规定的，颁发《爆炸物品生产许可证》，并向所在地市、县工商行政管理部门办理登记手续，领取营业执照，方准生产。生产起爆器材的企业，必须由其主管部门报请所在地省、自治区、直辖市相关主管部门同意后，由国防科工委根据国家计划审查批准后，生产起爆器材的企业持批准文件和设计图纸，向所在地市、县公安机关申请许可。经审查符合《中华人民共和国民用爆炸物品管理条例》和《民用爆破器材工厂设计安全规范》的，由市、县公安机关颁发《爆炸物品安全生产许可证》，并向所在地市、县工商行政管理部门办理登记手续，领取营业执照，按照国家下达的品种、产量计划组织生产。

（二）储存管理

储存爆炸物品必须建立健全规章制度，必须建立入库、检查、登记制度。爆炸物品的收存必须进行登记，做到账目清楚、账物相符，储存数量不得超过仓库的设计容量。性质相抵触的爆炸物品须分库储存，库房内严禁存放其他物品。严禁无关人员进入库区，严禁在库区吸烟和用火，严禁带入其他易燃易爆物品。发现爆炸物品丢失、被盗必须及时报告公安机关。

建立爆炸物品仓库的单位，必须凭市、县以上主管部门批准文件及设计图纸和专职保管人员登记表，向所在地市、县公安机关申请，经审查符合《民用爆炸物品工厂设计安全规范》、《爆破安全规程》和《建筑设计防火规范》的要求后，发给《爆炸物品储存许可证》，方准储存爆炸物。储存爆炸物品的仓库应按储量的大小、使用单位、使用性质来确定安全级别，储存总量不得超过其设计容量。仓库的建立与周围建筑物的安全距离应符合国家有关的安全标准。

（三）销售管理

我国对民用爆炸物品实行销售许可制度，未经许可，任何单位或个人不得销售民用爆炸物品。严禁自由买卖，严禁企业自销，严禁用民用爆炸物品换取其他物品。申请从事民用爆炸物品销售的企业，应当向所在地省级政府国防科技工业主管部门提交申请，符合条件的，颁发《民用爆炸物品销售许可证》。销售企业须持该许可证到所在地的工商行政管理部门办理工商登记后，方可销售民用爆炸物品，并在办理工商登记 3 日内，向所在地县级人民政府公安机关备案。

民用爆炸物品生产企业凭销售许可证销售本企业生产的民用爆炸物品，不得超出核定的品种、产量，并应当自买卖成交之日起 3 日内，将销售的品种、数量和购买单位向所在地省级政府国防科技工业主管部门和县级省级政府国防科技工业主管部门和人民政府公安机关备案。

（四）购买管理

我国对民用爆炸物品的购买亦实行许可制度，未经许可，任何单位或个人不得购买民用爆炸物品。民用爆炸物品使用单位申请购买民用爆炸物品时，应向所在地县级公安机关提出购买申请，对符合条件的，核发《民用爆炸物品购买许可证》。该许可证须注明许可购买的品种、数量、购买单位以及许可的有效期限。

销售、购买民用爆炸物品，应当通过银行账户进行交易，不得使用现金或实物进行交易。销售民用爆炸物品的企业，应当将购买单位的许可证、银行账户转账凭证、经办人的身份证明复印件保存两年备查。购买民用爆炸物品的单位，应当自买卖成交之日起3日内，将购买的品种、数量向所在地县级公安机关备案。

（五）运输管理

国家对民用爆炸物品的运输实行许可制度，未经许可，任何单位或个人不得运输民用爆炸物品。运输民用爆炸物品，收货单位应向运达地的县级公安机关提出申请，符合条件的，由公安机关核发《民用爆炸物品运输许可证》。该许可证应载明收货单位、销售企业、承运人、一次性运输有效期限、起始地点、运输路线、经停地点以及民用爆炸物品的品种、数量。民用爆炸物品运达目的地，收货单位应当进行验收后在运输许可证上签注，并在3日内将该许可证交回发证机关核销。运输过程中，应严格遵守有关安全规定，对于经由道路运输的，应当遵守以下规定：

1. 携带《民用爆炸物品运输许可证》；

2. 民用爆炸物品的装载须符合国家有关标准和规范，车厢内不得载人；

3. 运输车辆安全技术状况应当符合国家有关安全技术标准的要求，并按照规定悬挂或者安装符合国家标准的易燃易爆危险物品警示标志；

4. 运输民用爆炸物品的车辆应当保持安全车速；

5. 按照规定的路线行驶，途中经停应当有专人看守，并远离建筑设施和人口稠密区域，不得在许可之外的地点经停；

6. 按照安全操作规程装卸民用爆炸物品，并在装卸现场设置警戒，禁止无关人员进入；

7. 出现危险情况立即采取必要的应急处置措施，并报告当地公安机关。

（六）使用管理

对民用爆炸物品的使用，主要是进行爆破作业活动。我国对民用爆炸物品的爆破作业实行许可制度，未经许可，任何单位和个人均不得实施爆破活动。申请从事爆破作业的单位，向县级公安机关提出申请，对符合条件的，核发《爆破作业单位许可证》。营业性爆破作业单位持《爆破作业单位许可证》到工商行政主管部门办理工商登记以后，方可从事爆破活动。爆破作业单位应当在办理工商登记以后3日内，向所在地县级公安机关备案。

爆破作业单位应对本单位的爆破作业人员、安全管理人员、仓库管理人员进行专业技术培训。爆破作业人员应当经设区的市级政府公安机关考核合格，取得《爆破作业人员许可证》后，方可从事爆破活动。爆破作业单位应当按照其资质等级承接爆破作业项目，爆破作业人员应当按照其资格等级从事爆破作业。

在城市、风景名胜区和重要工程设施附近实施爆破作业的，应当向爆破作业所在地设区的市级公安机关提出申请。实施爆破作业时，应当由具有相应资质的安全监理企业进行监理，由爆破作业所在地县级公安机关组织实施安全警戒。爆破作业跨省、自治区、直辖市行政区域从事爆破作业的，应当事先将爆破作业项目的有关情况向爆破作业所在地县级公安机关报告。

爆破作业单位应当如实记载领取、发放民用爆炸物品的品种、数量、编号以及领取、发放人员名单。领取民用爆炸物品的数量不得超过当班用量，作业后剩余的民用爆炸物品必须当班清退回库。爆破作业单位应当领取、发放民用爆炸物品的原始记录保存两年备查。

（七）销毁处理

对于变质和过期失效的爆炸物品，应及时清理出库，予以销毁。使用民用爆炸物品的单位在销毁前需进行登记造册，提出实施方案，报上级主管部门批准，并向所在地市、县公安机关备案，在市、县公安机关指定的地点妥善销毁。

第四节 烟花爆竹管理

一、烟花爆竹的含义

烟花爆竹在社会中是一种极为常见的产品，尤其在节假日、结婚、祭祀等特殊的日子更是如此。也正是由于烟花爆竹被广泛使用，加之烟花爆竹本身就具有一定的危险性，从而导致因烟花爆竹发生爆炸、引发火灾等现象屡见不鲜。为了加强对烟花爆竹的治安管理，为了保障人民群众的生命、财产安全，国务院专门制定、颁布了《烟花爆竹安全管理条例》。根据本条例所称，烟花爆竹就是指烟花爆竹制品和用于生产烟花爆竹的民用黑火药、烟火药、引火线等物品。凡是以爆炸声响为主要效果的产品为爆竹类；凡是以光、色以及造型为主要效果的产品为烟花类。

二、烟花爆竹管理制度

依据国务院《烟花爆竹安全管理条例》第 3 条规定，国家对烟花爆竹的生产、经营、运输和举办焰火晚会以及其他大型焰火燃放活动，实行许可制度。未经许可，任何单位或者个人不得生产、经营、运输烟花爆竹，不得举办焰火晚会以及其他大型焰火燃放活动。自《烟花爆竹安全管理条例》颁布以来，公安机关对烟花爆竹的治安管理有了更加明确的法律依据。

（一）生产管理

1. 资格审查。根据《烟花爆竹安全管理条例》第 8 条规定，生产烟花爆竹的企业，应当具备下列条件：

（1）符合当地产业结构规划；

（2）基本建设项目经过批准；

（3）选址符合城乡规划，并与周边建筑、设施保持必要的安全距离；

（4）厂房和仓库的设计、结构和材料以及防火、防爆、防雷、防静电等安全设备、设施符合国家有关标准和规范；

（5）生产设备、工艺符合安全标准；

（6）产品品种、规格、质量符合国家标准；

（7）有健全的安全生产责任制；

（8）有安全生产管理机构和专职安全生产管理人员；

（9）依法进行了安全评价；

(10) 有事故应急救援预案、应急救援组织和人员，并配备必要的应急救援器材、设备；

(11) 法律、法规规定的其他条件。

2. 许可申请。生产烟花爆竹的企业，应当在投入生产前向所在地设区的市人民政府安全生产监督管理部门提出安全审查申请，并提交能够证明符合《烟花爆竹管理条例》第8条规定条件的有关材料。设区的市人民政府安全生产监督管理部门应当自收到材料之日起20日内提出安全审查初步意见，报省、自治区、直辖市人民政府安全生产监督管理部门审查。省、自治区、直辖市人民政府安全生产监督管理部门应当自受理申请之日起45日内进行安全审查，对符合条件的，核发《烟花爆竹安全生产许可证》。生产烟花爆竹的企业，持《烟花爆竹安全生产许可证》到所在地县级工商行政管理部门办理登记手续后，方可从事烟花爆竹生产活动。

3. 原材料管理。生产烟花爆竹使用的原料，应当符合国家标准的规定。生产烟花爆竹使用的原料，国家标准有用量限制的，不得超过规定的用量。不得使用国家标准规定禁止使用或者禁忌配伍的物质生产烟花爆竹。

生产烟花爆竹的企业，应当对黑火药、烟火药、引火线的保管采取必要的安全技术措施，建立购买、领用、销售登记制度，防止黑火药、烟火药、引火线丢失。黑火药、烟火药、引火线丢失的，企业应当立即向当地安全生产监督管理部门和公安部门报告。

4. 从业人员培训、考核。生产烟花爆竹的企业，应当对生产作业人员进行安全生产知识教育，对从事药物混合、造粒、筛选、装药、筑药、压药、切引、搬运等危险工序的作业人员进行专业技术培训。从事危险工序的作业人员经设区的市人民政府安全生产监督管理部门考核合格，方可上岗作业。

生产烟花爆竹的企业，应当对生产作业人员进行安全生产知识教育，对从事药物混合、造粒、筛选、装药、筑药、压药、切引、搬运等危险工序的作业人员进行专业技术培训。从事危险工序的作业人员经设区的市人民政府安全生产监督管理部门考核合格，方可上岗作业。

(二) 经营管理

烟花爆竹的经营分为批发和零售。从事烟花爆竹批发的企业和零售经营者的经营布点，应当经安全生产监督管理部门审批。禁止在城市市区布设烟花爆竹批发场所；城市市区的烟花爆竹零售网点，应当按照严格控制的原则合理布设。

申请从事烟花爆竹批发的企业，应当向所在地省、自治区、直辖市人民政府安全生产监督管理部门或者其委托的设区的市人民政府安全生产监督管理部门提出申请。受理申请的安全生产监督管理部门应当自受理申请之日起30日内对提交的有关材料和经营场所进行审查，对符合条件的，核发《烟花爆竹经营（批发）许可证》。

申请从事烟花爆竹零售的经营者，应当向所在地县级人民政府安全生产监督管理部门提出申请。受理申请的安全生产监督管理部门应当自受理申请之日起20日内对提交的有关材料和经营场所进行审查，对符合条件的，核发《烟花爆竹经营（零售）许可证》。《烟花爆竹经营（零售）许可证》，应当载明经营负责人、经营场所地址、经营期限、烟花爆竹种类和限制存放量。

烟花爆竹的批发企业、零售经营者，持烟花爆竹经营许可证到工商行政管理部门办理登记手续后，方可从事烟花爆竹经营活动。

（三）运输管理

根据《烟花爆竹安全管理条例》规定，经由道路运输烟花爆竹的，应当经公安部门许可。经由铁路、水路、航空运输烟花爆竹的，依照铁路、水路、航空运输安全管理的有关法律、法规、规章的规定执行。

经由道路运输烟花爆竹的，托运人应当向运达地县级人民政府公安部门提出申请，受理申请的公安部门应当自受理申请之日起 3 日内对提交的有关材料进行审查，对符合条件的，核发《烟花爆竹道路运输许可证》。该许可证应当载明托运人、承运人、一次性运输有效期限、起始地点、行驶路线、经停地点、烟花爆竹的种类、规格和数量。

经由道路运输烟花爆竹的，除应当遵守《中华人民共和国道路交通安全法》外，还应当遵守下列规定：

1. 随车携带《烟花爆竹道路运输许可证》；
2. 不得违反运输许可事项；
3. 运输车辆悬挂或者安装符合国家标准的易燃易爆危险物品警示标志；
4. 烟花爆竹的装载符合国家有关标准和规范；
5. 装载烟花爆竹的车厢不得载人；
6. 运输车辆限速行驶，途中经停必须有专人看守；
7. 出现危险情况立即采取必要的措施，并报告当地公安部门。

烟花爆竹运达目的地后，收货人应当在 3 日内将《烟花爆竹道路运输许可证》交回发证机关核销。

（四）燃放管理

燃放烟花爆竹，应当遵守有关法律、法规和规章的规定。县级以上地方人民政府可以根据本行政区域的实际情况，确定限制或者禁止燃放烟花爆竹的时间、地点和种类。同时，《烟花爆竹安全管理条例》规定，禁止在下列地点燃放烟花爆竹：文物保护单位；车站、码头、飞机场等交通枢纽以及铁路线路安全保护区内；易燃易爆物品生产、储存单位；输变电设施安全保护区内；医疗机构、幼儿园、中小学校、敬老院；山林、草原等重点防火区；县级以上地方人民政府规定的禁止燃放烟花爆竹的其他地点。

燃放烟花爆竹，应当按照燃放说明燃放，不得以危害公共安全和人身、财产安全的方式燃放烟花爆竹。为了确保燃放的安全，避免事故的发生，关于正确燃放烟花爆竹的宣传教育工作必须常住不懈。因此，各级人民政府和政府有关部门应当开展社会宣传活动，教育公民遵守有关法律、法规和规章，安全燃放烟花爆竹；广播、电视、报刊等新闻媒体，应当做好安全燃放烟花爆竹的宣传、教育工作；未成年人的监护人应当对未成年人进行安全燃放烟花爆竹的教育。

（五）焰火晚会管理

举办焰火晚会以及其他大型焰火燃放活动，应当按照举办的时间、地点、环境、活动性质、规模以及燃放烟花爆竹的种类、规格和数量，确定危险等级，实行分级管理。分级管理的具体办法，由国务院公安部门规定。

申请举办焰火晚会以及其他大型焰火燃放活动，主办单位应当按照分级管理的规定，向有关人民政府公安部门提出申请，受理申请的公安部门应当自受理申请之日起 20 日内对提交的有关材料进行审查，对符合条件的，核发《焰火燃放许可证》。

公安部门应当加强对危险等级较高的焰火晚会以及其他大型焰火燃放活动的监督检查。

焰火晚会以及其他大型焰火燃放活动燃放作业单位和作业人员，应当按照焰火燃放安全规程和经许可的燃放作业方案进行燃放作业。

第五节　剧毒物品与放射性物品管理

一、剧毒物品的管理

（一）剧毒物品的概念及范围

剧毒物品是指少量进入人畜体内，即可与机体组织发生作用，迅速破坏正常的生理机能，从而导致机体严重受损甚至死亡的毒害品。通常人们把致死量在 1 克以下的有毒物品称为剧毒物品。目前，被列入治安管理的剧毒物品主要有以下几类：

1. 氰化物类。该类剧毒物品最重要的特点就是发作快，常见的有氰化氢、氰氢酸、氰化钠、氰化钾等。

2. 砷化物类。砷化物一般均具有毒性，常见的有砷化氢、三氧化二砷（即砒霜）等。

3. 磷化物类。含磷化合物成分的物质中有相当大的一部分具有剧毒性，可分为无机磷化合物和有机磷化合物。剧毒的无机磷化合物常见的有黄磷、磷化氢等，剧毒的有机磷化物主要是有机磷类农药，如内吸磷（1059）、对硫磷（1605）、甲拌磷（3911）等。

4. 汞化物类。汞及汞化物类普遍具有强烈的毒性，常见的有氯化汞、氯化亚汞、氧化汞、碘化汞、硝酸汞等。

5. 生物碱类。生物碱是一类含氮的碱性天然有机化合物，广泛存在于植物体内，如钩吻、颠茄、罂粟等，某些生物碱也可存在于动物体内，如河豚、毒蛇、斑蝥等。常见的生物碱有士的宁、马钱子碱、阿托品、吗啡等。

（二）剧毒物品管理

根据《危险化学品安全管理条例》及相关法律规定，公安机关负责危险化学品的公共安全管理，负责发放剧毒化学品购买凭证和准购证，负责审查核发剧毒化学品公路运输通行证，对危险化学品道路运输安全实施监督，并负责前述事项的安全检查。

1. 生产管理。国家对剧毒物品的生产统一规划、严格管理。新建、扩建、改建剧毒物品工厂企业，必须经主管单位报省级政府批准，并报化工部备案。工程竣工后，有关人员应组织当地化工、公安、卫生、环保等部门验收审查，合格后到所在地工商行政管理部门登记，申领营业执照；向省级化工行政管理部门申领《剧毒物品生产许可证》，并到公安机关备案后方可生产。

生产剧毒物品的企业，应根据剧毒物品的种类、性能，设置相应的通风、防火、防潮、防爆、防毒、降温以及检测、警报等安全设施和防护用具，建立必要的消防和急救队伍。剧毒物品的包装和质量必须符合国家标准。生产剧毒物品所排放的废水、废气、废渣等污染物，不得超出国家规定的环境标准。剧毒物品的生产应严格按照生产工艺及安全操作规程进行。盛放剧毒物品的器具在使用前后需进行严格检查，消除隐患。

2. 储存管理。国家对剧毒物品的储存实行许可制度。储存剧毒物品的仓库要根据所储存的剧毒物品种类、性质、数量，设置相应的通风、防火、防潮、防爆、防毒、警报等安全设施。仓库应与办公区、生产区、住宅区等区域保持足够的安全距离，并设置明显的警告标志。

剧毒物品应在专用仓库内单独存放，不得与性质相抵触或防护方法不同的剧毒物品混同存放。储存单位应实行双人收发、双人保管制度，并将所储存的剧毒物品的数量、地点以及管理人员的情况，报当地公安机关和负责危险化学物品安全监督管理部门备案。

3. 经营管理。国家对经营剧毒物品实行许可制度。经营剧毒物品的企业，应当向省、自治区、直辖市人民政府经济贸易管理部门提出申请，接到申请后，省、自治区、直辖市人民政府经济贸易管理部门应依据《危险化学品安全管理条例》对申请主体提交的相关材料进行审查，符合条件的，颁发《危险化学品经营许可证》，并将颁发该许可证的情况通报同级公安机关和环境保护机关。

经营剧毒物品的企业销售剧毒物品时，应当记录购买单位的名称、地址和购买人员的姓名、身份证号，以及所购剧毒物品的品名、数量、用途，该记录应至少保存一年。剧毒物品经营企业应当每天核对剧毒物品的销售情况，发现被盗、丢失、误售等情况时，必须立即向当地公安部门报告。

4. 购买管理。国家对剧毒物品的购买实行许可制度，任何单位或个人，未经许可，不得私自购买剧毒物品。购买剧毒物品，应当遵守下列规定：

（1）生产、科研、医疗等经常使用剧毒物品的，应当向设区的市级人民政府公安部门申请领取购买凭证，凭购买证购买；

（2）单位临时需要购买剧毒物品的，应当凭本单位出具的证明（须注明品名、数量、用途）向设区的市级人民政府公安部门申请领取准购证，凭准购证购买；

（3）个人不得购买农药、灭鼠药、灭虫药以外的其他剧毒物品。

5. 运输管理。国家对运输剧毒物品实行资质认定制度，未经资质认定，不得运输剧毒物品①。通过公路运输剧毒物品的，托运人应当向目的地的县级政府公安部门申请办理剧毒物品公路运输通行证，并提交有关剧毒物品的品名、数量、始发地和目的地、运输路线、运输单位、驾驶人员、押运人员、经营单位和购买单位资质情况的材料。禁止利用内河以及其他封闭水域等航运渠道运输剧毒物品。

剧毒物品在运输途中若发生丢失、被盗、遗撒、泄漏等事故时，承运人及押运人必须立即向当地公安部门报告，并采取有效的警示及补救措施。

6. 使用管理。国家对剧毒物品的使用实行许可审批制度，使用单位须持本单位的证明信向当地公安部门登记，经审查符合条件的，核发《剧毒物品使用许可证》，严禁无证单位使用剧毒物品。

使用剧毒物品的单位应当对本单位的生产、储存等安全设施每年进行一次安全评价，其中若发现相关安全设施存在安全隐患或现实危险的，应当立即停止使用，予以更换或修复。此外，使用单位应当对剧毒物品的产量、流向、储存量及用途如实记录。并采取必要的安全保障措施，防止剧毒物品被盗、丢失、泄漏或误售、误用等情形的发生。使用单位一旦发现上述情况，须立即报告当地公安机关。

二、放射性物品的管理

（一）放射性物品的概念及范围

放射性物品是指某些元素和它们的化合物，结构不稳定，衰变时能够从原子核中放射出

① 王精忠主编：《治安管理学》，群众出版社 2007 年版，第 195 页。

肉眼看不见的、有穿透性的粒子即射线，具有这种性能的元素及它们的化合物，称之为放射性物品。

从广义上讲，放射性物品应当包括放射性同位素、放射性废物和具有放射性的核材料。常见的放射性物品主要有：工农业、医疗卫生、科研、地质等部门使用的钴-60，铯-137和铍钋中子源等；放射性的矿砂及其浓缩物，如独居石、铀矿砂、浓缩铀等；放射性化工制品，如夜光粉、硝酸钍等；放射性药剂、放射性废物、放射性同位素等。根据1989年10月国务院颁布的《放射性同位素与射线装置放射防护条例》规定，列入公安、卫生、环保部门管理的是放射性同位素和射线装置。

（二）放射性物品管理制度

1. 许可登记管理。根据《放射性同位素与射线装置放射防护条例》规定，国家对放射性同位素与射线装置生产、使用、销售中的放射防护（简称放射工作）实行许可登记制度，许可登记证由卫生、公安部门办理。同时，国务院卫生、环境保护和公安部门按照各自的适用和本条例的有关规定，对放射工作实施监督管理。

任何单位在从事生产、使用、销售射线装置前，必须向省、自治区、直辖市的卫生行政部门申请许可；在从事生产、使用、销售放射性同位素和含放射源的射线装置前，必须向省、自治区、直辖市的卫生行政部门申请许可，并向同级公安部门登记。涉及放射性废水、废气、固体废物排放的，还必须先向省、自治区、直辖市的环境保护部门递交环境影响报告表（书），经批准后方可申请许可登记，领得许可登记证后方可从事许可登记范围内的放射工作。放射工作许可登记证每1至2年进行1次核查，核查情况由原审批部门记录在许可登记证上。凡申请许可、登记的放射工作单位，必须具备下列基本条件：

（1）具有与所从事的放射工作相适应的场所、设施和装备，并提供相应的资料；

（2）从事放射工作的人员必须具备相适应的专业及防护知识和健康条件，并提供相应的证明资料；

（3）有专职、兼职放射防护管理机构或者人员以及必要的防护用品和监测仪器，并提交人员名单和设备清单；

（4）提交严格的有关安全防护管理规章制度的文件。

2. 运输管理。运输放射性物品，须遵守运输部门有关规定，妥善包装，并经卫生防护部门检查，符合法定标准的，开具《放射性物品剂量检查证明书》后方可运输。托运、承运和自行运输放射性同位素或者装过放射性同位素的空容器，必须按国家有关运输规定进行包装和剂量检测，经县以上运输和卫生行政部门核查后方可运输。运输放射性物品须用机动车辆专程运输，运输量大的，还需指定专人护送押运，并按指定的路线、时间、车速运输。严禁个人随身携带放射性物品进入公共场所，严禁个人携带放射性物品乘坐公共交通工具。

3. 储存管理。放射性物品的储存应建立专门的储存室，储存、保管工作应做到封存严密、控制严格、执行严谨，不得违反国家相关法律规定的安全标准。放射性同位素不得与易燃、易爆、腐蚀性物品放在一起，其贮存场所必须采取有效的防火、防盗、防泄漏的安全防护措施，并指定专人负责保管。贮存、领取、使用、归还放射性同位素时必须进行登记、检查，做到账物相符。公安机关应定期进行深入检查，对检查中发现的安全隐患或保管上的疏漏，应及时指出应要求限期整改。

4. 使用管理。放射性同位素的生产、使用、贮存场所和射线装置的生产、使用场所必须设置防护设施。其入口处必须设置放射性标志和必要的防护安全联锁、报警装置或者工作信号。

在室外、野外从事放射工作时，必须划出安全防护区域，并设置危险标志，必要时设专人警戒。在地面水和地下水中进行放射性同位素试验时，必须事先经所在省级环境保护、卫生行政部门批准。

5. 放射防护监督。治安管理机关即公安机关对放射性物品安全管理负有防护监督的职责。根据《放射性同位素与射线装置放射防护条例》的规定，县以上公安部门对放射性同位素应用中的安全保卫实施监督管理，主要职责是：(1) 登记放射性同位素和放射源；(2) 检查放射性同位素及放射源保存、保管的安全性；(3) 参与放射事故处理。

同时，公安部门应当积极协助卫生行政部门负责本辖区内放射性同位素与射线装置的放射防护监督，协助省级环境保护部门对放射性同位素和含有放射源的射线装置在应用中排放放射性废水、废气、固体废物的监督。具体协助工作有：会同有关部门调查处理放射事故及放射性环境污染事故；协助组织放射防护知识的宣传、培训和法规教育；协助卫生等部门对人体受到超剂量照射的放射事故进行调查等。

6. 放射事故管理。国家对放射性同位素与射线事故（简称放射事故），实行分级管理和报告、立案制度。发生放射事故的单位，必须立即采取防护措施，控制事故影响，保护事故现场，并向县以上卫生、公安部门报告。对可能造成环境污染事故的，必须同时向所在地环境保护部门报告。

公安机关应当对放射物品丢失、被盗案件进行立案侦查和追缴。公安机关对利用放射物品伤害他人、危害公共安全的犯罪分子依法进行刑事侦查工作；对放射性同位素丢失、被盗的放射事故负责调查处理，对丢失的放射源及时追缴。

第十二章　网络安全管理

第一节　网络安全管理概述

一、网络安全管理的概念

（一）网络安全的基本问题

1. 网络的含义。在探讨“网络安全”含义之前，首先应该明确“网络究竟是什么”的问题。在信息技术领域中，网络是信息传输、接收、共享的虚拟平台，通过它把各个点、面、体的信息联系到一起，从而实现这些资源的共享。网络是人类发展史来最重要的发明，提高了科技和人类社会的发展。

网络有狭义、广义之分。狭义的网络仅仅指互联网，即我们通常所说的“Internet”，广义的网络是指除了众所周知的互联网之外，主要还有移动通信网以及物联网，其中，物联网的问世掀起了世界信息产业的第三次浪潮，它是一种可以将任何物品与互联网连接起来，进行信息交换和通讯，从而实现智能化识别、定位、追踪、监控和管理的网络。

2. 网络的载体。关于网络的载体，除了计算机以外，智能电视、智能手机、智能游戏机也发挥着越来越重要的作用。例如，一台仅仅有二三公分厚的智能电视机就能帮助人们实现异地通话、视频与购物；手机和网络实现一体化发展，随着4G手机的推广普及，手机视频、录音、收发邮件的功能更加突出，手机与互联网趋同的趋势越来越明显；此外，对于网络的载体，也不应仅限于计算机、智能电视、手机层面上，随着信息技术的迅速发展，不断有新型智能设备问世，例如Play Station 4（简称PS4），是索尼电脑娱乐公司（SCE）开发的一款家用型游戏机，它不仅具有跨游戏语音聊天的功能，而且通过Ustream和Twitch两个平台，可以实现网络串流实况转播游玩画面，使用者可以观看其他人游玩过程的串流直播、截图及录制视频。由此看来，网络恐怖主义分子可以通过电视、手机，发送恐怖信息与视频，也可以通过一部游戏机，实时教授暴恐技术。因此，我认为凡是具有存储与传播信息功能的设备，均可以成为网络的媒介。所以我们应对网络的外延与媒介作扩大化解释。

3. 网络安全的含义。所谓“网络安全”就是指互联网、移动通信网、物联网等网络系统的硬件、软件及其数据不受偶然的或恶意的破坏、更改、泄露，保证系统连续可靠运行，网络服务不中断①。网络安全所要实现的基本目标是保障网络通信过程中数据信息的保密性、完整性、可靠性、真实性、可用性；网络安全的根本目标是保障网络系统及其应用的相对安全性。

---

①　赵民胜、李梅丽、谷珍丽：《当前的国际形势与中国国家安全》，中国人民大学出版社2014年版，第225页。

随着网络的广泛应用，网络与国家政治、经济、军事、文化等方面的联系日益紧密，人们对国家安全的认识也不断得到深化和扩展。基于此，网络安全逐渐成为影响国家安全的一项重要因素，在国家安全中的地位也逐步上升，直接影响政治稳定、经济发展、社会安定。

（二）网络安全管理的含义

根据《中华人民共和国计算机信息系统安全保护条例》规定，公安机关依法履行信息系统安全监督管理职责，换言之，公安机关是进行网络安全监督管理的法定机关。因此，在治安学理论中，网络信息管理指的是公安机关工作人员通过法律规定的手段保障网络系统的硬件、软件及其数据不受偶然的或恶意的破坏、更改、泄露，保证系统连续可靠运行，网络服务不中断，主要包括保证信息安全、数据的安全、服务的安全和通信的安全等。

二、网络安全管理的组织体系及职责

（一）网络安全管理的组织体系

根据全国人大通过的《中华人民共和国人民警察法》以及国务院制定的《计算机信息系统安全保护条例》规定，公安机关监督管理全国计算机信息系统的安全保护工作，也就是说，公安机关是网络安全管理的主管部门，而安全机关、保密机关以及国务院的其他有关部门，只能在国务院规定的职责范围内做好信息系统安全保护工作，其职责范围是专门的，有限的。

我国于20世纪80年代初掀起了普及应用计算机的第一次热潮，鉴于发达国家计算机发展应用过程中的经验教训，我国亦将全国计算机安全管理和监察的职责赋予了公安机关，国家批准公安机关内部设立计算机安全管理和监察机构，负责计算机网络的安全管理与监察工作。

我国计算机安全管理的基本原则是区域管理，以块为主，条块结合，各区域（省、地、市、县）内的任何单位，不管其隶属关系如何，计算机的安全管理，均由当地公安机关的主管部门归口管理。

1998年9月，根据国务院批准的公安部机构设置方案，原计算机管理监察司更名为公共信息网络安全监察局，以下各级基层机构也适当进行了调整，以适应网络安全监察工作的需要。公安部明确了各级公安机关公共信息网络安全监察机构设置的原则：省级公安厅公共信息网络安全监察处的机构设置，应与公安部公共信息网络安全监察局的职能相对应；地市（特别是省辖市和信息化程度较高、网络用户相对集中的城市）公安机关，在其内部也应建立一支专门的信息网络安全监察队伍，以便更好地发挥公共信息网络安全监察的职能；各级信息网络安全管理监察机构规模的大小，应与监察业务量的大小、信息网络覆盖范围的大小相适应，其内部至少应该包括安全决策部门、安全审查部门，并配备网络安全技术人员、网络安全管理人员以及网络安全法律人员①。

（二）网络安全管理部门的职责

治安机关即公安机关在网络安全管理方面的具体职责，主要来源于国务院颁布的《计算机信息系统安全保护条例》的规定。该条例对公安机关在维护网络安全、依法进行监督管理方面作出了明确、具体的规定。

1. 计算机信息系统等级保护职责。根据《计算机信息系统安全保护条例》第9条规定，

① 王精忠主编：《治安管理学》，群众出版社2007年版，第179页。

计算机信息系统实行安全等级保护。安全等级的划分标准和安全等级保护的具体办法，由公安部会同有关部门制定。本条运用分等级组织管理规则对各领域涉及国家利益、集体利益和公民合法权益的信息系统安全，按统一规定和标准分等级进行保护。公安部须会同有关部门制定出统一的安全等级划分标准及其配套的可操作性规范，制定实施安全保护工作的行政管理办法和相关规定。

2. 国际互联网计算机信息系统备案职责。《计算机信息系统安全保护条例》第 11 条规定，进行国际联网的计算机信息系统，由计算机信息系统的使用单位报省级以上人民政府公安机关备案。该条规定包括两方面的内容：一是直接与国际联网（即通常所说的互联网）的信息系统需要报省级以上公安机关备案；鉴于国内互联网系统与国际网互联，与国际联网的信息系统包括国内信息系统基础互联通信服务网络系统，该网络中的网站系统、节点系统、网络管理中心，以及各行业、各部门、各单位接入互联网络的终端系统，国内其他接入互联网的信息系统同样需要备案①。二是公安机关应当对备案系统安全保护工作进行监督管理，并以互联网各信息系统的安全等级保护工作为支撑基础，控制有害信息，维护网络空间以及社会稳定，查处非法犯罪案件。

3. 监督、指导保护工作，查处计算机违法犯罪。《计算机信息系统安全保护条例》第 17 条规定了公安机关对计算机信息系统安全保护工作行使监督职权，主要包括：监督、检查、指导计算机信息系统安全保护工作；查处危害计算机信息系统安全的违法犯罪案件。本条规定的公安机关的监督职权，一是对各领域、各行业的信息系统以及网络系统的安全保护工作实施监督检查指导，组织引导社会资源，开展与信息系统安全保护工作密切相关的其他工作；二是查处利用、针对信息系统从事危害信息系统安全及危害国家利益、社会利益、公众利益的案件；三是对互联网信息系统安全保护工作实施监督管理，以支持网络空间框架下的虚拟社会问题管控（如有害信息防治等），为维护信息社会的国家利益、社会利益和公民合法利益提供有效支持和保障。

4. 计算机病毒、有害信息的防治与监督。根据《计算机信息系统安全保护条例》第 15 条规定，对计算机病毒和危害社会公共安全的其他有害数据的防治研究工作，由公安部归口管理。本条直接规定了公安部对计算机病毒和危害社会公共安全的其他有害数据的防治研究工作实行归口管理。具体而言，针对网络蠕虫、木马、黑客程序等恶意代码，亦即我们所称的计算机病毒的防治工作，统一由由公安部负责，以保障我国计算机信息系统安全、有序的运行；关于危害社会公共安全的有害数据，主要是指政治舆论性的，能够引起社会恐慌的，危害身心健康和信息系统安全的不良信息，对其研究与防治，统一由公安部管理，以营造健康的网络环境，维护社会的安宁稳定。

5. 计算机信息系统安全专业产品的管理。《计算机信息系统安全保护条例》第 16 条规定，国家对计算机信息系统安全专用产品的销售实行许可制度，具体办法由公安部会同有关部门制定。本条规定了计算机信息系统安全专用产品的销售许可制度：首先，计算机信息系统安全专用产品是指专门用于建构信息系统安全防护机制的安全功能组件（安全固件、硬件、软件等）、系统中配置的安全设备以及用于系统安全检测的工具等；其次，计算机信息系统安全专用产品的销售管理统一由公安部负责，为确保上述产品的安全性和可靠性，防止对系统安全的危害，国家必须对这类产品的销售严格管控，实行许可制度；最后，销售许可

① 王斌君主编：《信息系统安全监察》，中国人民公安大学出版社 2013 年版，第 41 页。

制度，既是市场准入制度，也是信息系统安全产品的管理制度，从销售环节入手，把握信息安全市场的准入关，规范信息安全产品的市场，确保我国计算机系统安全技术的质量。

三、维护网络安全的必要性

随着网络的广泛应用，网络与国家政治、经济、军事、文化等方面的联系日益紧密，人们对国家安全的认识也不断得到深化和扩展。基于此，网络安全逐渐成为影响国家安全的一项重要因素，在国家安全中的地位也逐步上升。同时，由于网络天生具有的开放性、共享性特性，使得网络易被不法分子所利用，攻击、破坏网络系统，窃取国家、企业机密，盗取电子现金等，对国家、社会及公民的合法权益造成极大损害，直接影响政治稳定、经济发展和社会安定。

（一）网络安全已上升到国家安全的战略高度

1. 网络安全开始成为国家安全的核心因素。随着信息技术在社会经济生活各个领域的广泛应用，信息安全已经成为国家安全的重要因素甚至核心因素。特别是网络信息战的出现，使得用鼠标和键盘进行一场不流血的战争正在成为现实。随着网络信息技术的进一步发展，信息战必将成为21世纪战争舞台上的重要角色。

2. 网络安全成为影响国际关系的重要因素。互联网时代，国家的政治性活动大多以信息网络为载体来实现。不同国家之间意识形态的斗争也越来越多地利用网络信息作为战场，网络战争和意识形态斗争的激烈程度将日益加剧。美国等西方国家凭借技术优势进行网络渗透、谋取网络霸权，实施西化分化，突破原有意义上的国家边界，形成互联网阵地，以最终达到其政治目的，改变国际关系格局。

3. 网络安全已经成为国际经济竞争的制高点。科学技术是第一生产力，信息技术创新正在向纵深发展，信息通信产业是全球最大的产业，智能工业、电子商务、互联网金融等新兴产业快速崛起，云计算、物联网让所有的商品物品、机器设备都连接到互联网上进行智慧化远程控制，大数据技术让信息资源的经济价值得到充分挖掘。国际经济竞争、综合国力竞争，越来越聚焦在信息网络领域。

（二）当前我国的网络安全正面临着严峻挑战

1. 政治领域面临的挑战。网络传播为某些西方国家推行强权政治提供了更方便的途径，这些西方国家利用互联网对我国进行舆论攻击，企图煽动民心，实施政治打压，丑化中国国际形象，目的是通过网络舆论激化我国的社会矛盾，引发社会不稳定因素。

2. 经济领域面临的挑战。网络经济信息安全已成为急待解决的涉及国家经济全局和长远利益的关键问题之一。目前，我国经济生产生活中的各类数据，有很大一部分通过互联网传播。一方面，国外竞争对手可以方便地利用网络获取我国企业信息，在竞争中对我国企业进行打压；另一方面，大量涉及我国经济运行状况的数据一旦被窃取，对部分行业甚至整个国民经济构成潜在威胁。

3. 科技领域面临的挑战。目前，我国高端信息安全产品尚不能完全自主研发，特别是核心设备和技术、信息安全标准、整体解决方案等严重依赖于国外厂商。即便是自主研发的信息安全产品，其硬件也主要是通过对外采购产品或向外购买专利获得的，仍然严重受制于人，这些技术和产品的漏洞不可控，使网络和系统更易受到攻击。一方面，我国在应对新兴技术信息安全问题方面反应过慢，缺乏有效的应对手段。另一方面，网络攻击、网络犯罪技术不断革新。全球互联网根域名服务器均由国外掌握，进一步增加了我国网络和信息安全风险。

4. 文化领域面临的挑战。网络的发展促使信息技术和传播媒介的发展，一方面加速了各种文化的传播和相互吸收与融合，另一方面也使一个国家的文化道德、文化准则和价值观念受到冲击。以美国为首的西方国家，正是借助于其强大的信息优势，加紧对我国进行文化渗透和意识形态领域的占领。美国开始有了当年尼克松讲的“不战而胜”的期待。

在政治领域，信息化改变传统的政治生态，促进民主法制的发展；在经济领域，信息化促进传统产业转型，催生全新的经济形态；在社会领域，信息化促进社会结构的变革，改变社会成员的生存方式和生活方式；在文化领域，信息化使文化的内容形式和传播方式发生了巨大变化，极大地促进了文化事业和文化产业的发展；在军事领域，信息化背景下的军事斗争能力成为国家国防力量的关键要素；在科技领域，现代信息技术水平成为衡量一个国家整体科学技术水平的重要标志。信息化与各领域的融合，使信息化的管理问题日益凸显。这种管理不是对信息化的单个要素进行碎片式的管理，而是要注重管理好各个要素之间的关系，找到更加合适的管理手段和方式。不加强管理，信息化受影响，网络安全更没有保障。

四、网络安全管理的任务与原则

网络对一国经济、政治、社会、文化等领域的渗透越来越明显，网络安全日益成为成为推动经济社会转型、实现可持续发展、提升国家综合竞争力的强大动力。但是，网络在给人们带来福祉的同时，计算机病毒、黑客攻击、网络犯罪等危害网络安全的现象愈演愈烈，因此，公安机关必须严格依法管理，确保网络安全。

（一）网络安全管理的任务

关于公安机关网络安全管理的任务，应集中到公安信息化工程建设上来，要注重信息网络建设、应用系统建设、标准规范建设、安全保障系统建设、运行管理体系建设和公共网络安全监控系统建设这六大方面①。

1. 加强信息网络建设。信息网络建设第一步要重点建设好一级主干网（部到省级）、二级主干网（省到地市级）和部分三级网（市到县级）。信息网络一期工程将以专网连接全国所有地市以上各级公安机关、50%县级公安机关、10%的公安基层单位（科、所、队），40%的基层单位可通过电话拨号上网。第二步计划98%的县级公安机关和40%的公安基层单位实现专线连接，另外2%的县级公安机关和60%的基层单位可通过电话拨号上网。此外，依据移动通信技术的发展状况，还要积极解决在大街上值勤民警的移动接入问题，全国公安卫星数据通信也将有大的发展。二期工程主要任务是完善三级网建设，逐步实现多媒体通信。

2. 加强应用系统建设。首先初步建成各警种应用系统及数据库和部、省、地市各级公共支撑平台。各警种业务应用管理系统主要包括：国内安全、经侦、治安、刑侦、出入境、监管、交管、禁毒等应用管理信息系统以及综合办公、人事等信息系统，为全国公安民警服务的快速查询综合信息系统（含全国犯罪信息中心 CCIC 的建设）等也将建成。与此同时，加强与完善各级公安指挥中心，使指挥中心与信息中心一体化。提高与完善现有的移动通信指挥调度系统，逐步普及移动数据终端。建设全国保密电视会议和大案、要案协调会议系统，实现远程公安业务培训与教学。逐步全面完善各公安业务部门所需要的应用系统，最终

---

①［美］丹宁著：《信息战与信息安全》，吴汉平等译，电子工业出版社2003年版。

实现全国公安机关业务信息的高度共享。

3. 加强标准规范体系建设。技术标准与规范体系是实现信息共享的基本依据，它涉及：术语和词汇等编码标准；信息处理与交换标准；数据通信网络的相关标准；可靠性与维修性标准；安全和电磁兼容标准；工程和质量管理标准；公安业务处理流程以及查询登录响应时间等重要标准共 1272 项。这些标准的制定目前已基本完成，当前要做的工作是对各项标准应用的基础上，进行修改完善。

4. 加强安全保障体系建设。计划建立“工程安全体系结构模型”从合理最优的角度，对安全程度、系统性能、实用方便和管理简单等诸多因素进行综合考虑，制定可靠性指标，容错与故障恢复，容灾与灾难恢复，以及网络安全和系统安全等多项设计。为此，计算机网络安全设计应包括系统安全、网络管理安全、内部网络资源保护、网络互连与用户接入、安全管理和监控等；公安综合信息系统安全设计应完成计算机系统安全、PKI（公钥基础设施）。PMI（权限管理基础设施）、CA（认证）等信息系统安全设计。

5. 加强运行管理体系建设。运行管理建设是公安信息化建设的重要内容之一，没有良好的运行管理就不可能取得效益，必须克服“重建设轻管理”的倾向，抓好运行管理体系建设。运行管理体系由运行机制，管理模式，规章制度，技术标准与规范，编制与岗位，人才培养以及相关的技术系统组成。应建成相应的为信息网络、数据库系统安全运行管理服务的软硬件基础设施建设，同时，也要完成管理人员的定岗、定编、培训、考核等工作。

6. 加强公共信息网络安全监控系统建设。保证公共网络的安全运行，打击各种计算机网络空间犯罪，监控网上的各种有害信息，是全国公安机关的职责。必须对全国公共网络的安全状况进行实时监控，以便及时发现病毒与黑客的攻击破坏，防止境外有害信息入侵，为经济建设服务。在这一领域全国公安机关正面临着前所未有的严峻挑战，建设这样一个全国监控体系已经刻不容缓。

（二）网络安全管理的原则

网络安全管理的原则是公安机关依法对网络进行安全管理与监督的根本性行为准则。在我国，公安机关是治安管理的主体，在履行职责时，除了应遵守依法管理原则，预防为主、保障安全原则，公开管理与秘密工作相结合原则等治安管理的基本原则外，公安机关作为网络安全管理的法定机关，还必须严格遵守网络安全管理的原则，从而实现对全国网络系统的有效管理与监督。实现网络安全管理的原则主要有：安全监控原则、多人负责原则、任期有限性原则、职责分离原则。

1. 安全监控原则。该原则是由“预防为主，保障安全原则”引申而来。对于网络的安全管理，应当将预防工作放在首位，但同时，由于网络的隐蔽、开放、共享等特性，若想做好预防工作，首先应该注重网络的安全监控。只有安全监控工作做好了，才能谈有效预防的可能。公安机关可以通过防火墙、身份认证、数据加密、数字签名、信息过滤等措施，实现对网络安全的有效监控。

不同环境和应用方式的网络安全监控有不同的内容与侧重，安全监控的内容主要有：运行系统的安全监控，主要是保障信息处理和传输系统的安全，侧重于保障系统正常运行，避免因系统的崩溃和损坏而对系统存储、处理和传输的信息造成破坏和损失，避免因电磁泄漏而产生信息泄露，干扰他人或受他人干扰；信息系统的安全监控，包括用户口令鉴别，用户存储权限控制，数据存取权限、方式控制，安全问题追踪，计算机病毒防治等，避免信息系统的受损、崩溃；信息传播的安全监控，主要是对信息传播后果的监控，通过信息过滤等措施，侧重于防止、控制非法、有害的信息传播后的后果，避免公用网络上大量自由传输的信息失控；信息内容的安全监控，侧重于保障信息的保密性、真实性和完整性，避免攻击者利用系统的安全漏洞进行窃听、冒充、诈骗等有损于合法用户的行为，本质上是保护用户的利益与隐私。

2. 多人负责原则。所谓多人负责原则，就是指从事每项与网络系统有关的活动，都必须有两人或多人在场。所有参与工作的人员都必须是计算机网络系统主管领导指派，并经高层管理机关认可，确保参与工作的人员能胜任工作且安全可靠。坚持这一基本原则，是希望工作人员彼此互相制约，从基本工作环节入手提高计算机信息网络的安全性。

3. 任期有限原则。任期有限原则，是指担任与网络安全管理工作有关的职务，都应有严格的时间期限。对于涉及网络安全的任何工作职务，都不应成为某个人永久性或专有性职务。坚持这一基本原则，一方面是因为长时间从事安全工作，会使人在精神上过度劳累，从而使网络系统的安全可靠性有所下降；另一方面也可以在一定程度上避免网络系统中的某些违纪、违规、违法行为长期藏而不露，降低利用职务之便在公安网络系统中从事泄露、出卖国家秘密、商业秘密、踏入隐私等非法犯罪行为发生的可能性。

4. 职责分离原则。坚持本原则，就是将在网络系统使用、管理、监督的机构内，把各项可能危及网络系统安全的工作进行拆分，并划归不同工作人员的职责范围，这就是所谓的“职责分离”。

坚持这一基本原则，是希望各工作环节相互制约，降低发生危害事件的可能性。每个工作人员只能涉及自己业务职责范围内的工作，除非经高层安全管理机关批准，否则不能泄露自己工作中涉及安全的工作内容或了解不属于自己职责范围内的工作内容。如发现有公安机关工作人员私自超越工作职责范围，应视情况给予纪律处分并向上级领导报告。

第二节　网络安全的严峻现实

以互联网为基本架构的网络空间已成为继陆、海、空、天之后的第五空间，各国均高度重视网络空间的安全问题。目前，网络空间安全总体形势不容乐观，不仅影响了网络用户的利益，而且给国家安全带来了严重的威胁与挑战。网络安全面临的主要危险有：网络监控行为猖獗；计算机病毒泛滥；黑客攻击日益增多；网络犯罪现象严重；网络恐怖主义盛行等。

一、网络监控行为猖獗

（一）网络监控的含义

此处所讲的“网络监控”是指国外主体，包括国外的国家机关、社会组织及个体，违背国际法、国际条约、国际惯例等的规定，利用本国的先进网络技术，对他国或地区进行隐蔽监视的行为。

（二）网络监控行为的表现

1. 网络监控从隐蔽走向公开。网络监控行为来源于2013年6月“棱镜门”事件的披露，该事件引发了国际社会和公众对网络安全的空前关注，使得美国一直作为隐蔽工作的网络监控行为大白于天下。为了使自己的监控行为正当化、合法化，美国政府对秘密情报监控工作从立法上作了一定的调整。从美方的做法可以看出，网络监控已经揭去了隐秘的面纱，日益成为国际间相互公开使用的正当行业，这一做法势必会进一步造成网络监控的泛滥和不可控。

2014 年 1 月 17 日，奥巴马宣布拟对美国国家安全局广受争议的秘密情报监控项目作一定程度的调整，包括改革对内电话监听项目、承诺不监听盟友领导人等，但坚称不会从根本上改变美国情报监控现状。并在随后的司法部举行的新闻发布会上，高调宣布自己对情报监控项目改革的决定，目的是想平息争议、挽回公众信任。然而，美国这种打着维护自身国家安全旗号，监听他国的行为引起了世界各国的强烈愤慨。我国国防部就美国对中国进行网络监控的问题作出了回应，谴责了美方的虚伪和霸道。

2. 网络监控的范围领域渗透到各行各业。谈到网络监控，人们首先联想到的就是军事领域。但事实上，对军事领域的监控仅仅是冰山一角，网络监控行为已经渗透到政治、经济、军事、文化领域的各行各业。

据新华社柏林 2014 年 7 月 4 日电，美国家安全局前技术主管威廉·宾尼在接受德国联邦议院监听事件调查委员会问询时说，美情报机构监控几乎覆盖了全球所有网络，已远远超出反恐范畴。据德国《明镜》周刊网站报道，宾尼证实了美情报机构在“9·11”事件后一个月，就已开启大规模信息监控行动。在过去十几年中，其监控范畴已从针对恐怖组织及犯罪嫌疑人扩大至“全球 70 亿人口”。此外，美国《纽约时报》2014 年 5 月 21 日披露，美国家安全局等情报机构对外国企业和经济官员进行了广泛的网络监控和窃听、窃密，以保持本国经济竞争力优势，已曝光的监控对象包括巴西、中国等多国的企业和欧盟经济官员，报道列举了美国家安全局监控巴西石油公司、中国电信和欧盟委员会负责竞争事务的委员华金·阿尔穆尼亚等多个案例。由此看出，网络监控不仅仅是军方刺探，为了维护其他领域的优势和利益，网络监控已经无处不在并发挥着巨大作用。

3. 网络监控与反监控成为常态。网络监控的肆意使得人们生活在没有安全感的窥视阴霾之下。面对这种网络安全形势，在没有任何有效可行的国际约束下，各国开始将网络反监控作为应对之策，掀起新一轮网络空间安全“保卫战”。一是许多国家积极寻求彼此合作共同维护信息安全。如德国总理默克尔提议在欧洲建立一个通信网络，保护欧洲国家信息安全，防止电子邮件等资料传送到美国。二是加强顶层设计，建立监管机构。近年来，美、英、法、德、俄等国陆续出台网络安全战略相关政策，各种国家网络防御机构也陆续成立，不断加强网络安全防护。如美国《2014 财年国防预算优先项和选择》中提出了整编 133 支网络部队计划；日本《网络安全基本法案》中规划设立统筹网络安全事务的“网络安全战略总部”等。三是加强网络空间建设，培养网络安全专家。据报道，五角大楼将推行“网络安全军团”项目，计划在两年内增加 6000 名网络安全技术人员，并通过提供奖学金来鼓励计算机人才加入该计划。同时，法、德等欧洲国家陆续制定政策，投入资金，加强网络安全建设，加大人才培养力度。

以上做法虽然是应对网络监控的积极举措，但我们也应清醒地看到，所谓道高一尺魔高一丈，这种监控与反监控的对峙在未来很长一段时间内成为常态。

二、计算机病毒泛滥

（一）计算机病毒的含义

计算机病毒（Computer Virus）是编制者在计算机程序中插入的破坏计算机功能或者数据的代码，能影响计算机使用，能自我复制的一组计算机指令或者程序代码。它一般是由网络技术人才编制的，具有超强复制能力和巨大破坏力的特殊程序，它会破坏计算机的系统、程序和数据，使计算机不能正常运行。计算机病毒通常会将自己的病毒码依附于其他程序之上，有一定潜伏期，一旦条件成熟，计算机病毒就能通其所依附的程序传播病毒，进行各种破坏活动。

（二）计算机病毒的特点

1. 计算机病毒的传染性。传染性是病毒的基本特征。在生物界，病毒通过传染从一个生物体扩散到另一个生物体。在适当的条件下，它可得到大量繁殖，并使被感染的生物体表现出病症甚至死亡。同样，计算机病毒也会通过各种渠道从已被感染的计算机扩散到未被感染的计算机，在某些情况下造成被感染的计算机工作失常甚至瘫痪。

与生物病毒不同的是，计算机病毒是一段人为编制的计算机程序代码，这段程序代码一旦进入计算机并得以执行，它就会搜寻其他符合其传染条件的程序或存储介质，确定目标后再将自身代码插入其中，达到自我繁殖的目的。只要一台计算机染毒，如不及时处理，那么病毒会在这台机器上迅速扩散，其中的大量文件（一般是可执行文件）会被感染。而被感染的文件又成了新的传染源，再与其他机器进行数据交换或通过网络接触，病毒会继续进行传染。此外，计算机病毒可通过各种可能的渠道，如软盘、计算机网络去传染其他的计算机。

2. 计算机病毒的潜伏性。一个编写精巧的计算机病毒程序，进入系统之后一般不会马上发作，可以在几周或者几个月内甚至几年内隐藏在合法文件中，对其他系统进行传染，而不被人发现，潜伏性愈好，其在系统中的存在时间就会愈长，病毒的传染范围就会愈大。

潜伏性的第一种表现是指，病毒程序不用专用检测程序是检查不出来的，因此病毒可以静静地躲在磁盘或磁带里呆上几天，甚至几年，一旦时机成熟，得到运行机会，就又要四处繁殖、扩散，继续为害。潜伏性的第二种表现是指，计算机病毒的内部往往有一种触发机制，不满足触发条件时，计算机病毒除了传染外不做什么破坏。触发条件一旦得到满足，有的在屏幕上显示信息、图形或特殊标识，有的则执行破坏系统的操作，如格式化磁盘、删除磁盘文件、对数据文件做加密、封锁键盘以及使系统锁死等。

3. 计算机病毒的可执行性。计算机病毒与其他合法程序一样，是一段可执行程序，但它不是一个完整的程序，而是寄生在其他可执行程序上，因此它享有一切程序所能得到的权力。计算机病毒一经在计算机上运行，在同一台计算机内病毒程序与正常系统程序，或某种病毒与其他病毒程序争夺系统控制权时往往会造成系统崩溃，导致计算机瘫痪。反病毒技术就是要提前取得计算机系统的控制权，识别出计算机病毒的代码和行为，阻止其取得系统控制权。反病毒技术的优劣就是体现在这一点上。一个好的抗病毒系统应该不仅能可靠地识别出已知计算机病毒的代码，阻止其运行或旁路掉其对系统的控制权（实现安全带毒运行被感染程序），还应该识别出未知计算机病毒在系统内的行为，阻止其传染和破坏系统的行动。

4. 计算机病毒的可触发性。病毒因某个事件或数值的出现，诱使病毒实施感染或进行攻击的特性称为可触发性。为了隐蔽自己，病毒必须潜伏，少做动作。如果完全不动，一直潜伏的话，病毒既不能感染也不能进行破坏，便失去了杀伤力。病毒既要隐蔽又要维持杀伤力，它必须具有可触发性。病毒的触发机制就是用来控制感染和破坏动作的频率的。病毒具有预定的触发条件，这些条件可能是时间、日期、文件类型或某些特定数据等。病毒运行时，触发机制检查预定条件是否满足，如果满足，启动感染或破坏动作，使病毒进行感染或攻击；如果不满足，使病毒继续潜伏。

5. 计算机病毒的破坏性。所有的计算机病毒都是一种可执行程序，而这一可执行程序又必然要运行，所以对系统来讲，所有的计算机病毒都存在一个共同的危害，即降低计算机系统的工作效率，占用系统资源，其具体情况取决于入侵系统的病毒程序。

同时计算机病毒的破坏性主要取决于计算机病毒设计者的目的，如果病毒设计者的目的在于彻底破坏系统的正常运行的话，那么这种病毒对于计算机系统进行攻击造成的后果是难以设想的，它可以毁掉系统的部分数据，也可以破坏全部数据并使之无法恢复。但并非所有的病毒都对系统产生极其恶劣的破坏作用。有时几种本没有多大破坏作用的病毒交叉感染，也会导致系统崩溃等重大恶果。

黑客攻击日益增多

“黑客”一词源于英文“hacker”，原指具有高超电脑网络技能的专业人才，尤其是程序设计人员，如今“黑客”一词已被用于特指那些专门利用电脑网络搞破坏的家伙，黑客攻击已成为网络时代的一大公害，更为严重的是黑客的反社会性质日益明显①。黑客的攻击不仅严重危害网络社会的正常运作，而且一定程度上危害到国家的安全与发展。现实生活中，随着恐怖组织的不断壮大，越来越多掌握了黑客技术的人员被恐怖组织收买，黑客群体的环境日益复杂化，黑客现象发生了质的变化，呈现出组织化、集团化、政治化的趋势。

黑客攻击与计算机病毒最大的区别就是，前者的攻击目标具有特定性，甚至是唯一性，攻击的范围相对较小，主要目的就是为了获取机密信息，篡改核心数据，盗取银行现金等，但是造成的破坏不次于计算机病毒造成的破坏；而计算机病毒的破坏目标就是电脑系统，追求大范围的电脑故障是释放计算机病毒的直接目的。一些不法分子利用 QQ、微信、微博等网络社交平台的定位功能，定向追踪用户的隐私信息，对企业及个人造成巨大安全威胁。另外，近年来，多款国内外知名无线路由器也被曝出存在漏洞，黑客可以通过这些漏洞对企业及个人进行终身监控。就目前网络恐怖主义发展趋势来看，越来越多的恐怖分子利用黑客技术来实现其目的并且造成一定的物理伤害和经济损失，对国家安全构成直接威胁。

四、网络犯罪日渐猖獗

（一）网络犯罪的含义

网络犯罪是指犯罪分子以计算机网络为工具或以计算机网络资产为对象，利用编程、加密、解码技术，或利用其居于互联网服供应商的特殊地位，对存在于网络空间的信息进行侵犯的严重危害社会的行为。

近年来，网络犯罪案件不断增多，形式更加多样，造成的经济损失呈上升趋势，直接威胁国家安全，防范和打击网络犯罪已成为打击网络恐怖主义活动，维护网络安全的重大问题之一。

（二）网络犯罪的表现形式

目前网络犯罪主要有以下几种形式：一是危害计算机信息系统安全运行方面的犯罪。包括非法侵入计算机系统犯罪，特指侵入国家事务、国防建设、尖端科学技术领域的计算机信息系统；非法破坏计算机信息系统，如故意制作、传播计算机病毒等破坏性程序，非法中

① 赵民胜、李梅丽、谷珍丽：《当前的国际形势与中国国家安全》，中国人民大学出版社 2014 年版，第 228 页。

断、攻击计算机系统及通信网络。二是危害国家安全和社会稳定方面的犯罪。如利用互联网造谣、诽谤或发表、传播有害信息，煽动颠覆国家政权、推翻社会主义制度，或者煽动分裂国家、破坏国家统一；利用窃取、泄露国家秘密，如通过互联网窃取、泄露国家秘密、情报或军事秘密；破坏民族团结，如通过互联网煽动民族仇恨、民族歧视，破坏民族团结。三是扰乱社会经济秩序和管理秩序方面的犯罪。如利用互联网侵犯他人商业信誉和商品声誉；编造或传播虚假金融信息，影响证券、期货交易或其他金融秩序；提供电子色情服务及传播淫秽信息等。四是侵犯个人、法人及其他组织人身、财产方面的犯罪。如非法截获、篡改、删除他人电子邮件或其他电子数据；利用互联网进行诈骗、盗窃、敲诈等。

五、网络恐怖主义盛行

(一) 网络恐怖主义的含义

"网络恐怖主义"一词最早是在1997年由美国加州情报与安全研究所的一名研究员柏林·科林首先提出的，他认为网络恐怖主义是"网络与恐怖主义相结合的产物"。2000年2月，英国在《反恐怖主义法案2000》中首次明确提出了"网络恐怖主义"的概念。"9·11"恐怖袭击事件发生后，美国反恐"2001法案"亦将"网络恐怖主义"列为新的法律术语。

但综观学界对网络恐怖主义的各种定义，目前仍未形成一个统一的、为众人所普遍接受的概念界定。柏利·科林对网络恐怖主义的了解，只是处于初步、浅层的认识阶段，认为网络与传统恐怖主义相结合就是网络恐怖主义，并没有对其进行深层次的解释说明。其后，不少专家学者或者相关机构对网络恐怖主义作了进一步的阐述与说明，大多涉及了网络恐怖主义特征、活动方式，以及其包含的政治目的和造成的危害，但是专家学者对网络恐怖主义的表现形式只局限在针对计算机的攻击活动，而没有涉及恐怖分子利用计算机对现实世界的攻击。

因此，本人在总结前人的观点基础之上，也提出了自己的一些主张。我们可以对网络恐怖主义提出这样的界定：网络恐怖主义是特定的组织或个人基于政治目的，有预谋地利用或攻击计算机互联网、手机移动通信网、物联网等网络，进而破坏目标所属国的政治稳定、经济安全，扰乱社会秩序，引起群众心理恐慌，制造轰动效应的思想意识形态和破坏活动。

(二) 网络恐怖主义的特点

1. 技术要求高，隐蔽性强。以往恐怖分子主要利用枪支、炸药、汽车等作案工具，采取枪杀、爆炸、劫持人质等方式实施恐怖活动。自1990年以来，信息网络飞速发展，恐怖主义分子在认识到网络的优越特性之后，便尝试通过网络进行恐怖主义活动。但若想真正掌握网络技术，通过网络发动恐怖袭击，除了要具备先进的网络设备，还必须拥有相关的网络人才。目前，恐怖组织不仅拥有高性能解码器、大型电脑主机等高端、先进的机器设备，还通过各种手段吸纳了大量网络人才，可谓是"硬件设备"与"软件设备"兼具。

此外，由于网络具有匿名和隐蔽特性，网络用户在进入网络系统时不需要填写自己的真实信息，因此恐怖分子只要利用虚拟出来的昵称①，就可以在无人知晓其真实身份的情况下隐蔽地实施恐怖活动。随着加密技术的发展，一次网上攻击不会产生明显的迹象，而且很难判断攻击的根源地，甚至在发动网上袭击之前，恐怖分子就已逃之夭夭，消失得无影无踪，

① 王娟、张雁：《浅析网络恐怖主义问题》，载《科技风》2008年第19期，第54页。

因此恐怖分子实施网上攻击的风险大大减小。鉴于此，恐怖分子可以在他人毫无察觉的情形下，通过网络便可随心所欲地展开一场隐蔽、高效、迅速的袭击，在几秒钟的时间内侵入并瘫痪对方网络。网络恐怖主义袭击的快速性、广泛性、毁灭性，是传统恐怖主义所不能及的。

2. 破坏力强，影响范围广。随着信息技术的进步以及网络在社会中的普遍应用，现实社会对网络的依赖程度与日俱增，这也就决定了网络恐怖分子一旦发起袭击，必定会造成难以想象的后果。加之网络本身具有独特的优越性以及先天的脆弱性，使网络一方面成为恐怖分子实施网络恐怖袭击的得力工具之外，另一方面也为网络恐怖分子提供了一个天然的袭击目标。近些年来，不断有网络恐怖袭击事件发生，给国家、社会、人民均造成难以估计的损失，如2011年年底，多家互联网公司的账户密码被公开下载；2013年8月25日，国家.CN顶级域名服务器遭到大范围禁止服务的袭击，严重影响用户访问该网站①；2014年8月2日，名为“××神器”的手机病毒通过网络大范围传播，该病毒会向手机通信录群发短信，诱骗其他用户点击，以此来获取个人隐私和网银短信验证码等，使得受害人的隐私信息及财产安全受到极大威胁。

3. 活动成本低，限制条件少。恐怖分子之间通常利用互联网聊天工具展开联络，价格便宜的加密软件又可助其逃避电子警察的定位与追查。相比传统恐怖活动，实施网络恐怖活动的成本更为低廉，恐怖组织或个人无需冒着风险花大价钱购买枪支、炸药等作案工具，更无需冒着生命危险去实施恐怖活动。网络恐怖分子只需发挥自己掌握的高端网络技术，就可以对目标发动秘密而有效的袭击。恐怖分子只要躲在一个有网络，有电脑甚至是一部智能手机的地方即可开展一场网络攻击。此外4G通讯技术、蓝牙技术等先进技术的使用，将电脑和移动手机融为一体，成为网络新的组成部分，即使在公共场所，网络恐怖分子依然能够使用这些设备悄无声息地发动一场网络恐怖袭击。

4. 恐怖组织小型化和分散化。传统的恐怖组织内部集中程度高，有严格的等级管理与统一的指挥领导，而网络时代的恐怖组织则趋向分散化、随机化、灵活化和网络化②。对于网络恐怖活动的实施者，既可以是特定的组织，也可以是隶属于某组织却又分散在全球各国的个体，抑或是无组织的个人。美国学者约翰·阿奎拉对网络恐怖组织的特点进行了较为具体的分析，他认为网络恐怖组织通常为分散的、小型的组织，组织成员凭借网络进行联络、策划、组织、实施活动，一般情况下没有确定的领导人或指挥部。目前较活跃的新生恐怖组织如巴勒斯坦伊斯兰圣战组织、本·拉登的“阿富汗阿拉伯战士”组织都采用了网络组织的原则。

5. 袭击目标多样化、扩大化。传统恐怖活动主要将现实世界的军事、政府甚至普通群众作为攻击对象，但是自从进入信息时代以来，交通、金融、通信、电力、能源等国家基础设施与网络紧密相连。此种情形，我们在看到网络为国家各项基础设施领域带来优惠之外，更应该认识到，在恐怖主义盛行的国际形势下，任何一个依靠网络的领域，都可能成为网络恐怖分子的袭击对象，一旦发起攻击，目标系统轻则数据丢失、工作中止，重则全面瘫痪、

① 于世梁：《由“断网”事件引发的思考》，载《辽宁行政学院学报》2014年第11期，第173~175页。

② 张骥、冯冬蕾：《网络恐怖主义产生原因、特点及危害性分析》，载《聊城大学学报》2005年第6期，第6~10页。

无法工作，如此一来造成的损失将不堪设想。可以说网络恐怖主义已成为一种国际性的“公害”。

（三）网络恐怖主义的表现形式

1. 通过网络散布极端思想。网络为网络恐怖主义提供了最便捷、最高效的宣传路径，恐怖分子可以在网络上肆无忌惮地散布自己的宗教信仰、政治目标、攻击手段和方式等一系列的极端思想，可直接导致网页访问者受到巨大的精神冲击。美国参议院国土安全和政府事务委员会2008年报告称，“基地”组织散布其宗旨，从组织、策划到传播都有严格的程序，逐渐建立起一个多层面的、遍布世界各地的宣传网络。“基地”组织制作的宣传品主要有记录恐怖袭击全过程的附带图示、声效、标语、字幕和动画的录像，还有各种网络杂志、文章、实时新闻等。

目前中国境内已经发生了多起恐怖袭击案件，我国已被列主要受害国之一。2014年3月1日，惨无人道的恐怖分子在云南昆明火车站疯狂砍杀无辜群众，并造成140余人受伤，30余人死亡。同年4月30日在新疆乌鲁木齐火车站恐怖分子持刀肆意杀害群众，并引发炸弹装置，造成1人死亡，79人受伤。但是惨剧没有结束，5月22日、7月28日，乌鲁木齐、喀什莎车县等地又接连发生了多起恐怖袭击事件，最终导致大量人员伤亡。从中国警方掌握的大量恐怖案件了解到，大多恐怖分子曾观看过恐怖组织发布在网上的暴恐视频，均不同程度的受到了宗教极端思想的洗脑。恐怖音频视频已成为恐怖袭击在中国境内多发的重要因素。

2. 通过网络传授暴恐技术。网络恐怖分子经常在网络上传播“战绩”，妄图以此吸引群众的注意力。此外，为了增强信息的真实性、可靠性，网络恐怖分子组建了网上虚拟的恐怖主义大学，主要目的是为了向激进分子传授有关设计汽车炸弹、制造炸药与毒气等多种进行恐怖袭击的方法，例如某基地网站专门教授绑架和杀害人质的技巧，以及制造并使用毒气、炸弹的方法等。据了解，到2008年为止，与恐怖分子有关的网页和帖子多达近5亿个，其中内容涉及制作、安装简易爆炸装置的多达数万个。2013年4月16日，发生在美国的波士顿马拉松赛恐怖袭击案，造成183人受伤，4人死亡的惨剧。经调查发现，凶手察尔纳耶夫兄弟使用的炸弹竟然是一个装在背包里的装满了榴霰弹的电压力锅，并由定时装置进行操控。这种炸弹装置正是察尔纳耶夫兄弟通过网站受到极端思想洗脑后，在网络上观看了恐怖分子上传的简易炸弹制作视频，随后便在自家厨房里制作出该炸弹装置，进而引发了此次爆炸事件。

3. 通过网络招募恐怖组织成员。恐怖组织制作大量的宣传资料目的就是为了吸引大量的未成年人和社会闲散人员加入其队伍之中，以此来扩大势力范围，形成势力圈。例如某全球伊斯兰极端思想网站主要负责向西方国家进行宣传灌输，它刊登的某文章在网上十分流行。此外，基地组织受到车臣“黑寡妇”、巴勒斯坦女“肉弹”的影响，转变以往排斥妇女的政策，开始把一部分注意力转移到妇女身上。在互联网上有一个专门针对女性的网站，乍一看该网站普普通通，点进去之后发现，该网站全部是关于恐怖主义宣传的内容。打开网站，可以看到用绚烂的阿拉伯字体写着十分抢眼的网站名称，这个名称是个网络杂志，女性为其主要的目标群体，里面的内容表面上看是女性所关注的家居、时尚、食物等热门话题，实际上里面的信息全是关于如何从自身体质上为加入“基地”组织做准备，如何培育未来的“战地狮子”，并从理论上讨论女性“战士”的角色①。

① 网络时代的全球恐怖主义，百度百科网，http：//news. sohu. com/s2005/kongbunet. shtml。

4. 通过网络直播暴恐活动。由于网络带来的便利条件，使得恐怖分子之间可以充分利用网站、邮件等方式来传递和交换信息，并且可以实行统一的调动和指挥。除此之外，恐怖分子往往将实施的暴恐活动全过程进行网上直播，其目的不是为了追求大量人员的伤亡，而是为了威胁政府，引起社会群众的心理恐慌。例如2013年9月发生在肯尼亚首都的购物中心袭击事件，造成160余人受伤，72人死亡的惨剧，11名恐怖分子被捕。事后，索马里反政府组织“伊斯兰青年运动”声称对此次袭击事件负责，并在推特网站上直播了本次袭击过程。该组织宣称之所以发动恐怖袭击，目的就是为了报复肯尼亚政府对其武装的清剿行动。并警告称，如果肯尼亚政府继续驻军，他们会在肯尼亚境内展开持续性的攻击。此次恐怖袭击事件，不仅造成大量人员伤亡的惨重后果，而且恐怖分子通过在网络上直播恐怖袭击的全过程，给社会群众造成了严重的心理恐慌与恐惧。

5. 通过网络进行人质勒索、恐吓。近年来，国际社会发生了多件恐怖组织通过网络平台来进行人质勒索的事件，网络成为绑架人质，进行勒索的新平台。在现实情况里，恐怖组织要求的赎金支付时间十分短暂，他们给人质所属国只提供非常有限的运作空间，究其本意，网络恐怖分子这样做的目的无非是为了引起社会的关注，打破网络封锁的限制，争取网络主动权。绑架人质事件由于涉及人质的生命安全以及受到社会的广泛关注，为了确保人质安全以及稳定民心，各国不得不作出妥协，让恐怖分子能够在网上继续发表视频，恐怖分子利用此种情形，在人质事件中不仅牢牢掌握了主动权，而且在一定程度上打破了国际社会的网络封锁。如2015年9月9日美联社报道称，极端组织“伊斯兰国”（IS）通过网络声称抓获了两名人质，一名为中国籍顾问，另一名为挪威男子。报道称，IS在其宣传杂志网络版上公布了两名受害人的照片以及一组联系用电话号码，并提出了一系列包括索要大量赎金的不合理要求。中国政府第一时间启动应急机制，尽最大努力营救人质。但恐怖组织无视人类良知和道德底线，最终还是采取了惨绝人寰的暴力行径，11月18日，IS组织宣布两名人质已被杀害，并在一份英文杂志上刊载了两名人质的尸体照片①。

6. 侵入网站传播病毒。传播网络病毒是网络恐怖分子热衷的另一行为方式。制作并释放计算机病毒能够破坏网络的正常运行，影响网络用户的正常工作与生活，以此来引起社会恐慌。传播病毒类似于黑客攻击，但相比之下，网络病毒的攻击范围更为广泛，并且针对性更强。网络病毒可以阻塞信息运行、瘫痪网络系统、发送垃圾邮件等。这些攻击不仅会造成难以估计的经济损失，而且会严重损害网站的良好信誉。

事件一，发生在2000年5月4日的，名为“I Love You”的电脑病毒以邮件的方式在全球蔓延，不仅大量的私人电脑中毒，而且最为严重的是感染了包括英国议会、美国国防部以及一些跨国公司的网络系统，使得网络服务器一度中断运行。攻击者进行病毒传播，主要利用了微软系统自带的邮件工具，每一台微软操作系统的电脑都有Microsoft Outlook邮件接发软件，使用率极高，该病毒通过此邮件系统可以自行复制转发，因此造成了大范围的恶性连锁效应。事件二，2010年肆虐网络的“熊猫烧香”病毒，主要利用下载的档案传染，受到感染的机器文件因为被误携带，会间接地对其他计算机程序、网络系统进行破坏。被“熊猫烧香”病毒感染的系统文件一旦被打开，便会自动下载病毒，最终使许多著名网站相继被植入病毒，受害企业或机构达数千家，其中包括许多诸如交通、金融、电信、税务、能源

① 外交部确认中国人质被IS极端组织绑架并杀害，腾讯网，http：//news.qq.com/a/20151119/025051.htm。

等重要单位①。

7. 攻击和破坏国家基础设施，窃取重要机密。近些年来，网络恐怖分子逐步将注意力转移到国家基础设施以及国家机密、商业秘密上来，究其原因，主要有两个：一方面，国家重要的基础设施诸如通信系统、电力系统、交通系统、金融系统、能源系统等，一旦成为网络恐怖分子的重点攻击目标，造成的后果是十分严重的，甚至可能引起一个国家社会生活秩序的紊乱与瘫痪；另一方面，网络恐怖分子能够利用高超的黑客技术破译密码从而获取重要的国家核心机密以及企业的商业秘密，从而对一国的国家安全、经济发展造成严重威胁。通过网络破坏国家基础设施，窃取重要机密，可以在最大程度上造成攻击目标的损失，从而实现网络恐怖袭击的目的以及远甚于传统恐怖主义的影响力。

事件一，2008 年 12 月，黑客侵入了多个美军指挥系统的网络，引起了严密的戒备。在此次入侵事件中，通过黑客制造的特殊攻击程序可以破译美军计算机系统中的密码，使得各大战区的信息网络特别是中东战区的军事指挥网络遭受到严重影响，即使是一些精密防护的网站也未能幸免于难，美国的军事安全遭受到了严重的威胁。事件二，2010 年 12 月，法国财政部受到黑客的多次入侵，盗走大量信息管理系统方面的重要机密，其中既涉及法国的经济资料，还包括一些有关国际组织的重要文件。整个攻击牵涉到上百台政府管理系统的计算机，法国政府的网络安全防范亟待提高。

第三节 网络安全管理措施

一、网络安全管理的现状

（一）公安网络信息化建设进程

随着我国由计划经济向市场经济不断迈进，我国社会正处于经济的转型期，在这一时期里，我国的各个领域和行业都发系统生了巨大的变化，对于公安系统来说，其在各个方面的执法业务量不断增多，工作的强度和难度也日益加大，公安机关面临着重重困难，同时，公安系统落后的装备在很大程度上也制约着公安人员执法活动的能力和效率，为适应我国社会治安形势的变化和公安系统工作自身发展的要求，不断增强公安人员的破案效率和战斗力，我国公安部决定走科技强警之路，在我国开展公安信息化方面的建设。

20 世纪 80 年代初，我国公安部门开始了信息化的工作，到目前为止，公安部门经历了从无网络信息到有网络信息、从小规模的网络信息到大范围的网络信息、从单项业务到综合业务、从简单的单一网点到复杂的系统联网的发展过程，已经初步建立起了一个公安信息网络化服务体系。1998 年对于公安来说是具有转折意义的一年，经中央的批准，公安部决定以公安信息网络为优先发展的方面，以公安部各项工作信息化为主要内容，在全国各个地区广泛开展公安工作信息化工程，“金盾工程”的建设。在情报主导警务的前提下进一步加速信息化、科技化建设的进程，以公安系统网络设施建设为依托，以信息资源库的各类信息为基础，有效整合公安部各类信息资源，建成一个互联互通、高度共享的公安系统情报信息平台。到目前为止，“金盾工程”的建设已经使公安系统初步形成全警采集、运行顺畅、集约高效的综合性多功能的公安情报信息体系。

---

① 袁风梅：《计算机网络安全隐患》，载《黑龙江科学》2014 年第 8 期，第 269 页。

（二）公安网络安全管理存在的问题

随着我国公安部"金盾工程"建设的不断深入，各个地区的比公安系统的网络信息平台已经建立起来，有效地提升了公安人员执法活动的能力和效率，破案率也有了很大的提高，但是，目前我国公安信息网络存在安全保障的问题，尽管各个地区的公安系统在公安信息网络安全保障方面做了许多的工作和保护措施，但是，还是存在很多问题。

1. 公安系统人员对网络安全重要性的认识程度不高。公安系统人员对公安信息网络安全的疏忽，没有认识到其重要性，相应的宣传教育工作没到位。这方面问题应该从两个角度说明予以说明。

一是小部分警务人员没有认识到公安信息网络安全的重要性，意识非常淡薄，部分警务人员在知识结构上存在缺陷，不了解如何维护公安网络安全，对于此方面存在知识盲点。由于公安系统对于相关的网络信息安全教育不到位或者普及不及时，警务人员在使用和查询公安网络信息时只重视使用效果，对其安全性方面意识淡薄。根据相关机构的调查显示，公安系统85%左右的网络安全事故都是因为网络信息操作的警务人员没有按照相关规程进行操作或者是公安网络安全意识淡薄所造成的；二是网络信息安全知识的宣传和教育的程度不够，虽然公安系统的相关部门在网络信息安全的宣传上做了很多工作，例如打开公安系统网站主页时会弹出一些窗口警示，以及在公安网站上上传相关通知、在公安系统的计算机上粘贴禁止"一机两用"标识等种种形式进行宣传，但最终效果根本没有达到要求。

2. 公安人员网络安全管理执行不力。公安人员没有很好地落实公安系统信息网络安全管理制度。为进一步规范公安网络信息安全工作，公安部相继下发了许多关于公安网络信息安全的规章制度，但是，在公安系统具体执行的过程中遇到一些问题，很多警务人员在思想上未能对网络信息安全引起重视，有些地区的公安系统在公安网络信息安全保密管理工作上力度很小。公安信息网络安全管理处于十分被动的状态，从部门的相关领导到下面的普通警务人员都怀着侥幸心理，根本没有积极主动地去防范、去应对的警示意识，所以，从目前的状况看，公安系统在公安信息网络的安全监测、防护、响应、恢复等方面离标准还有很远的路要走。

3. 网络安全管理人才不足，网络安全技术落后。我国公安信息网络安全管理人才不足，网络安全技术力量十分薄弱。我国各个地区虽然都成立了网络信息安全管理员，但是这支队伍的专职人员很少，只有几个人专职负责网络信息工作，有些地区的公安系统的网络信息安全管理人员甚至是兼职操作，在一些基层单位里，网络信息安全更是由内勤警务人员来管理，这些人员无论是在专业的网络信息安全技术上还是在业务水平上都不能达到公安部所制定的要求标准，所以，在这种情况下，一定会给公安网络安全管理带来难度和负面的影响。

4. 缺乏能够有效防范安全漏洞的防御措施。与国外相比，我国公安网络信息安全管理技术建设落后，缺少能够有效防范安全漏洞的防御措施。近年来，国家和公安部在公安网络信息安全方面给予了很多的支持和帮助，无论从人力上还是财力上都付出了许多，但是就最终的结果和效果来说，并不尽如人意，因为到目前为止，公安系统所采取的所有网络信息安全措施都未能从根本上解决目前的被动局面，整个网络信息安全系统在迅速反应和预警防范等主要方面，缺少有效的防御措施。

二、网络安全的保障措施

当前，我国公安信息网络安全关系着我国公安系统的整个警务能力的提升和发展，对我国社会的长治久安、人民生命和财产的安全、国家经济的快速发展都起着十分重要的作用。因此，加强我国公安信息网络安全十分必要，以下从几个重要的方面简要分析我国公安信息网络安全的重要保障措施。

（一）加强公安信息网络安全理论研究，引起重视

在我国当前的公安系统信息网络平台，要建立以公安信息安全防护为目的，以公安信息安全学为核心，同时结合其他学科内容，如信息技术学、信息管理学、信息社会学等，与我国各领域的学科相融合的信息安全理论体系。要加强公安信息安全的关键技术和相关核心技术的突破以及公安系统信息网络技术的安全可控性的研究，从而引起整个公安系统工作人员对于网络安全管理重要性的充分关注。

（二）加强公安系统网络安全的教育宣传工作

加强公安系统网络信息安全方面的教育宣传，目的就是为了全面提高所有警务人员的网络信息安全意识。对于我国公安信息网络安全系统来说，它是一个相对完整的网络信息体系，在这样的一个网络体系中，任何局部区域的网络出现问题或者在网络技术上存在缺陷，都会对整个网络信息安全系统构成威胁，所以，我们必须要求所有警务人员都要从思想上认识到网络信息安全的重要性，一定要加强自己的责任感，牢牢记住在网络信息安全这个领域一旦出问题就一定是大问题，在公安系统内部一定要杜绝网上违规行为，确保不发生有恶劣影响的网络信息安全事件。

1. 将网络安全教育作为警员上岗、培训的重要内容。把网络信息安全教育作为警员上岗、培训以及职务、衔级晋升的重要内容去执行，可以始终提醒公安机关人民警察，不能忽视网络安全的重要性，要时刻保持积极的心态去落实各项有关网络安全管理的工作。此外，可以通过远程教育，不定期地对各级公安机关的警务人员开展网络信息安全教育，强化他们对网络信息安全教育的认识。

2. 组织网络安全知识和技能竞赛。公安机关可以安排合适的时间、地点组织一些相关的知识技能大赛、实际操作大赛等比赛和活动，不断强化网络信息安全的宣传，对于成绩优异者，给予一定的物质奖励。

3. 在公安网主页上开设相应的专栏或论坛。在全国各个公安系统的公安网主页开设相应的小专栏或者是一些警务人员的论坛，为广大的警务人员提供一个交流的网络平台，使他们能够在网上学到更多的计算机网络安全知识。

（三）强化公安信息网络安全方面的执法力度

强化公安信息网络安全方面的执法力度，首要任务是要加快公安信息网络安全执法队伍的建设，严厉打击危害公众利益和国家安全的网络违法犯罪活动。加强我国公安系统的网络信息安全的警员队伍建设，全面提高我国公安信息网络安全管理水平。

1. 各地公安系统应建立网络安全管理队伍。各级公安机关内部筛选计算机网络技术好、工作责任心强的警务人员，担任公安系统网络信息方面的专职管理员，同时也要在社会有关技术单位和高校，吸收一些计算机网络方面的人才加入公安机关的网络安全部门中来，协助所在公安系统的领导做好公安信息网络安全的管理工作。

2. 定期对公安网络安全管理人员进行业务培训。公安系统要定期对公安网络信息安全管理人员和相应的一些警务人员进行有针对性的业务培训，并且在条件允许的情况下把他们送到专业的培训机构进行深造，不断提高公安系统网络信息安全管理人员的业务水平，各个地区都要全力打造高素质的网络信息安全管理队伍。

3. 明确网络安全管理人员的相应职责。公安部要统一制定网络信息安全管理人员的相应职责，使他们能够真正的担负起监督、检查信息网络安全违规行为的责任，使信息网络安全工作延伸到各部门及基层单位。

4. 公安系统内部应建立安全管理通报制度。在公安系统内部建立起安全管理通报制度，通过公安系统的网站和文件等方式向公安警务人员通报公安网络的杀毒软件覆盖率、计算机注册率等安全管理排名等信息，实时通报违规外联、违规使用软件等行为。

（四）加大科研力度，培育专业人才

网络技术自主能力不强，关键的一点是缺乏专业技术人才。由于我国对网络安全管理的研究起步晚，在维护网络安全，打击网络违法犯罪方面的科研投入少，专业人才缺乏。相比之下，美国作为全球最早研究网络安全的国家之一，不仅在科研投入方面加大力度，而且在培育专业人才方面十分重视。鉴于此，我们可以借鉴美国的一些做法，来发展壮大自己的专业人才队伍。

美国将信息网络安全教育研究项目等同于科研项目进行支持和管理，既强调了教育教学研究的重要性，同时也对教育教学研究提出了更高的科学性要求，对促进信息网络安全教育研究的发展起到了积极作用。美国对信息网络安全教育的关注，对网络技术人才的重视值得我们学习。此外，美国在国内设立了政府服务专项奖学金，以此培育、选拔优秀学生进入政府信息网络安全的关键岗位，如此一来，既能聘用优秀学生直接为政府服务，另一方面也减轻了就业压力，实乃明智之举。

（五）加强网络安全技术建设，提升网络防御能力

加强公安系统计算机网络信息安全技术的建设不断地提升公安信息网络的防御能力。首先，通过限制和修改公安系统内部网络的属性，能够十分有效地阻止我国公安内部计算机网络自行改变 IP 地址、计算机网卡配置的违规行为，在计算机网络的技术层面成功的防止公安网内的计算机连接到互联网上，有效地避免了公安系统内部有些警务人员把计算机一机两用；其次，以安全监控为核心，建立公安信息网络安全的动态保护系统。公安信息网络安全动态保护系统的功能主要是制止所有负面或消极信息作用，防止公安信息网络资源被中断和攻击，防止向公安人员提供有威胁的“指示与警报”，检测公安信息网络资源被破坏的程度，建立和恢复信息网络资源的服务，对消极和负面信息有防御反应。此系统应能及时获取计算机网络和信息系统的运行状况、潜在的安全漏洞，实时发现风险与攻击状态并予以告警。

公安信息网络安全是一个系统的概念，其安全性不光与计算机网络技术有密切关系，也与公安系统警务人员的职业道德有关，同时，相关管理制度的完善程度也是影响因素之一，对于我国公安系统来说，在重视计算机网络的内部防范的同时，更要重视制度的建设，公安系统的网络信息安全方面一旦形成了有效的管理体制，就会在很大程度上减少网络信息安全方面的问题，我相信，如果公安系统的计算机网络信息安全技术不断地提高，同时，相应的管理制度不断地完善，那么公安网络信息安全问题才能有效地解决，才能让更多有用的信息为警员所用，才能给我们的社会带来正面的效应。

第十三章 治安事件

第一节 治安事件概述

一、治安事件的概念与特点

（一）概念

治安事件随着人类社会的发展而发展，随着人类社会的复杂化，治安事件也变得复杂和多样，治安事件对人类社会的发展具有抑制作用，因此预防和应对各种类型、大大小小的治安事件，贯穿于人类历史发展的全过程。与此同时，为了自身的生存和发展，人类对治安事件及其防范应对规律的探索和研究不断深入。20世纪以来，为了更为有效地应对治安事件，各国政府、科研组织及众多学者进一步加强了对治安事件的研究，为治安事件的管理提供了理论基础和决策依据。

目前对于何谓治安事件仍然没有一个统一的界定和认识，根据我国国情和长期实践，对治安事件可做如下表述：治安事件，是指人为或自然发生，造成或者可能造成严重社会危害，需要采取应急处置措施予以应对的各种安全事件。

（二）特点

从概念可以看出，治安事件具有以下特点：

1. 破坏性。事件给公众的生命财产或者给国家、社会带来严重危害。这种危害往往是社会性的，受害对象也往往是群体性的。

2. 紧迫性。事件发展迅速，需要及时拿出对策，采取非常态措施，以避免事态恶化。

3. 突发性。事件发生的准确时间、地点及危害难以预料，往往超乎人们的心理惯性和社会的常态秩序。

4. 不确定性。事件的发展和可能的影响往往根据既有经验和措施难以判断、掌控，处理不当就可能导致事态进一步扩大。

二、治安事件的分类

根据治安事件性质的不同，可以分为治安灾害事件、群体性事件、暴力恐怖事件。

（一）治安灾害事件

治安灾害事件亦称治安灾害事故，是指违反治安管理法律和有关安全规定，造成人员伤亡和物质损失的灾难祸患。按照事故的危害程度，可以分为一般事故、重大事故和特大事故；以一次死亡人数或直接经济损失确定事故等级，一般事故指死亡人数1人以上3人以下或者重伤3人以上5人以下；直接经济损失100元以上10000元以下的事故。重大事故指死亡人数3人以上或死伤5人，伤10人以上；直接经济损失10000元以上；危及首长、外宾和知名人士，虽未造成人身伤亡，但政治影响很坏的事故。特别重大事故指死伤人数在10人以上；直接经济损失30万元以上或者造成首长、外宾、知名人士的伤亡，政治影响极坏的事故。

（二）群体性事件

群体性事件是指由某些社会矛盾引发，特定群体或不特定多数人聚合临时形成的群体，通过没有合法依据的规模性聚集，对社会造成负面影响的群体活动，同时对社会秩序和社会稳定造成重大负面影响的各种事件。它具有群体性，政治性和传染性。

（三）暴力恐怖事件

暴力恐怖事件是恐怖主义者有意制造的为了达成宗教、政治或意识形态上的目的而故意攻击无辜平民，进而引起民众恐慌的暴力事件，暴力恐怖事件总是和政治目的相联系。它具有影响广泛、手段残忍、性质恶劣等特点。

三、治安事件的处置原则

（一）以人为本

政府要切实履行社会管理和公共服务职能，把保障公众健康和生命财产安全作为首要任务，最大限度地减少治安事件造成的人员伤亡和危害。

（二）预防为主

高度重视公共安全工作，常抓不懈，防患于未然。增强忧患意识，坚持预防与应急相结合，常态与非常态相结合，做好应对治安事件的各项准备工作。

（三）依法管理

依据有关法律和行政法规，加强应急管理，维护公众的合法权益，使应对突发公共事件的工作规范化、制度化、法制化。

（四）协同作战

加强以属地管理为主的应急处置队伍建设，建立协调联动制度，充分动员和发挥乡镇、社区、企事业单位、社会团体和志愿者队伍的作用，依靠公众力量，形成统一指挥、反应灵敏、功能齐全、协调有序、运转高效的应急管理机制。

（五）依靠科技

加强公共安全科学研究和技术开发，采用先进的监测、预测、预警、预防和应急处置技术及设施，充分发挥专家队伍和专业人员的作用，提高应对治安事件的科技水平和指挥能力，避免发生次生、衍生事件；加强宣传和培训教育工作，提高公众防范应对各类治安事件的综合素质。

（六）统一领导，分级负责

在党中央、国务院的统一领导下，建立健全分类管理、分级负责，条块结合、属地管理为主的应急管理体制，在各级党委领导下，实行行政领责任制，充分发挥专业应急指挥机构的作用。

四、我国应对治安事件措施的完善

（一）建立健全治安事件预防处置体制机制

我国治安事件预防处置体系的重要特点是防范应对职责分属若干不同部门，这有利于较好地发挥各方面积极性，但也存在应急资源分散、协调联动不够的弊端。完善我国的应急管理体制，要立足国情，借鉴国际有益经验，按照“统一领导、综合协调、分类管理、分级负责、属地管理为主”的总体要求，进一步理顺中央、地方、职能部门及专业应急指挥机构相互之间的职责关系，建立健全科学、高效的应急管理组织体系。

（二）完善治安事件法律法规体系

在强调依法治国的背景下，越是情况复杂、事情紧急，越要坚持依法办事，越要通过法律制度引导、规范、保障、促进治安事件的预防处置工作。当前应抓紧制定治安事件预防处置各个环节的配套规定，完善治安事件分级、预防、应急准备、监测预警、信息发布等具体制度；抓紧清理现行有关应急管理的单行法律法规，及时修改与治安事件应对法不一致的规定。同时，抓紧组织起草修订各类专项治安事件预防处置法律法规，努力构建完整的法制体系。

（三）进一步强化治安事件监测预警能力

许多治安事件的发生都是有苗头和征兆的，如果做到早发现、早报告、早预警、早处置，就有可能将其消除或控制在萌芽状态。与发达国家相比，我国各类监测网络建设还不健全，灾害评估和预警能力仍然不足。因此我国需要进一步强化治安事件监测预警能力，建立完善事故灾难隐患、社会矛盾纠纷定期排查和动态跟踪机制，提高信息收集能力和情报分析研判能力，加强治安事件预警能力建设，建立统一的预警制度和预警级别划分标准，提高预警的时效性、准确性，拓宽预警渠道，扩大预警的覆盖面。

（四）增强全社会事故防范意识和灾害应对能力

现阶段强化全民的风险防范意识，教育群众掌握避灾、救灾意识和自救、互救本领，显得尤为重要和迫切。国家应深入开展治安事件应对进社区、进农村、进基层单位的活动，深入推进公共安全教育进课堂、进教室，提高学生的自我防护能力。建立政府部门、新闻媒体和社会组织协同开展防灾减灾宣传教育的机制，将防灾避险、自救等应急救援知识纳入国民教育体系，重点加强对学生、农民工、高危行业和领域生产人员的宣传和培训，形成全民动员、全社会共同防灾减灾的良好局面。

第二节 治安灾害事件

一、治安灾害事件的概念

治安灾害事件亦称治安灾害事故，是指违反治安管理法律和有关安全规定，造成人员伤亡和物质损失的灾祸。

（一）治安灾害事件的特征

治安灾害事件具有以下几个基本特征：

1. 主观过错性。即事故的发生必须是由事故责任者的主观过错引起。

2. 社会危害性。即事故责任者的行为必须已经造成重大物质损失和人员伤亡。

3. 行为违法性。即事故责任者的行为必须是违反治安管理法律法规和有关安全规定的行为。

（二）治安灾害事件的分类

治安灾害事故按照不同的标准可以进行不同的划分：

1. 按照事故性质可分为破坏事故和责任事故。破坏事故是指行为人出于某种目的和动机，故意制造的事故，责任事故是指行为人出于疏忽大意或过于自信的过失造成的事故。

2. 按照事故的危害程度可以分为一般事故、重大事故和特别重大事故。一般事故指死亡人数 1 人以上 3 人以下或者重伤 3 人以上 5 人以下；直接经济损失 100 元以上 10000 元以下的事故。重大事故指死亡人数 3 人以上或死伤 5 人，伤 10 人以上；直接经济损失 10000 元以上；危及首长、外宾和知名人士，虽未造成人身伤亡，但政治影响很坏的事故。特别重大事故指死伤人数在 10 人以上；直接经济损失 30 万元以上或者造成首长、外宾、知名人士的伤亡，政治影响极坏的事故。

3. 按照治安管理的专业范围 可以分为爆炸事故、中毒事故、火灾事故、触电事故、矿山事故、辐射事故等。

二、治安灾害事故的现场保护

（一）事故现场保护的作用

1. 为分析判断事故原因和性质提供客观依据。完整的现场能够保证全面收集相关信息，对事故原因和性质提供准确的认定。

2. 防止事故蔓延扩大。一方面现场保护能够避免事故危害后果的进一步扩散，另一方面能够起到现场信息的向外扩散，对现场进行保护。

3. 保护事故现场的秘密。严密的现场保护能够防止现场相关信息的进一步扩散，以免造成社会恐慌。

（二）事故现场保护的任务

1. 维护现场秩序。划定警戒保护范围，设置警戒标志和岗哨执勤，除紧急救险人员外，禁止无关人员进入。同时要组织人员疏散无关人员，维持现场秩序。

2. 保护事故现场原貌。保护现场应最大限度保持现场的原始状态；由于排险救灾、抢救伤员而必须变动现场时，应将变动前的情况作出详细记录，有条件的进行拍照和录像，以便事后查考。

3. 紧急救护受伤人员。现场保护中应坚持救人第一的原则。在急救过程中，要注意对伤者的姿势、位置等加以标记，记明由于救护而变动的情况，并防止现场其他痕迹、物品遭到破坏；在抢救过程中，可简要询问事故发生的情况；对发现的尸体，不要移动，待勘验后再作处理。

4. 排险救灾。在现场保护过程中，如果遇到险情、灾情，现场保护人员还必须及时的进行抢险救灾，需要注意的是，对于险情、灾情，如果现场保护人员无法单独完成，要及时联系相关职能部门进行支援。

5. 发现和控制违法犯罪嫌疑人员。现场保护过程中如果遇到相关犯罪嫌疑人，要及时采取相关措施予以控制，避免犯罪嫌疑人逃离现场，对后续侦查工作和事故的处理带来不便，需要注意的是，对于犯罪嫌疑人员的发现一定要及时、细致、严密。

6. 保护现场勘查人员的安全。对于现场勘查人员的安全，现场保护人员也具有保护职责，一般而言现场勘查人员是事后勘察，相关事件已经发生，不会有危险，但也不排除事件现场存在的安全隐患，同时有些犯罪嫌疑人可能会隐藏在现场，对勘察人员的人身进行伤害，破坏现场，从而达到逃避追责的目的，这就要求现场保护人员要做好现场的勘察人员的保护工作。

7. 及时汇报现场情况。对于现场发生的情况，现场保护人员必须及时向有关部门报告，以便有关部门初步判断案件性质、严重程度等，为进一步向现场增派人员、进行现场处置做好准备。

（三）现场保护的具体措施

1. 布置现场警戒线，封锁现场。需要做好以下几项工作：（1）正确划定警戒的范围；（2）在警戒线上、重要部位及出入口要布置人员守护；（3）禁止无关人员入内。事故现场应严格禁止除排除险情、救护伤员、疏散物资的人员外的其他无关人员进入。

2. 疏散群众、抢险救灾。需要做好以下几项工作：（1）及时疏散群众；（2）及时排除尚存的险情；（3）积极抢救、疏散受威胁的物资。

3. 固定和保护现场痕迹、物证。对于现场中易消失的痕迹、物证，应采取必要措施保护，对必须移动保存的痕迹或物证，应对原始位置作出标记和详细记载。

4. 记录现场原始状况，收集有关情况。现场保护中，凡有条件的，可用录像、录音、照相、绘图以及文字等方式记录现场的原始概况，为现场应急处置和事故处置提供翔实的现场依据。

三、治安灾害事故的调查

（一）查找事故引发点

1. 事故引发点的特征。事故引发点是从事故隐患转化为事故的具有突变特征的点，事故引发点是从事故隐患转化为事故的具有初始性的点，事故引发点是在事故发展过程中与事故后果有直接因果联系的点，没有突变特征的点不是事故引发点，只有突变特征没有初始性的点也不是事故引发点，只有突变特征和初始性而与事故后果无直接因果联系的点不是事故引发点。

2. 事故引发点的确定方法：

（1）定义法。定义法就是用事故引发点的定义，查证落实事故的最初起点。此法适用于事故发生、发展过程比较明显，凭直观可基本确定事故原点和事故原因的事故。

（2）技术鉴定法。这个方法适用于极其复杂，而且造成重大损失的事故，这种事故对技术要求很高。技术鉴定法是利用事故现场的大量物证进行综合分析，使事故的发生、发展过程逐步复原，进而将事故引发点从中揭露出来。根据实际工作经验，技术鉴定要查被爆物承受面的痕迹、爆炸散落物的状态和层次、抛射物体方位和状态、人机损伤部位及现场遗留物五个方面。还要和爆炸物理学、化学工艺学、物质燃烧理论、结构力学等相结合。

（3）逻辑思维法。这个方法适用于事故过程不明显而破坏性又比较复杂的事故。逻辑思维法就是结合事故的发生、发展过程的因果链进行逻辑判断。因为事故的原因与结果在时间上是先后相继的，后一个结果的原因，就是前一个原因的结果，依次推导至终点，便找出事故的引发点。

（二）查明案件事实

1. 调查访问。调查访问是对现场和周围有关人员所做的走访调查。调查访问的方式主要有个别访问和集体访问两种，以个别访问为主，调查访问的对象主要是报案人、发现人、在场人、救灾人、受害单位负责人、受害人及其家属等。调查访问的内容主要有：

（1）事故发生的时间、地点和经过等情况；

（2）事故发生时，谁在岗或在场，谁不在岗或不在场，事故发生后的一定时间内，谁到过现场或谁已离开现场；

（3）事故是谁首先发现的，怎样发现的，采取过哪些措施；

（4）事故发生前有何征兆，是否有过类似的事故，如何处理的；

（5）事故发生后谁有哪些反常表现和可疑情况；

（6）事故制造者必须具备哪些专业知识、技术技能、工具、时间和思想基础。

2. 现场勘查。治安灾害事件的现场勘查方式方法，遵循程序和治安案件的基本相同，对于治安案件的现场勘查，下章已有论述，可具体参见。

3. 事故的分析认定。事故分析是对现场勘查和现场访问中所获得线索进行系统分析，以此得出有关事故的性质、原因、危害程度的活动。事故分析的内容有以下几个方面：

（1）事故的起因。需区分事故是人为的还是由于其他因素起作用而引起的，二是事故是行为人故意还是过失造成的；

（2）事故的性质。需区分破坏事故与责任事故，责任事故与非责任事故，一般责任事故与重、特大事故；

（3）事故的责任。需区分事故责任人的责任范围与责任程度，以便事故的具体处理。

第三节　群体性事件

一、群体性事件的概念与特点

（一）群体性事件的含义

群体性事件是指由某些社会矛盾引发，特定群体或不特定多数人聚合临时形成的群体，通过没有合法依据的规模性聚集，对社会造成负面影响的群体活动，同时对社会秩序和社会稳定造成重大负面影响的各种事件。

事实上，自西藏3·14事件和新疆7·5事件之后，近年来我国民族地区群体性事件多发，这是我国近几年来群体性事件发生的主要特点，因此为了论述的完整性，本节对群体性事件的论述将通过民族地区与非民族地区的对比来实现，内容上着重侧重民族地区群体性事件的论述。

（二）群体性事件的特点

1. 群体性。在通常情况下，群体性事件的发生，必须有一定数量的个体参与，而且这些个体在特定的条件下聚集形成群体，并以群体的形式进行各种活动。规模上讲，其人数可以是几十人、几百人，也可以是成千上万人；从其相互关系来看，群体成员之间可能较为松散，也可能具有紧密的关系，共同的利益是这些群体形成的基础。参与群体性事件的人们，大多数是处于同一社会阶层，地位上相似，心理上容易接近，感情上也容易沟通，往往具有共同意愿和诉求。①

2. 政治性。传统观点往往用人民内部矛盾的基调定性群体性事件，但如果将这一观点运用于民族地区的群体性事件，未免过于教条与刻板，如果对近年来发生在民族地区的各类群体性事件进行科学地分析就不难发现，其在各种各样的表达形式背后都隐藏着不同程度的政治诉求，事实上，民族地区的群体性事件具有政治性特征已成为一种常态，而且日益变得

---

① 郭纯平著：《新世纪国内群体性事件研究：以构建和谐社会为视角的考察》，新华出版社2013年版。

复杂与尖刻，从近几年的情况来看，除了民族地区居民对自身政治权利的争取，另一部分群体性事件的政治性体现在境内外民族分裂势力、极端宗教势力借其表达自己的不法政治诉求，这在西北边疆民族地区表现得尤为突出，因此对于民族地区群体性事件的处置，重在分清何为人民内部矛盾，何为敌我矛盾，而不是采取一刀切的论断。

3. 传染性。在非民族地区，群体性事件的聚合效应是基于相同的目的和利益诉求实现的，而在民族地区，更多的则是基于对本民族的认同感而实现的，对于非民族地区的群体性事件而言，主体之间唯一能够达成共鸣并产生相同行为方式的是利益的一致性，并且通过相互间的话语沟通实现最终的连接，而民族地区群体的聚集具有自发性，只要某一共同体内部的个别主体利益受损都会引起其他主体的感情共鸣，这种情绪的相互传播与感染就会引起群体性事件的爆发，因此对于民族地区群体性事件的处置，重在找出直接利益相关者，通过由点及面的方式化解矛盾，维护民族团结与稳定。

二、群体性事件的生成机制

（一）群体性事件的相关因素

独特的民族文化是维系民族地区发展的基本条件，以民族文化为纽带，民族地区的居民便形成了相互认知的共同体，在社会发展的早期，共同体的文化更多的表现为一种物质文化，到后期演变为一种精神文化，相对于早期社会个体之间明显的依赖关系，现代社会共同体成员之间的联系更多的表现为“形散神聚”的状态，如果说在早期能够通过地域性特征给相应的民族成员贴上标签，那么在当前经济社会环境下，地域之于民族特性而言只能是一个概然性概念，而不可能是一个必然性概念，当前，中国在非民族地区发生的由民族地区居民主导的群体性事件即是显著的例证，共同的宗教信仰、相同的民族习惯等是民族文化的具体表现，对相同文化的认同与敬畏容易形成共同体成员的一种自觉的心理状态，他们具有相似的荣辱感与责任意识，个体心理在维护共同体文化基础的层面具有连带性与相通性。

另一方面，我们又不得不承认，与对本民族文化的高度认同形成鲜明对比，民族地区的居民对中华民族这样一个大家庭的认同感普遍较低，尤其是在边疆民族地区这种现象更为突出，这主要是在转型期，整个社会的发展成果和财富分配不均，导致民族地区居民生活水平改善状况不尽如人意，其对政府的失望和内心缺乏归属感所致，事实上我们不得不承认，当前我国绝大多数民族地区都处在边远落后地区，此外，我国近年来在城市化进程中缺乏对民族地区特殊文化的保护也是造成民族认同感低的一大原因，例如，我国在司法体制改革中过分强调国家立法的作用，而忽视对民间法的传承与保护便是造成近年来民族地区居民通过群体性事件解决司法纠纷的主要原因。

对自己民族的高度依赖和对整个中华民族认同感的缺乏之间的反差极易导致针对政府的群体性事件（事实上，我国近年来发生在民族地区的群体性事件绝大多数是针对当地政府的），也极易加重事件的敏感性和复杂性，这是引起民族地区群体性事件的一对基本矛盾。

（二）内部机制

转型社会对矛盾纠纷的解决能力是有限的，一方面，制度的设计与完善永远跟不上迅速发展的社会潮流，另一方面，各种旧的制度框架在试图解决新生的社会现象时，总是显得力不从心，而转型期又是矛盾纠纷集中爆发的社会发展阶段，这种相互冲突的局面易导致社会群体寻求边缘化的矛盾纠纷解决机制。对于民族地区而言，基于民族文化而形成和发展的共同体也要适应转型社会的种种挑战，当共同体内部分成员的利益受损或其自身的文化基础遭受破坏时，如前所述，维护其相同利益或保护共同体进化发展的情绪会在成员之间相互“传染”，最终形成一种集体性的诉求或主张，当这种诉求或主张难以通过正常途径得到满足时，便会以群体性事件的方式集中爆发，加之近年来我国在维稳的政策方针下，对民族地区的群体性事件采取模糊处理的方式，即基于民族地区群体性事件的敏感性与复杂性，政府在处理相应的事件时，对其诉求的合法性与合理性缺乏审查，抱着息事宁人的心态一概予以满足，造成的结果是，民族地区群体性事件的“模仿效应”迅速升温，很多居民将其视为满足自身诉求或主张的“万能药”，致使群体性事件迅速增加，近几年民族地区发生的同种类型的群体性事件不断增多，便是这种由共同体内部个体或群体通过个性文化表达的内部机制使然。

（三）外部机制

与内部机制相比，外部机制强调群体性事件的外生性特征，即事件的起因并不在某个共同体内部，而是在外部，具体而言，是民族分裂势力、极端宗教势力等利用民族地区居民表达他们的不法利益，其手段是制造群体性事件，途径是利用宗教、民族习惯等煽动民族情绪、激化民族矛盾，最终目的是破坏民族团结和社会稳定，妄图实现民族分裂和破坏人民民主政权。近年来由外部机制引发的群体性事件明显增多，并呈现出预谋性、周期性等特征，同时带有极强的暴力性，例如西藏3·14事件和新疆7·5事件就是典型的由外部机制引发而形成的群体性事件，现实中，很多学者对由外部机制引发的事件是否可以称为群体性事件尚存在争议，因为按照传统观点应将其归为敌我矛盾，并按照这一逻辑进行处置，但很显然，在当前环境下这一观点带有偏执性：首先，在事件初期，很难直接对其作出定性，对于事件的定性，往往是事后的评估，现实中对于事件的处置一开始也是按照群体性事件对待，随着调查取证的深入、事件性质的逐步凸显，才有可能调整方针和策略；其次，就事件参与主体而言，除少部分成员之外，绝大多数都是不明事理的民族群众，他们往往是被利用而作为工具，因此在主观上并不存在违法犯罪的故意，如果一开始就武断地将其打入“敌我矛盾”的窠臼，采取一刀切处置策略，反而会激化民族矛盾，所以，从任何一个角度而言，由外部机制引发的事件作为群体性事件的研究对象都是可行的。

三、群体性事件的预防策略

（一）建立健全社会治安联防机制

近年来民族地区群体性事件多发的现状一方面说明社会转型的加剧所带来的社会矛盾的增加与释放，另一方面说明政府部门在预防与处置相应事件时所暴露出的各种问题：首先是对部分群体性事件的模糊处理给当地居民在寻求各自主张的解决途径时造成的错误倾向；其次是其对群体性事件的预防措施没有落实到位，相应的长效机制尚未建立起来。总结近年来我国政府部门对民族地区群体性事件的应对不难发现一条规律，即在群体性事件的潜伏期，其对各种可能激化矛盾纠纷的因素疏于防范和疏导，而在群体性事件集中爆发的时期，其又采取紧急处置的方式，从相邻或相近省区借调警力进行救济，事实上这是一种极其消极、被动而又低效的做法，而且在某种程度上已形成了恶性循环。

要扭转这一局面，重要的是建立健全针对民族地区社会治安的联防机制，从而构建群体性事件预防的长效机制。具体而言包括：1. 整合资源，推动基层治安保卫组织作用的发挥。基层治安保卫组织曾在我国社会治安维护中发挥过重要作用，但近年来随着城市化进程的加快，其职能的发挥受到很大局限，一方面，组织成员的流动性削弱了组织自身的存在性，另一方面，组织成员的年龄结构（大多为老年人）降低了其权威性，因此，民族地区要有效整合社会资源，增强基层社会治安保卫组织的战斗力，通过一系列配套制度将其稳定下来，进一步明确和调整其职能，确保其作用的发挥；2. 积极探索，推动新型警务模式在民族地区的实践。近年来，社区警务在我国部分省市得到大力推广，并取得了积极的社会效应，但在民族地区，这一新兴警务模式还很沉寂，似乎没有得到足够重视，事实上，其所蕴含的一系列思想理念对解决民族地区警力不足等问题具有重要的现实意义，因此，民族地区政府应大胆尝试，将其与民族地区特有的文化相结合，探索适合自身的新形式，推动群体性事件在日常警务活动中的缓和与化解。

（二）注重加强民族凝聚力和向心力建设

民族凝聚力与向心力的加强对预防民族地区群体性事件的发生具有长远意义，是增强民族地区居民安全感与归属感的必然举措，但相对于其他硬性的制度构建，凝聚力和向心力不可能通过智识和理性设计实现，而必须通过长时间的培养与交流达致，因此，在进一步加强民族凝聚力与向心力的过程中，要避免过分的口号性宣传，而应以实际行动博得广大民族地区居民的信任，具体而言，应做到如下几点：1. 大力发展当地经济，使民族地区居民共享改革发展的成果。相关部门要在经济政策上给予民族地区一定的倾斜，同时注重保护民族地区居民的自主发展权，对于贫穷落后的边远地区，各级政府要给予其相应的救济，使得改革发展的成果能够为全国各族人民所共享，推动物质文明在民族地区的发展；2. 尊重与善待民族文化，保护民族地区居民的精神家园。社会转型期，在取得丰硕发展成果的同时，我们不得不承认对民族文化也造成了很大的破坏，例如征地拆迁过程中对文化遗址的糟践、旅游资源开发过程中对民族自然生态的掠夺等，要知道，民族地区有一套自己独特的进化系统，民族文化是民族个性的载体，对于民族文化的破坏将使共同体的演化发展变得紊乱，因此要得到民族地区居民对政府的认同与尊重，就必须先尊重与保护其赖以生存的精神家园；3. 培养民族地区居民的公共理性，分解其盲目聚合的风险。循序渐进地培养民族地区居民的是非意识、问题意识是降低群体性事件发生概率的重要举措，也是增强民族凝聚力的内生机制，故要特别注重民族地区居民公共理性的培育，通过其内心认同感的提升有效化解共同体内部盲目聚合的风险与几率。

（三）积极构建多层次的利益诉求表达机制

我国是人民民主专政的国家，全国人大及地方各级人大拥有立法权，各级人大代表享有提出法律议案的权力及对法律议案进行审议和表决的权力，但实践中，由于人大代表职能履行机制不畅，致使人民群众对于维护自身利益的诉求得不到及时有效的响应，这是近年来民族地区各种违反法律、法规行为产生的重要原因，也是各种群体性事件多发的重要因素，因此想要在制度层面保证民族地区社会秩序的良性运转，最根本的是要建立和完善民族地区居民利益的表达机制，其应从两个方面着手：1. 建制化层面。包括各级地方政府对民族地区群众利益诉求的收集、整理、甄别、筛选机制，保存和反馈机制，以及这些诉求进入地方立法的准入机制，各种诉求的层级传送机制，国家对地方政府相应工作的监督机制、评价机制，以及国家立法对人民群众相应诉求的响应机制等。这些机制的建立，将有效沟通国家与公民之间的对话体系，有效构建国家与公民的互动机制以及公民对国家的监督机制，从而使人民群众的诉求真正落实到国家制度建设层面，真正落实当地群众的利益诉求；2. 非建制化层面。随着社会的进步，社会自主发展的权利增强，各种社会组织成为人们参与和管理社会事务的重要形式，“自愿性社团构成了一个由各个自主性领域之交织而形成的交往网络的纽带”,① 这些社会组织的成员不论因何种利益诉求结合在一起，其终究是对自身利益的实现寻求一种合力，他们对涉及自身利益的问题进行交流与讨论，这种非建制化的沟通对民族地区社会秩序的维护至关重要，它能够“形成对该社会问题的公共意见和对政治系统的社会压力”,② 从而“在生活世界和政治系统之间建立起一个防护体系和传感地带”,③ 使“体制外的意见不断转化为体制内的决策依据”,④ 从而有效降低群体性事件的发生概率。

第四节 暴力恐怖事件

一、暴力恐怖事件的概念和特点

（一）概念

国际社会对暴力恐怖事件的界定为：意图向平民或非战斗人员实施死亡或严重身体伤害以达到恫吓人民或胁迫政府实行或取消某些行动的行为。在国际社会中的暴力恐怖事件包括某些组织或个人采取绑架、暗杀、爆炸、空中劫持、扣押人质等恐怖手段，把政治目的具体化，以威胁或胁迫社会或政府为目的，对无辜人员造成伤害和财产损失。

2014年3月1日晚，云南省昆明火车站广场发生一起暴力恐怖事件，一伙蒙面暴徒手持刀具、统一着装，持械冲进昆明火车站广场、售票厅，见人就砍，造成30人死亡、140多人受伤，4月30日，新疆乌鲁木齐火车南站发生爆炸，造成3人死亡、79人受伤，5月22日，新疆乌鲁木齐市再次发生针对无辜百姓的严重暴力恐怖事件，伤亡惨重。近年来暴力恐怖犯罪成为我国面临的主要犯罪之一，暴力恐怖事件也是当前我国社会转型期日益增多的事件之一，对于暴力恐怖事件我们不得不重视。

我们认为，暴力恐怖事件是恐怖主义者有意制造的为了达成宗教、政治或意识形态上的目的而故意攻击无辜平民，进而引起民众恐慌的暴力事件，暴力恐怖事件总是和政治目的相联系。

（二）特点

1. 目的明确。暴力恐怖活动具有明确的政治目的或社会目的，以极端思想意识为基础，以分裂国家、推翻政权、改朝换代为目的。

2. 危害公共安全。暴力恐怖活动针对社会公众实施，直接危害国家安全和不特定多数人的生命健康以及公私财产安全。

3. 影响面广。虽然从事恐怖主义活动的人只是极少的一小撮，但由于恐怖活动所具有的特性，使它所造成的危害远远大于普通的刑事暴力犯罪，并影响到政治、经济、军事、外交、国际关系等各个领域。

4. 暴力手段。恐怖主义无视人类的任何道德规范，不受任何国际法约束，因此，它迫

---

① ［德］哈贝马斯著：《在事实与规范之间：关于法律和民主法治国的商谈理论》，童世骏译，生活·读书·新知三联书店2011年版。

② 王洪树著：《协商合作视野下的民主政治研究》，中国社会科学出版社2011年版。

③ 王洪树著：《协商合作视野下的民主政治研究》，中国社会科学出版社2011年版。

④ 王洪树著：《协商合作视野下的民主政治研究》，中国社会科学出版社2011年版。

求最轰动、最血腥、最具影响的各种恐怖活动方式，核、生、化等大规模杀伤性武器一直是其寻求使用的手段之一。

5. 恐慌效应。恐怖主义主要特征有二，一是以滥杀无辜来追求更大规模的血腥效果；二是力图制造更大范围的恐慌效应。

6. 国际化趋势。暴力恐怖事件在世界范围内时有发生，表面上看，这些事件之间是相互孤立的，彼此之间没有联系，但事实上，这些事件之间有着很多层面的连接，比如有的暴恐事件出自同一组织策划，有些暴恐事件是为了达到同一目标的不同步骤，有些暴恐事件之间是区域性的组织头目对共同组织的阶段性回应等，总之很多暴力恐怖事件之间都会通过一些因素勾连起来，世界范围内的暴恐事件向着一体化方向发展。

二、暴力恐怖事件的产生与发展

（一）全球暴力恐怖事件的产生与发展

国际性的恐怖主义在第二次世界大战之后到20世纪60年代末这一时期形成。70年代以后，恐怖主义组织已经形成一个较为松散的国际网络。据美国著名的智囊机构兰德公司的有关资料，80年代全世界共发生了近4000起恐怖活动，比70年代增加了30%，死亡人数则翻了一番。① 20世纪80年代末，苏联入侵阿富汗，在美国的支持下，催生了以拉登为首的恐怖基地，这是第一个在全球范围内形成的恐怖组织，此后世界各地的恐怖组织逐渐发展，形成了国家、地区、全球性质的各种恐怖组织。2011年基地组织策划的“9·11”事件将恐怖活动推向高峰，也激起了全球性的反恐怖行动。

目前已经有100多个国家不同程度地受其危害。在1968—1997年期间，国际恐怖活动的三大热点地区依次是西欧、中东、拉美，这些地区发生的恐怖主义事件占全球总数的3/4以上。著名的恐怖组织有联邦德国的“红色旅”、法国的“直接行动”、美国的“地下气象组织”、英国的“北爱尔兰共和军”、西班牙的“埃塔”等。

东亚国家当时发生恐怖活动的数量较少，但从20世纪80年代开始，亚洲国家的恐怖活动大幅度增加并有继续发展的趋势，国际排名从第五位上升到第四位，20世纪90年代仍保持这一地位，但到了2001年，亚洲已排第二名，占全球恐怖活动总数的19.54%。②

（二）我国面临的恐怖主义威胁

中国的恐怖主义主要是东突厥组织，中华人民共和国于2003年12月15日公布了境内第一批认定的4个“东突”相关的组织为恐怖组织，分别是：东突厥斯坦伊斯兰运动、东突厥斯坦解放组织、世界维吾尔青年代表大会、东突厥斯坦新闻信息中心。

1. 东突厥斯坦伊斯兰运动。东突厥斯坦伊斯兰运动是“东突”恐怖势力中最具危害性的恐怖组织之一。其宗旨是通过恐怖手段分裂中国，在新疆建立一个政教合一的“东突厥斯坦伊斯兰国，“东伊运”是以拉登为首的恐怖网络的重要组成部分，“东伊运”活动资金主要来源于基地的资助，以及通过走私贩运毒品、抢劫等有组织犯罪方式筹集。该组织挑选、招募从新疆外逃的分裂分子、刑事犯罪分子和暴力恐怖分子，秘密接受专门训练，从事恐怖活动。“东伊运”在境外建立基地、培训暴力恐怖分子，不断派人潜入中国境内，策划、指挥恐怖破坏活动，先后制造了1998年5月23日乌鲁木齐火车站仓库爆炸纵火案、

---

① 参见 http://wenku.baidu.com/view/5dc66e5b5727a5e9856a61eb.html。

② 参见 http://wenku.baidu.com/view/5dc66e5b5727a5e9856a61eb.html。

1999年2月4日乌鲁木齐市24.7万元持枪抢劫案、1999年2月10日乌鲁木齐市暴力拒捕案、1999年3月25日中国新疆和田市爆炸案、1999年6月18日中国新疆新和县暴力拒捕案等一系列暴力恐怖案件，导致群众140人死亡、371人受伤；并先后57次与中国警方进行武力对抗，导致中国警方26人牺牲、74人受伤。①

2. 东突厥斯坦解放组织。1996年，“东突解放组织”在土耳其建立，总部设在伊斯坦布尔，又称“东突民族党”，是“东突”势力中最具危害性的恐怖组织之一。其宗旨是通过暴力恐怖手段，在新疆建立所谓的“东突厥斯坦”。“东突解放组织”建立后，在境内实施了一系列暴力恐怖活动。如1998年5月，“东突解放组织”派遣人员入境，在乌鲁木齐市制造了“5·23”系列纵火案；1998年4月6日，其成员从霍尔果斯口岸向中国境内偷运军用手枪6支，冲锋枪1支，子弹19000余发，手雷92枚，手雷引信45个，管状炸药2筒，盒式炸药4盒，雷管100枚。

3. 世界维吾尔青年代表大会。世界维吾尔青年代表大会由一伙从中国新疆出境的维吾尔人和旅居境外的中国新疆人后裔联手成立，是一个旨在将新疆从中国分裂出去的恐怖组织。1996年11月，第一届“世界维吾尔青年代表大会”在德国慕尼黑市召开。“世界维吾尔青年代表大会”主要领导成员、下属组织积极从事暴力恐怖活动，其成立下属组织“东突厥斯坦青年联盟”，该组织旨在通过暴力推翻中国现政权，实现新疆独立。

4. 东突厥斯坦新闻信息中心。东突厥斯坦新闻信息中心于1996年6月在德国慕尼黑市建立，系由一伙旅居德国的中国新疆籍民族分裂分子纠集建立，旨在中国境内发展网络，策划从事暴力恐怖活动，进行极端宗教和“圣战”宣传煽动的恐怖组织。该组织长期利用各种媒体特别是互联网进行恐怖主义、极端主义、分裂主义的宣传，公开号召中国境内穆斯林要通过爆炸、投毒等手段，针对汉族幼儿园、学校、政府等目标制造恐怖事件，袭击中国武装力量。

三、暴力恐怖事件的影响

暴力恐怖事件的影响主要表现在其对国家安全、公共安全和人民群众的生命财产安全的威胁方面几个方面。

（一）国家安全

国家安全又称为政治安全，属于传统安全范畴。暴力恐怖事件中存在诸多导致国家安全的因素，主要表现为境外相关组织及其人员进入我国从事各种破坏和颠覆国家政权的违法犯罪活动，具体而言包括：1. 境外谍报组织和人员对国家安全的威胁。近年来，随着改革开放的不断深入和社会主义市场经济的不断完善，我国的综合国力不断增强，国际地位显著上升，但一些传统西方工业强国视中国的崛起是对世界和平的威胁，其在国际舞台上大肆宣扬“中国威胁论”，从自身利益出发制造舆论压力，同时不断向中国输送谍报人员，其与国内分裂势力相互勾结，共同窃取国家情报，企图颠覆我国国家政权。2. 境外邪教组织及其人员对国家安全的威胁。除了境外谍报组织和人员进入大陆对我国国家安全造成威胁外，另一类对国家安全构成威胁的境外势力便是邪教组织及其人员。与谍报组织不同，邪教及其成员对国家安全的威胁是隐性的，采取的是间接方式，其利用人民群众的善良与愚昧，向其灌输民粹思想、极端民族主义思想、种族优劣思想等制造民族仇恨、煽动民族情绪，将民族问题

① 参见 http://baike.baidu.com/view/142450.htm

扩大为政治问题，从而企图动摇人民民主专政的根基，在此方面，新疆的“7·5”事件和西藏的“3·14”事件给我们诸多启示和教训。从我国暴力恐怖事件分布的格局来看，对国家安全构成威胁的上述两种因素在西北边疆地区尤为突出。

（二）公共安全

公共安全是近年来我国暴力恐怖事件中存在的数量多、后果严重的一类安全问题。目前，我国暴恐事件中存在的公共安全问题主要有毒品走私和贩卖、传染性疾病的扩散、卖淫嫖娼等，纵观我国目前西北边疆地区不难发现，暴恐事件中最严重的公共安全问题是毒品的走私和贩卖。就西南地区而言，作为我国门户的云南省与越南、老挝、缅甸三国接壤，边境两侧居住着壮、瑶、苗、景颇、布依、傈僳等十六个跨界民族，暴恐分子利用这一地缘特征，借旅游之名指使少数民族群众源源不断地将来自“金三角”地区的毒品输入我国，据统计，与云南接壤的缅甸、老挝、越南2007年罂粟种植面积达29400公顷，其中有大量流入中国。① 走私和贩卖毒品在这一地区已形成成熟的产业链，中国已成为“金三角”地区毒品的主要集散地和消费地，其严重侵蚀着国家和社会的肌体，损害着人民群众的身心健康；同时在我国西北边疆地区，“金新月”地区的毒品很大一部分也是主要进入中国市场，与西南地区的毒品产业对我国市场形成“夹击”之势。借助毒品对我国进行安全威胁是境内外暴恐分子的战略重点，也是暴恐事件发生的一个重要诱因。当公共安全的范围和后果扩大到一定程度，其便上升为国家安全问题。

（三）生命财产安全

暴力恐怖事件最直接的威胁时人民群众的生命和财产的安全，与内地相比，边疆地区民族性和宗教性较强，文化的差异性较大，对民族和宗教文化的误解和侵犯都可能对旅游者带来财产的损失和生命的威胁，而暴力恐怖分子就是利用民族情绪、激化民族矛盾引发边疆地区群众与内陆群众之间的冲突，自己坐收渔翁之利，这种冲突往往通过暴力方式得到发泄，暴力的直接后果就是对人民群众人身和安全的危害和威胁。暴力恐怖分子还会通过组织自己内部的暴恐分子对不特定的群众进行突然袭击，造成人民群众的伤亡，例如2014年3月1日晚发生在云南省昆明火车站广场的暴力恐怖事件，一伙蒙面暴徒手持刀具、统一着装，持械冲进昆明火车站广场、售票厅，见人就砍，最终造成30人死亡、140多人受伤。

四、暴力恐怖事件的预防

对于暴力恐怖事件，应对之策应该是预防，而不是处置。就暴力恐怖事件的应对而言，可以分为事前预防、事中预防和事后预防。随着国际社会打击暴力恐怖犯罪政策重心的转移，对于暴恐事件应该做好事前预防。

（一）增强获取情报的敏锐性，及时收集情报

当前的暴恐事件的基本应对机制是情报主导，因此谁能够掌握第一手的情报，谁就在暴恐事件中占据了主动权，因此对于我国而言，要建立健全针对暴力恐怖事件的情报机制，包括情报收集机制、传送机制、辨别机制、筛选机制、整合机制等，在情报工作的基础上，及时将各种暴恐事件的苗头扼杀在萌芽状态，掌握应对暴恐事件的主动权，避免事件发生以后对事件的被动处置。

---

① 云南警官学院课题组：《“金三角”地区毒品形势系列调查报告（六）：“金三角”毒源变化及其毒品走私态势预测》，载《云南警官学院学报》2007年第4期。

（二）建立健全应对暴力恐怖事件的联动机制

对于暴力恐怖事件，应对措施、应对部门应该是多元的，从以往发生暴恐事件后我国的应对来看，主要的应对部门是公安机关和武警部队，其他部门很少参与，或者参与程度很低，对于当前暴恐事件发生频繁、危害重大的事实，我国的应有应对之道是建立健全联动机制，即多部门参与，多渠道互动，分工明确而又配合密切，形成严密而又有序的应对机制。

（三）寻找根源，标本兼治

恐怖主义的根源十分复杂，在经济全球化大潮中，不公正的国际经济秩序依然存在，抑制着发展中国家的全面发展步伐。南北差距在拉大，数码鸿沟在加深，红利分配更加不公，不少发展中国家正被边缘化。胡锦涛主席在 2003 年出席亚太经合组织曼谷会议时指出，冲突和动荡是恐怖主义滋生的温床，贫穷和落后是恐怖主义产生的土壤，铲除恐怖主义，应该在缓和地区及国际紧张局势、消除贫困和加强反恐合作三个方面同时展开，从根本上消除滋生恐怖主义的土壤。因此对于暴力恐怖事件，既要治标，更要治本。

（四）注重联合国的领导，强调国际合作

上面已经提及，全球暴力恐怖事件呈一体化趋势，因此对于暴恐事件的预防应该强调国际合作。中国强调，在政治、经济和社会全球化进程日益深化的背景下，面对现代恐怖主义、毒品威胁及其他跨国犯罪的挑战，世界上没有一个国家可以独善其身。因此，世界各国应在本地区和全世界范围内就解决上述全球性问题开展最广泛的合作，并作出自己的实际贡献，而不是崇尚单边主义。中国愿意与世界各国一道共同防止和打击恐怖主义，特别是在反恐情报信息交流、截断恐怖活动的资金来源、引渡和遣送恐怖犯罪嫌疑人等方面加强合作，以维护世界和平与安全。

第十四章 治安案件

第一节 治安案件概述

一、治安案件的概念与构成要件

（一）治安案件的概念

什么是治安案件？不同的人有不同的认识，学界和实务部门也没有一个统一的界定，目前对这一概念的认识，仍然是一个见仁见智的问题。目前有代表性的有三种观点：第一种观点认为治安案件是治安行政案件的简称，指按照《治安案件处罚条例》和有关法律、法规的规定，由公安机关及公安机关委托的乡（镇）人民政府依法对违反治安管理行为裁决处罚的案件。① 第二种观点认为：治安案件是指公安机关对违反治安管理行为，依据《治安管理处罚法》以及有关法律、法规的规定，组织调查并对违法行为人予以治安行政制裁的法律事实。② 第三种观点认为：治安案件，是指违反治安管理，依据《治安管理处罚法》及有关法律的规定，认为应当受到治安管理处罚而由公安机关依法予以受理调查的法律事实。③ 在这些观点中，第一种观点是20世纪90年代的一种代表性观点，而后两种观点代表了进入21世纪以后，尤其是《治安管理处罚条例》上升为《治安管理处罚法》之后的主流观点。

尽管上述观点都有自己的合理性，但都存在着局限性，最大的局限在于，随着我国社会转型程度的加深，社会生态的复杂演化，这些概念都不能适应当前社会发展的实际状况，鉴于此，本书在吸收以往概念合理成分的基础上，对治安案件作出了新的界定：治安案件是指公安机关依据《治安管理处罚法》以及其他法律、法规中有关治安管理的规定，对违反治安管理行为受理调查并对违法行为人予以治安处罚的法律事实。

（二）治安案件的构成要件

从上述定义中看出：治安案件应当符合以下要件：（1）有违反治安管理的行为发生，这是构成治安案件的前提。首先，违反治安管理行为主要是违反了《治安管理处罚法》所设定的违法行为，其次违反治安管理行为还包括《刑法》、《行政处罚法》等相关法律中有关治安管理的行为；（2）公安机关通过法定程序予以受理调查并对行为人实施治安处罚，这是构成治安案件的结果要件。对于违反治安管理行为的当事人，经过调查取证后，查证了其违法事实，则必须根据《治安管理处罚法》及其他相关法律法规的规定，依法作出处罚，

---

① 田敏全等编著：《治安案件查处》，中国人民公安大学出版社1991年版。

② 商小平主编：《治安案件查处》，中国人民公安大学出版社2006年版。

③ 熊一新主编：《治安案件查处教程》，中国人民公安大学出版社2007年版。

这样治安案件就有了结果要件，就会形成一个完整的治安案件。

二、治安案件的分类

治安案件的分类就是根据构成治安案件的违反治安管理行为所侵犯的客体、危害的轻重等视角划分不同的类别，根据不同的标准，治安案件可以划分不同的类型：

（一）根据侵害客体划分

根据违反治安管理行为所侵害的客体不同，可划分为扰乱公共秩序的案件、妨害公共安全的案件、侵犯他人人身权利、财产权利的案件、妨害社会管理的案件。

1. 扰乱公共秩序的案件：包括扰乱公共场所秩序；聚众扰乱单位秩序；强行进入大型活动场内；投放虚假危险物质扰乱公共秩序；非法侵入计算机信息系统等。

2. 妨害公共安全的案件：包括非法制造、买卖、储存、运输、邮寄、携带、使用、提供、处置危险物质；移动、损毁边境、领土、领海标志设施；强行进入航空器驾驶舱；在铁路沿线非法挖掘坑穴、采石取沙；擅自安装、使用电网；公共场所经营管理人员违反安全规定等。

3. 侵犯他人人身权利、财产权利的案件：包括组织、胁迫、诱骗他人进行恐怖、残忍表演；强迫劳动；胁迫、诱骗、利用他人乞讨；发送信息干扰正常生活；故意伤害；强迫交易；盗窃；诈骗；故意损毁财物等。

4. 妨害社会管理的案件：包括拒不执行紧急状态下的决定、命令；伪造、变造、买卖公文、证件、证明文件、印章；擅自经营需公安机关许可的行业；制造噪声干扰正常生活；收购赃物、有赃物嫌疑的物品；隐藏、转移、变卖、损毁依法扣押、查封、冻结的财物；毁坏、丢弃尸骨、骨灰；传播淫秽信息；参与聚众淫乱；非法持有毒品；饲养动物干扰正常生活等。

（二）根据危害程度划分

根据违反治安管理行为所造成的社会危害性的轻重程度不同，可划分为重大治安案件、一般治安案件、轻微治安案件。

1. 重大治安案件，即主观恶意较大，情节比较恶劣，后果比较严重，群众反应强烈，严重影响社会治安秩序，依法应从重处罚的治安案件。

2. 一般治安案件，指主观恶意较小，后果较轻，危害较小，依法应当从轻或者减轻处罚的治安案件。

3. 轻微治安案件，即情节轻微、后果微弱，基本没有社会影响的案件。

三、治安案件查处的法律渊源

治安案件查处是治安案件的调查取证与依法作出处罚决定。① 我国治安案件查处的法律渊源，即法律表现形式包括：宪法、法律、行政法规、地方性法规、自治条例、单行条例。

（一）宪法

宪法是国家的根本大法，具有最高的法律效力和权威，任何法律、法规和规章均不得与宪法相抵触；一切公民、机关、武装、政党、团体、企事业组织都必须以宪法为活动的根本

① 参见金诚等主编：《治安案件查处》，群众出版社 2012 年版。

准则。公安机关的一切行政活动、刑事司法活动及其他活动，都不得以任何借口背离宪法。治安案件查处是公安机关重要的行政执法活动，必须以宪法为根本准则。宪法作为治安案件查处的依据，在法律适用规则上，并不是直接被援用，因此治安案件的查处以宪法为依据，主要指的不是依据宪法规范，而是宪法原则、宪政理念。

（二）法律

法律是由全国人民代表大会及其常委会根据宪法制定的。法律又可分为基本法律与非基本法律。目前由于治安案件查处不直接援用宪法，所以法律是治安案件查处时援用的具有最高效力的依据。

治安案件查处中常用的法律依据有：《行政处罚法》、《中华人民共和国行政诉讼法》、《中华人民和国行政复议法》、《治安管理处罚法》、《身份证法》、《集会游行示威法》、《中华人民共和国枪支管理法》等。其中，《治安管理处罚法》是治安案件查处的最基本的法律依据。它相对于其他关于行政处罚的法律而言，《治安管理处罚法》具有集实体和程序于一体的完备性特征。既规定了违反治安行政行为和适用处罚的具体条款，又规定了治安管理处罚决定与执行的程序，同时还明确了行政救济制度。

（三）行政法规

行政法规指国务院以宪法和法律为依据制定的有普遍约束力的规范性文件。国务院制定的行政法规中与治安案件查处密切相关的法规有：《旅馆业管理办法》、《危险化学品安全管理条例》、《民用爆炸物品管理条例》、《易制毒化学品管理条例》、《禁止传销条例》、《营业性演出管理条例》、《娱乐场所管理条例》、《互联网上网服务营业场所管理条例》、《无照经营查处取缔办法》、《中华人民共和国海关行政处罚实施条例》、《信访条例》、《突发公共卫生事件应急条例》等。

（四）地方性法规、自治条例、单行条例

地方性法规是指省、自治区、直辖市人民代表大会及其常务委员会，省、自治区的人民政府所在地的市、经济特区所在地的市和经国务院批准的较大的市的人民代表大会及其常务委员会制定的在管辖区内有普遍约束力的规范性文件。地方性法规中涉及治安管理处罚的，在本行政区域内具有限定性的法律效力，也是治安案件调查与处理的法律依据。

《中华人民共和国宪法》规定，民族自治地方的人民代表大会有权依照当地民族的政治、经济和文化的特点，制定自治条例和单行条例。这些条例中有关治安处罚的规定也是民族自治区公安机关在本自治区内查处治安案件的法律依据。

（五）行政规章

行政规章包括部门规章和地方政府规章。部门规章是由国务院各部委以及中国人民银行、审计署和具有行政管理职能的属机构，根据法律和行政法规在本部门的权限内制定的规定、办法实施细则等规范性文件。地方政府规章是由省、自治区、直辖市人民政府以及省、自治区人民政府在地的市和经国务院批准的较大的市的人民政府根据法律和行政规，按照规定程序所制定的普遍适用于本地区行政管理的规范性文件。在查处治安案件实务中，法律、法规对具有危害性的违法行为没有设定或没有设定处罚，而行政规章对此进行了设定，治安案件查处可以直接援用行政规章。

四、治安案件查处原则

治安案件查处原则，是指公安机关在查处违反治安管理行为时所应遵循的基本行为准则。它贯穿于治安案件查处的全过程，对治安案件查处活动具有普遍的指导意义。①

（一）迅速及时原则

迅速及时原则，即对治安案件的调查取证要做到迅速及时，没有迅速及时的观念，不仅难以完成治安案件调查任务，难以及时打击违反治安管理行为，还会给社会治安秩序的维护、群众的安全感、公安机关的行政效率带来负面影响，甚至造成威胁。

（二）客观全面原则

客观全面原则，即对治安案件的调查取证要做到客观全面，客观要求案件的查证过程要实事求是，不能歪曲事实，更不能弄虚做假，全面即证据的收集过程要全面，既要收集物证、书证、电子证据，还要注意收集微量物证、证人证词等，既要注重收集对犯罪嫌疑人有利的证据，也要注重收集对犯罪嫌疑人不利的证据等。

（三）合法性原则

合法性原则实质证据的收集和使用要符合法律规定和程序。办案人员在案件调查取证工作中，要依法收集证据，要重证据不轻信口供：未经证实的材料不能作为证据；严禁用逼供、威胁、利诱、欺骗、许诺等非法手段收集证据。

（四）以事实为依据，以法律为准绳原则

这里的“事实”必须是某一违反治安管理行为构成要件所需要的、具有证据证明的确已发生的“法律事实”。即作为治安管理处罚的“事实”必须符合证明该行为确已存在的证据规格，且达到该行为最基本的证据证明标准；同时，对已调查清楚的法律事实，应当援用适当的法律条文给予处罚。②

（五）公开、公正原则

公开包括治安管理处罚的依据公开和治安管理处罚结果公开两个方面。将治安管理处罚的依据公开，社会公众才能了解什么样的行为是法律允许的，什么样的行为是法律禁止的，进而自觉用法律作为自己行动的指南，这样才能够实现预防和减少违反治安管理行为的目的。公正原则就是在实施治安管理处罚时对当事人要平等对待，不得偏袒。公正包括实体公正和程序公正两个必不可少的方面。

（六）教育与处罚相结合原则

教育与处罚相辅相成，罚是手段，教育是目的。对违反法律的行为人施以处罚，其目的在于使违法行为人认识到自己的错误，并按照法律规范的要求调整自己的行为，自觉履行法律命令其实施一定行为的义务，或者遵守法律的禁令，不再实施法律禁止实施的行为。

第二节　违反治安管理行为

一、违反治安管理行为概述

（一）违反治安管理行为的概念

违反治安管理行为，是指违反《治安管理处罚法》规定，扰乱公共秩序，妨害公共安全，侵犯人身权利、财产权利，妨害社会管理，具有一定社会危害性，尚不构成犯罪，不够

① 参见金诚等主编：《治安案件查处》，群众出版社 2012 年版。

② 参见金诚等主编：《治安案件查处》，群众出版社 2012 年版。

刑事处罚，应当由公安机关依法给予治安处罚的违法行为。

违反治安管理的行为不属于犯罪行为，违反治安管理的行为是犯罪不及的违法行为。《治安管理处罚法》第2条规定：“扰乱公共秩序，妨害公共安全，侵犯人身权利、财产权利，妨害社会管理，具有社会危害性，依照《中华人民共和国刑法》的规定构成犯罪的，依法追究刑事责任；尚不够刑事处罚的，由公安机关依照本法给予治安管理处罚。”

（二）违反治安管理行为的特征

1. 具有一定社会危害性。具社会危害性是一切违法行为的本质特征。违反治安管理行为也具有社会危害性，只不过相较于犯罪行为，其社会危害性较小而已。

2. 具有违法性。违反治安管理行为是违反了《治安管理处罚法》等治安行政法律规范的行为，即具有治安行政违法性。《治安管理处罚法》明确规定了违反治安管理行为的具体种类及其法律构成。

3. 应受治安管理处罚。公安机关应当对违反治安管理行为人的违反治安管理行为实施治安管理处罚，治安管理处罚是违反治安管理行为人必须承担的法律后果。

这三个特征紧密结合，缺一不可。一定的社会危害性是治安行政违法性和应受治安管理处罚性的基础，治安行政违法性是一定社会危害性的法律标准，没有治安行政违法性，一定的社会危害性就失去了法律准绳和衡量标准，在查处治安案件中就难以认定违反治安管理行为与犯罪行为和其他违法行为的界限；应受治安管理处罚性是社会危害性和治安行政违法性的最终法律后果。

（三）违反治安管理行为的表现形式

1. 单一违反治安管理行为。即违反治安管理行为人出于一个过错，实施了一个危害行为，符合一种违反治安管理行为构成的，为单一违反治安管理行为。一般而言现实中最常见的违法行为就是这种形式。

2. 数种违反治安管理行为。即违反治安管理行为基于数个过错，实施了数个违反治安管理行为，符合数种违反治安管理行为构成。数种违反治安管理行为又可以分为典型的数种违反治安管理行为和非典型的数种违反治安管理行为。

3. 共同违反治安管理行为。即两人以上出于共同的故意或者过失，共同实施同一违反治安管理行为。共同违反治安管理行为具有如下特征：（1）行为主体必须是两个以上达到法定责任年龄、具有责任能力的自然人。（2）客观上行为人共同参与实施了同一违反治安管理行为。（3）行为人在主观上具有共同的故意或者共同的过失。

二、违反治安管理行为的构成要件

违反治安管理行为的构成，是为《治安管理处罚法》所规定的，决定某一具体行为的社会危害性及其程度为该行为构成违反治安管理行为所必需的一切客观要件和主观要件的总和。① 各种具体违反治安管理行为构成都是不一样的，但概括起来说，它们都必须具备四个构成要件：客体、客观方面、主体和主观方面。

（一）违反治安管理行为的主体

违反治安管理行为主体，是指实施了《治安管理处罚法》等治安法律、法规所禁止的危害社会治安秩序的行为，依法应当承担治安行政法律责任的自然人和单位。《治安管理处

① 参见金诚等主编：《治安案件查处》，群众出版社2012年版。

罚法》第18条规定："单位违反治安管理的，对其直接负责的主管人员和其他直接责任人员依照本法的规定处罚。其他法律、行政法规对同一行为规定给予单位处罚的，依照其规定处罚。"根据规定，单位实施《治安管理处罚法》规定的违反治安管理行为，只处罚该单位的直接责任人员，应当依照《治安管理处罚法》对直接负责的主管人员和其他直接责任人员予以治安管理处罚。在实践中，违反治安管理行为的主体多为自然人，因此对违反治安管理行为的主体本书仅以自然人为准进行论述。

作为违反治安管理行为的主体的自然人，应当具备以下条件：

1. 达到法定责任年龄。《治安管理处罚法》第12条规定："已满14周岁不满18周岁的人违反治安管理的，从轻或者减轻处罚；不满14周岁的人违反治安管理的，不予处罚，但是应当责令其监护人严加管教。"即负有完全治安行政法律责任的年龄阶段为已满18周岁的人，负有不完全治安行政法律责任的年龄阶段为已满14周岁不满18周岁的人，完全不负治安行政法律责任的年龄阶段为不满14周岁的人。

2. 具有法定责任能力。法定责任能力一般受年龄、精神状况、生理条件等的限制。(1) 年龄要素。一般而言负有完全治安行政法律责任的年龄阶段为已满18周岁的人，负有不完全治安行政法律责任的年龄阶段为已满14周岁不满18周岁的人，因此14周岁以上的人都具有法定责任年龄。(2) 精神状况。《治安管理处罚法》第13条规定："精神病人在不能辨认或者不能控制自己行为的时候违反治安管理的，不予处罚，但是应当责令其监护人严加看管和治疗。间歇性的精神病人在精神正常的时候违反治安管理的，应当给予处罚。"(3) 生理条件。《治安管理处罚法》第14条规定："盲人或者又聋又哑的人：违反治安管理的，可以从轻、减轻或者不予处罚。"

实践中还存在着对醉酒人行为责任能力的判定问题，《治安管理处罚法》第15条第1款规定："醉酒的人违反治安管理的，应当给予处罚"。

（二）违反治安管理行为的主观方面

违反治安管理行为的主观方面，是指行为人对自己实施的危害行为及其危害结果所持的心理态度，包括违反治安管理行为的主观过错和目的、动机等因素。①

1. 主观故意。违反治安管理行为的故意，是指行为人明知自己的行为会发生危害社会的结果，并且希望或者放任这种结果发生的主观心理态度。行为人的故意表现在：一是行为人明知自己的行为会发生危害社会的结果。二是行为人对危害结果的发生持有希望或者放任的态度。违反治安管理行为的故意分为直接故意和间接故意两种。

2. 主观过失。违反治安管理行为的过失，是指行为人应当预见自己的行为可能发生危害社会的结果，因为疏忽大意而没有预见，或者已经预见而轻信能够避免，以致发生这种结果的主观心理态度，可以分为疏忽大意过失和过于自信过失两种情形。

（三）违反治安管理行为的客体

违反治安管理行为客体，是指违反治安管理行为所侵犯的，我国治安管理法律、法规所保护的各种社会关系。按照违反治安管理行为所侵害的社会关系的范围所作的不同层次的概括，可以把违反治安管理行为客体分为三种，即一般客体、同类客体和直接客体。②

1. 违反治安管理行为的一般客体，是指一切违反治安管理行为所共同侵犯的客体，一

① 参见金诚等主编：《治安案件查处》，群众出版社2012年版。

② 参见金诚等主编：《治安案件查处》，群众出版社2012年版。

般表现为总的治安关系。

2. 违反治安管理行为的同类客体，是指某一类违反治安管理行为所共同侵犯的客体，《治安管理处罚法》把违反治安管理行为分为五大类，即扰乱公共秩序行为侵犯的客体、妨害公共安全行为侵犯的客体、侵犯他人人身权利、财产权利行为侵犯的客体、妨害社会管理行为侵犯的客体。

3. 违反治安管理行为的直接客体，是指某一种违反治安管理行为所直接侵犯的具体的社会主义社会关系。违反治安管理行为的直接客体种类有很多，《治安管理处罚法》每一条规定都是一个具体的客体。

需要注意的是违反治安管理行为侵害客体不同于违反治安管理行为侵害对象，这是两个不同的概念，一般而言，违反治安管理行为侵害客体是一种社会关系，是抽象的，违反治安管理行为侵害对象是指违反治安管理行为直接作用的物或者人，是具体的，违反治安管理客体总是通过一定的载体表现出来，这一载体就是违反治安管理行为侵害对象。

（四）违反治安管理行为的客观方面

违反治安管理行为的客观方面，是指违反治安管理行为活动的外在表现，一般表现为危害行为、危害结果、危害危险、时间、地点、方法、手段等。现实中，对客观方面的追究主要看相关违法行为是否具有危害性，即主要追究危害行为，而危害行为又表现为作为导致的和不作为导致的两种，除此之外还追究危害结果和因果关系。

危害行为指行为人在自己意识和意志的支配下所实施的危害社会并为《治安管理处罚法》所禁止的行为。作为所导致的危害行为是指行为人用积极的行动去实施的违反治安管理行为。《治安管理处罚法》规定的违反治安管理行为多数是以作为的形式表现出来的，例如，非法限制人身自由，非法侵入住宅，非法搜查身体，卖淫嫖娼行为，赌博行为等。不作为导致的危害行为是指违反治安管理行为人有义务实施并且也能够实行某种积极的行为，而消极地不履行这种义务的行为。例如不按规定登记住宿旅客信息行为，不制止住宿旅客带入危险物质行为，明知住宿旅客是犯罪嫌疑人不报告行为，典当业工作人员发现违法犯罪嫌疑人、赃物不报告行为等。违反治安管理行为的危害结果，是危害行为对社会直接造成的《治安管理处罚法》规定的具体损害事实。违反治安管理行为的因果关系。违反治安管理行为的因果关系，即危害行为与其所引起的一定社会危害性之间具有的内在的、必然的、直接的联系，通常表现为：在危害行为的作用下，直接导致某种危害结果或者某种危险状态（危害危险）的发生。①

第三节　治安案件的立案与调查

一、治安案件的立案

（一）立案的概念与条件

治安案件的立案指治安管理部门对于报案、控告、举报、自首以及自诉人起诉等材料，认定违法事实并追究法律责任，决定将其作为治安案件进行查处的一种活动。治安案件的立案需要具备两个条件：

---

① 参见金诚等主编：《治安案件查处》，群众出版社 2012 年版。

1. 有违法事实。即指客观上存在着某种危害社会的违法行为。这是立案的首要条件。违法事实包含两个方面的内容：（1）要立案追究的，必须是依照《治安管理处罚法》的规定构成违法的行为。立案应当而且只能对法律规定的违法行为进行。此时所说的有违法事实，仅是指发现有某种危害社会而又触犯《治安管理处罚法》的违法行为发生。至于整个违法的过程、具体情节、违法人是谁等，并不要求在立案时就全部弄清楚。这些问题应当通过立案后的侦查或审理活动来解决。（2）要有一定的事实材料证明违法事实确已发生。

2. 需要追究违法责任。指依法应当追究违法行为人的刑事责任。只有违法事实发生，并且依法需要追究行为人违法责任时，才有必要而且应当立案。

（二）立案材料的来源

1. 单位和个人的报案、举报。任何单位和个人发现有违法事实或者违法行为人，有权利也有义务向公安机关报案或者举报，报案是指单位和个人将其在工作和生活中所发现的违法事实报告给公安机关，举报是检举和揭发的总称，是指单位和个人向公安机关检举、揭发违法行为人及其违法事实的行为。

2. 被害人或其法定代理人的报案、控告。现实中治安案件很大一部分来源是被害人或其法定代理人将其人身、财产权利遭受侵害的违法事实报告给公安机关，或者被害人或其法定代理人向公安机关揭发犯罪嫌疑人及其犯罪事实，并要求依法处理。

3. 违法行为人的投案。现实中有一部分违法行为人在实施违法行为后、被发觉之前会主动向公安机关投案，这也是立案材料的重要来源。

4. 公安机关自行发现违法事实或者违法行为人。公安机关是人民民主专政的重要工具，肩负着打击各种违法犯罪行为，维护社会治安的重要任务，当其在执行公务中，一旦发现违法事实或者违法嫌疑人时，就应当主动立案。

（三）立案材料的审查

立案材料的审查，是指公安机关对已经接受的材料进行核对、调查的活动。其任务是正确认定有无违法事实的发生，应否追究行为人的法律责任，为正确作出立案或者不立案的决定打下基础。为了做好对立案材料的审查工作，一般采取下列步骤和方法：

1. 事实审查。审查事实，首先要审查有无事件发生，然后审查已经发生的事件是否属于违法案件。如果属于违法案件，还要审查对行为人是否需要追究相关法律责任。

2. 证据或证据线索审查。通常的做法有向报案人、控告人、举报人或自首人进行询问或讯问；向有关的单位或组织调阅与违法事实及违法行为人有关的证据材料，必要时委托有关单位或组织对某些问题代为调查，对特殊案件在紧急情况下可以采取必要的专门调查措施。

在立案阶段所进行的调查，其目的在于了解与违法有关的事实情况，应当限定在查明是否有违法事实的发生和应否追究相关责任的范围内进行，不能扩大范围。

公安机关对立案材料进行审查和必要的调查后，应分别不同情况予以处理：

1. 对于需要立案的案件，先由承办人员填写《立案报告表》，包括：填报单位、案别、编号、发案时间和地点、案情概述、承办人员姓名及填表时间等。然后制作《立案请示报告》，经本机关或部门负责人审批后，制作《立案决定书》。最后，由负责审批人签名或盖章。

2. 对于决定不立案的，由工作人员制作《不立案通知书》，有关负责人同意后，将不立案的原因通知控告人并告知控告人如果不服，可以申请复议。主管机关应当认真复议，并将复议结果通知报案、控告、举报的单位或者个人。对于那些虽然不具备立案条件，但是需要其他部门给予一定处分的，应当将报案、控告或举报材料移送主管部门处理，并通知控告人。

二、治安案件的调查

（一）治安案件调查的原则

治安案件调查，是指公安机关治安管理部门发现、甄别、收集与治安案件有关的各种证据材料的专门性活动。对于治安案件的调查取证，一般需遵循以下原则：

1. 合法性原则。构成治安案件的证据必须具备三个基本的特性：客观性、关联性和合法性。客观性是证据的本质特征属性。指证据是客观存在的事实，即证据以及证据种类都是客观存在的。关联性，是指只有与案件有关联性的客观事实才能用来作为证据。证据关联性包含两层含义，一是证据事实必须与案件事实有客观联系；二是证据事实必须能够据以证明案件待证事实情况。合法性指收集的证据是否符合法律规定，只有符合法律规定的特定收集主体、法定收集程序、形成完整证据链的证据才具有合法性。

关于治安案件的收集程序，《治安管理处罚法》以及《公安机关办理行政案件程序规定》中已经作出了明确规定。《治安管理处罚法》第87条规定："公安机关对与违反治安管理行为有关的场所、物品、人身可以进行检查。检查时，人民警察不得少于两人，并应当出示工作证件和县级以上人民政府公安机关开具的检查证明文件。对确有必要立即进行检查的，人民警察经出示工作证件，可以当场检查，但检查公民住所应当出示县级以上人民政府公安机关开具的检查证明文件。"《公安机关办理行政案件程序规定》第35条规定："公安机关在调查取证时，人民警察不得少于两人，并应当向被调查取证人员表明执法身份。"对于证据的收集，必须严格遵循这些法律规定。

2. 客观性原则。治安案件证据的收集还必须遵循客观性原则。治安案件性对于刑事案件和其他的行政案件，存在收集难度较大的问题，加之我国当前对于案件考量量化的做法，现实中存在大量的伪造、编造治安案件证据的现象，这严重违背了案件收集的客观性原则，对公安机关的形象以及国家司法的权威造成严重的负面影响，是社会主义法治建设的毒瘤，因此现实中必须予以克服。客观性要求证据的收集必须实事求是，不能弄虚作假，无论是证据的收集过程还是证据收集中的注意事项，都必须严格真实，保证客观性原则。

3. 全面性原则。治安案件的收集必须遵循全面原则，即在证据收集的过程中，既要注重收集物证、书证，还要注重收集言词证据，既要注重收集对当事人不利的证据，也要注重收集对当事人有利的证据，既要注重运用传统手段收集证据，又要注重运用现代科技手段收集证据。不可否认现实实践中，还存在着只注重口供的现象，很多办案人员唯违法当事人口供马首是瞻，将主要的精力放在如何获取当事人口供的努力之上，这难免会造成刑讯逼供，骗供、诱供现象也时有发生，这也是为什么这么多年呼吁的杜绝案件证据收集过程中各种警察违法现象不能实现的原因，作为新时期的人民警察，应该在证据的收集过程中严格秉持全面性原则。

4. 及时性原则。治安案件的收集还必须遵循及时性原则，这是由证据本身的特点决定的。有些证据容易灭失或被毁灭，应尽快地采取证据先行登记、扣押等手段进行收集，有些证据会随着时间的推移逐渐削弱，因此也需要及时收集，有些证据自身的时效性较强，需要及早收集。证据收集的及时性原则要求办案人员首先要树立一种紧迫意识，对于有关证据的收集一定要争取时间，其次还要树立证据保全意识，正因为有些证据容易灭失，所以必须及时保全，最后还要树立团队协作意识，证据的收集非一人能力所能及，因此必须要有团队协作，在团队协作的基础上完成证据的收集和保全。

5. 群众路线原则。发挥人民群众的作用是我们具有中国特色社区警务战略的一大特色。在治安案件查处过程中，通过公民作证来获得的言词证据起到了十分重要的作用。收集治安案件的相关证据，除了收集与固定案件当事人的言词证据、相关物证以外，旁证材料在案件事实证明过程中起到了相当大的作用。而旁证材料的收集，必须依靠广大人民群众，通过群众所提供的线索或证据，来印证违法事实。

（二）治安案件调查取证的常用手段与措施

1. 一般调查手段和措施：

（1）询问。询问是指执法机关、执法人员或者律师要求当事人、证人或者鉴定人陈述自己了解的案情。询问是任何案件中都经常使用的证据收集措施和方法，询问是治安案件中最常使用的收集证据的手段之一。

（2）讯问。讯问是指执法机关或执法人员要求违法行为人、犯罪嫌疑人或者刑事被告人如实交代案情的方法。讯问的对象限于行政处罚案件中的违法行为人和刑事案件中的犯罪嫌疑人或被告人。讯问的主体限于执法机关。实践中讯问多在刑事案件中使用，是刑事案件不可缺少甚至是最重要的获取证据的手段之一，在治安案件中，询问运用得较少，只有在重大违法行为或法律法规规定的法定情节中才使用。

（3）辨认。辨认是办案机关和办案人员要求被害人或者证人在若干类似的物品、场所或者人员中，挑选出自己曾经所见所闻的部分。辨认的主体可以是案件中的被害人和证人，辨认的对象可以是案件中的违法行为人或者与案件有某种关联的人，也可以是与案件有关的物品或场所。实践中，辨认也是治安案件中运用较多的手段，是获取证据有效而快捷的手段之一。

（4）勘验。勘验是指办案人员亲临案件现场，发现和提取证据的专门活动。勘验主体限于执法机关。从收集证据的角度来讲，勘验一方面是发现和提取各种物证的重要途径，另一方面勘验笔录本身也是证据的种类之一。勘验在实践中主要用于刑事案件，但不止于刑事案件，一般行政案件中也常使用，对于治安案件而言，在实践中现场勘验并不常用，因为治安案件现场较为简单，同时通过其他的手段就能查明案情，一般在涉毒、涉黄、涉赌案件中，对于相关物证的认定与提取会用到现场勘验手段。

（5）检查。检查是指执法机关依法对与案件有关的人身进行检验的专门活动。检查的对象是活人的身体，又称为人身检查。人身检查笔录是其主要的证据形式。检查是治安案件中最常用的收集证据手段之一，在治安案件中，对检查手段的运用有严格的法律规定，在实践中运用这一手段时，必须严格按照法律规定进行才能保证获取证据的效力。

（6）鉴定。鉴定是指专门的机构或者人员利用其专业技术知识和科学技术设备鉴定，对有关的专门问题进行检测，并作出鉴定结论的活动。治安案件中鉴定也是较为常用的一种收集证据的方式和手段。

2. 强制调查手段和措施：

（1）治安传唤。《治安管理处罚法》第 82 条规定，“需要传唤违反治安管理行为人接受调查的，经公安机关办案部门负责人批准，使用传唤证传唤。对现场发现的违反治安管理行为人，人民警察经出示工作证件，可以口头传唤，但应当在询问笔录中注明”。治安传唤指治安案件的办案机关和办案人员，对违反治安管理的行为人或者嫌疑人，限令其在指定的时间到指定的地点接受询问的一项法律措施。①

治安传唤，根据其适用的不同情形可以分为口头与书面两种形式。当对违法嫌疑人使用口头与书面传唤无效时可转为强制传唤。对当场发现的违法嫌疑人可以口头传唤，口头传唤指利用语言方式进行的传唤。书面传唤指采用书面传唤证对违法嫌疑人进行依法传唤。传唤证由治安案件办案单位负责人批准，一次传唤有效。对违反治安管理的违法嫌疑人，无正当理由不接受传唤或者逃避传唤的，可以强制传唤。强制传唤时，可以使用手铐、警绳等约束性警械。对此《治安管理处罚法》和《公安机关办理行政案件程序规定》都有规定。《治安管理处罚法》第 82 条第 1 款规定，对无正当理由不接受传唤或者逃避传唤的人，可以强制传唤。《公安机关办理行政案件程序规定》第 44 条规定：强制传唤时，可以依法使用手铐、警绳等约束性警械。

《治安管理处罚法》对询问查证的时间及审批也作了规定。公安机关或者办案部门负责人在审批书面传唤时，可以一并询问查证时间。对经过询问查证，属于“情况复杂”，且可能适用行政拘留处罚的案件，需要对违反治安管理行为人适用超过 8 小时询问查证时间的，需口头或者书面报经公安机关或者其办案部门负责人批准。对口头报批的，办案民警应当记录在案。

（2）继续盘问。继续盘问是公安机关人民警察在查处治安案件过程中适用的行政强制措施，指公安机关的人民警察为了维护社会治安秩序，对有违法犯罪嫌疑的人员当场盘问、检查后，发现具有法定情形而将其带至公安机关继续进行盘问的措施。

根据相关的法律法规规定，继续盘问的对象包括：①被害人、证人控告或者指认其有犯罪行为的；②有正在实施违反治安管理或者犯罪行为嫌疑的；③有违反治安管理或者犯罪嫌疑且身份不明的；④携带的物品可能是违反治安管理或者犯罪的赃物的。

不能适用继续盘问的例外情形有：①涉嫌违反治安管理行为的法定最高处罚为警告、罚款或者其他非限制人身自由的行政处罚的；②从其住处、工作地点抓获以及其他应当依法直接适用传唤或者拘传的；③已经到公安机关投案自首的；④明知其所涉案件已经作为治安案件受理或者已经立为刑事案件的；⑤已经到公安机关投案自首的；⑥明知其所涉案件已经作为治安案件受理或者已经立为刑事案件的；⑦不属于公安机关管辖的案件或者事件当事人的；⑧患有精神病、急性传染病或者其他严重疾病的；⑨其他不符继续盘问规定的情形。

具有下列情形之一的人员，可以适用继续盘问，但必须在带至公安机关之时起的 4 小时以内盘问完毕，且不得送入候问室：①怀孕或者正在哺乳自己不满 1 周岁婴儿的妇女；②不满 16 周岁的未成年人；③已满 70 周岁的老年人。

继续盘问的时限一般为 12 小时；对在 12 小时以内确实难以证实或者排除其违法犯罪嫌疑的，可以延长至 24 小时；对不讲真实姓名、住址、身份，且在 24 小时以内仍不能证实或者排除其违法犯罪嫌疑的，可以延长至 48 小时。

---

① 参见金诚等主编：《治安案件查处》，群众出版社 2012 年版。

第四节　治安处罚决定与执行

一、治安处罚

（一）治安处罚的概念与性质

治安处罚，是指公安机关依据《治安管理处罚法》，对违反治安管理行为所给予的惩戒。治安处罚的性质属于行政处罚，是对尚未构成刑事犯罪的治安违法行为的制裁；治安管理处罚属于行政处罚的一种类型，是行政处罚的重要组成部分。

（二）治安处罚的种类

根据《治安管理处罚法》的规定，治安管理处罚的种类分为：警告、罚款、行政拘留以及经公安机关许可，对违反治安管理的外国人，可以附加适用的限期出境或者驱逐出境。

1. 警告。警告是指公安机关对违反治安管理行为人，以口头或书面的形式作出谴责和训诫，指出其行为违法，并警诫行为人不得再犯的一种治安管理处罚。警告是最轻的一种治安管理处罚，一般适用于违反治安管理情节轻微、危害后果较轻的情形，或者违反治安管理行为人具有法定从轻、减轻处罚情节的情况。

运用警告处罚违反治安管理情节轻微的人，能体现教育与处罚相结合的原则。但是，警告不同于一般的批评教育。警告是一种行政处罚，是一种严格的行政执法行为，由国家强制力保障执行；而批评教育则是一种适用范围、条件比较宽泛的教育措施。不具有法律上的强制力。

《治安管理处罚法》中的警告与行政处分中的警告不同。《公务员法》规定，公务员行政处分种类有警告、记过、记大过、降级、撤职、开除六种，行政处分属于内部行政行为，是基于行政隶属关系而依法作出。它具有强烈的约束力，但不受司法审查，被处分人不服行政处分的，只能通过行政复议和行政申诉途径解决，不能提起行政诉讼。

2. 罚款。罚款是指公安机关依法对违反治安管理行为人，限令其在一定期限内向国家缴纳一定数额金钱的一种处罚方式。

罚款是一种财产罚，是治安管理处罚中适用最灵活、适用范围最广泛的一种处罚方式，《治安管理处罚法》规定的各种违反治安管理行为，几乎都可以适用罚款处罚。《治安管理处罚法》根据各种违反治安管理行为的性质、情节、危害程度等设定了与之相适应的罚款幅度。200 元以下、500 元以下、1000 元以下、200 元以上 500 元以下、500 元以上 1000 元以下、1000 元以上 5000 元以下、5000 元以下、3000 元以下、500 元以上 3000 元以下、2000 元以下、500 元以上 2000 元以下等。

3. 行政拘留。行政拘留是指公安机关对违反治安管理行为人，依法在短期内限制其人身自由的治安管理处罚。行政拘留属于人身自由处罚，它是治安管理处罚中最严厉的一种处罚。

行政拘留主要适用于违反治安管理行为情节较严重的人，而且只适用于自然人，不适用于单位。行政拘留的期限为 15 日以下，合并执行行政拘留处罚的，最长不得超过 20 日。《治安管理处法》根据各种违反治安管理行为的性质、情节、危害程度等设定了行政拘留的三个不同罚档：5 日以下、5 日以上 10 日以下、10 日以上 15 日以下。

治安管理处罚中的行政拘留与刑事拘留不同，刑事拘留是依据刑事诉讼法规定，公安机关、人民检察院对直接受理的案件，在侦查过程中，遇到法定的紧急情况时，对于现行犯或者重大嫌疑分子所采取的临时剥夺其人身自由的强制措施。行政拘留与刑事拘留在法律性质、法律根据、适用对象、羁押期限等方面均有不同。①

4. 吊销公安机关发放的许可证。吊销公安机关发放的许可证，是剥夺违反治安管理行为人已经取得的，由公安机关依法发放的从事某项与治安管理有关的行政许可事项的许可证，使其丧失继续从事该项行政许可事项的权利或者资格的一种处罚。

吊销许可证表现为撤销公安机关已作出的许可行为，使被处罚人丧失从事许可活动的权利或者资格。需要注意的是，公安机关吊销的许可证只能是公安机关发放的许可证，包括《特种行业许可证》、《烟花爆竹道路运输许可证》、《焰火燃放许可证》、《持枪证》、《民用爆炸物品购买许可证》、《民用爆炸物品运输许可证》、《爆破作业单位许可证》等。

5. 限期出境、驱逐出境。对违反治安管理的外国人，可以附加适用限期出境或者驱逐出境。限期出境、驱逐出境，是指公安机关对在我国境内实施违反治安管理行为的外国人、无国籍人采取的，依法强令其在一定的期限内离开或者强制其离开我国国境的治安管理处罚。限期出境或驱逐出境是一国政府对境内外国人实施管辖的措施之一，也是各国普遍采取的有效手段。

（三）治安处罚的适用

1. 处罚情节。处罚情节包括从宽情节和从严情节。

（1）从宽情节。包括不予处罚、从轻处罚或者减轻处罚情节。不予处罚，是指行为人的行为不构成应承担治安行政责任的违反治安管理行为而不得给予治安管理处罚，或者虽然构成违反治安管理行为，但由于法定原因不需要追究治安行政责任而免予治安管理处罚的情形。例如《治安管理处罚法》第 13 条规定："精神病人在不能辨认或者不能控制自己行为的时候违反治安管理的，不予处罚，但是应当责令其监护人严加看管和治疗。间歇性的精神病人在精神正常的时候违反治安管理的，应当给予处罚。"从轻处罚，是指在《治安管理处罚法》规定的处罚内容范围内，对违反治安管理行为适用较轻的处罚种类、数额或者期限。减轻处罚，是指对违反治安管理行为适用低于《治安管理处罚法》规定的处罚种类、数额或者期限。减轻处罚既包括处罚幅度的减轻，也包括处罚种类的减轻。例如《治安管理处罚法》第 19 条规定："违反治安管理有下列情形之一的，减轻处罚或者不予处罚：A. 情节特别轻微的；B. 主动消除或者减轻违法后果，并取得被侵害人谅解的；C. 出于他人胁迫或者诱骗的；D. 主动投案，向公安机关如实陈述自己的违法行为的；E. 有立功表现的。"

（2）从严情节。从重处罚是指在《治安管理处罚法》规定的处罚范围内，对违反治安管理行为适用较重的处罚种类或者幅度。例如《治安管理处罚法》第 20 条规定："违反治安管理有下列情形之一的，从重处罚：A. 有较严重后果的；B 教唆、胁迫、诱骗他人违反治安管理的；C. 对报案人、控告人、举报人、证人打击报复的；D. 六个月内曾受过治安管理处罚的。"

2. 处罚方式。处罚方式包括单处和并处。单处是指依照《治安管理处罚法》规定，对一种违反治安管理行为只能施以一种处罚种类实施处罚。并处是指依照《治安管理处罚法》规定，对一种违反治安管理行为，在给予某种处罚的同时，还可再给予另一种处罚。《治安管理处罚法》规定的并处只能是行政拘留并处罚款处罚。

---

① 参见金诚等主编：《治安案件查处》，群众出版社 2012 年版。

3. 对于数种违反治安管理行为的处罚。《治安管理处罚法》第16条规定："有两种以上违反治安管理行为的，分别决定，合并执行。行政拘留处罚合并执行的，最长不过20日。"可见在数种违反治安管理行为中，对行为人实施的数种行为，在一一查明行为事实的基础上，对每一种行为根据具体情况分别进行量罚，有几种行为就作出几个决定。然后将数个治安管理处罚决定合并在一起执行。不同种类的处罚同时执行，同种类的处罚相加在一起执行，即两个以上罚款按罚款数额相加，两个以上拘留按拘留天数相加，但是拘留处罚合并执行最长不得超过20日。

4. 对于共同违反治安管理行为的处罚。《治安管理处罚法》第17条第1款规定："对共同违反治安管理的行为人进行治安管理处罚，根据违反治安管理行为人在违反治安管理行为中所起的作用，分别处罚。"对共同违反治安管理的行为人处罚时，应区别各自的责任，根据各自的情节轻重，分别作出治安管理处罚决定。对其中处于主导地位、起主要作用、情节严重的行为人的处罚应重于处于胁从或服从地位、起次要作用、情节较轻的行为人。

5. 追究时效。治安管理处罚的追究时效，是指公安机关追究违反治安管理行为的有效期限。《治安管理处罚法》第22条规定："违反治安管理行为在6个月内没有被公安机关发现的，不再处罚。"如果违反治安管理行为发生后，在6个月内已被公安机关发现，只是因为客观原因没有查清违反治安管理行为人，或者行为人逃避调查，使公安机关无法决定治安管理处罚或者治安管理处罚无法执行等情况的，不能视为不再处罚的理由，公安机关仍然有追究行为人的责任和权力。

二、治安处罚执行

（一）治安处罚执行的概念种类

治安处罚执行是指作出治安处罚决定之后，对于处罚决定付诸实施，即治安处罚的落实。根据《治安管理处罚法》的规定，对被决定给予行政拘留处罚的人，由作出决定的公安机关送达拘留所执行。受到罚款处罚的人应当自收到处罚决定书之日起15日内，到指定的银行缴纳罚款，但是，有下列情形之一的，人民警察可以当场收缴罚款：1. 被处50元以下罚款，被处罚人对罚款无异议的；2. 在边远、水上、交通不便地区，公安机关及其人民警察依照本法的规定作出罚款决定后，被处罚人向指定的银行缴纳罚款确有困难，经被处罚人提出的；3. 被处罚人在当地没有固定住所，不当场收缴事后难以执行的。

（二）治安处罚执行的规范化

实践中，在治安处罚执行过程中存在很多问题，在当前强调依法治国的背景下，治安执行面临着规范化选择。具体而言需要在以下一些方面着力加强：

1. 人民警察当场收缴的罚款。应当自收缴罚款之日起2日内，交至所属的公安机关；在水上、旅客列车上当场收缴的罚款，应当自抵岸或者到站之日起2日内，交至所属的公安机关；公安机关应当自收到罚款之日起2日内将罚款缴付指定的银行。

2. 当场收缴罚款的，应当向被处罚人出具省、自治区、直辖市人民政府财政部门统一制发的罚款收据。不出具统一制发的罚款收据的，被处罚人有权拒绝缴纳罚款；

3. 被处罚人不服行政拘留处罚决定，申请行政复议、提起行政诉讼的，可以向公安机关提出暂缓执行行政拘留的申请。公安机关认为暂缓执行行政拘留不致发生社会危险的，由被处罚人或者其近亲属提出符合条件的担保人（担保人应当符合下列条件：与本案无牵连、享有政治权利，人身自由未受到限制、在当地有常住户口和固定住所、有能力履行担保义务)，或者按每日行政拘留200元的标准交纳保证金，行政拘留的处罚决定暂缓执行；担保人应当保证被担保人不逃避行政拘留处罚的执行，担保人不履行担保义务，致使被担保人逃避行政拘留处罚的执行的，由公安机关对其处3000元以下罚款；被决定给予行政拘留处罚的人交纳保证金，暂缓行政拘留后，逃避行政拘留处罚的执行的，保证金予以没收上缴国库，已经作出的行政拘留决定仍应执行；行政拘留的处罚决定被撤销，或者行政拘留处罚开始执行的，公安机关收取的保证金应当及时退还交纳人。

第五节 治安案件查处程序

治安案件查处程序是公安机关作出治安管理处罚决定时所应当遵循的步骤。治安案件查处程序包括一般程序和简易程序。

一、治安案件查处的一般程序

治安案件查处的一般程序是指查处治安案件一般的、通常适用的程序，一般包括受理、调查、告知、决定、送达、执行等环节。

(一) 治安案件的管辖

治安案件的管辖，就是确定某个违反治安管理行为应由哪一级哪一个公安机关实施治安管理处罚。治安案件管辖的类别包括地域管辖、级别管辖、共同管辖、指定管辖、移送管辖、专门管辖和职能管辖等。

1. 地域管辖。地域管辖就是确定公安机关依职权实施治安管理处罚的地域范围。治安案件管辖的一般原则是由违法行为发生地的公安机关管辖。公安机关对治安案件实行属地管辖，即办理治安案件时，公安机关确定地域管辖应当首先遵循“违反治安管理行为发生地”的原则，这一原则的确立，主要是为了便于调查取证，便于提高行政效率与效益。同时违法行为人居住地公安机关辅助管辖原则，根据《公安机关办理行政案件程序规定》第9条规定，由违法行为人居住地公安机关管辖更为适宜的，可以由违法行为人居住地公安机关管辖。

2. 级别管辖。级别管辖，是指根据各级公安机关的职责确定其对治安案件的调查管辖范围。级别管辖主要根据违反治安管理行为的危害性、复杂程度，结合公安机关的职能、任务来确定。《治安管理处罚法》第91条规定：“治安管理处罚由县级以上人民政府公安机关决定；其中警告、500元以下的罚款可以由公安派出所决定。”需要注意的是，派出所对警告、500元以下罚款拥有管辖权和处罚权，可以以派出所名义作出，在处罚决定书上可以盖派出所印章。但对于大多数治安案件，派出所拥有管辖权却无处罚权，在具体案件处理上经过受理、调查等程序，根据法律规定如果适用警告、500元以下罚款之外的处罚种类，则需报县市公安局决定，由县级以上公安机关名义作出，加盖县级以上公安机关公章。

3. 共同管辖。共同管辖是指两个或者两个以上公安机关对同一治安案件都有管辖权时，确定具体由哪个公安机关管辖的制度。《公安机关办理行政案件程序规定》第10条规定：“几个公安机关都有权管辖的行政案件，由最初受理的公安机关管辖。必要时，可以由主要违法行为地公安机关管辖。”

4. 指定管辖。指定管辖是指两个或两个以上的公安机关之间因治安案件管辖权问题发生争议无法协商一致，报请共同的上一级公安机关，以决定方式指定其中某一公安机关管辖该案件的情形。《公安机关办理行政案件程序规定》第 11 条规定："对管辖权发生争议的，报请共同的上一安机关指定管辖。对于重大、复杂的案件，上级公安机关可以直接办理或者指定管辖。"

5. 移送管辖。移送管辖是指公安机关对不属于自己管辖的案件，应当依法经本机关负责人批准，及时移送有管辖权的公安机关处理。《公安机关办理行政案件程序规定》第 9 条第 2 款规定：对违法行为发生地公安机关移交违法行为人居住地公安机关管辖的行政案件，违法行为发生地公安机关在移交前应当及时收集固定相关证据，并配合违法行为人居住地公安机关开展调查取证工作。移送管辖应当依法办理有关的法律手续。涉及案件的有关物品必须随案移交。

6. 专门管辖。专门管辖是指对发在专门系统内的某一具有特定性质的治安案件，依照规定应当 由专门公安机关管辖的制度。这里的专门公安机关，是指铁路、港航、民航、林业等专门公安机关。

（二）治安案件的受理

治安案件的受理，是指公安机关对违反治安管理案件，接受并拟作为治安案件调查处理的一种活动。根据《治安管理处罚法》第 77 条的规定，治安案件受理的来源主要有以下几个方面：报案、控告、举报、扭送或者违法嫌疑人投案、移送、发现。

1. 治安案件受理的条件：

（1）有违反治安管理行为法律事实发生。公安机关受理的治安案件，必须是违反治安管理行为事实已经发生和存在，这是治安案件受理的首要条件。

（2）依法应当承担违反治安管理的法律责任。公安机关决定受理、调查和处理治安案件必须是依法应当追究违反治安管理行为的去律责任，应当给予治安管理处罚的治安案件。

（3）公安机关有管辖权。只有依法属于公安机关管辖的治安案件，公安机关才有权受理、调查和处理。公安机关对于公民、法人或者其他组织报警的案件，不属于自己主管和管辖的，不得处理。

2. 治安案件受理的程序：

（1）填写报警案件登记表。凡接受口头报案的，要让对方把事情说清、说全、说完，受理的人民警察应当全面、认真地作好记录，经阅读或宣读无误后，由报案人等签名或盖章。对于报案人、控告人、检举人、投案人提供的书面材料，要注意审查内容、材料是否完备，不完备的要通过询问补充完整。

（2）初步审查报案材料。审查报案材料后要给出处理意见，为不属于违反治安管理行为的，应当告知报案人、控告人、投案人，并应说明理由，告知其到有管辖权的机关报案或投案。属于公安机关职责范围但不属于本单位管辖的，应当在受理后的 24 小时内移送有管辖权的单位处理，并告知报案人。符合受案条件的，填写受案登记表并固定相关证据。

（3）受理审批。治安案件的受理审批，是公安机关负责人，通过对受理案件的人民警察所呈报的证据材料进行审核，结合受理案件的人民警察提出的处理意见，决定所受理的案件是否由该公安机关作为治安案件调查处理的审查批准行为。

（三）治安案件的查处

关于治安案件的查处，在本章第二节做过详细论述，可具体参见。

（四）治安管理处罚的决定

在作出治安管理处罚的决定之前，治安案件需要调查终结，一般需符合以下条件：

1. 事实清楚。查清案件的主要事实和情节，是调查终结的首要条件。

2. 证据材料确实、充分。证据充分确凿是保证办案质量的根本。公安机关收集的证据经审查核实充分、确凿无误，证据来源清楚、合法，证据相互之间没有矛盾，能形成完整有效的证据链，足以证明其违反治安管理事实、情节。

3. 适用法律恰当。治安管理处罚要以《行政处罚法》、《治安管理处罚法》、《公安机关办理行政案件程序规定》为依据，处罚的种类、处罚的幅度等与所认定的违反治安管理行为的种类、情形相一致。

4. 程序合法。严格依照《行政处罚法》、《治安管理处罚法》、《公安机关办理行政案件程序规定》规定的程序、规则和法律手续办理案件。

5. 法律手续齐全完备，法律文书规范。治安案件调查处理过程中所形成的法律文书和案件材料必须符合公安机关办理治安案件法律文书填制的要求，法律文书的填制要清楚、准确、规范。

（五）治安管理处罚决定书的送达

公安机关依法作出治安管理处罚决定后，应当及时按照法律要求制作治安管理处罚决定书。决定书向被处罚人宣告，并将决定书当场交付被处罚人，由被处罚人在决定书附卷联上签名。被处罚人拒绝签名的，由办案人员在决定书附卷联上注明。公安机关无法当场向被处罚人宣告的，应当在二日内将治安管理处罚决定书送达被处罚人。

二、治安案件查处的简易程序

简易程序也称当场处罚程序，是指公安机关对违反治安管理事实确凿、情节简单、因果关系明确的违反治安案件，依照法律规定，当场作出处罚决定的法律程序。

（一）简易程序适用的条件

《治安管理处罚法》第100条规定，“违反治安管理行为事实清楚，证据确凿，处警告或者200元以下罚款的，可以当场作出治安管理处罚决定”，适用简易程序时必须具备以下条件：

1. 治安案件事实清楚、证据确凿。事实清楚、证据确凿是指违反治安管理行为人实施违法行为的事实及一切危害后果等都已经调查清楚。事实清楚、证据确凿是适用简易程序的具备前提，如果违反治安管理事实尚未查清，证据还不够确实、充分，需要进一步调查的，人民警察不得当场作出治安管理处罚。

2. 符合法律规定。根据法律规定，可适用当场处罚的种类是罚款或警告处罚。当场罚款处罚的幅度是个人200元以下、单位1000元以下。

3. 简易程序的例外。根据《公安机关办理行政案件程序规定》对卖淫、嫖娼和引诱、容留、介绍卖淫，拉客招嫖和赌博案件，不适用当场处罚。

（二）简易程序适用

简易程序一般包括以下几个步骤：

1. 表明执法身份。表明执法身份是治安案件调查的一般前提，是所有程序中都应具备的起码要件，也是程序公开制度的一项要求。《治安管理处罚法》第101条第1款明确规定，人民警察当场作出治安理处罚的，应当向违反治安管理行为人出示工作证件，表明自己的执法身份。

2. 告知被处罚人依法享有的权利。在作出当场处罚决定前，警察口头告知违反治安管理行为人拟作出治安管理处罚的事实、理由、依据及其依法享有的申辩、陈述、行政复议、行政诉讼等权利。

3. 听取陈述和申辩。陈述是指相对人在参与治安案件查处程序的过程中，就案件所涉及的事实向公安机关进行说明。申辩是指相对人针对公安机关所提出的不利指控，依据其掌握的事实和法律进行辩解和反驳。陈述权和申辩权是公民享有的正当权利，警察对违反治安管理行为人的陈述和申辩，应当充分听取，这也是治安案件查处程序参与原则的体现，有助于形成公安机关与相对人之间的互动合作关系。

4. 制作当场处罚决定书并交付被处罚人。当场处罚决定必须认真填写由有权机关制定的统一格式的治安管理处罚决定书，人民警察填写治安管理处罚决定书后，应将处罚决定书当场交付被处罚人，这是当场处罚的重要标志。有被侵害人的，应将决定书副本抄送被侵害人。

5. 执行处罚。处罚决定书作出后，如果符合当场收缴罚款的条件，办案人员在当场交付处罚决定书的同时，必须填写由省级财政部门统一制发的罚款收据并交付被处罚人；如果不当场收缴罚款，应当告知被处罚人在规定期限内到指定银行交纳罚款。

6. 报所属公安机关备案。当场作出治安管理处罚决定的，经办的人民警察应当在 24 小时内报所属公安机关备案。

主要参考书目

[1] 熊一新、李健和主编：《治安管理学概论》（修订本），中国人民公安大学出版社 2007 年版。

[2] 熊一新主编：《治安管理学》（修订本），中国人民公安大学出版社 2005 年版。

[3] 李健和主编：《治安学理论研究综述》，群众出版社 1998 年版。

[4] 李健和主编：《新编治安行政管理学总论》，中国人民公安大学出版社 1998 年版。

[5] 李健和主编：《治安学原理》，中国人民公安大学出版社 2013 年版。

[6] 万川著：《治安行政管理学》，中国人民公安大学出版社 2001 年版。

[7] 王彩元著：《治安学基础理论专论》，中国人民公安大学出版社 2005 年版。

[8] 熊一新、王彩元、石向群主编：《治安管理学基础理论教程》，中国人民公安大学出版社 2005 年版。

[9] 张先福主编：《治安管理实用教程》，中国人民公安大学出版社 2007 年版。

[10] 熊一新、李健和主编：《治安秩序管理》，中国人民公安大学出版社 2000 年版。

[11] 郭太生主编：《公共安全危机管理》，中国人民公安大学出版社 2009 年版。

[12] 杨玉海、熊桂桃、龙艳主编：《治安案件查处》，中国人民公安大学出版社 2007 年版。

[13] 王新建、熊一新主编：《危险物品管理》，中国人民公安大学出版社 2002 年版。

[14] 李雪冰主编：《治安秩序管理教程》，中国人民公安大学出版社 2005 年版。

[15] 王精忠主编：《治安管理学》，群众出版社 2007 年版。

[16] 熊桂桃、董青青主编：《治安学》，中国人民公安大学出版社 2002 年版。

[17] 施秀艳主编：《治安管理学》，法律出版社 2015 年版。

[18] 李颖、师维主编：《治安管理教程》，高等教育出版社 2007 年版。

[19] 惠生武主编：《治安管理学总论》，中国政法大学出版社 2002 年版。

[20] 夏菲主编：《治安管理研究》，中国方正出版社 2005 年版。

[21] 熊一新主编：《治安案件查处教程》，中国人民公安大学出版社 2007 年版。

[22] 商小平主编：《治安案件查处》，中国人民公安大学出版社 2006 年版。

[23] 金诚等主编：《治安案件查处》，群众出版社 2012 年版。

[24] 樊小骥主编：《治安管理法律适用指南》，中国法制出版社 2006 年版。

[25] 熊一新、华敬锋主编：《公安机关办理行政案件程序规定解读与适用》，中国人民公安大学出版社 2006 年版。

[26] 劳帼龄主编：《网络安全与管理》，高等教育出版社 2011 年版。

[27] 龚俭、陆展等著：《计算机网络安全导论》，东南大学出版社 2011 年版。

[28] 王玲、徐小涛著：《专用网络信息安全管理机制研究》，群众出版社 2013 年版。

[29] 陈鸿彝著：《中国古代治安简史》，群众出版社 1998 年版。

[30] 惠生武著：《警察法论纲》，中国政法大学出版社 2000 年版。

[31] 惠生武主编:《警察行政法概论》,陕西教育出版社 1991 年版。
[32] 惠生武主编:《人民警察法导论》,西北大学出版社 1995 年版。
[33] 汪勇等著:《警察巡逻勤务论》,中国人民公安大学出版社 1996 年版。
[34] 韩延龙主编:《中国近代警察制度》,中国人民公安大学出版社 1993 年版。
[35] 陈真、陈合权著:《世界警察概论》,四川大学出版社 2008 年版。
[36] 冯德文编著:《警察学概论》,中国人民公安大学出版社 2005 年版。
[37] 王大伟著:《英美警察科学》,中国人民公安大学出版社 1995 年版。
[38] 王大伟著:《欧美警察科学原理》,中国人民公安大学出版社 2007 年版。

公安院校创新应用型精品规划系列教材

☆ 犯罪学教程
☆ 治安学
☆ 治安社会防范教程
☆ 安保勤务与安全检查
☆ 危险物品管理
☆ 公安监所管理工作实务
☆ 犯罪心理学教程
☆ 治安学专业实训教程
☆ 治安学概论
公安基础理论
治安案件查处
治安管理处罚法
治安秩序管理
侦查学
法医学
物证技术学
现场勘查
文件检验学
道路交通事故司法鉴定
警察职业道德
警察学原理
警察心理健康
安全防范技术应用
安防工程设计
监狱学基础理论
法院执行实务
书记员工作实务
警察防卫与控制技术
公安内勤工作手册
公安应用写作教程
信息化警务
乘警勤务
警察法学
道路交通事故处理
刑事影像学
刑事科学技术概论
车辆和驾驶员管理
社区警务
户政与人口管理
消防管理
保卫学
计算机应用技术
网络信息安全
逻辑学
公安机关办案程序

欢迎广大教师和读者就系列教材的内容、结构、设计以及使用情况等，提出您宝贵的意见、建议和要求，我们将继续提供优质的售后服务。

联系人：田红恩
电　话：137 2030 4986
E-mail：113391595@qq.com

武汉大学出版社（全国优秀出版社）